# जीवन एक अन्वेषण

# जीवन एक अन्वेषण

जे. कृष्णमूर्ति

अनुवाद

**हेमा, विजय, शक्ति**

ISBN : 9789386534385

प्रथम संस्करण : 2018

JEEVAN EK ANVESHAN
Hindi Translation of *Explorations and Insights* by J. Krishnamurti

Translated by : Hema, Vijay, Shakti



**राजपाल एण्ड सन्ज़**

1590, मदरसा रोड, कश्मीरी गेट, दिल्ली-110006

फोन : 011-23869812, 23865483, फैक्स : 011-23867791

e-mail : sales@rajpalpublishing.com

www.rajpalpublishing.com

www.facebook.com/rajpalandsons

# क्रम

# प्राक्कथन

**द्वितीय संस्करण, 2011**

इस पुस्तक में शामिल चौदह लघु-समूह संवाद मद्रास, मुंबई और नई दिल्ली में 1972 और 1977 के बीच के वर्षों में हुए थे। इन्हें पहली बार 1979 में 'एक्सप्लोरेशन्ज़ इन्टु इन्साइट्स' शीर्षक से प्रकाशित किया गया था। अब इनको 'एक्सप्लोरेशन्ज़ एंड इन्साइट्स' इस संशोधित नाम के साथ पुनर्प्रकाशित किया जा रहा है। आर्काइव में संग्रहीत ऑडियो रेकॉर्डिंग से प्रतिलिपित प्रामाणिक आलेखों के आधार पर सारे पाठ को पुनर्सम्पादित किया गया है। प्रथम संस्करण में छपे संवादों के क्रम को वैसा ही रखा गया है, पर कुछ अध्यायों के शीर्षक बदल दिये गये हैं।

**प्रथम संस्करण, 1979**

करीब तीस वर्षों के दौरान, जिज्ञासुओं का एक समूह मानव-मन की व मानव-चेतना की प्रकृति तथा उसमें प्रसुप्त अवस्था में पड़ी ऊर्जा के अन्वेषण के सिलसिले में कृष्णमूर्ति से संपर्क और संवाद में रहा। इस समूह में विभिन्न अनुशासनों, पृष्ठभूमियों और वृत्तियों से जुड़े लोग शामिल थे जो उस चुनौती की भयावहता के प्रति चिंतित थे जिससे मानव जूझ रहा है। उन सभी का एक ही केंद्रीय सरोकार रहा : स्वयं को जानने, 'सेल्फ़-नॉलिज' के बोध-क्षेत्र के माध्यम से अहं की गुत्थी को खोलना। यह पुस्तक उस अवधि में हुई परिचर्चाओं में से चौदह संवादों का संचयन है।

इन संवादों का सरोकार रहा है मन को स्मृति और समय के बंधनों से मुक्त करना, चेतना में उत्परिवर्तन लाना और ऐसी अंतर्दृष्टि का उदय जो मन में सुस्थिरता की गहरी जड़ें जमा सके।

आज के विश्व में, वैज्ञानिक और तकनीकी क्रांति ने शक्ति व ज्ञान के ऐसे स्रोतों को खोज निकाला है जिनकी कभी कल्पना भी नहीं की गयी थी। किंतु मनुष्य स्वयं अपने भीतर स्थित प्रज्ञा और करुणा के स्रोत को खोज पाने में विफल रहा है। आवश्यकता इस बात की है कि मनुष्य के मानस में एक आंतरिक क्रांति हो। जिस अंतर्दृष्टि का मनुष्य में अभाव है वह है इस बात की समझ, कि अपनी समस्याओं का रचयिता वह स्वयं है, और समस्या पैदा करने वाली इस मशीनरी का मूल उसका यह

मन ही है। बोध के इसी क्षेत्र में मनुष्य की परम स्वतंत्रता का वास है।

जिज्ञासा के तहत आरंभ हुई इन परिचर्चाओं में प्रश्नों का एक प्रवाह है, तीखी तहकीकात है, अन्वेषण है, एक ऐसा 'सुनना' और 'देखना' है जिसमें उस 'स्व' का, उस अहं का पर्दाफाश हो जाता है जिसकी गहराइयों में अनगिनत बारीकियाँ और पलायन छिपे हुए हैं। कृष्णमूर्ति के अनुसार खुद की यह खोज 'समय में, अतीत में और समयातीत में की जाने वाली एक यात्रा है।'

जीवन के अंतर्विरोधों में उलझा हुआ इंसान शायद ही कभी सवाल उठाता हो। वह तो अपने संताप से, अपने अकेलेपन से, अपने दुःख से बस दूर भागता रहता है, पलायन करता रहता है। उत्तेजनाओं से अघाए इस संसार में वह गुरु की शरण में जाने का या धार्मिक गतिविधियों में लग जाने का मार्ग पकड़ लेता है, अथवा तरह-तरह की एकाग्रता से उठने वाली अतींद्रिय शक्तियों के चक्कर में पड़ जाता है, किंतु यह सब उसकी क्लांत भूख को उद्दीप्त करने का काम ही करता है। कृष्णमूर्ति की शिक्षाएँ गुरु को तथा अतींद्रिय अनुभवों को मुक्ति का मार्ग मानने से इनकार करती हैं। कृष्णमूर्ति एक 'यथातथ्यता के जीवन' की माँग करते हैं—दिन-प्रतिदिन का एक ऐसा जीवन जो समस्त आत्मकेंद्रित गतिविधियों से मुक्त हो। हर एक अतींद्रिय अनुभव को आरंभ में ही एक तरफ़ कर दिया जाना होता है, क्योंकि वह उस अंतर्दृष्टि में बाधक बन सकता है जो मनुष्य को द्वैत से तथा अतीतरूपी समय-बंधन से मुक्त करने हेतु एकमेव साधन है।

ये संवाद प्रश्नोत्तरी की तरह नहीं हुए हैं। इन परिचर्चाओं में कृष्णमूर्ति की भूमिका बड़ी अनूठी और दिलचस्प रही है। कृष्णमूर्ति का मस्तिष्क प्रयोगधर्मी, लचीला, खोजी और अनुसंधानशील है, इससे प्रश्न किये जाते हैं, यह थोड़ा थमता है, अवलोकन करता है, स्वयं में लौटता है ताकि पुनः आगे बढ़ सके। इन संवादों में अभिमतों का कोई ऐसा आदान-प्रदान नहीं है, शब्दों का कोई ऐसा खिलवाड़ नहीं है, विगत अनुभव रूपी स्मृति का कोई ऐसा कार्य-व्यापार नहीं है जो उस नूतन को, नये को बाधित कर सके।

एक ऐसा श्रवण, सुनना है, जिसमें 'इंद्रियों का संपूर्णतः खिलना' घटित होता है। गवेषणा की उसी प्रगाढ़ता में अंतर्दृष्टि का उदय होता है। इस अवस्था की प्रकृति के विषय में बात करते हुए कृष्णमूर्ति कहते हैं, "केवल बोध विद्यमान होता है, और कुछ नहीं। शेष सब तो समय में हो रही हलचल है। बोध समय से रहित होता है। एक गतिवेग, एक 'मोमेन्टम' है, जो कालातीत है।"

कृष्णमूर्ति फाउंडेशन इंडिया को ये संवाद उन सब के लिए प्रस्तुत करते हुए प्रसन्नता है जो जीवन की समस्याओं के आधारभूत उत्तरों की खोज में हैं।

**—पुपुल जयकर, सुनंदा पटवर्धन**

# 1

## स्वबोध एवं कृष्णमूर्ति की शिक्षाएँ

*तो, स्व-ज्ञान, 'सेल्फ़-नॉलिज' से हमारा अभिप्राय खुद को जान लेना नहीं है, बल्कि यह विचार की हर एक हलचल को जानना-देखना है। क्योंकि यह 'स्व' विचार ही तो है।*

**पुपुल जयकर :** सर, आपकी शिक्षा[1] का स्व को समझने-जानने की वास्तविक प्रक्रिया से क्या संबंध है? आपकी शिक्षा शब्द का प्रयोग मैं आपकी पुस्तकों तथा प्रवचनों में शब्दों के माध्यम से हुई अभिव्यक्ति के रूप में कर रही हूँ। सत्य तक पहुँचने के अन्य सभी मार्गों में, गुरु के शब्दों को दिशा-संकेत के रूप में ग्रहण कर लिया जाता है, उसे एक मंज़िल, एक मुकाम के रूप में अपना लिया जाता है। आपके शब्दों का भी क्या यही स्वरूप है; और यदि है तो, इन शब्दों का, स्वयं से परिचय या स्वबोध की प्रक्रिया से क्या संबंध है?

**कृष्णमूर्ति :** पता नहीं कि हम प्रश्न को समझ पाये हैं कि नहीं। तो क्या सवाल को यूँ दोहराना सही होगा कि शब्द, यथार्थ, और जो बात 'के' कर रहे हैं, इन सबका आपस में क्या संबंध है? क्या प्रश्न यही है?

**पुपुल जयकर :** और स्व-ज्ञान की, खुद को जानने-समझने की प्रक्रिया। 'के' जो बात कर रहे हैं वह शब्द ही तो है।

**सुनंदा पटवर्धन :** पुपुलजी, क्या आप इसका कोई उदाहरण ला सकती हैं? जैसे कि, कोई भी शब्द लीजिए।

**पुपुल जयकर :** 'के' मुख्तियारी, अधिसत्ता, या अनुशासन, अथवा एक समग्र दृष्टि की बात करते हैं; तो यह शाब्दिक हुआ। फिर है स्वयं को जानने की वास्तविक

---

1. कृष्णमूर्ति की शिक्षा से संबंधित दो अन्य संवादों के लिए, देखिए *ए टाइमलेस स्प्रिंग एट राजघाट* ('*वाट इज़ द टीचिंग्स?*', पृ. 178-190) और *फायर इन द माइंड : डायलॉग्स विद कृष्णमूर्ति* ('*दि अनफोल्डिंग ऑव द टीचिंग्स*', पृ. 3-18)

प्रक्रिया और उसमें उभर कर आने वाली समझ। शब्द का इस सब से क्या संबंध है?

**कृष्णमूर्ति :** मैं इसे ठीक से समझ नहीं पाया।

**पुपुल जयकर :** आप कहते हैं 'कोई सत्ता-प्रामाण्य नहीं'; हममें एक यह प्रवृत्ति है कि हम उस शब्द या कथन को ले लेते हैं और स्वयं को जानने की प्रक्रिया में, सत्ता को समझे बगैर ही, शब्द को अपने जीवन में उतार रहे होते हैं, और सिर्फ़ यह देखने की कोशिश हो रही होती है कि क्या हम उस 'सत्तामुक्त' अवस्था में पहुँच सकते हैं।

**सुनंदा पटवर्धन :** यह बात हर जगह लागू होती है?

**पुपुल जयकर :** हर चीज़ पर। हम आपके शब्द को सत्य मानकर चल रहे होते हैं।

**कृष्णमूर्ति :** मैं समझ रहा हूँ। जैसे पुपुलजी ने इंगित किया, जब 'के' कहते हैं कि 'कोई मुख्तियारी नहीं', 'कोई अधिसत्ता नहीं'—क्या यह कोई शाब्दिक निचोड़ है और इसलिए एक धारणा है, और आप फिर उस धारणा को अपना मार्ग बना लेते हैं? या जब वह कहते हैं 'नो अथॉरिटी', क्या यह बात सहज ही ज़हन में उतर जाती है? या यह मात्र एक निष्कर्ष बनकर रह जाता है, एक तरह की नारेबाज़ी? क्या ऐसा है?

**पुपुल जयकर :** है तो, पर एकदम ऐसा भी नहीं।

**अच्युत पटवर्धन :** एक और पक्ष भी है : जब आप कहते हैं, 'कोई मुख्तियारी नहीं', 'सत्तामुक्त', तो क्या वह एक धर्मादेश बन जाता है, एक ऐसा धर्मादेश जिसके अनुरूप स्वयं को ढालने का प्रयास रहता है?

**कृष्णमूर्ति :** जी हाँ, ठीक कह रहे हैं।

**अच्युत पटवर्धन :** वह वस्तुतः एक ही बात है। एक कर्म के क्षेत्र में है, और दूसरा अमूर्त के, सारांशन के क्षेत्र में है।

**पुपुल जयकर :** देखिए, एक तो खुद को जानने-समझने की बात है।

**कृष्णमूर्ति :** क्या हम पहले इसी से शुरुआत करें?

**पुपुल जयकर :** जी हाँ। मैं इस पर ज़रा कुछ और कह लूँ। एक तो स्व-ज्ञान है। स्वयं को जानने की प्रक्रिया में हमें खुद को ही नहीं पता होता कि कौन-सी बात उद्घाटित होगी। और हम आपको सुनते हैं, और आप जो कहते हैं उसे ग्रहण करते हैं, या आपकी किताबों को पढ़ते हैं तथा अपने दैनिक जीवन में उसे उतारते हैं।

**कृष्णमूर्ति :** हाँ।

**पुपुल जयकर :** अतः स्वयं को जानने की प्रक्रिया एवं आपके शब्द, इन दोनों के बीच एक वक्फ़ा है। तो, सत्य है कहाँ पर?

**कृष्णमूर्ति :** न तो शब्द में है, न ही स्व का खुलासा होने में है : इस सब से वह बिल्कुल कुछ भिन्न है।

**पुपुल जयकर :** क्या हम उस पर चर्चा कर सकते हैं?

**कृष्णमूर्ति :** मैं 'के' को सुनता हूँ, और वह स्व को जानने के बारे में कह रहे

होते हैं तथा स्व-ज्ञान पर, उसकी महत्ता पर ज़ोर देते हैं। खुद को जाने बगैर आपकी ज़िंदगी बेबुनियाद है, वह ऐसा कहते हैं। मैं इसे सुनता हूँ। मैं इस कथन को किस अंदाज़ में सुनता हूँ? क्या इसे मैं एक धारणा या विचार के रूप में सुन रहा होता हूँ, या एक धर्मादेश, एक निष्कर्ष के रूप में? या फिर खुद को जानने की प्रक्रिया में, सत्ता-प्रामाण्य के निहितार्थ का मुझे एहसास होता है, और इसलिए दिखाई पड़ जाता है कि वह जो कुछ कह रहे हैं किस तरह उसका अपनी निजी खोज से तालमेल बैठ रहा है और इस तरह मैं आगे बढ़ता हूँ? यदि मैं शब्द को सुनता हूँ और उस शब्द का विचार के रूप में एक निष्कर्ष बनाकर उसका अनुसरण कर रहा होता हूँ तो यह स्व को उद्घाटित करना नहीं है, बस एक निष्कर्ष है। परन्तु जब मैं खुद का अध्ययन कर रहा होता हूँ, जब अपने विचारों को गौर से देख रहा होता हूँ, तब वह जो भी कह रहे होते हैं, उसी में स्व-अन्वेषण हो रहा होता है। ठीक?

**पुपुल जयकर :** अब, क्या इस स्व-अन्वेषण, स्वयं की खोज के लिए 'के' के शब्द ज़रूरी हैं?

**कृष्णमूर्ति :** नहीं। मेरी रुचि स्वयं को जानने में है क्योंकि बिना स्व-ज्ञान के चाहे जो कुछ मैं सोचूँ, करूँ या जिस किसी भी काम को आगे बढ़ाऊँ, सब निराधार है। तो मैं वार्ता सुनने आता हूँ या पुस्तक पढ़ता हूँ क्योंकि स्वयं को जानने में मेरी रुचि है इसलिए मैं ऐसा करता हूँ। और जब 'के' को यह कहते हुए सुनता हूँ, 'नो अथॉरिटी', 'हर मुख्तियारी से आज़ाद' उस क्षण उन शब्दों को सुनकर मेरी मनःस्थिति क्या होती है? क्या भाव स्वीकार का है, क्या यह मेरे द्वारा बनाया गया एक निष्कर्ष है, या कि यह एक प्रत्यक्ष तथ्य है?

**पुपुल जयकर :** यह एक तथ्य बनता कैसे है? क्या पल-दर-पल स्वयं को जानने की प्रक्रिया में निहित अर्थ जब उद्घाटित होता है, क्या तब यह तथ्य बन जाता है? या यह तथ्य है क्योंकि आपने ऐसा कहा है?

**कृष्णमूर्ति :** यह माइक्रोफ़ोन एक तथ्य है। यह इसलिए नहीं क्योंकि 'मैंने ऐसा कहा है'; हम सभी सहमत हैं कि यह एक तथ्य है।

**पुपुल जयकर :** पर जब आप कहते हैं 'हर मुख्तियारी से आज़ाद', तो वह...

**कृष्णमूर्ति :** नहीं। शब्द वास्तविकता नहीं है। वर्णन वह नहीं है जिसका वर्णन किया जा रहा है। क्या मेरे लिए यह बात स्पष्ट है कि शब्द कभी वर्णित वस्तु नहीं होता? 'पहाड़' शब्द पहाड़ नहीं है। पहाड़ का वर्णन पहाड़ नहीं है। क्या इस बात से मैं पूरी तरह सहमत हूँ? या मेरे लिए वर्णन ही पर्याप्त है और मैं उस वर्णन में ही उलझ जाता हूँ? मैं वर्णन को स्वीकार करता हूँ, उससे मैं खुश हूँ, और मैं वह वर्णन चाहता हूँ। उस वर्णन के ज़रिये मैं उस वर्णित-वस्तु की माँग करता हूँ, और मैं उसके विचार को पकड़ कर रखता हूँ। मैं उस शाब्दिक ढाँचे को एकदम से नकार नहीं रहा होता।

**पी.वाई. देशपांडे :** भाषा-प्राणी होने के नाते मनुष्य को बोलना तो होगा ही।

**कृष्णमूर्ति :** मैं संप्रेषण के लिये भाषा का प्रयोग करता हूँ। मुझे आपसे कुछ कहना है। मैं उन अंग्रेज़ी शब्दों का प्रयोग करता हूँ जिनसे हम दोनों परिचित हैं। लेकिन हम दोनों यह भी जानते हैं कि ये शब्द, जिनका हम उस भावना को व्यक्त करने के लिए प्रयोग कर रहे हैं, वस्तुतः वह भावना नहीं हैं।

**पी.वाई. देशपांडे :** ठीक।

**कृष्णमूर्ति :** अतः शब्द वास्तव में वस्तु नहीं है, वह भाव नहीं है, वह केवल वर्णन है।

**पी.वाई. देशपांडे :** पर तथ्य तो यह है कि व्यक्ति या तो मानसिक प्रक्रियाओं से जुड़कर बात कहता है या बिना इनसे जुड़े।

**कृष्णमूर्ति :** सर, ये दो अलग बातें हैं। या तो आप शब्दों के ज़रिये सम्प्रेषण करते हैं या बगैर शब्दों के।

**पी.वाई. देशपांडे :** नहीं, शब्दों का तो प्रयोग होगा ही, परंतु वे उस तल के नहीं होंगे। शब्दों की दो श्रेणियाँ होती हैं।

**कृष्णमूर्ति :** मैं समझ नहीं पाया इसे।

**पी.वाई.देशपांडे :** जैसे कि जब हम आपको सुनते हैं, निस्संदेह इसका आभास होता है कि आप हमारी तरह नहीं बोलते हैं।

**कृष्णमूर्ति :** आप ऐसा क्यों कह रहे हैं?

**पी.वाई. देशपांडे :** 'क्यों' तो एक कठिन प्रश्न है, परन्तु यह भाव निस्संदेह उतना ही ठोस है, यथार्थ है जितना कि एक माइक्रोफ़ोन को देखना। आप उस तरह से नहीं बोल रहे होते जैसे मैं बोलता हूँ। आपके शब्दों का स्रोत, हमारे शब्द-प्रयोग के स्रोत की तुलना में, कहीं अधिक गहराइयों में है, जब कि हमारे शब्द मानसिक तल से ही आ रहे होते हैं।

**कृष्णमूर्ति :** मैं समझ रहा हूँ, सर।

**पी.वाई. देशपांडे :** आप के शब्द भीतर की किसी गहराई से निकल रहे होते हैं।

**कृष्णमूर्ति :** सतही तौर से मैं कह सकता हूँ, "मैं तुम्हें प्यार करता हूँ।" पर मैं ये भी कह सकता हूँ "मैं वाकई तुमसे प्यार करता हूँ।" दोनों में काफी फ़र्क है—लहज़े में, शब्द और भाव की गहराई में। शब्द तो केवल इस गहराई का एहसास दिलाते हैं।

**पी.वाई. देशपांडे :** मैं थोड़ा आगे बढ़ता हूँ।

**कृष्णमूर्ति :** चलिए।

**पी.वाई. देशपांडे :** वास्तव में एक गहरे भाव की अनुभूति है जिसे परिभाषित नहीं किया जा सकता, जिसे भले ही मैं प्रेम की संज्ञा दे दूँ, पर वास्तव में मैं इसे न ही व्यक्त करूँ तो ठीक। मेरे पास इसके लिये सही शब्द नहीं होगा।

**कृष्णमूर्ति :** हो सकता है मैं सही शब्द नहीं जानता होऊँ, बस मैं आपका हाथ थाम लूँ।

**पी.वाई. देशपांडे :** जी।

**कृष्णमूर्ति :** या इशारे में कहूँ।

**पी.वाई. देशपांडे :** यह सच है। परन्तु शब्द और इशारे के बीच, उन्हें जोड़ने वाली कोई कड़ी नहीं है।

**कृष्णमूर्ति :** आप जो कह रहे हैं मैं समझ रहा हूँ। क्या यही है जो आप कहने की कोशिश कर रही हैं?

**पुपुल जयकर :** नहीं, मेरे कहने का अभिप्राय यह नहीं था। मैं जो कहने की कोशिश कर रही हूँ वह है : समझने और उससे परे जाने के दौर में, हमारी कई परेशानियों में से एक यह रहती है कि हम आपके शब्द को पकड़ लेते हैं, या तो कहे शब्द को या लिखित शब्द को, और इसका एक सारांशन, 'ऐब्स्ट्रेक्शन' बन ही जाता है जिस तक पहुँचने की हमारी कोशिश होती रहती है।

दूसरा एक पक्ष है स्व को जानने की प्रक्रिया जिसमें आपके शब्दों में निहित सत्य का खुलासा हो सकता है; परन्तु आमतौर पर ऐसा होता नहीं है। मुझे हमेशा यही प्रतीत हुआ है कि आपको अवरोधरहित सुनने से शायद मेरे मन के स्वभाव में कोई बदलाव आ पाये, परन्तु आपके शब्दों के यथार्थ का उद्घाटन केवल स्वयं को जानने की प्रक्रिया में ही हो सकता है।

**कृष्णमूर्ति :** मैं इसका जवाब क्या दूँ? मैं ठीक से समझ नहीं पाया।

**पुपुल जयकर :** सर, मुझे लगता है सबसे पहले हमें स्वयं को जानने की प्रक्रिया की छानबीन करनी चाहिए। हमने ऐसा बहुत समय से नहीं किया है।

**कृष्णमूर्ति :** चलिए, वही करते हैं, करें? आइए, उसी से शुरू करते हैं।

**पी.वाई. देशपांडे :** मैं कुछ और कहना चाहूँगा। स्वयं को जानने और शाब्दिक अभिव्यक्ति में क्या कोई संबंध है?

**कृष्णमूर्ति :** हम उसी मुद्दे पर आ रहे हैं। स्वयं को जानने की चर्चा हज़ारों सालों से, सुकरात द्वारा तथा उनके पहले भी अन्य लोगों के द्वारा की जाती रही है। तो क्या है खुद को जानना? आप खुद को कैसे जानेंगे? क्या होता है स्वयं को जानना? क्या आप अवलोकन के ज़रिये, अनुभव के या विचार के अवलोकन के ज़रिये, स्वयं से परिचित होते हैं? किसी एक विचार के अवलोकन के दौरान दूसरा विचार उछल पड़ता है, और हम पहले विचार को छोड़ देने में हिचकते हैं, अत: पहले व दूसरे विचार के बीच द्वंद्व होता है। परंतु स्वयं को जानना है : उस पहले विचार को जाने देना और दूसरे वाले विचार को देखने लगना। फिर तीसरा कोई विचार उभरता है। तो दूसरे को छोड़ दीजिए, तीसरे का अनुसरण कीजिए। और तीसरे को जाने दीजिए,

चौथे को देखिए। इस तरह से विचार की गतिविधि के प्रति सतत सतर्कता या सजगता कायम रहती है। सही है? अब चर्चा आगे बढ़ाएँ? मैं खुद को ईर्ष्यालु होते हुए देखता हूँ। ईर्ष्या पर स्वत:प्रवृत्त प्रतिक्रिया तो तर्क का सहारा लेकर उसका औचित्य स्थापित करने की होती है। तो तर्क देने में मैं इतना उलझ जाता हूँ कि मैं ईर्ष्या को भूल गया होता हूँ या एक किनारे कर देता हूँ। तो इस तरह से मैं फँस जाता हूँ—शब्दों में, समीक्षा के सामर्थ्य में, तर्क द्वारा बात को उचित-अनुचित ठहराने में, और फिर उसके दमन आदि में। मैं इस पूरी गतिविधि को एक इकाई के रूप में देख रहा हूँ। और यह इच्छा उभरकर आती है कि मैं इससे भाग जाऊँ। तो मैं इस इच्छा की, उस पलायन की पड़ताल करता हूँ। पलायन किस में, पता नहीं।

**पुपुल जयकर :** कभी-कभी, ध्यान के जरिये पलायन।

**कृष्णमूर्ति :** बिल्कुल।

**पुपुल जयकर :** या कि जिसे हम ध्यान कहते हैं।

**कृष्णमूर्ति :** वह तो सबसे आसान खेल है। तो, मैं पूछता हूँ, ध्यान क्या है? क्या यह यथार्थ से, जो है से, एक पलायन है? क्या यही ध्यान है? यदि पलायन है तो फिर यह ध्यान नहीं हो सकता। इसलिये मैं फिर से जाँचने लगता हूँ अपनी ईर्ष्या को। मैं क्यों ईर्ष्यालु हूँ? क्योंकि मैं आसक्त हूँ, क्योंकि मैं खुद को महान मानता हूँ, इत्यादि। यह सारी प्रक्रिया कुछ खोलती चलती है। और तब मैं एक मोड़ पर आता हूँ : क्या यह निरीक्षक, यह द्रष्टा, इस दृश्य से, यानी जिसका अवलोकन किया जा रहा है, उससे भिन्न है? ज़ाहिर है कि यह भिन्न नहीं है। अत: अवलोकन तभी संभव होता है जब अवलोकनकर्ता मौजूद नहीं होता।

**पुपुल जयकर :** आपने कहा, "ज़ाहिर है कि यह भिन्न नहीं है।" कृपया इसे थोड़ा विस्तार दें।

**कृष्णमूर्ति :** यह द्रष्टा अतीत है, अवलोकनकर्ता ही वह अतीत है, यादें है, अनुभव है, वह सारा ज्ञान है जो स्मृति में संग्रहीत रहता है। यह अतीत ही अवलोकनकर्ता है और मैं वर्तमान का, जो कि मेरी ईर्ष्या है, मेरी प्रतिक्रियाएँ हैं, अवलोकन कर रहा हूँ। मैं इस भावना के लिये ईर्ष्या शब्द का प्रयोग करता हूँ क्योंकि मैं पूर्वानुभव के कारण इसे पहचान पा रहा हूँ। तो यह ईर्ष्या की एक स्मृति है। यह शब्द अतीत का हिस्सा है। तो, क्या मैं बिना अवलोकनकर्ता के जो कि अतीत है, उस शब्द का अवलोकन कर सकता हूँ? क्या शब्द उस भावना को ले आता है या शब्द के बिना भी यह भावना मौजूद रहती है? यह सब स्व-ज्ञान, 'सेल्फ़-नॉलिज' का हिस्सा है।

**पुपुल जयकर :** अवलोकन कैसे करें ...

**कृष्णमूर्ति :** ...बिना शब्द के?

**पुपुल जयकर :** बिना शब्द के।

**कृष्णमूर्ति :** बिना अवलोकनकर्ता के?

**पुपुल जयकर :** बिना अवलोकनकर्ता के।

**कृष्णमूर्ति :** बिना किसी स्मृति के? यह अत्यंत महत्त्वपूर्ण है।

**पुपुल जयकर :** अवलोकनकर्ता की इस समस्या से कोई वस्तुतः कैसे निबटे?

**कृष्णमूर्ति :** अभी स्पष्ट हो जाएगा।

**अच्युत पटवर्धन :** क्या मैं कह सकता हूँ कि देखने वाले के इस अवलोकन में, उसकी स्वयं के प्रति स्वीकृति या असहमति भी शामिल होती है।

**कृष्णमूर्ति :** यह अतीत ही है, यही अपनी संस्कारबद्धता है। यही है अतीत की संपूर्ण गति, जो द्रष्टा में समायी हुई है।

**अच्युत पटवर्धन :** वह निंदा ही तो अवरोध है।

**कृष्णमूर्ति :** यही प्रश्न तो पुपुल कर रही हैं। वह कह रही हैं : ''मैं उस देखने वाले का अवलोकन कैसे करूँ? अवलोकनकर्ता का अवलोकन करने की प्रक्रिया क्या है?'' ठीक?

**अच्युत पटवर्धन :** मैंने इसी में उठनेवाली मुश्किल का ज़िक्र किया।

**कृष्णमूर्ति :** हाँ जी। क्या है अवलोकनकर्ता का अवलोकन? मैं 'के' को कहते हुए सुनता हूँ कि अवलोकनकर्ता ही अतीत है। क्या वाकई ऐसा है?

**टी.के.परचुरे :** ऐसे प्रश्न के पूछने में ही और एक अवलोकनकर्ता की रचना हो गयी।

**कृष्णमूर्ति :** नहीं सर, मैं किसी की रचना नहीं कर रहा। मैं केवल देख रहा हूँ। प्रश्न है : यह देखने वाला, अवलोकनकर्ता क्या है? कौन है यह अवलोकनकर्ता? इस (माइक्रोफ़ोन की तरफ़ इशारा करते हुए) माइक्रोफ़ोन को मैं कैसे देखता हूँ? मैं इसे शब्द के माध्यम से देखता हूँ, हमने एक शब्द का प्रयोग किया है यह बतलाने के लिए कि यह एक माइक्रोफ़ोन है; यह शब्द माइक्रोफ़ोन नाम से, एक स्मृति के रूप में, मस्तिष्क में दर्ज़ हो जाता है। यह बतलाने के लिए कि यह एक माइक्रोफ़ोन है मैं इस शब्द का प्रयोग करता हूँ। यह बात तो काफी सरल है। ठीक है?

**पुपुल जयकर :** क्या अवलोकनकर्ता का अवलोकन करना होता है?

**कृष्णमूर्ति :** मैं उस बात पर आ रहा हूँ। उस देखने वाले का अवलोकन कैसे करें? नहीं होता वह।

**पुपुल जयकर :** द्रष्टा का अवलोकन करने की असमर्थता ही क्या आपको द्रष्टा की प्रकृति की समझ देती है?

**कृष्णमूर्ति :** नहीं। आप उस देखने वाले का अवलोकन नहीं करते। आप केवल जो है उसका अवलोकन करते हैं तथा अवलोकनकर्ता द्वारा की जा रही दखलंदाज़ी को देखते हैं। तब आप कहते हैं, ''मैं इस अवलोकनकर्ता को पहचान रहा हूँ।'' आप

फर्क देख पा रहे हैं? मैं ईर्ष्या का अवलोकन कर रहा हूँ, ईर्ष्या का अवलोकन हो रहा है। तब अवलोकनकर्ता प्रवेश करता है और कहता है : "मैं ईर्ष्यालु रह चुका हूँ; इसलिए मैं जानता हूँ कि वह भावना होती क्या है।" सो इसे मैं पहचान लेता हूँ, और यही अवलोकनकर्ता है। और तब आप उस देखने वाले को सक्रिय होता देख पाते हैं। आप द्रष्टा का अवलोकन अलग से नहीं कर सकते, यह केवल दृश्य के साथ संबंध में ही संभव है। देखने वाले का अवलोकन, जो देखा जा रहा है, उससे उसके संबंध में ही हो सकता है।

जब वह अवलोकनकर्ता उस अवलोकन को रँगने लगता है, तब उसे अपने होने का भान होता है। आप अवलोकनकर्ता का स्वतंत्र तौर पर यानी अलग से अवलोकन नहीं कर सकते; आप उसे केवल किसी शै के साथ संबंध में ही देख पाते हैं। यह पर्याप्त स्पष्ट है, ठीक?

**टी.के.परचुरे :** अतीत, जैसा कि वह विद्यमान है, सक्रिय तब तक नहीं होता जब तक वह वर्तमान के संपर्क में न आए।

**कृष्णमूर्ति :** इसे बहुत ही सरल रखिए, सर। ईर्ष्या घटित होती है। उस एहसास के क्षण में, न तो अवलोकनकर्ता है, न अवलोकन का विषय; बस वह अवस्था है। तब अवलोकनकर्ता का प्रवेश होता है, वह कहता है, "यह ईर्ष्या है", और जो है उसमें दखलंदाज़ी करना, टोका-टोकी करना शुरू कर देता है—उससे दूर भागता है, उसका दमन करता है, तर्क के सहारे जोड़-तोड़ करता है, उसे न्यायसंगत ठहराता है, या उससे पलायन करता है। तो यही गतिविधियाँ, 'जो है' के साथ संबंधित होते उस अवलोकनकर्ता की ओर इंगित करती हैं।

**फ्रिट्स विल्हेल्म :** जिस पल अवलोकनकर्ता की मौजूदगी होती है, क्या उसे देख पाने की कोई संभावना है? जब अवलोकनकर्ता मौजूद है—जैसे कि मैं अपनी ईर्ष्या को पहचान रहा हूँ—क्या उस पल में, उस अवलोकनकर्ता के अवलोकन की कोई संभावना रहती है?

**कृष्णमूर्ति :** हम यही कह रहे हैं। मैं क्रोध में हूँ, या मुझमें लालच अथवा हिंसा का आवेश है। तो हिंसा के उस क्षण में और कुछ नहीं है। तब, वहाँ न तो आप हैं, न अवलोकनकर्ता है, न ही अवलोकन का विषय है : केवल हिंसा की वह अवस्था है। तब अवलोकनकर्ता चला आता है, जो कि विचार की गति ही है। विचार अतीत है; नये विचार जैसा कुछ नहीं होता। तो विचार वर्तमान में दखलंदाज़ी करता है। यह दखलंदाज़ी अवलोकनकर्ता है; और इस दखलंदाज़ी के अवलोकन से ही आप अवलोकनकर्ता का अध्ययन कर पाते हैं। वह उस हिंसा से पलायन की, उसे तर्कसिद्ध करने की या सही ठहराने की कोशिश में लगा है—ये वर्तमान से पेश आने की परंपरागत दृष्टियाँ हैं। यह परंपरागत तौर-तरीका ही अवलोकनकर्ता है; बात बस इतनी है।

**पुपुल जयकर :** तो एक अर्थ में, वर्तमान से पलायन करने में ही अवलोकनकर्ता स्वयं को अस्तित्व में ले आता है।

**कृष्णमूर्ति :** पलायन, तर्कसंगति जोड़ना, औचित्य ठहराना या...

**पी.वाई. देशपांडे :** ...हस्तक्षेप।

**कृष्णमूर्ति :** वर्तमान के साथ किसी भी तरह का हस्तक्षेप करना द्रष्टा का ही काम है। इस पर चर्चा करें, इसे स्वीकार मत करें; इसकी चीर-फाड़ करें, पता लगाएँ।

**टी.के.परचुरे :** जब कोई हस्तक्षेप नहीं होता, तब क्या अतीत भी नहीं होता?

**कृष्णमूर्ति :** नहीं, बात वह नहीं है। अतीत होता क्या है?

**टी.के.परचुरे :** द्रष्टा, जो पहचान रहा होता है।

**कृष्णमूर्ति :** नहीं, नहीं। अतीत क्या है? आपका अतीत क्या है?

**टी.के.परचुरे :** मेरे अनुभवों का संग्रहीत, इकट्ठा किया हुआ ढेर।

**कृष्णमूर्ति :** और वह क्या है? आपके अनुभव, आपका रुझान तथा आपके इरादे, यह सब कुछ अतीत की ही गतिविधि है, जो कि ज्ञान, जानकारी है। अतीत की कोई भी गतिविधि जानकारी के ज़रिये ही घटित हो सकती है जो कि अतीत ही है। तो वह अतीत वर्तमान में दखल करता है। तब अवलोकनकर्ता संचालित हो जाता है। यदि कोई दखलंदाज़ी नहीं है तो अवलोकनकर्ता है ही नहीं; बस, अवलोकन है।

**पी.वाई. देशपांडे :** या उदासीनता।

**कृष्णमूर्ति :** केवल अवलोकन; उदासीनता नहीं।

**फ्रिट्स विल्हेल्म :** अवलोकनकर्ता का अवलोकन अपने आप में ही एक अंतर्विरोध लगता है मुझे।

**कृष्णमूर्ति :** नहीं, सर।

**फ्रिट्स विल्हेल्म :** आप समझ रहे हैं न कि मैं क्या कहना चाह रहा हूँ? अवलोकन में न तो अवलोकनकर्ता होता है, और न ही अवलोकन का विषय।

**कृष्णमूर्ति :** अवलोकन में न तो अवलोकनकर्ता की मौजूदगी है, न ही अवलोकन का कोई विचार। इस बात को समझना बहुत महत्त्वपूर्ण है। अवलोकनकर्ता अथवा अवलोकनकर्ता के न होने की कोई धारणा नहीं है। जिसका अर्थ है केवल विशुद्ध अवलोकन, किसी शब्द के बिना, अतीत की किन्हीं स्मृतियों तथा उनके ताने-बाने के बगैर। और कुछ नहीं है, बस अवलोकन है, देखना है।

**फ्रिट्स विल्हेल्म :** उस तरह से उस देखने वाले को देख पाना संभव है।

**कृष्णमूर्ति :** नहीं, नहीं। बात यह नहीं है। मैंने कहा कि उस देखने वाले का अवलोकन तभी हो सकता है जब अतीत हस्तक्षेप कर रहा होता है। यह अतीत ही अवलोकनकर्ता है। जब यह अतीत वर्तमान के साथ छेड़छाड़ करने लगे, तब वह अवलोकनकर्ता सक्रिय हो जाता है। और केवल तभी आपको इमकान होता है कि

कोई देखने वाला मौजूद है। अब, जब आप यह देख लेते हैं, आपको इसमें एक अंतर्दृष्टि मिल जाती है, तो यह स्पष्ट हो जाता है कि कोई अवलोकनकर्ता है नहीं; केवल अवलोकन हो रहा है, देखा जा रहा है।

तो क्या मैं यह देख सकता हूँ—यही है पुपुलजी का सवाल—'कोई अधिकारभाव नहीं', 'नो अथॉरिटी', सहज ही, इसलिए नहीं कि आपने मुझे बताया है?

**पुपुल जयकर :** मैं अवलोकन केवल एक ही का कर सकती हूँ।

**कृष्णमूर्ति :** हाँ, वही तो।

**पुपुल जयकर :** मैं अधिकारभाव की उस गतिविधि को देख सकती हूँ।

**कृष्णमूर्ति :** जी हाँ।

**पुपुल जयकर :** पर 'कोई अधिकारभाव नहीं': इसका अवलोकन मैं कभी नहीं कर सकती।

**कृष्णमूर्ति :** ज़ाहिर-सी बात है। तो उस अधिकारभाव का, 'अथॉरिटी' का अवलोकन संभव है, अधिकारभाव अर्थात किसी अन्य से संबोधि की माँग करना, उस पर आश्रित हो जाना व उसके प्रति आसक्ति; ये सब अधिकारभाव या मुख्तियारी के ही रूप हैं। और मेरे मस्तिष्क में, मेरे मन में, मेरे वजूद में क्या यह अधिकारभाव सक्रिय है? यह कोई अनुभव हो सकता है, या वह अतीत जो कि ज्ञान है, या फिर उस अतीत पर, किसी दिव्यदर्शन और उस तरह की चीज़ों पर निर्भरता। क्या अधिकारभाव की इस गतिविधि का अवलोकन हो रहा है?

**पुपुल जयकर :** कौन-सी चीज़ महत्त्वपूर्ण है? अपनी चेतना में हो रही हर गतिविधि का अवलोकन, या आप जो कह रहे हैं, आपकी बातों की जो सच्चाई है, अपनी चेतना में उसकी खोज की चेष्टा? यह एक बहुत ही सूक्ष्म विषय है। नहीं जानती इसे शब्दों में कैसे रखूँ।

**सुनंदा पटवर्धन :** आप जो कह रही हैं क्या मैं उसे यूँ कहूँ? मैं ठेस को देखती हूँ।

**कृष्णमूर्ति :** ज़रा ठहर के। क्या आप इसे इसलिए देख रही हैं क्योंकि 'के' ने ऐसा कहा है?

**सुनंदा पटवर्धन :** नहीं, नहीं।

**कृष्णमूर्ति :** मैं इस बारे में स्पष्ट होना चाहता हूँ, इसलिए पूछ रहा हूँ।

**सुनंदा पटवर्धन :** पहले मैं इसे कह लूँ और तब आप पूछ लीजिएगा। मैं देखती हूँ कि मुझे ठेस पहुँची है, मैं उस चोट को उभरते हुए देखती हूँ। अवलोकन के ही हिस्से के तौर पर इस ठेस का अवलोकन मैं कर सकती हूँ। परन्तु अपने भीतर एक सत्ता का जन्म यूँ होता है : ''कृष्णजी कहते हैं कि जैसे ही आपने ठेस को देख लिया, उसका अंत हो जाता है।'' वहीं मैं उस अवस्था विशेष का प्रक्षेपण करती हूँ, और उस अवस्था की ओर एक गति का भी, क्योंकि मैं उस चोट के निरंतर अवलोकन के

जाल में नहीं फँसना चाहती। तो उसमें कई और पहलू शामिल हो जाते हैं। लेकिन, उस ठेस को निरंतर देखने के बजाय, मुझे किसी का यह स्वर सुनाई देता है कि जैसे ही आप पीड़ा का द्रष्टारहित अवलोकन कर पाते हैं, आप यदि वाकई इस तरह देख पाते हैं, तब वह सारा कुछ पूरी तरह से मिट जाता है—और यहीं पर आकर मैं 'अथॉरिटी' को रच लेती हूँ।

**कृष्णमूर्ति :** हाँ, मैं समझ रहा हूँ।

**पुपुल जयकर :** ठीक यही मैं कह रही थी।

**सुनंदा पटवर्धन :** उस अवस्था को मैं जानती नहीं हूँ, परंतु यह प्रक्रिया एक अधिसत्ता को रच लेती है क्योंकि वह ऐसी एक अवस्था का संकेत दे रहे होते हैं जिसमें मैं इस निरंतर चलने वाली प्रक्रिया से आज़ाद हो सकती हूँ।

**कृष्णमूर्ति :** मैं उस ठेस का अवलोकन करता हूँ और साथ ही उसके सारे परिणामों को देखता हूँ, कैसे-कब इस ठेस का अस्तित्व में आना हुआ, इत्यादि। मैं उस चोट की सारी प्रक्रिया के प्रति सजग हूँ और ऐसे में 'के' को यह कहते हुए सुनता हूँ, "एक बार जब इसे आप पूरी तरह से, समग्रता में देख लेते हैं, यह खत्म हो जाती है, आपको फिर कभी ठेस नहीं लगेगी।"

**सुनंदा पटवर्धन :** यह मेरी चेतना में विद्यमान है।

**कृष्णमूर्ति :** ज़रा ठहरें। 'के' ने ऐसा कहा है। आपकी चेतना में क्या है? वह शब्द?

**सुनंदा पटवर्धन :** उस शब्द के अलावा, वह अवस्था भी, जिसे उन्होंने यह बताते हुए संप्रेषित किया है। क्योंकि जब 'के' बात कर रहे होते हैं, ऐसा प्रतीत होता है कि वह शब्द से परे किसी अन्य अवस्था की ओर इंगित कर रहे हैं, ऐसी एक अवस्था जिसका वर्णन करना बहुत ही कठिन है।

**कृष्णमूर्ति :** मुझे ठेस पहुँची है। मुझे पता है कि मुझे ठेस लगी है। आपको सुनने पर अब मैं देख पा रहा हूँ इसका सारा अंजाम—बेरुखापन, अलगाव, हिंसा, सब कुछ। क्या यह सब मैं इसलिये देख पा रहा हूँ क्योंकि आपने इस तथ्य की ओर मेरा ध्यान दिलाया है?

**सुनंदा पटवर्धन :** नहीं।

**कृष्णमूर्ति :** रुकिए, उसकी अभी बात करेंगे। या फिर ऐसा है कि मैं खुद इसे देख पा रहा हूँ, भले ही आपने इस ओर इंगित किया हो?

**सुनंदा पटवर्धन :** हाँ, बेशक। तथ्य तो यह है कि आप मेरे जीवन में आए इस अर्थ में कि आपको सुना है मैंने।

**कृष्णमूर्ति :** नहीं, नहीं। कृपया शांति से सुनिए। मैं इसे इसकी समग्रता में देख रहा हूँ। क्या ऐसा है कि चूँकि आपने इस तथ्य की ओर इशारा किया है, इसलिए

मैं कहता हूँ, "वाकई, ऐसा ही तो है"? या, हालांकि आपने इस बात की ओर मेरा ध्यान खींचा है, मैं इसे खुद देख पा रहा हूँ?

**सुनंदा पटवर्धन :** मैं इसे देख पा रही हूँ।

**कृष्णमूर्ति :** तब प्रश्न उठता है : 'के' का कहना है कि एक बार जब इसे आप पूरी तरह से, समग्रता में देख लेते हैं, तभी ठेस का अंत हो जाता है; इसमें अधिसत्ता कहाँ हुई?

**सुनंदा पटवर्धन :** इसमें अधिसत्ता तो है, क्योंकि यही वह अवस्था है जिसे मैं पाना चाहूँगी।

**कृष्णमूर्ति :** फिर उस स्थिति को जाँचिये, जो महत्त्वाकांक्षा है, इच्छा है।

**सुनंदा पटवर्धन :** तो यहाँ पर दो गतियाँ है। एक है, कोई वस्तुतः इस दिशा की ओर अग्रसर इस निरंतर गति के जाल में नहीं फँसना चाहता, और दूसरी वह जो मुक्ति के तौर पर स्वीकृत है।

**कृष्णमूर्ति :** हाँ।

**पुपुल जयकर :** ठीक यही था मेरा मूल प्रश्न। दो बातें हैं जिनका ज़िक्र मैं इस मोड़ पर करना चाहूँगी। एक है 'समग्रता' शब्द, जिस अर्थ में आप इसका प्रयोग करते हैं। उसका मैं परीक्षण करना चाहूँगी।

**कृष्णमूर्ति :** जी, उसे परखिए।

**पुपुल जयकर :** मैं वह दूसरी बात भी कह लूँ : आपने यह भी कहा था, "क्या आप थाम सकते हैं उस...

**कृष्णमूर्ति :** ...ठेस को, और उसके साथ ठहर सकते हैं?"

**पुपुल जयकर :** और उसके साथ ठहर सकते हैं।

**कृष्णमूर्ति :** जो कि समग्र कर्म है।

**पुपुल जयकर :** अब इसकी गहराई में हम चलें। इसके साथ ठहरना, इसमें निहित क्या है?

**कृष्णमूर्ति :** परखते हैं इसे। मुझे ठेस लगी है। मैं जान रहा हूँ कि मुझे ठेस क्यों लगी है, सजग हूँ। वह छवि जिसे ठेस पहुँची है उसके प्रति एक सजगता है तथा उस ठेस के नतीजों के बारे में भी—पलायन, हिंसा, संकीर्णता, भय, विलगाव, खुद को परे खींच लेना, और फिर उस वजह से चिंता, भय, और बाकी सारा कुछ। ठीक? मैं इस सब के प्रति किस तरह से सजग होता हूँ? क्या इसलिए कि आपने मेरा इस ओर ध्यान दिलाया है, या मेरी इसके प्रति सजगता है ही, हालांकि ध्यान आप दिला रहे हैं? मैं इसे देख रहा हूँ, अनुसरण कर रहा हूँ, आपके साथ-साथ चल रहा हूँ—इसमें अधिसत्ता वाली कोई बात ही नहीं है। मैं आपके साथ गतिशील हूँ, आप जो कह रहे है, मैं उससे विलग नहीं हूँ। तो अगर झोल है, तो यहीं पर है।

**सुनंदा पटवर्धन :** एक बिंदु तक तो गतिशीलता है।

**कृष्णमूर्ति :** मैं आपके साथ चल रहा हूँ।

**पी.वाई. देशपांडे :** तो आपके शब्द संकेतक की तरह बन जाते हैं।

**कृष्णमूर्ति :** नहीं, नहीं। कोई संकेतक नहीं है।

**सुनंदा पटवर्धन :** जब तक आप स्वयं का अवलोकन कर रहे हैं, एक संबंध बना है।

**कृष्णमूर्ति :** जिस क्षण मैं वह संबंध तोड़ता हूँ, वहीं मेरा सवाल शुरू हो जाता है, 'मैं इसे कैसे करूँ?' यदि मैं आप जो कह रहे हैं उसे ध्यान से सुन-समझ रहा हूँ—यह ठेस, वह छवि जिसे ठेस लगी, वह पलायन, वह हिंसा—तो मैं आपके साथ-साथ चल रहा हूँ। यह एक वाद्यमंडल, 'ऑर्केस्ट्रा' की तरह है—शब्दों का वाद्यमंडल, एहसास का वाद्यमंडल, अवलोकन का वाद्यमंडल; वह सब कुछ एक प्रवाह में है। जब तक मैं आपके साथ गतिशील हूँ, कोई दिक्कत नहीं है, कोई अंतर्विरोध नहीं है, "मुझे इससे अधिक कुछ चाहिए" ऐसी कोई माँग नहीं आ रही। मैं अभी भी आपके साथ-साथ चल रहा होता हूँ। तब, जब आप यह कहते हैं, "एक बार जैसे ही आप इसे समग्रता में देख लेते हैं, यह चीज़ समाप्त हो जाती है," तो मैं आपके साथ होता हूँ!

**सुनंदा पटवर्धन :** ऐसा नहीं हुआ है; ऐसा होता नहीं।

**कृष्णमूर्ति :** मैं आपको बतलाता हूँ कि क्यों : क्योंकि आपने सुना नहीं है।

**सुनंदा पटवर्धन :** तो पिछले बीस साल से मैंने सुना ही नहीं?

**कृष्णमूर्ति :** ओह, उससे फर्क नहीं पड़ता। एक दिन भी काफी होता है। आपने सुना नहीं है। आप उस शब्द को, उस प्रतिक्रिया को सुन रही हैं; आप वही जारी रखे हुए हैं। आप उसमें साथ-साथ गतिमान् नहीं हैं।

**राधा बर्नियर :** उस सुनने में और समग्र दृष्टि में क्या कोई अंतर है?

**कृष्णमूर्ति :** नहीं। यदि आप बिना व्याख्या, बिना जाँच-परख के, बिना तुलना किए सुन सकती हैं...

**राधा बर्नियर :** ...बिना किसी अपेक्षा के।

**कृष्णमूर्ति :** ... एकदम। सुनना! मैं सुन रहा हूँ, इसलिए मैं आपके संग-साथ आ रहा हूँ। यह दो नदियों के साथ-साथ बहने सरीखा है : वे एक ही नदी हैं। पर मैं उस प्रकार से नहीं सुनता। मैंने उन्हें यह कहते हुए सुना, "समग्रता में...और तब बात समाप्त हो जाती है।" मैं उस स्थिति को पाना चाहता हूँ, इसलिए अब मैं उस संग-साथ से आगे निकल पड़ा हूँ, क्योंकि मुझे वह चाहिए।

**राधा बर्नियर :** इसीलिए यह प्रश्न कि यह जो भी है, इसके साथ कैसे ठहरा जाए, एक गलत प्रश्न है, है न?

**कृष्णमूर्ति :** मैं उसके साथ ठहरा हूँ।

**राधा बर्नियर :** जी हाँ, पर यह प्रश्न ही अपने आप में उसके साथ ठहरने से दूर चला जाता है।

**कृष्णमूर्ति :** बिलकुल, बिल्कुल।

**सुनंदा पटवर्धन :** आप यह कैसे कहते हैं?

**पुपुल जयकर :** मैं इसे मानने को तैयार नहीं। एक ऐसी अवस्था है जिसमें वेदना की एक प्रबल लहर है, गहरे दुःख का एहसास भी है और एक ऐसा अवलोकन जिसमें यह देखना होता है कि इस दुःख से दूर हटने की कोई गतिविधि इसे छितरा तो नहीं रही। संकट की घड़ी में ऊर्जा प्रबल रूप में उठती है और वह चेतना के साथ पूरी तरह से गुँथ जाती है, तब बस एक ही कर्म बचता है, उससे दूर हटने से इन्कार। क्या यह वाजिब है?

**राधा बर्नियर :** क्या इसका यह अर्थ नहीं हुआ कि हम केवल हर ऐसी गतिविधि को बस, देख ही सकते हैं जो इससे दूर ले जाती हो, बजाय यह प्रश्न पूछने के कि "मैं इसके साथ कैसे ठहरूँ?"

**पुपुल जयकर :** वह अवस्था है क्या? असल में होता क्या है?

**कृष्णमूर्ति :** कहाँ?

**पुपुल जयकर :** भय या दुःख की किसी अवस्था को ही ले लें।

**कृष्णमूर्ति :** कुछ भी लीजिए, कोई एक।

**पुपुल जयकर :** दुःख उठता है और आप इससे भर उठते हैं। जब कुछ बहुत गहराई से घटित होता है, तो वह इसी तरह से प्रचालित होता है। वह कर्म क्या होगा—माफ कीजिएगा, अब मैं आपके शब्दों का प्रयोग कर रही हूँ—जो इसे बिना छितरे-बिखरे खिलने लायक बनाएगा?

**कृष्णमूर्ति :** यदि आप वाकई इससे भर उठते हैं, यदि दुःख आपके पूरे वजूद को भर देता है यानी कि आपका पूरा वजूद दुःख नामक उस असाधारण ऊर्जा से आपूरित है, तथा कोई पलायन नहीं हो रहा, कुछ आदि-इत्यादि नहीं है।

**पुपुल जयकर :** कोई पलायन नहीं है, अवलोकन के चलते?

**कृष्णमूर्ति :** ठहरें। सबसे पहले तो यह कहा जा रहा है कि जब दुःख मौजूद होता है, यह आपके पूरे वजूद को उस असाधारण ऊर्जा से भर देता है; परन्तु जैसे ही आप किसी भी तरह से, किसी भी दिशा में इससे दूर हटते हैं, तो वह उस ऊर्जा का अपक्षय, बिखराव है। अब, क्या आप उस ऊर्जा से, जिसे दुःख कहा जाता है, पूर्णरूपेण भरे हुए हैं; या फिर आपमें कहीं, आपका कोई एक हिस्सा है, बचाव का कोई गुप्त उपाय, 'लूपहोल'?

**राधा बर्नियर :** मुझे लगता है कि वह 'लूपहोल' तो हमेशा ही रहता है क्योंकि अपने वजूद के किसी भी एक चीज़ से भर जाने का भय तो है ही।

**कृष्णमूर्ति :** बस वही बात तो है। तो इसने आपके अस्तित्व को आपूरित नहीं किया है?

**राधा बर्नियर :** जी हाँ।

**कृष्णमूर्ति :** यह एक तथ्य है। तो अब आप दु:ख का नहीं बल्कि भय का अनुसरण करते हैं—यह भय कि न जाने क्या होगा, इत्यादि। आप उसमें पैठें। दु:ख को भूल जाएँ और उस भय की गहराई में जाएँ।

**पी.वाई. देशपांडे :** दु:ख, ठेस, ईर्ष्या, क्रोध, जो कुछ भी हो—समग्रता शब्द के प्रयोग में निहित है कुछ माप-तोल।

**कृष्णमूर्ति :** नहीं, नहीं!

**पी.वाई. देशपांडे :** और यहाँ पर ठेस से आपका आशय है कि वह ठेस ही अपने आप में समग्र है।

**कृष्णमूर्ति :** नहीं, सर। हम ज़रा इस समग्र, 'होलिस्टिक', शब्द के अर्थ को समझ लें। समग्र, संपूर्ण का अर्थ है स्वस्थ, शारीरिक रूप से स्वस्थ। तब इसका आशय है संतुलन—मानसिक, मनोवैज्ञानिक तौर पर संतुलित; और फिर उससे, 'होली', पावन, पवित्र। 'समग्र' शब्द में वह सब निहित है।

**पी.वाई. देशपांडे :** यह बात अभी, पहली बार स्पष्ट हुई है।

**कृष्णमूर्ति :** जब आपका स्वास्थ्य बहुत अच्छा है—हो सकता है आप बीमार हों, पर वह स्वास्थ्यकर बीमारी है—और जब भावना के स्तर पर, बुद्धि के स्तर पर, सारा कुछ एकदम संतुलित है बिना किसी विचित्रता के, बिना किसी असंतुलित मनोगति के, तो वह सारी-की-सारी दृष्टि समग्र है। यदि कोई विचित्रता, कोई सनक है, या मस्तिष्क में कहीं कोई मूढ़ता है, विश्वास वगैरह के रूप में, तो वह समग्र नहीं है। तो उस मनोविक्षेप, उस असंतुलन का पीछा कीजिए, उसे धो-पोंछ डालिए। समग्रता की बात ही मत उठाइए। वह समग्र सत्त्व घटित होता है, जब संतुलन हो, स्वास्थ्य हो, वह सब कुछ हो।

**सुनंदा पटवर्धन :** यहीं पर तो दुविधा आती है। आप तो कहते हैं उस अंश को, खंड को देखिए-समझिए। लेकिन जब तक कोई उस अंश को समग्रता में नहीं देखता...

**कृष्णमूर्ति :** 'समग्रता' की फिक्र मत कीजिए।

**सुनंदा पटवर्धन :** तब इस अंश का अवलोकन कैसे करें? वह समग्र है कहाँ? इसे दूसरे ढंग से रखें।

**कृष्णमूर्ति :** नहीं, नहीं।

**सुनंदा पटवर्धन :** तब, इसमें प्रयुक्त प्रक्रिया क्या है?

**कृष्णमूर्ति :** वही मैं कर रहा हूँ।

**सुनंदा पटवर्धन :** पहले क्या आएगा?

**कृष्णमूर्ति :** मैं यही कर रहा हूँ। मुझे समग्रता के विषय में कतई कुछ मालूम नहीं; नहीं जानता। मैं उस शब्द के अर्थ को, उसके वर्णन को, वह क्या संप्रेषित करता है इसको भले ही जानता होऊँ, पर वह मेरे क्षेत्र के बाहर है।

**सुनंदा पटवर्धन :** वह तथ्य नहीं है।

**कृष्णमूर्ति :** वह तथ्य नहीं है। तथ्य यह है कि मैं एक खंड हूँ; मैं अपने आप में इन खंडों के साथ ही कामकाज करता हूँ, जीता हूँ, क्रियाशील होता हूँ। मैं उस अन्य के बारे में कुछ नहीं जानता। तो मैं इसी को, खंड होने के तथ्य को ही लेता हूँ, और उस पर काम करता हूँ।

**फ्रिट्स विल्हेल्म :** यह बात हमें उस शुरुआती प्रश्न पर ले आती है : आपके शब्दों का, उदाहरण के लिए, इस समय हो रहे संप्रेषण के अलावा और क्या महत्त्व है? अपने दैनिक जीवन में, जब मैं आहत होता हूँ, उस वक्त क्या मुझे यह याद आ जाने के कोई मायने हैं कि आपने कहा था : होना यह चाहिए कि हम कभी भी आहत न हों?

**कृष्णमूर्ति :** ओह, नहीं। मैं आहत हुआ, बस यही मुझे मालूम है। यह एक तथ्य है। मुझे ठेस लगी है क्योंकि मैंने खुद की एक छवि बनाई हुई है। क्या मैंने अपनी इस छवि का स्वयं पता लगाया है, या 'के' ने मुझे बतलाया है कि ठेस इस छवि को पहुँचती है? यह पता लगाना बहुत महत्त्वपूर्ण है। क्या उस वर्णन ने इस छवि को रच लिया है, या मुझे मालूम है कि इस छवि का वजूद है?

**सुनंदा पटवर्धन :** हम जानते हैं कि इस छवि का वजूद है।

**कृष्णमूर्ति :** ठीक है। यदि यह छवि वजूद में है, तब मेरा सरोकार इस छवि से है, इससे नहीं कि इस छवि से छुटकारा कैसे पाया जाए, या इस छवि को समग्रतापूर्वक कैसे देखें। मुझे उस बारे में कुछ नहीं मालूम।

**सुनंदा पटवर्धन :** 'छवि को देखने' में समग्रता की धारणा अतंर्निहित प्रतीत होती है।

**कृष्णमूर्ति :** नहीं, मुझे उस धारणा के बारे में कुछ नहीं मालूम। मैं केवल इतना जानता हूँ कि मेरी एक छवि बनी हुई है। मैं जान रहा हूँ। मुझे और किसी बात के साथ नहीं, सिर्फ तथ्य से, 'जो है' उसके साथ रू-ब-रू होना है। वह समग्रता तो अ-तथ्य है।

**सुनंदा पटवर्धन :** यह मैं बहुत स्पष्टता से देख पा रही हूँ। तो कैसे हम इसका समग्रता में, पूर्णतया अवलोकन करें? यही सवाल उभरकर आता है।

**पुपुल जयकर :** 'पूर्णतया' यह आपका वक्तव्य है।

**कृष्णमूर्ति :** बिल्कुल। हटा दीजिए उसे, दूर फेंक दीजिए।

**सुनंदा पटवर्धन :** तब तो कोई समस्या नहीं है क्योंकि तब हम ठेस के कुछ लक्षणों को देख पाते हैं। इसका अवलोकन होता है और यह समाप्त हो जाता है। यह प्रक्रिया तो चलती रहती है, इसके लिए आवश्यक नहीं है कि वह...

**कृष्णमूर्ति :** ...मुझे बताएँ...

**सुनंदा पटवर्धन :** ...कि किसी भी चीज़ का अवलोकन उस स्तर पर करना है। चेतना में जो भी उभर रहा हो, उस चेतना का अवलोकन, फिर उसका उतार—इस प्रक्रिया से तो हम परिचित हैं ही।

**पी.वाई. देशपांडे :** उसके बावजूद, उनको सुनने के समय एक चीज़ तो बनी रहती है। हर बार जब आप उन्हें सुन रहे होते हैं, आपमें यह जागरूकता होती है कि आप वहाँ पर हैं नहीं।

**अच्युत पटवर्धन :** इसीलिए, यह चर्चा सत्ता-प्रामाण्य, मुख्तियारी के बहुत ही मूल प्रश्न से शुरू हुई थी। इस पर चर्चा आरंभ करने की मुख्य वजह यह थी कि हम आपके हर कथन को प्रमाण बना लेते हैं, और तब वही बोध में बाधा बन जाता है।

**कृष्णमूर्ति :** हाँ सर, बिल्कुल। ज़ाहिर-सी बात है।

**पी.वाई. देशपांडे :** कुछ तो बात छूट रही है इसमें।

**कृष्णमूर्ति :** देखिए सर, इसमें कुछ बहुत दिलचस्प उभर कर आ रहा है। क्या आप सीख रहे हैं, या, क्या आपको इसमें एक अंतर्दृष्टि प्राप्त हो रही है? सीखने में तो सत्ता-प्रामाण्य निहित है। (हँसी) आपका क्या कहना है?

**अच्युत पटवर्धन :** सर, हम बार-बार फिर इसी बात पर आ जाते हैं।

**कृष्णमूर्ति :** बात यही है। क्या आप सीख रहे हैं और उस सीखने से कार्यव्यवहार कर रहे हैं? क्या आप यह देख पा रहे हैं? मैं सीखता हूँ और तब उसे काम में लाता हूँ। मैं गणित, तकनीकी आदि विषयों के बारे में पढ़ता हूँ, उस ज्ञान को अर्जित करके इंजीनियर बन जाता हूँ और वह कार्य करता हूँ। अथवा मैं सीधे मैदान में उतरता हूँ, कार्य करते हुए सीखता हूँ। दोनों स्थितियों में ज्ञान का संचय है और उस संचित ज्ञान के बल पर कार्य होता है। ऐसा ज्ञान अधिकारभाव का, प्रमाण का रूप ले लेता है। ''मैं जानता हूँ क्योंकि मैं एक इंजीनियर हूँ।''

**सुनंदा पटवर्धन :** यदि मैं इसे इस तरह रख सकूँ : सीखना एक अस्थायी आज़ादी देता है।

**कृष्णमूर्ति :** क्या?

**सुनंदा पटवर्धन :** अवलोकन की यह क्रिया कुछ देर के लिए आज़ादी देती है।

**कृष्णमूर्ति :** नहीं, ऐसा कुछ नहीं है। माफ कीजिए। आपने सुना ही नहीं जो मैं कह रहा हूँ। आप अपने ही विचार के साथ जा रही हैं।

**सुनंदा पटवर्धन :** मैं सीखने के अर्थ को विस्तार दे रही हूँ।

**कृष्णमूर्ति :** नहीं, आप अपने ही विचार में उलझी हैं। मैं आपसे कुछ कहना चाह रहा हूँ, कृपया ध्यान से सुनिए, अपने विचारों के साथ नहीं। इसे सुनिए। हमने पूछा था, सीखना क्या है? या तो आप ज्ञान को संचित कर उसे कार्यरूप देते हैं या

आप बाहर निकलते हैं, कार्य करते हैं, और सीख रहे होते हैं। अतएव यह भी ज्ञान के अनुसार कार्य करना ही हुआ। इस प्रकार ज्ञान मुख्तियारी का, 'अथॉरिटी' का रूप ले लेता है, वह चाहे एक डाक्टर की हो, वैज्ञानिक की हो, वास्तुशिल्पी की हो या और किसी की। वह गुरु कहता है, "मैं जानता हूँ"—जो कि उसकी अधिसत्ता है। अब, कोई आकर यह कहता है : "देखिये, संचित ज्ञान के आधार पर कार्य करना एक कारागृह है, उसमें आप कभी मुक्त नही हो पाएँगे। आप ज्ञान के माध्यम से आरोहण नहीं कर सकते।" ब्रोनोस्की तथा औरों ने इस धारणा को कायम रखा है कि मनुष्य केवल ज्ञान के, जानकारी के माध्यम से ही आरोहण, उन्नति कर सकता है। ज्ञान तब यांत्रिक बन जाता है। 'के' जैसा कोई आकर कहता है : "इसे भिन्न प्रकार से देखिए। कर्म को अंतर्दृष्टि के तौर पर देखिए। यह नहीं कि पहले ज्ञान का संचय और तब कर्म; अपितु अंतर्दृष्टि, कर्म।" इसमें तब कोई अधिकारीभाव नहीं है।

**पुपुल जयकर :** आपने अंतर्दृष्टि शब्द का प्रयोग किया है। इस शब्द की वास्तविक प्रकृति क्या है?

**कृष्णमूर्ति :** किसी भी चीज़ को भीतर से देख पाना; उसका तत्क्षण पकड़ में आ जाना। यह शख्स कहता है, "ध्यान से सुनिए।" आप सुन नहीं रहे होते हैं, यही मेरा कहना है। तो एक तो आप सीधे-सीधे कुछ करते हैं; तथा सीखने के बाद कुछ करते हैं। यानी कि सूचना का, जानकारी का संचय होता है और फिर उसी ज्ञान के आधार पर, उसे व्यवहार में लाया जाता है, दक्षतापूर्वक या दक्षता के बगैर। तो यह सीखना हुआ; अर्थात ज्ञान का संचय और तब फिर क्रिया। फिर एक और भी है, कि आप निकल पड़ते हैं, कार्य करने लगते हैं, और सीखते चलते हैं, है यह भी पहले वाले की तरह ही। दोनो में कार्य ज्ञान के आधार पर ही हो रहा है। इस प्रकार ज्ञान अधिकारीभाव का रूप धारण कर लेता है। और जहाँ पर 'अथॉरिटी' है, वहाँ दमन इत्यादि अवश्यंभावी है। तो वह शख्स कहता है, आप इस प्रक्रिया के ज़रिये कहीं भी ऊपर की ओर नहीं जा सकते; यह यांत्रिक है। तो उसका कहना यही है। अब, क्या आप इन दोनों को, इस पूरी-की-पूरी चीज़ को, एक यांत्रिक गतिविधि के रूप में देख पा रहे हैं? यदि आप देख पाते हैं, तो यही अंतर्दृष्टि है। अतः, आप ज्ञान के आधार पर कार्य नहीं कर रहे होते; बल्कि ज्ञान, सत्ता-प्रामाण्य, उस सारे मसले के निहितार्थ को देख लेते हैं, और एकदम भिन्न ढंग से कार्य करते हैं। उदाहरण के लिए, जिस व्यक्ति ने जेट का आविष्कार किया, उसे तो पिस्टन की गति की सारी जानकारी रही होगी, कि पिस्टन में क्या होता है, उसकी आंतरिक 'कम्बस्चन' मशीनरी की जानकारी, और उसने कहा, "जी हाँ, इसको तो मैं अच्छी तरह जानता हूँ। पर इसे एक तरफ रख दिया जाए। मुझे एक ज़बरदस्त एहसास हो रहा है कि मैं किसी किनारे के करीब हूँ। वे मालूमात तो मुझे हैं, पर मैं कुछ और ही टटोल-ढूँढ़ रहा हूँ।" अब, आप ऐसा

नहीं करते; आप उसी चीज़ में अटके रहते हैं और पूछा करते हैं, "मैं इससे बाहर कैसे निकलूँ?"

तो अब हम कहाँ पर हैं? स्व-ज्ञान तथा 'के' के शब्द—यदि दोनों एकलय होकर गति कर रहे हैं, तो बात खत्म हो गयी, बात बहुत ही सरल है, आप आगे बढ़ जाते हैं।

**पुपुल जयकर :** क्या 'के' के शब्द के साथ गति का होना अनिवार्य है? या, क्या वह प्रकटन, 'रेवलेशन' उस शब्द की गति के बगैर भी संभव है?

**कृष्णमूर्ति :** ठीक है। 'के' का कहना है : अपना प्रकाश स्वयं बनो। इसका तात्पर्य यह नहीं कि वह प्रमाणपुरुष हो गये। 'के' का कहना यह है कि कोई आपको वहाँ नहीं ले जा सकता, आप उसे आमंत्रित नहीं कर सकते। 'के' द्वारा कहा जा रहा है कि आप बेशक 'के' को अगले सहस्रों साल अविरल सुनते रह सकते हैं तब भी यह आपको उपलब्ध नहीं होगा। परंतु यह भी कहा जा रहा है, "अपने दीपक खुद बनें" और आप समग्रता में उस शै को देख पाते हैं। (अंतराल)

देखिये, स्वयं को जानना अत्यंत कठिन कार्यों में से एक है। क्योंकि जब मैं अपने आप को देखता हूँ, तो स्वयं के उस अवलोकन में, जो मैंने देखा है, उसको लेकर मैं एक निष्कर्ष बना लेता हूँ। और फिर अगला अवलोकन उस निष्कर्ष के ज़रिये होता है।

तो मैं असलियत को कभी नहीं देख पाता; मैं बस अतीत की उन निष्पत्तियों के माध्यम से देख रहा होता हूँ। उसका अवलोकन जो कि वस्तुतः है—मिसाल के तौर पर क्रोध—उसे देखना, बिना किसी निष्कर्ष के कि यह सही है, गलत है, अच्छा है, बुरा है। कोई निष्कर्ष नहीं। और अगली बार जब वह उठे, वह पहले से ही—आप समझ रहे हैं न? जिस पल कोई निष्कर्ष नहीं है, आप समग्रतापूर्वक अवलोकन कर रहे होते हैं।

**पी.वाई. देशपांडे :** जिसमें निहित है ऊर्जा।

**कृष्णमूर्ति :** जी हाँ। आप, क्रोध का अवलोकन करते हैं, किसी भी निर्मित निष्कर्ष के बगैर। क्या आप यह कर सकते हैं? जिसका मतलब है, कोई मत-निर्धारण नहीं, न ही कोई तर्कसंगति बिठाने का सिलसिला, न तुलना, और न किसी पूर्व-पहचान का सक्रिय होना कि "हाँ, मुझे याद है मैं पहले क्रोधित हो चुका हूँ।" अतएव, क्रोध शब्द को भी प्रयुक्त न करना—कोशिश करिए!

**पी.वाई. देशपांडे :** ऊर्जा का यह उतार-चढ़ाव, 'वोल्टेज' कभी ज़्यादा कभी कम।

**कृष्णमूर्ति :** नहीं, ज़्यादा या कम की बात नहीं। मैं क्रोधित हूँ। क्या मैं इसका अवलोकन कर सकता हूँ बिना किसी पूर्व-पहचान के, बिना उस शब्द के, बिना उसे सही या गलत ठहराए। क्या मैं किसी का अनुसरण कर रहा हूँ, या कि मैंने कहा है, "हाँ, देख तो लिया जाए?" क्या मैं इसे देख सकता हूँ बिना पहचाने, बिना उस शब्द के? क्या मैं ऐसा कर सकता हूँ—क्रोध के उस एहसास का अवलोकन बिना शब्द के? शब्द ही बीती बातों की याददाश्त है, और इसलिए अतीत से नाते जुड़ते जाते

हैं, यानी कि, क्या मैं इसे बिना किसी जान-पहचान के, बिना कोई निष्कर्ष रखे देख सकता हूँ? वह सारा कुछ एक निष्कर्ष ही है।

**पी.वाई. देशपांडे :** मैं इसे देख रहा हूँ।

**कृष्णमूर्ति :** ओह, नहीं। आप नहीं देख रहे हैं।

**पी.वाई. देशपांडे :** ऊर्जा का प्रश्न अलबत्ता बाकी रहता है। मैं इसे आमंत्रित नहीं करता हूँ; वह आती है और चली जाती है।

**कृष्णमूर्ति :** नहीं। आपकी ऊर्जा का क्षरण निष्कर्षों के ज़रिये हुआ है। जब कोई भी निष्कर्ष नहीं है, वह तमाम ऊर्जा आपको उपलब्ध रहती है जो कि अवलोकन के वास्ते ज़रूरी है।

**प्रश्नकर्ता-1 :** कभी-कभी हम क्रोध को उस ढंग से देख पाते हैं जिस ढंग से आप चाहते हैं कि हम देखें।

**कृष्णमूर्ति :** ओह, जो मैं चाहता हूँ वैसे नहीं। क्या आप देख सकते हैं... ?

**प्रश्नकर्ता-1 :** कभी-कभी उस तरह से देखना संभव नहीं हो पाता है।

**कृष्णमूर्ति :** ठीक है। मैं इसे नहीं देख पाता हूँ क्योंकि मेरे पास वक्त नहीं है। आज की सुबह मेरे पास वक्त नहीं है, क्योंकि मुझे दफ़्तर जाना है। तो मैं इसे देखना बाद में फिर शुरू करता हूँ। मैं इसे फिर से लेता हूँ : मैं क्रोधित हुआ हूँ, मैं अब इसे देखने वाला हूँ। मैं बिना किसी निष्कर्ष के उसका अवलोकन कर सकता हूँ। निष्कर्ष ही वह अतीत है, निष्कर्ष ही वह अवलोकनकर्ता है। क्या मैं इसे बिना उस अवलोकनकर्ता के देख सकता हूँ? तो, स्व-ज्ञान, 'सेल्फ़-नॉलिज' से हमारा अभिप्राय खुद को जान लेना नहीं है, बल्कि यह विचार की हरएक हलचल को जानना-देखना है। क्योंकि यह 'स्व' यह विचार, यह छवि ही तो है—'के' की छवि, मेरी छवि, और बाकी सब छवियाँ। तो विचार की हर एक गतिविधि को देखें, एक भी विचार, गुज़रने न पाए बिना यह जाने-समझे कि वह है क्या। करके देखें, करें इसे, और आप देख पाएँगे कि क्या हो रहा होता है। जैसा कि आप कल रात कह रहे थे, यह मस्तिष्क के स्नायुओं को सबल बनाता है। (हँसी)

**प्रश्नकर्ता-1 :** दूसरे शब्दों में, अवलोकन करने के लिए, देखने के लिए, द्रष्टा को पर्याप्त बलशाली होना होगा।

**कृष्णमूर्ति :** नहीं। आप फिर अपनी पुरातन प्रणाली में लौट रहे हैं। भगवान के वास्ते! आप सभी परंपरा में पले-बढ़े हैं! बात बलशाली होने की नहीं है। हो सकता है कि बल कायरता हो। तो अवलोकन करें। यदि आपकी इसमें रुचि है, तो आप अवलोकन करते हैं। यदि आपकी इसमें रुचि नहीं है तो अपने ऊपर ज़ोर मत डालिए। यदि मुझे रूसी भाषा सीखने में रुचि है, तो मैं उसके साथ खेलूँगा, दिन भर

मैं बीच-बीच में उसे देखता-गुनता रहूँगा, क्योंकि मुझे दिलचस्पी है। पर यदि मैं खुद से ज़बर्दस्ती करता हूँ...

**सुनंदा पटवर्धन :** क्या किसी भी एक विचार में, 'स्व' का, 'मैं' का, सारतत्व है?

**कृष्णमूर्ति :** जी हाँ। मैं तो यही कहूँगा। विचार भय है, विचार सुख है, विचार दु:ख है। और विचार प्रेम नहीं है, विचार करुणा नहीं है। वह छवि जिसे विचार ने रचा है वह 'मैं' है। यह 'मैं' ही वह छवि है। 'मैं' और उस छवि के बीच कोई फर्क नहीं है; वह छवि ही 'मैं' है। अब मुझे उस छवि को देखना है। वह छवि जो कि 'मैं' है उसे मैं देखता हूँ, यानी कि, मुझे निर्वाण हासिल करना है—वह तमाम भयावह बखेड़ा। जिसका मतलब है कि मैं बड़ा ही लालची हूँ; बस उतनी बात है। धन चाहने के बजाय मैं अब और कुछ चाहता हूँ; यही लालच है। तो अब मैं लालच की तहकीकात करता हूँ। मैं लालची क्यों हूँ? लालच है क्या? इसका मतलब है 'और-और की रटन'? यानी कि जो है उसे मैं—कुछ और, कुछ उससे बड़े, बेहतर में—बदलना, रूपांतरित करना चाहता हूँ। इसलिए यह लालच ही तो हुआ। अत: मैं प्रश्न करता हूँ: "अब, मैं ऐसा क्यों कर रहा हूँ? मैं क्यों और-और की चाह कर रहा हूँ? क्या यह परंपरा है? क्या यह आदत है? क्या यह मस्तिष्क की यांत्रिक प्रतिक्रिया है?" मैं पता लगाना चाहता हूँ। या तो इसे मैं एक नज़र में पता लगा सकता हूँ या एक एक करके, कदम-दर-कदम। एक ही नज़र में इसका अवलोकन मैं तब कर सकता हूँ जब उसमें मेरा कोई प्रयोजन न हो। प्रयोजन ही विकृत करने वाला घटक है : मैं आपसे प्रेम करता हूँ क्योंकि आप मुझे यौनसुख देते हैं; मैं आपसे प्रेम करता हूँ क्योंकि आपके पास धन है; मैं आपसे प्रेम करता हूँ क्योंकि मुझे आपसे कुछ चाहिए, स्वर्ग या और कोई छोटी-मोटी बेहूदा शै।

तो मैं स्वयं को जानना चाहता हूँ। वाकई जानना चाहता हूँ। खुद को जानना-समझना बेहद दिलचस्प है क्योंकि हो सकता है आप स्वयं ही यह विश्व हों, कोई परिकल्पनात्मक विश्व नहीं, अपितु यह ब्रह्मांडीय विश्व। मैं स्वयं को जानना चाहता हूँ क्योंकि मैं यह बहुत साफ-साफ देख रहा हूँ कि यदि मैं स्वयं को नहीं जानता, तो जो कुछ भी मैं कहता हूँ वह निरर्थक है, विकृत है। मैं इसे देख रहा हूँ, सिर्फ शाब्दिक स्तर पर नहीं। यदि मैं खुद को नहीं जान रहा, तो यह विकृति है; तब मेरे सारे कर्म विकृत, भ्रष्ट हो जाते हैं, और यह बात मैं प्रामाणिकता से कह रहा हूँ। मैं एक विकृत, भ्रष्ट जीवन नहीं जीना चाहता, और मैं देख पा रहा हूँ—इच्छाशक्ति और उस प्रकार की निरर्थकताओं को सक्रिय किए बगैर—कि मेरे लिए स्वयं को जानना बेहद ज़रूरी है।

स्वयं को जानने के लिए मैं देखता हूँ, अवलोकन करता हूँ। मैं आपसे, अपनी पत्नी अथवा पति से अपने नाते के दौरान अवलोकन करता हूँ। उस अवलोकन में मैं स्वयं को उस संबंध में प्रतिबिम्बित होता देखता हूँ। मैं लालची हूँ। मुझे पत्नी चाहिए

क्योंकि मुझे यौन-संबंध चाहिए; मुझे सुकून चाहिए; वह मेरे बच्चों की देखभाल करती है, खाना पकाती है, अतः मैं उस पर निर्भर हूँ। तो उसके साथ अपने संबंध में, मुझे सुख की प्रणाली, आसक्ति की प्रणाली, और राहत-आराम आदि की प्रणाली का पता लगता है।

तो अब मैं यहाँ हूँ। और क्या मैं यह अवलोकन बिना उस अतीत के, बिना किसी निष्कर्ष के कर रहा हूँ? और इसलिए मेरा यह अवलोकन परिशुद्ध है, खरा है। तो जैसे ही आप कहते हैं "अपना प्रकाश स्वयं बनिए", तो आप पर किसी की मुख्तियारी, कोई 'अथॉरिटी' नहीं रहती—विदा हो गये समस्त सत्ता-प्रामाण्य, गीता, गुरु, आश्रम, अपने सारे तमाशे समेत।

यहाँ एक प्रश्न वाकई दिलचस्प होगा : यदि मैं अपना उजाला खुद हूँ, तो राजनीतिक, आर्थिक और सामाजिक रूप से मेरे संबंध का स्वरूप क्या होगा? आप इन प्रश्नों को पूछते नहीं हैं? मुझे कार्टर को, या मिस्टर फोर्ड को वोट तो देना होगा। मैं खुद के वास्ते प्रकाश हूँ। तो इसे लीजिए, सुलझाइए। या फिर मैं रूस में रहता हूँ, जो एक निरंकुश निज़ाम है।

मैं स्वयं के लिए दीप हूँ, इसे मैं स्पष्ट देख पा रहा हूँ; मेरा कोई मुख्तियार, कोई 'अथॉरिटी' नहीं है, और कोई मार्गदर्शक नहीं है। तो फिर मैं निरंकुशता, तानाशाही के संदर्भ में—गुरुओं की तानाशाही, आश्रमों की तानाशाही, इस सारे कारोबार के साथ किस तरह से बरतता हूँ। मुझे मालूम है कैसे। आप कैसे बरतेंगे, आपका कर्म क्या होगा? यानी कि, 'स्वयं के लिए प्रकाश होने' का अर्थ है समग्र होना। ऐसा कुछ भी, जो समग्र नहीं हो, विकृति है। इसलिए, एक समग्र मनुष्य विकृति से, भ्रष्टता से संबद्ध नहीं होगा।

*मुंबई में संवाद, 14 जनवरी, 1977*

# 2

## अज्ञान का आदि व अंत

*क्या अज्ञान का अंत संभव है? और यह अज्ञान ही चेतना है; ठीक?*

**पुपुल जयकर :** कृष्णजी, क्या हम चेतना और मस्तिष्क की कोशिकाओं के साथ उसका जो संबंध है, इस पर चर्चा कर सकते हैं? हमें आपकी वार्ताओं से लगता है कि आप इन दोनों का एक ही अर्थ में प्रयोग करते हैं। क्या इनकी प्रकृति एक ही है, या ऐसा कुछ है जो इन्हें एक दूसरे से भिन्न पहचान देता है?

**कृष्णमूर्ति :** आप पूछ रहे हैं : चेतना और मस्तिष्क की कोशिकाओं के बीच क्या संबंध है? उनकी प्रकृति एक ही है या वे दोनों भिन्न हैं?

**पुपुल जयकर :** आपने यह भी कहा है कि आप इन दोनों को पर्यायवाची मानते हैं।

**कृष्णमूर्ति :** पर्यायवाची, हाँ।

**पुपुल जयकर :** परंपरा द्वारा और आपके द्वारा चेतना इस शब्द के प्रयोग में यह फर्क है कि परंपरावादी, चेतना में उसे भी शामिल करते हैं जो इस दायरे के क्षितिजों से आगे है।

**कृष्णमूर्ति :** ओह, तो वे इस तरह से प्रयोग करते हैं; ऐसा?

**पुपुल जयकर :** ऐसा लोगों ने मुझे बताया है। यह अर्थभेद की समस्या है और मैं सोचती हूँ कि इसकी चर्चा ज़रूरी है।

**मॉरिस फ्रीडमैन :** मस्तिष्क तो केवल कोशिकाओं का झुंड है, कोशिकाओं का जंगल, और प्रत्येक कोशिका काफी हद तक आत्मनिर्भर होती है। मस्तिष्क की प्रत्येक कोशिका स्वतंत्र रूप से जीवित रह सकती है। तो क्या हमारी चेतना कुल मिलाकर विभिन्न कोशिकाओं की चेतनाओं का जोड़ है, या फिर कोई संज्ञानात्मक घटक भी मौजूद है? या फिर वह बस एक परिणाम है?

**कृष्णमूर्ति :** असल मुद्दे पर आइए।

**मॉरिस फ्रीडमैन :** एक तो यह प्रश्न है। दूसरा, क्या पहले आता है और क्या बाद में? चेतना पहले है और फिर मस्तिष्क, या पहले मस्तिष्क आता है, फिर चेतना?

**कृष्णमूर्ति :** वो एक ही बात है।

**मॉरिस फ्रीडमैन :** अब, विशुद्ध तर्क की दृष्टि से, चेतना का अस्तित्व पहले है, क्योंकि हम चेतना के रूप में ही मस्तिष्क के बारे में बात कर सकते हैं। इसलिए चेतना ही प्राथमिक घटक है।

**कृष्णमूर्ति :** मैं पूछना चाहूँगा कि चेतना शब्द से आपका आशय क्या है? हम शुरुआत से शुरू करें। इसका अर्थ क्या है?

**मॉरिस फ्रीडमैन :** वह जो वर्तमान में है।

**पुपुल जयकर :** वह बहुत ही सीमित है, वही अर्थ हमने इसे दिया हुआ है।

**कृष्णमूर्ति :** हम आहिस्ता चलेंगे। चेतना है क्या, किसी चीज़ के प्रति सचेत होना?

**मॉरिस फ्रीडमैन :** दोनों का आशय 'मैं' और उस प्रस्तुति से है।

**कृष्णमूर्ति :** मुझे इस बारे में सुनिश्चित होना है कि हम दोनों उस शब्द के अर्थ को ठीक से समझ रहे हैं। हम माइक्रोफ़ोन के प्रति सचेत हैं।

**मॉरिस फ्रीडमैन :** आप कहीं और चले गये। आप जिसकी बात कर रहे हैं वह तो जीवन का एक छोटा-सा कण है।

**कृष्णमूर्ति :** चेतना क्या है, सर?

**मॉरिस फ्रीडमैन :** आप इसके प्रति सचेत हैं। (माइक्रोफ़ोन की ओर इशारा करते हुए)

**कृष्णमूर्ति :** मेरा कहना भी बस यही है।

**मॉरिस फ्रीडमैन :** किसी भी माइक्रोफोन के प्रति सचेत होने की बात नहीं।

**कृष्णमूर्ति :** नहीं। मैं इसके प्रति सचेत हूँ, पर तब मैं माइक्रोफ़ोन शब्द का इस्तेमाल करता हूँ।

**मॉरिस फ्रीडमैन :** पर वह तो संज्ञान के बाद की अवस्था है।

**कृष्णमूर्ति :** जी हाँ, बिल्कुल। तो केवल, इसके प्रति सचेत होने की अवस्था है; फिर उसके नाम के इस्तेमाल की प्रक्रिया शुरू होती है, और तब पसंदगी और नापसंदगी आ जाती है।

**मॉरिस फ्रीडमैन :** सबसे पहले तो हमें उसके बोध की दरकार होती है, नामांकन उसके बाद होता है।

**कृष्णमूर्ति :** तो चेतना का अर्थ है 'किसी चीज़ का भान होना'।

**मॉरिस फ्रीडमैन :** अपने संवेदनों का, 'सेंसेशन' का भान होना।

**कृष्णमूर्ति :** भान होना, उसके प्रति सचेत होना। संपर्क, बोध, संवेदन और विचार। ठीक?

**अच्युत पटवर्धन :** मुझे लगता है कि चेतना संवेदन के पहले ही है। यह एक ही क्षेत्र है, और किसी एक समय में संवेदन के ज़रिये इसके कुछ हिस्से का मुझे भान होता है, परंतु मुझे दिखता है कि क्षेत्र इससे कहीं अधिक बड़ा है। मैं देखता हूँ कि जब मैं सचेत हूँ, तो मुझे एक वृहद् विस्तार के किसी एक हिस्से का ही भान है। वह संपूर्ण क्षेत्र मेरी सजगता के दायरे में नहीं है। तो मैं चेतना को केवल उस क्षेत्र के अंतर्गत सीमित नहीं रखना चाहता हूँ जिसका सीमांत मेरी जागरूकता से जुड़ा हो, क्योंकि उसका भी कोई बँधा-बँधाया आयाम तो नहीं है। जागरूकता बदलती रह सकती है; किसी भी क्षण विशेष में, हो सकता है मेरी सजगता का विस्तार उस पूरे क्षेत्र के युगपत् न हो। तो मुझे यह लगता है कि चेतना को मेरी दृष्टि के दायरे से कहीं अधिक विस्तीर्ण माना जा सकता है।

**कृष्णमूर्ति :** मैं समझ रहा हूँ। तो प्रश्न यह है : 'उस चेतना और मस्तिष्क की कोशिकाओं के बीच क्या संबंध है?' पुपुल ने चेतना शब्द का इस्तेमाल किया है।

**मॉरिस फ्रीडमैन :** सबसे पहले आप उनसे चेतना शब्द को, जिस अर्थ में उसे वह लेती हैं, परिभाषित करने को कहें, बजाय तुरंत इसकी तत्त्वमीमांसा में उतरने के।

**कृष्णमूर्ति :** वही मैं पूछ रहा था।

**पुपुल जयकर :** चेतना शब्द का मैं क्या अर्थ लेती हूँ, बात यह नहीं है। कृष्णजी के वार्तालाप से ही लें, तो जब आप कहते हैं कि चेतना की अंतर्वस्तु ही चेतना है, इसमें यह निहित है कि मस्तिष्क की कोशिकाओं में जो कुछ है, वही चेतना है, क्योंकि ऐसा कोई क्षेत्र नहीं जो मस्तिष्क की कोशिकाओं में समाविष्ट न हो। यदि कोई क्षेत्र है जो मस्तिष्क की कोशिकाओं से बाहर है, और उसे भी चेतना कहा जा रहा हो, तो उसमें आगे अन्वेषण करना होगा और यह कहना होगा...

**कृष्णमूर्ति :** ....कि वह सब भी चेतना है।

**पुपुल जयकर :** ...वह सब भी चेतना है। तब आप यह नहीं कह सकेंगे कि चेतना की अंतर्वस्तु ही चेतना है।

**कृष्णमूर्ति :** ज़रा एक मिनट ठहर जाएँ यहाँ। क्या यह स्पष्ट है? मैंने कहा है कि चेतना की अंतर्वस्तु ही चेतना है।

**मॉरिस फ्रीडमैन :** वह सब कुछ जो हम चेतना के बारे में जानते हैं।

**अच्युत पटवर्धन :** 'चेतना की अंतर्वस्तु ही चेतना है' यह वक्तव्य जिसे बोध हो रहा है उससे नहीं जुड़ा है, यह उसके बावजूद, उससे अलहदा बात है। यह वक्तव्य चेतना के बारे में है। यह आपकी चेतना, मेरी चेतना, उसकी चेतना नहीं है। चेतना की अंतर्वस्तु, उसके अंतर्गत जो सामग्री है, वही चेतना है।

**कृष्णमूर्ति :** ठीक बात है। इसलिए उस चेतना के क्षेत्र के बाहर कोई सामग्री नहीं है।

**पुपुल जयकर :** जैसे ही आप प्रस्तावित करते हैं : 'चेतना के क्षेत्र से बाहर',

तो एक ऐसी अवस्था को भी मान्य कर लेते हैं जिसका अस्तित्व, हो सकता है हो...

**कृष्णमूर्ति :** ....या न भी हो।

**मॉरिस फ्रीडमैन :** सरल शब्दों में कहें तो आपका कहना है : क्या अज्ञात, चेतना का एक हिस्सा है?

**कृष्णमूर्ति :** यही बात है, बस। बहुत सरल। बढ़िया, इसके साथ रहिए। क्या अज्ञात, चेतना का एक हिस्सा है, चेतना जो कि वह सामग्री है?

**पुपुल जयकर :** वस्तुतः इसी मसले पर मैं चर्चा करना चाहूँगी। कृष्णजी चेतना का एक बहुत खास मायने में प्रयोग करते हैं। कृष्णजी के और वेदांतियों के दृष्टिकोण में एक बड़ा फर्क है, जैसा कि मैंने समझा है। वहाँ चेतना उसे माना गया है, जो कुछ भी किसी अन्य वस्तु के अस्तित्व में आने से पहले ही अस्तित्व में है।

**कृष्णमूर्ति :** ओहो, नहीं, नहीं...

**अच्युत पटवर्धन :** परंपरागत दृष्टिकोण, जैसा कि मैंने समझा है, यही है।

**पुपुल जयकर :** बौद्ध परंपरा में नहीं।

**अच्युत पटवर्धन :** हाँ, हम यहाँ वेदांत के पक्ष पर बात करें।

**कृष्णमूर्ति :** आपको वेदांत का पक्ष बतलाना भी होगा, क्योंकि मुझे उसका कोई अंदाज़ा नहीं।

**अच्युत पटवर्धन :** मूलतः, अस्तित्व के स्रोत में एक वृहद्, अबोधगम्य ऊर्जा है जिसे वे चैतन्य कहते हैं। चैतन्य ही ऊर्जा का स्रोत है। चित् जीवन है, जीवन-ऊर्जा। तो यह एक दृष्टिकोण है। बौद्ध अवस्थिति इस विषय में कुछ भी नहीं कहती।

**कृष्णमूर्ति :** ठीक बात है।

**अच्युत पटवर्धन :** वे इस विषय में एक भी शब्द कहने से इनकार करते हैं। इसीलिए बौद्ध मत के आधार पर पुपुलजी के प्रश्न का उत्तर हम नहीं दे पाएँगे क्योंकि बौद्ध खुद इस बारे में कुछ नहीं कहते। उसके बारे में कुछ भी कहना अनुमान मात्र ही होगा; और उनका कहना है कि अटकलबाज़ी की प्रक्रियाएँ, यथार्थ बोध का साधन नहीं बन सकतीं।

**कृष्णमूर्ति :** और इसलिए चेतना की अंतर्वस्तु उस अटकल का ही हिस्सा हुआ।

**अच्युत पटवर्धन :** इसलिए वे कहते हैं कि हमें अपने को, जो भी है उसी तक सीमित रखना होगा।

**कृष्णमूर्ति :** क्या यह सही होगा? जैसा कि हमने कल कहा, अज्ञान का आरंभ नहीं है, पर उसका अंत है। अज्ञान के आरंभ की तहकीकात में न जाएँ।

**अच्युत पटवर्धन :** सही बात है। बहुत खूब, बहुत खूब।

**कृष्णमूर्ति :** परंतु उसका अंत कैसे हो, यह पता लगाएँ। यह बात ठीक है, यह सटीक बिंदु है। इसी के साथ टिका जाए।

**अच्युत पटवर्धन :** यह एक अदभुत बिंदु है। हमें इसी क्षण कुछ स्पष्ट हुआ है।

**कृष्णमूर्ति :** बिल्कुल ठीक। वह बात सही है।

**मॉरिस फ्रीडमैन :** बौद्धों का कहना है कि चेतना जैसा कोई तत्त्व नहीं है, परंतु चेतना की अवस्थाएँ होती हैं, चेतना की आणविक अवस्थाएँ।

**कृष्णमूर्ति :** जी हाँ।

**मॉरिस फ्रीडमैन :** और इन अवस्थाओं का सिलसिला ही चेतना का मूल है।

**कृष्णमूर्ति :** तो अब शुरू करते हैं। अज्ञान का कोई आरंभ नहीं, पर इसका अंत संभव है। अज्ञान के आरंभ की जाँच-पड़ताल हम न करें क्योंकि वह अटकलबाज़ी भर होगी, समय की बरबादी। पर क्या अज्ञान का अंत संभव है? और यह अज्ञान ही चेतना है; ठीक?

**अच्युत पटवर्धन :** चेतना अज्ञान है, इस दृष्टिकोण की हमें छानबीन करनी होगी, इस मायने में कि यह बात उतनी साफ नहीं है जितनी कि पिछली वाली।

**कृष्णमूर्ति :** नहीं, नहीं।

**अच्युत पटवर्धन :** तो हम कह रहे हैं कि यह पूरी तरह से तथ्यात्मक बात है।

**मॉरिस फ्रीडमैन :** ठीक यही तो अद्वैतवादी भी कहते हैं।

**कृष्णमूर्ति :** मुझे नहीं पता अद्वैतवादी क्या कहते हैं?

**मॉरिस फ्रीडमैन :** वे वही कहते हैं जो आपने अभी कहा: वह अज्ञान, वही चेतना चारों ओर विद्यमान है; देखने, सुनने, छूने, सूँघने, चाहने, नहीं चाहने, महसूस करने के ज़रिये यही चेतना—जो हमारे समक्ष हर समय मौजूद है—हमारी सचेतनता की शक्लो-सूरत है।

**कृष्णमूर्ति :** ऐसा नहीं।

**अच्युत पटवर्धन :** मेरी समझ में, अद्वैतवादियों की दृष्टि किंचित् भिन्न है। वे कहते हैं कि वह स्रोत, जिसका ज़िक्र आप अज्ञान के तौर पर कर रहे हैं, उसका स्वभाव चित् और आनंद का है। अर्थात, यह स्रोत, जिसे आप अज्ञात कहते हैं, उसका स्वभाव परमानंद है और वह स्वयं को सतत नया करता रहता है। वह एक प्रवाह है, जो निरंतर अस्तित्व में आ रहा है और वह पूरी प्रक्रिया—जन्म, बड़े होना, और मृत्यु इसी के अंतर्गत है। अतः, उस स्रोत की प्रकृति जहाँ से इस ब्रह्मांड का आविर्भाव होता है, जहाँ से सब कुछ अस्तित्व में आता है, यही स्थल है। उनका कहना यह है। चूँकि हमें इस विषय में कुछ पता नहीं है तो हम इसे अज्ञान कह सकते हैं। यह अज्ञान है नहीं क्योंकि संसार का जन्म इससे नहीं हुआ है। वे कहते हैं कि संसार की उत्पत्ति उससे हुई है जो 'सत्' है, जो अपने साररूप में वास्तविकता है; और 'चित्', जो सृजनशीलता है, और आनंद, जो भावविभोर आह्लाद है। तो शायद एक बार फिर अर्थगत अंतर है। मैं तो बस दोनों दृष्टिकोणों को साथ-साथ रख रहा हूँ।

**कृष्णमूर्ति :** समझ रहा हूँ।

**अच्युत पटवर्धन :** जो व्यक्ति इस संदर्भ में बौद्ध अवस्थिति को स्वीकार नहीं

करता, वह आपके कथन को तुरंत स्वीकार नहीं कर पाएगा।

**पुपुल जयकर :** चेतना के बारे में, या दूसरी बात के संदर्भ में?

**अच्युत पटवर्धन :** इस बारे में कि अज्ञान की यह एक स्वयं को कायम रखने की प्रक्रिया है जिसकी शुरुआत का तो आप पता नहीं लगा सकते परंतु जिसे खत्म किया जा सकता है।

**कृष्णमूर्ति :** ठीक।

**अच्युत पटवर्धन :** मैंने दोनों दृष्टिकोणों को पेश किया है, पर मैं यह नहीं कहना चाहूँगा कि वे टकराव की स्थितियों में हैं। मैं बस यह कहना चाह रहा हूँ कि ये दो भिन्न वक्तव्य हैं जो परंपरावादियों द्वारा दिये गये हैं।

**कृष्णमूर्ति :** परंपरावादियों को, अद्वैत या वेदांत को, न जानते हुए, हम बस यह कह रहे हैं कि अज्ञान का कोई आरंभ नहीं। उसे हम खुद में, अपने भीतर देख सकते हैं। और उसका अंत भी किया जा सकता है। बस इतनी बात है। अब, चेतना इसी क्षेत्र के दायरे में है।

**पुपुल जयकर :** यदि वह इसी क्षेत्र के भीतर है, तो मस्तिष्क की कोशिकाओं—जिनमें इस सब की स्मृति है—के अलावा भी क्या चेतना का कोई अस्तित्व है?

**कृष्णमूर्ति :** हाँ, ठीक है।

**पुपुल जयकर :** विज्ञान का दृष्टिकोण यह है कि मस्तिष्क की कोशिकाएँ और उनके क्रियाकलाप मापनीय है, जब कि चेतना को मापा नहीं जा सकता; इसलिए ये दोनों समानार्थी नहीं हैं।

**कृष्णमूर्ति :** ऐसी बात है।

**पुपुल जयकर :** यह विज्ञान का मत नहीं भी हो सकता है, पर ऐसा मुझे बताया गया है।

**कृष्णमूर्ति :** आप कह रही हैं : चेतना परिमेय है।

**अच्युत पटवर्धन :** मस्तिष्क की कोशिकाएँ और उनकी हलचल परिमेय हैं, परंतु चेतना अपरिमेय है।

**कृष्णमूर्ति :** मैं इसका अर्थ समझ रहा हूँ।

**अच्युत पटवर्धन :** जब आप विशालतम विद्युत् टेलिस्कोप से देखते हैं, तो आप ब्रह्माण्ड के विस्तार को उतनी दूर तक देख पाते हैं जहाँ तक कि यह यंत्र दिखा सकता है। परंतु आपको यह पता है कि यदि इससे भी बड़ा यंत्र मिले तो आप और बड़ा विस्तार देख पाएँगे। इस अर्थ में, हालांकि आप मापन कर पा रहे हैं, फिर भी आपको पता है कि आपका मापन उस यंत्र की क्षमता तक ही सीमित है जिससे आप देख रहे हैं।

**कृष्णमूर्ति :** ठीक, ठीक।

**अच्युत पटवर्धन :** उस मायने में यह एक सापेक्ष तत्त्व है।

**कृष्णमूर्ति :** ज़ाहिर है।

**अच्युत पटवर्धन :** उसी अर्थ में, चेतना भी....

**कृष्णमूर्ति :** ...परिमेय है।

**अच्युत पटवर्धन :** अपरिमेय है। इस अर्थ में कि जब हम कहते हैं कि विद्युत् टेलीस्कोप यह साबित करता है कि विश्व का जो मापन आपको उपलब्ध है वह विश्व का मापन नहीं है, वह तो उस यंत्र का मापन है। ठीक उसी तरह, चेतना भी कुछ ऐसा तत्त्व है जिसके बारे में हम नहीं जानते कि वह परिमेय है या अपरिमेय है। जब आप एक माप का इस्तेमाल करते हैं, तो आप अपने उस यंत्र का ही मापन कर रहे होते हैं। इसीलिए चेतना के संदर्भ में भी वे और कुछ कहने के लिए तैयार नहीं हैं, इसके सिवाय कि जिस किसी यंत्र से भी आप इसका मापन करेंगे, वह, हो सकता है, आपके उस यंत्र का ही मापन हो; इसलिए आप ऐसा नहीं कह सकते कि यह चेतना का मापन है।

**कृष्णमूर्ति :** सही है। तो चेतना परिमेय नहीं है। विद्युत् टेलीस्कोप ब्रह्मांड को यंत्र की क्षमता अनुसार दर्शाता है। और यदि चेतना को मापने के लिए कोई यंत्र होता, तो वह मापन भी उस यंत्र पर ही निर्भर करता। तो यंत्र बड़ा या छोटा हो सकता है; उस यंत्र के मुताबिक ही तो आप चेतना को माप पाएँगे। बस यही बात है। अब अगला प्रश्न क्या है?

**मॉरिस फ्रीडमैन :** अगला प्रश्न है : यह होता कैसे है? ठंडी हवा से भरी एक सुई जो आपके मस्तिष्क में लगा दी जाती है, बुनियादी तौर पर चेतना को बदल देती है। या एक विद्युतीय उद्दीपन इसमें बुनियादी तौर पर बदलाव ले आता है।

**कृष्णमूर्ति :** बुनियादी तौर पर नहीं, वह उस प्रारूप, 'पैटर्न' को बदल देता है; पर वह अब भी ज्ञात के क्षेत्र के भीतर ही होता है।

**मॉरिस फ्रीडमैन :** आप कैसे जान सकते हैं?

**कृष्णमूर्ति :** यह हमेशा ज्ञात के क्षेत्र में ही होगा।

**मॉरिस फ्रीडमैन :** परंतु यह पहले तो वहाँ नहीं था।

**कृष्णमूर्ति :** एक मिनट। पुपुल पूछ रही हैं : चेतना, जैसा हम इसे जान पाये हैं—इसकी अंतर्वस्तु और वह सब—उसके बाहर क्या कोई चेतना है, क्या ऐसी कोई अवस्था है जो अपरिमेय है, जो इस चेतना में शामिल नहीं है?

**पुपुल जयकर :** क्योंकि चेतना और मस्तिष्क की कोशिकाओं के संदर्भ में, इंद्रियाँ ही इनके यंत्र हैं। चेतना का मापन होगा आपकी इंद्रियों के हिसाब से। जब आप कहते हैं कि एक विस्तारित चेतना है, तो वह भी उसी अर्थ में है। क्या कोई अवस्था है.....

**कृष्णमूर्ति :** ...जो अज्ञेय है, जिसे जाना नहीं जा सकता?

**पुपुल जयकर :** ...जिसे मस्तिष्क की कोशिकाओं के अंतर्गत पहचाना नहीं जा

सकता, जाना नहीं जा सकता, पाया नहीं जा सकता?

**कृष्णमूर्ति :** बिल्कुल यही बात है, सही है। आप समझ गये?

**मॉरिस फ्रीडमैन :** हाँ। उसमें मेरी रुचि क्यों होनी चाहिए?

**कृष्णमूर्ति :** आपकी रुचि?

**मॉरिस फ्रीडमैन :** हाँ, क्योंकि आप कह रहे हैं कि यह ज्ञेय है ही नहीं।

**कृष्णमूर्ति :** अज्ञेय इस अर्थ में कि इसे पहचाना नहीं जा सकता।

**मॉरिस फ्रीडमैन :** यानी कि कुछ नया।

**कृष्णमूर्ति :** कुछ ऐसा जो पूरी तरह से नया हो।

**अच्युत पटवर्धन :** इनके बीच में भी एक चरण है, जिस पर मैं आ रहा हूँ। हम जानते हैं कि चेतना समस्त प्रजातीय स्मृतियों का और मनुष्य की संपूर्ण स्मृतियों का स्रोत है। यह बीच की अवस्था है। मॉरिस के प्रश्न का उत्तर मैं दे रहा हूँ। उन्होंने कहा कि मस्तिष्क की कोशिकाएँ वह सब पहचान लेंगी जो मनुष्य की प्रजातीय, 'रेश्यल' स्मृतियों से, अतीत के क्षेत्र से आ रहा हो।

**कृष्णमूर्ति :** ज्ञात के क्षेत्र से।

**पुपुल जयकर :** ज्ञात के लाखों सालों से।

**अच्युत पटवर्धन :** लाखों साल, या जो कुछ भी हो। जंगल में रहने वाले आदिमानव की प्रारंभिक स्मृतियों को भी याद कर पाने में मस्तिष्क समर्थ हो सकता है।

**कृष्णमूर्ति :** इसे एकदम सरल रखिए। हमने कहा था कि ज्ञात ही चेतना है। ज्ञात की अंतर्वस्तु ही चेतना है। क्या इसके परे भी कुछ है जो नहीं जाना गया है, जो बिल्कुल नया है? और क्या वह पहले से ही मस्तिष्क की कोशिकाओं में मौजूद है; और यदि उसका वजूद ज्ञात से बाहर है, तो क्या उसे पहचाना जा सकता है, उसका अनुभव किया जा सकता है? यदि यह अनुभवगम्य है तो यह अज्ञात नहीं है; यदि इसे पहचाना जा सकता है, तो यह अब भी ज्ञात के क्षेत्र में ही है।

**मॉरिस फ्रीडमैन :** क्या यह सुलभ है अथवा नहीं?

**कृष्णमूर्ति :** यह केवल तब सुलभ है जब पहचानने और अनुभव करने की प्रक्रिया समाप्त हो जाती है। पुपुल ने पूछा, "क्या वह ज्ञात में है या ज्ञात के बाहर है? यदि वह ज्ञात के बाहर है, तो क्या वह पहले से ही मस्तिष्क की कोशिकाओं में मौजूद है?" यदि वह मस्तिष्क की कोशिकाओं में है तो वह पहले ही ज्ञात है, क्योंकि मस्तिष्क की कोशिकाओं में कोई नयी चीज़ तो समा नहीं सकती।

**पुपुल जयकर :** इसे मैं ऐसे भी व्यक्त कर सकती हूँ : क्या वह मस्तिष्क की कोशिकाओं में है इस अर्थ में कि फिलहाल चूँकि हमारे पास वह यंत्र नहीं है...

**कृष्णमूर्ति :** ...मापने के लिए, इसका अनुभव करने, इसे महसूस करने के लिए? बहुत खतरनाक है यह बात, क्योंकि जैसे ही आप कहते हैं कि यह मस्तिष्क

की कोशिकाओं में है, यह परंपरा भी हो सकती है, यह मेरे दादा-परदादाओं...

**पुपुल जयकर :** यह सवाल तो करना ही होगा आपको।

**कृष्णमूर्ति :** हमने किया है। यह हमारे मस्तिष्क की कोशिकाओं की गहराइयों में कहीं हो सकता है; अतएव, मेरे लिए तो, यह सारा कुछ ज्ञात ही है।

**मॉरिस फ्रीडमैन :** जो संभावित ज्ञात है, वह भी उसी क्षेत्र में है।

**कृष्णमूर्ति :** बिल्कुल, बिल्कुल।

**मॉरिस फ्रीडमैन :** तो जो सब जाना जा सकता है, वह भी ज्ञात ही है।

**कृष्णमूर्ति :** हाँ। जो पहले से ही मस्तिष्क की कोशिकाओं में मौजूद है।

**मॉरिस फ्रीडमैन :** जो संभावित है, वह मस्तिष्क की कोशिकाओं में है, तो वह अपने आप में ही एक विश्व है।

**कृष्णमूर्ति :** जी हाँ।

**मॉरिस फ्रीडमैन :** वह सुलभ है।

**कृष्णमूर्ति :** यह है, यह वहाँ है; पर मुझे उस खजाने की गहराइयों तक खुदाई करनी पड़ेगी।

**मॉरिस फ्रीडमैन :** आपने सवाल किया था, "क्या मस्तिष्क के बाहर कुछ और है?"

**कृष्णमूर्ति :** बात बस इतनी है, सरल रखिए इसे। मैं कह रहा हूँ : हाँ, है।

**मॉरिस फ्रीडमैन :** आपके वक्तव्य का आधार क्या है?

**कृष्णमूर्ति :** यह वक्तव्य कि पहचानने की, अनुभव की हर प्रक्रिया हमेशा ज्ञात के क्षेत्र में ही होती है। मस्तिष्क की कोशिकाओं की विचार के रूप में होने वाली कोई भी हलचल, ज्ञात से दूर विचरने लगना, अज्ञात की जाँच-पड़ताल की कोशिश, यह अब भी ज्ञात ही है।

**मॉरिस फ्रीडमैन :** आप कैसे जानते हैं कि कुछ इससे अलग भी है?

**कृष्णमूर्ति :** आप जान नहीं सकते हैं इसे।

**मॉरिस फ्रीडमैन :** तो आप किस आधार पर यह बात कह रहे हैं?

**कृष्णमूर्ति :** इस आधार पर कि एक अवस्था है जहाँ मन कुछ भी पहचान नहीं सकता।

**मॉरिस फ्रीडमैन :** एक आकाश अपनी ही शून्यता के साथ।

**कृष्णमूर्ति :** नहीं। नाम न दीजिए, नाम न ही दीजिए।

**मॉरिस फ्रीडमैन :** मुझे दोहराने दीजिए : एक अवस्था है जहाँ मन पहचान नहीं रहा होता है।

**कृष्णमूर्ति :** एक अवस्था है जिसमें पहचानना और अनुभव करना, जो ज्ञात की गतिविधियाँ है, उनका पूरी तरह से अंत हो गया होता है। आपको मैं सबसे पहले

यह बात संप्रेषित करना चाहता हूँ। जी हाँ। यही बात है, सही बात है, ऐसा ही है। अब आपके साथ मैं लड़ सकता हूँ।

**पुपुल जयकर :** यह अवस्था मृत्यु की अवस्था से, किस तरह भिन्न है? वहाँ भी तो पूर्ण समाप्ति है।

**अच्युत पटवर्धन :** जी हाँ, पहचानने की प्रक्रिया की।

**कृष्णमूर्ति :** पहचानने की, अनुभव करने की प्रक्रिया।

**पुपुल जयकर :** क्या इसकी प्रकृति अलग है?

**कृष्णमूर्ति :** देखिए, जब आप मृत्यु शब्द का प्रयोग करते हैं, तो हमें उसे भी देखना होगा। शारीरिक संरचना का और मस्तिष्क की कोशिकाओं का अंत हो जाता है, उनमें खून जाना बंद हो जाता है; पूरी की पूरी चीज़ ढह जाती है। वह एक बिल्कुल अलग अवस्था है।

**पुपुल जयकर :** उसे हम रहने ही देते हैं। मैं इसे कुछ अलग तरह से रखूँ : जब आप कहते हैं कि पहचानने की सारी प्रक्रियाओं का अंत हो गया होता है और फिर भी वह एक सजीव अवस्था है, अस्तित्व के अर्थ में, मौजूदगी के....

**कृष्णमूर्ति :** नहीं, अस्तित्व, मौजूदगी, ये शब्द यहाँ लागू नहीं होते।

**अच्युत पटवर्धन :** क्या आप बता सकते हैं कि यह गहरी नींद से किस तरह अलग है?

**कृष्णमूर्ति :** मुझे नहीं पता कि आप गहरी नींद किसे कह रहे हैं?

**अच्युत पटवर्धन :** गहरी नींद से मेरा तात्पर्य है जिस अवस्था में पहचानने और रिकार्ड करने की प्रक्रियाओं, अर्थात अनुभव से गुज़रने का, फिलहाल पूरी तरह से स्थगन हो।

**कृष्णमूर्ति :** स्थगन? नहीं, वह तो बहुत अलग बात है। देखते हैं इसे।

**पुपुल जयकर :** उस अवस्था में इन्द्रियाँ किस हाल में होती हैं?

**कृष्णमूर्ति :** इन्द्रियाँ स्थगित होती हैं।

**पुपुल जयकर :** वे काम नहीं कर रही होतीं?

**कृष्णमूर्ति :** उस अवस्था में, हो सकता है मैं खुजलाऊँ—समझ रहे हैं आप? मक्खियाँ आती हैं और काटती हैं, मैं अपनी देह खुजलाता हूँ। यह इन्द्रियों की प्रतिक्रिया होगी, परंतु इसका उस अवस्था पर असर नहीं पड़ने जा रहा।

**मॉरिस फ्रीडमैन :** उस पर असर नहीं पड़ता, पर यह जानकारी कि खुजलाना हो रहा है, वह तो उस अवस्था में मौजूद होगी?

**कृष्णमूर्ति :** स्वाभाविक है यह। पर वह उसमें मौजूद नहीं है।

**मॉरिस फ्रीडमैन :** यह रिकार्ड नहीं होती।

**कृष्णमूर्ति :** नहीं।

**मॉरिस फ्रीडमैन :** तो क्या यह सचेत नहीं है?

**कृष्णमूर्ति :** नहीं, नहीं। आपको इसे बहुत धीरे से, ध्यान से देखना होगा। ज्ञात की कोई भी गतिविधि—संभाव्य, असंभाव्य—ज्ञात के दायरे में ही है। वही चेतना की अंतर्वस्तु है। वह अनुभव करती है, पहचानती है, कुछ नये की लालसा करती है, ज्ञात से मुक्त होने की लालसा करती है। अब, केवल तभी, जब इस सारी हलचल का पूरी तरह से अंत हो जाता है—जो मुझे नहीं लगता कि नींद में हो पाता है—तब वह अन्य गुणवत्ता अस्तित्व में आती है। इसका एक प्रयोजन होता है, उसका कोई प्रयोजन नहीं होता। मन उस तक किसी प्रयोजन के ज़रिये नहीं पहुँच सकता। वह प्रयोजन ही ज्ञात है। तो मन कहता है—यही बात है—अज्ञान की तहकीकात का कुछ मतलब नहीं है, पर मुझे मालूम है कि इसका अंत कैसे हो सकता है। अज्ञान उस अंतर्वस्तु का हिस्सा है, अज्ञान और-और अनुभव पाने की उस माँग का हिस्सा है। तो जब उस सब का अंत हो जाता है, और वह अंत किसी सचेतन प्रयास—जिसमें प्रयोजन, संकल्प, दिशा-निर्देश और वह सारा कुछ रहता है—के ज़रिये नहीं लाया जाता, तब उस अन्य का अस्तित्व में आना होता है। बल्कि अस्तित्व में आना नहीं; वह अन्य दिखलाई देता है, अथवा वह अन्य अवस्था विद्यमान होती है।

**मॉरिस फ्रीडमैन :** यदि आपको इस व्यक्तिगत प्रश्न पर एतराज़ न हो : इस पल, जब आप हमसे बात कर रहे हैं, क्या आप उस अन्य के संपर्क में हैं?

**कृष्णमूर्ति :** हाँ।

**मॉरिस फ्रीडमैन :** तो, यदि आप उस अन्य तत्त्व के संपर्क में हैं, इस स्थिति में जिसमें कि आप अब हैं, क्या चेतना है, अथवा नहीं है?

**कृष्णमूर्ति :** संपर्क नहीं, मैं यहाँ संपर्क शब्द का प्रयोग नहीं करूँगा।

**मॉरिस फ्रीडमैन :** ठीक है, उस स्थिति में होने पर...

**कृष्णमूर्ति :** नहीं, वह विद्यमान है।

**मॉरिस फ्रीडमैन :** ठीक है, वह विद्यमान है। क्या आप अब जिस स्थिति में हैं इस वक्त—क्या आप उसके प्रति सचेत हैं?

**कृष्णमूर्ति :** क्या मतलब हुआ इसका?

**मॉरिस फ्रीडमैन :** क्या आप जान रहे हैं कि हम यहाँ पर हैं और आप हमसे बात कर रहे हैं?

**कृष्णमूर्ति :** जी, बिलकुल, बिलकुल। आपकी कमीज़ दिख रही है, आपने रंगीन कपड़े पहने हुए हैं, दिख रहा है। ज़ाहिर है।

**मॉरिस फ्रीडमैन :** अभी आपने जो बात कही इसकी उससे कैसे तुलना हो—कि उस अवस्था में संवेदन, सनसनी की मौजूदगी नहीं होती।

**कृष्णमूर्ति :** वह एकदम अलग बात है; नहीं क्या?

**मॉरिस फ्रीडमैन :** फर्क कहाँ पर है? एक मच्छर हमारी तुलना में आपके लिए कम महत्त्वपूर्ण क्यों होना चाहिए?

**कृष्णमूर्ति :** नहीं। मैं रंग देख रहा हूँ, इन्द्रियाँ सक्रिय हैं, पहचान काम कर रही है।

**मॉरिस फ्रीडमैन :** एकदम सामान्य।

**कृष्णमूर्ति :** सामान्य। वह अन्य है।

**मॉरिस फ्रीडमैन :** मेरी दिक्कत देखिए। जो इंसान कहता है कि वह, वह अन्य, समस्त ज्ञान से परे है, वही कह रहा है, ''मैं इस वक्त जानने की अवस्था में हूँ क्योंकि मैं इन सब चीज़ों को पहचानता हूँ, मुझे मालूम है कि क्या हो रहा है, और साथ ही मुझे उस अन्य तत्त्व का संज्ञान भी है, जो ज्ञान से परे है।''

**कृष्णमूर्ति :** बिलकुल, सर। यह द्वैत नहीं है।

**मॉरिस फ्रीडमैन :** इसकी व्याप्ति में ज्ञान भी है।

**कृष्णमूर्ति :** नहीं।

**मॉरिस फ्रीडमैन :** ज्ञान इसका एक अंश है।

**कृष्णमूर्ति :** नहीं।

**मॉरिस फ्रीडमैन :** यह ज्ञान में सक्रिय होता है।

**कृष्णमूर्ति :** मुझे इसमें एकदम आहिस्ता जाना होगा। मुझे मालूम है आप किस तरफ इंगित कर रहे हैं, मैं समझ रहा हूँ आप क्या पूछ रहे हैं। मैं इसे बहुत सरलता से देखना चाहता हूँ। मैं यह रंग देख रहा हूँ और ये इन्द्रियाँ भी कार्यरत हैं।

**अच्युत पटवर्धन :** यहाँ तक कि आप जो कह रहे हैं उसका तर्जुमा करने का जतन भी आपके कथन को हमें समझने नहीं देता, क्योंकि उस जतन में ही तुरंत द्वैत आ जाएगा।

**कृष्णमूर्ति :** जी हाँ।

**अच्युत पटवर्धन :** जैसे ही आप कुछ कहते हैं, आप एक वक्तव्य देते हैं जो तत्काल कहता है कि यह आपका जाना-बूझा ज्ञान का वह द्वार नहीं है, और इसलिए आहिस्ता चलिए, क्योंकि इसका इस द्वार से गुज़रना नहीं हो सकेगा। जब आप कुछ कह रहे होते हैं, तो इस मन में किसी भी तरह की हलचल उसे ग्रहण करने में बाधा बन जाती है। मैं इस अवस्था में होने वाली उस दिक्कत की ओर इशारा कर रहा हूँ जो इस बिंदु पर आकर संप्रेषण में आड़े आती है।

**कृष्णमूर्ति :** मेरे ख्याल से उस अन्य के संबंध में तो संप्रेषण संभव ही नहीं है।

**मॉरिस फ्रीडमैन :** मैं आपसे कोई मत-सिद्धांत व्यक्त नहीं करवाना चाह रहा। मेरी कोशिश इस शख्स के—जो मुझसे बात कर रहा है, जो सहज-सामान्य व्यवहार करता है—मन के चेतन हिस्से को समझने भर की है।

**कृष्णमूर्ति :** हाँ, मैं समझ रहा हूँ।

**मॉरिस फ्रीडमैन :** किस अधिकार से, किस आधार पर, वह मुझसे कहता है कि कुछ और विद्यमान है?

**कृष्णमूर्ति :** मैं बताता हूँ। आधार यह है कि इसमें पहचानने की, अनुभव करने की, प्रयोजन की कोई गतिविधि नहीं है, जो कि ज्ञात से मुक्ति है।

**मॉरिस फ्रीडमैन :** यह विशुद्ध संज्ञान है, बिना किसी पहचान के।

**कृष्णमूर्ति :** नहीं, नहीं, नहीं।

**मॉरिस फ्रीडमैन :** आपने यही तो कहा अभी।

**कृष्णमूर्ति :** पर आप इसका अर्थ कुछ अलग तरह से ले रहे हैं। इस गतिविधि का फिलहाल अंत हो गया है; बस यही बात है।

**मॉरिस फ्रीडमैन :** पहचानने की वह गतिविधि जा चुकी है।

**कृष्णमूर्ति :** वह सारा कुछ समाप्त हो जाता है।

**मॉरिस फ्रीडमैन :** आपने अचानक 'फिलहाल' शब्द का इस्तेमाल क्यों किया? इसमें 'फिलहाल' कहाँ आ जाता है?

**कृष्णमूर्ति :** अच्छा। मैंने इसका इस्तेमाल क्यों किया?

**मॉरिस फ्रीडमैन :** आपने कहा कि पहचानने की सारी गतिविधि का 'फिलहाल' अंत हो गया है। क्या कोई और वक्त भी है जिसके दौरान यह सब सक्रिय रहता है?

**कृष्णमूर्ति :** देखिए, फिर शुरू करते हैं। यह मन, यह मस्तिष्क, यही वह ज्ञात है, वह सब कुछ जो भी ज्ञात के क्षेत्र में कार्य करता है। इसमें पहचान मौजूद रहती है। तब यह मन, यह मस्तिष्क, पूरी तरह से स्थिर, पायदार होता है। जो समय का तत्त्व है, वही तो ज्ञात है।

**मॉरिस फ्रीडमैन :** अब आप उस निश्चल मन को देखते हैं। आपको क्या दिखाई देता है?

**कृष्णमूर्ति :** मैं अपने निश्चल मन को नहीं देख रहा होता। यह जानने की कोई गुंजाइश नहीं है कि आपका मन निश्चल है। यदि आप इसे जान रहे हैं, तो यह निश्चल नहीं है। तब एक अवलोकनकर्ता है जो कह रहा है 'मैं जानता हूँ' वगैरह। तो हम जिस निश्चलता की बात कर रहे हैं उसे पहचाना नहीं जा सकता, वह अनुभवगम्य नहीं है।

**मॉरिस फ्रीडमैन :** तो यह सज्जन कौन हैं जो मुझे इस पल यह सब कह रहे हैं?

**कृष्णमूर्ति :** वह बस कोई एक है जो आपको इस बारे में बतलाना चाह रहा है—शाब्दिक संप्रेषण।

**मॉरिस फ्रीडमैन :** क्या वह निश्चल मन में टिका है?

**कृष्णमूर्ति :** जिस पल वह संप्रेषण में गति करता है, निश्चल मन नहीं होता।

**मॉरिस फ्रीडमैन :** क्या कोई है जो उस निश्चल मन के भीतर-बाहर आ-जा सकता है?

**कृष्णमूर्ति :** नहीं।

**मॉरिस फ्रीडमैन :** देखा आपने, मैं कितने असमंजस में पड़ गया हूँ?

**कृष्णमूर्ति :** मालूम है, मालूम है। इसे ज़रा देखिए। यह ऐसा कुछ नहीं है जिसके आप भीतर जाते हैं या बाहर आ जाते हैं। यह तो बस है—मैं यह नहीं कह रहा कि यह हमेशा है—उस व्यक्ति के लिए जो उस ज्ञात को, उस सारी चीज़ को समझ रहा है।

**मॉरिस फ्रीडमैन :** यह हमेशा मौजूद है।

**कृष्णमूर्ति :** यह मौजूद है, और यह कभी विदा नहीं होता है, भले ही वह शख्स कुछ संप्रेषित कर रहा हो, भले ही वह इस या उस बारे में बात कर रहा हो। यह कभी नहीं जाता; मौजूद रहता है।

**मॉरिस फ्रीडमैन :** 'संप्रेषित' शब्द का इस्तेमाल आप क्यों कर रहे हैं?

**कृष्णमूर्ति :** यही तो है : संप्रेषण, बात करना।

**मॉरिस फ्रीडमैन :** आप उससे इसे क्यों जोड़ रहे हैं?

**कृष्णमूर्ति :** मैं इसे उससे नहीं जोड़ रहा हूँ।

**मॉरिस फ्रीडमैन :** आप ऐसा कर रहे हैं। संप्रेषित कौन करता है? एक स्थिति है जो हमेशा मौजूद है। मैं आपसे यह पूछ रहा हूँ, संप्रेषित कौन कर रहा है? अभी-अभी मुझसे किसने बात की है?

**कृष्णमूर्ति :** अभी-अभी? मस्तिष्क की उन कोशिकाओं ने जिन्होंने भाषा का ज्ञान हासिल किया है। इस मस्तिष्क की कोशिकाएँ मस्तिष्क के संचालन के माध्यम से यह संप्रेषण कर रही हैं।

**मॉरिस फ्रीडमैन :** समझ रहा हूँ। यानी कि मस्तिष्क का अपना ही अवलोकनकर्ता होता है।

**कृष्णमूर्ति :** यह मस्तिष्क ही अवलोकनकर्ता है।

**मॉरिस फ्रीडमैन :** यह मस्तिष्क ही देखने वाला है, और संचालक भी है।

**कृष्णमूर्ति :** संचालक और बाकी सब।

**मॉरिस फ्रीडमैन :** तो मस्तिष्क की कोशिकाओं के बाहर वह स्थिति, या जो भी आप उसे कहें, वह मौजूद है। इसे हम इस तरह ही कहें। अब, उसके और इस मस्तिष्क के बीच संबंध क्या है?

**कृष्णमूर्ति :** संभावित तौर पर मेरा कहना है कि कोई संबंध नहीं है।

**मॉरिस फ्रीडमैन :** आप कहना चाहते हैं कि यह स्वतः घटित हो जाता है, बिना किसी पूर्वाभास के?

**कृष्णमूर्ति :** देखिए, मैं जाँच-परख कर रहा हूँ। पलट कर यह न कहें, ''आपने ऐसा बोला था।'' यह तथ्य है, है न? मस्तिष्क की कोशिकाएँ ज्ञात को धारण किये हुए हैं। और मस्तिष्क पूरी तरह से स्थिर है; इसका संचलन बिल्कुल नहीं हो रहा है।

**मॉरिस फ्रीडमैन :** ज्ञात के उस क्षेत्र में यह मस्तिष्क काम कर रहा है।

**कृष्णमूर्ति :** नहीं, पल भर ठहरिए। जब यह मन—जब यह मस्तिष्क पूर्णतः निश्चल होता है, तो उसमें कोई शाब्दिक वक्तव्य या संप्रेषण घटित नहीं हो रहा होता। मस्तिष्क बिल्कुल निश्चल है। वह अन्य मौजूद है। मस्तिष्क के और उस अन्य के बीच क्या संबंध है?

**मॉरिस फ्रीडमैन :** मस्तिष्क से मेरा अभिप्राय है, ऊतक का एक टुकड़ा।

**कृष्णमूर्ति :** ऊतक का एक टुकड़ा।

**मॉरिस फ्रीडमैन :** न कि वह....

**कृष्णमूर्ति :** ...विचार। आप यह प्रश्न क्यों पूछ रहे हैं?

**मॉरिस फ्रीडमैन :** क्योंकि हमने इसे सुना है।

**पुपुल जयकर :** मैं पूछना चाहूँगी—ऐसा क्यों है कि चेतना की इस अवस्था, 'होने' की यह अवस्था...

**कृष्णमूर्ति :** इसे कोई नाम मत दीजिए।

**पुपुल जयकर :** ऐसा क्यों है कि न-जानने की उस अवस्था को यहाँ मस्तिष्क की कोशिकाओं के साथ संबद्ध किया जा रहा है, जो मस्तिष्क की इन कोशिकाओं से प्रत्युत्तर दिलवा रही है?

**कृष्णमूर्ति :** सरल शब्दों में कहिए।

**पुपुल जयकर :** उन्होंने आपसे एक प्रश्न किया। आप न-जानने की उस अवस्था में बात करते हैं। यानी कि न-जानने की अवस्था ने मस्तिष्क की कोशिकाओं को अधिगृहीत कर लिया है। इस सूरत में, इसने ऐसा क्यों किया है?

**मॉरिस फ्रीडमैन :** उन्होंने अभी पहले प्रश्न का जवाब नहीं दिया है : उस अवस्था और मस्तिष्क के बीच क्या संबंध है? मस्तिष्क कैसे उस अवस्था से प्रभावित होता है, और वह अवस्था कैसे मस्तिष्क से प्रभावित है? यदि ये पृथक् हैं, एक अपने आप में जी रहा है, और दूसरा अपने आप में, तो इन दोनों के बीच संज्ञान कैसे संभव है? मैं तो मात्र संज्ञान का संबंध जानता हूँ। तो यदि उस अवस्था और मस्तिष्क के बीच संज्ञान है, तो कोई समान कारक, 'कॉमन फैक्टर' तो होना चाहिए। आप कह रहे हैं कि वह समान कारक निश्चल मन है; कम-से-कम जो मुझे समझ आ रहा है वह तो यही है।

**कृष्णमूर्ति :** ठीक है, ठीक बात है।

**मॉरिस फ्रीडमैन :** वह समान कारक निश्चल मन है। जब मन निश्चल होता है, तो वह मस्तिष्क को संप्रेषित कर पाता है, मस्तिष्क उसे जवाब दे पाता है, मस्तिष्क उसके प्रति खुला है, संवेदनशील है। अब, मेरा अंदाज़ा यही है। यह सही है या नहीं?

**कृष्णमूर्ति :** हाँ, सही है, मेरे ख्याल से यह सही है।

**मॉरिस फ्रीडमैन :** अब हम पुपुल के प्रश्न को लेते हैं : किस जादू से, किस

साधन से वह निश्चल मन की वह अवस्था एक पुल बनाती है? मस्तिष्क और उस अन्य के बीच एक स्थायी पुल आप कैसे बना पाते हैं और उसे कैसे बनाये रख पाते हैं? हम सभी शिकायत करते हैं कि वह आता है, और चला जाता है, पर आपका सदा यही कहना है कि यह पुल मौजूद है, एकदम अडिग। क्या है जिसने उस पुल को बनाया है?

**कृष्णमूर्ति :** अगर कोई कहे 'मुझे नहीं मालूम' तो आप क्या कहेंगे?

**मॉरिस फ्रीडमैन :** कि आपको यह विरासत में मिला है।

**कृष्णमूर्ति :** नहीं।

**मॉरिस फ्रीडमैन :** यह किन्हीं पूर्वजन्मों से आगत है।

**पुपुल जयकर :** या बस सांयोगिक है।

**मॉरिस फ्रीडमैन :** या आप कह सकते हैं कर्म या कुछ और, या किसी ने आपको यह उपहार दिया है।

**कृष्णमूर्ति :** मेरे खयाल से मुझे मालूम है। कुछ-कुछ मेरी समझ में आ रहा है। संयोग? नहीं। संयोग, एक घटना जो बस हो जाती है।

**मॉरिस फ्रीडमैन :** संयोग, चयन, जो भी हो वह।

**अच्युत पटवर्धन :** मुझे नहीं लगता कि जो घटना आपके साथ हुई, वह हमारे साथ हो सकती है।

**कृष्णमूर्ति :** 'मेरे साथ यह क्यों नहीं होती है?' क्या यह बात है?

**पुपुल जयकर :** क्या इसके लिए कोई तैयारी होती है?

**मॉरिस फ्रीडमैन :** सच में, कृष्णजी, मैं कोई बहाना नहीं ढूँढ़ रहा हूँ।

**कृष्णमूर्ति :** नहीं, नहीं। इस सब से तो हम कहीं दूर आ चुके हैं।

**मॉरिस फ्रीडमैन :** यदि यह आपके साथ हो सकता है, तो औरों के भी साथ संभव है, सबके साथ हो सकता है।

**कृष्णमूर्ति :** मेरा कहना है कि यह सबके साथ घटित हो सकता है।

**मॉरिस फ्रीडमैन :** अब, क्या इसे जाग्रत कराने का कोई तरीका भी है?

**कृष्णमूर्ति :** नहीं, नहीं, नहीं।

**मॉरिस फ्रीडमैन :** या, आप क्या कुछ कर सकते हैं?

**कृष्णमूर्ति :** हाँ, आप बिल्कुल कर सकते हैं।

**मॉरिस फ्रीडमैन :** आपकी शिक्षाएँ बार-बार इसी एक बात पर ज़ोर देती हैं, सजगता ही सत्य है।

**कृष्णमूर्ति :** अवधान, सजगता, हाँ।

**मॉरिस फ्रीडमैन :** हममें से अधिकांश में, सजग रहने की कोशिश में एक विषाद-भाव उठता प्रतीत होता है—मैं अपनी बात कर रहा हूँ।

**कृष्णमूर्ति :** विषाद-भाव। समझ रहा हूँ।

**मॉरिस फ्रीडमैन :** सब कुछ ढहने-बिखरने लगता है।

**कृष्णमूर्ति :** समझ रहा हूँ।

**मॉरिस फ्रीडमैन :** जितनी कोशिश आप करते हैं, उतना ही यह ढहता चला जाता है।

**कृष्णमूर्ति :** समझ रहा हूँ।

**मॉरिस फ्रीडमैन :** तो हमने गलती कहाँ पर की है?

**कृष्णमूर्ति :** फिर से शुरू करें। क्या यह संयोग से होता है, एक घटना है जो बस घट जाती है? क्या यह हमारे साथ घट सकती है? या यह एक अपवाद है? अभी हम इसी पर चर्चा कर रहे हैं।

**अच्युत पटवर्धन :** ज़ाहिर है कि यह समय के माध्यम से मुमकिन नहीं है।

**कृष्णमूर्ति :** ज़ाहिर है।

**मॉरिस फ्रीडमैन :** इसे समय के माध्यम से ही होने दें।

**कृष्णमूर्ति :** फिलहाल इसे रहने देते हैं, इसे छोड़ देते हैं। यदि यह एक चमत्कार है, क्या आप इस चमत्कार को कर सकते हैं? क्या आपके साथ यह हो सकता है?

**मॉरिस फ्रीडमैन :** तब कोई होना चाहिए जो इसे कर दिखाए।

**कृष्णमूर्ति :** तो यह एक घटना नहीं है, चमत्कार नहीं है, न ही इसे दिया जा सकता है।

**मॉरिस फ्रीडमैन :** हो सकता है यह एक घटना न हो, चमत्कार न हो, हो सकता है यह एक ऐसी चीज़ हो जिसे दिया नहीं जा सकता।

**कृष्णमूर्ति :** हो सकता है। कैसे यह इस व्यक्ति के साथ हुआ, तथा किसी और के साथ नहीं? ठीक, फ्रीडमैन?

**मॉरिस फ्रीडमैन :** मैं उस प्रश्न को इस तरह से रखूँगा।

**कृष्णमूर्ति :** अलग तरह से रखिए।

**मॉरिस फ्रीडमैन :** मेरे साथ यह कैसे हो सकेगा?

**कृष्णमूर्ति :** बस, यही। यह कैसे आपके साथ हो सकेगा? मुझे नहीं लगता कि यह उस तरह से आपके साथ हो सकेगा।

**मॉरिस फ्रीडमैन :** ठीक है, तब क्या?

**कृष्णमूर्ति :** जो चीज़ मेरे साथ घटित हुई, क्या ठीक वही चीज़ आपके साथ हो सकती है?

**मॉरिस फ्रीडमैन :** नहीं, मैं कभी नहीं पूछता हूँ, ''क्या यह मेरे साथ होगी?'' मैं पूछता हूँ, ''मैं क्या कर सकता हूँ?''

**कृष्णमूर्ति :** कुछ नहीं।

**मॉरिस फ्रीडमैन :** स्वीकार है, सहमत हूँ। तो आप मुझे अभिशप्त, अभागा ठहरा रहे हैं, सर।

**कृष्णमूर्ति :** नहीं, नहीं।

**मॉरिस फ्रीडमैन :** समय द्वारा अभिशप्त।

**कृष्णमूर्ति :** नहीं, नहीं। आप मेरी बात नहीं समझ रहे हैं। जब आप कहते हैं "क्या यह मेरे साथ हो सकता है?" तो मेरा कहना है कि आप एक गलत प्रश्न पूछ रहे हैं। मैं ऐसा क्या करूँ कि यह हो जाए? मैं कहता हूँ, आप 'कुछ नहीं' कर सकते, इसका अर्थ यह नहीं है कि कुछ नहीं।

**मॉरिस फ्रीडमैन :** 'कुछ नहीं' के ये दो अर्थ क्या हैं?

**कृष्णमूर्ति :** मैं बतला रहा हूँ। कुछ नहीं के दो अर्थ ये हैं : उसे अनुभव करने की, पहचानने, उसे पाने की आकांक्षा—उस सिलसिले में कुछ न करें; पर दूसरी ओर सारा कुछ करें, यानी, देखें, सजग हों, सैद्धांतिक तौर पर नहीं, वास्तव में, ज्ञात के प्रति गहराई से अवधानयुक्त, 'अटेन्टिव' रहें। और कुछ नहीं।

**मॉरिस फ्रीडमैन :** मतलब कि, लगता है आप ऐसा कह रहे हैं : कुछ न करें, केवल आचरण हो।

**कृष्णमूर्ति :** सम्यक् रूप से आचरण?

**मॉरिस फ्रीडमैन :** 'आचरण' अर्थात सचेत रूप से कर्म करना।

**कृष्णमूर्ति :** यदि आप चाहें, तो यों कह लीजिए।

**मॉरिस फ्रीडमैन :** तो यह सारी चीज़ कर्म पर आ टिकती है।

**कृष्णमूर्ति :** कर्म पर। ठीक बात है।

**मॉरिस फ्रीडमैन :** आप पहुँच सकते हैं, आप प्राप्त  कर सकते हैं।

**कृष्णमूर्ति :** नहीं, नहीं।

**मॉरिस फ्रीडमैन :** नहीं? चलो ठीक है।

**अच्युत पटवर्धन :** मुझे लगा गलत शब्द 'मैं' है : क्या यह चीज़ 'मेरे' साथ हो सकती है? क्योंकि जैसे ही समझ 'मैं' और 'मैं नहीं' में बँट जाती है, हमने खुद-ब-खुद एक दीवार खड़ी कर ली होती है।

**कृष्णमूर्ति :** सर, मेरे ख्याल से ऐसा ही कुछ होता है। आपको ज़िन्दगी से बहुत, बहुत नज़ाकत से संस्पर्श में होना होगा—खान-पान में, बातचीत में—यूँ जैसे कि आप अगले ही क्षण मर जाने वाले हों। शरीर को, इंद्रियों को बहुत सुकर, निर्भार हो जाना होगा। मृत्यु और जीवन बड़ी सहजता से गति करें—समझ रहे हैं आप? किसी भी पल आपकी मौत हो सकती है। क्या मैं आपके प्रश्न का किसी हद तक जवाब दे पाया हूँ?

**पुपुल जयकर :** आपने खास तौर से उसी का जवाब नहीं दिया है। शायद इसका कोई जवाब मुमकिन भी नहीं है।

**कृष्णमूर्ति :** क्या हम इस पूरी बात को अलग तरह से रख सकते हैं? वह—फिलहाल इसे हम यही कहेंगे—निस्सीम ऊर्जा है। और हमारे जद्दोजहद से, द्वंद्व से

उपजी ऊर्जा उससे पूर्णतया भिन्न होती है। जब कतई कोई द्वंद्व नहीं रहता, तो वह अन्य, वह निस्सीम ऊर्जा—जो स्वयं को सतत पुनर्नवा, नूतन करती रहती है—कायम रहती है। हमारी वाकफियत बस उसी ऊर्जा से है जो फुस्स हो जाया करती है, क्षरित हो जाती है। एक ऊर्जा वह होती है जिसका कभी क्षरण नहीं होता। इन दोनों के बीच क्या संबंध है? कुछ भी नहीं।

**मॉरिस फ्रीडमैन :** क्या आप कहना चाह रहे हैं कि वह निस्सीम ऊर्जा धीरज के साथ इंतज़ार कर रही है कि मैं बाहर निकलूँ इस सब से...

**कृष्णमूर्ति :** नहीं, वह बस है।

**मॉरिस फ्रीडमैन :** यह भीतर प्रवाहित होगी, जब 'मैं' वहाँ हूँ ही नहीं।

**कृष्णमूर्ति :** हाँ, ज़ाहिर है।

**मॉरिस फ्रीडमैन :** कोई टहोका नहीं मार रहा, लतिया नहीं रहा?

**कृष्णमूर्ति :** (हँसते हुए) तब तो आप फिर लौट आये।

**अच्युत पटवर्धन :** क्या नहीं हो रहा?

**कृष्णमूर्ति :** टहोका मारना, धकेलना, बुलावा देना, कि "चलो, भाई, बाहर निकलो।" नहीं, नहीं, नहीं। आप इसे नहीं कर सकते; ये सब तो चकमे हैं।

**मॉरिस फ्रीडमैन :** मेरा अपना अनुभव तो यही है कि कुछ तो है जो मुझे छेड़ता रहता है, टहोकता रहता है, पीछे पड़ा रहता है कि *यह* जारी नहीं रह सकता, *इसे* जारी रहना होगा।

**कृष्णमूर्ति :** वह तो ज़ाहिर है।

**मॉरिस फ्रीडमैन :** क्या यह उम्र की वजह से है, या उससे जुड़ा हुआ है?

**कृष्णमूर्ति :** नहीं। आप जानते हैं कि इसके मायने क्या हुए? आप फिर लौट आये हैं...

**मॉरिस फ्रीडमैन :** ...चेतना में।

**कृष्णमूर्ति :** मेरा पूरा सरोकार बाधा नहीं बनने से है।

**मॉरिस फ्रीडमैन :** रास्ते से हट जाना। और यह हम कर्म के ज़रिये करते हैं।

**कृष्णमूर्ति :** कर्म, संबंध, वह सब। हम यह सब एकदम अनगढ़ तरीके से व्यक्त कर रहे हैं।

**मॉरिस फ्रीडमैन :** कर्म से आपका तात्पर्य केवल इस अहं से है, या कुछ और भी है?

**कृष्णमूर्ति :** ओह, बहुत कुछ और।

*मुंबई में संवाद, 17 जनवरी, 1973*

# 3

## किस गहराई तक पैठ संभव है?

*जब आप एक चोट का, एक ठेस का बिना किसी मापन या विश्लेषण की गति के अवलोकन करते हैं, जब आप पूरी तरह से, समग्रता में, उसके साथ जीते हैं, सारी चोटें गायब हो जाती हैं।*

**पुपुल जयकर :** सर, किस गहराई तक पैठ संभव है?

**कृष्णमूर्ति :** कल इसी बात पर हम चर्चा कर रहे थे। हम कह रहे थे कि मनुष्य चाँद पर जा चुका है, जिसके लिए व्यापक प्रशिक्षण से गुज़रना हुआ, असाधारण जोखिम उठाए गये और करीब तीन हजार लोगों का प्रचुर सहयोग मिला इत्यादि। बाह्य दिशा में तो मनुष्य ने यात्रा की है, पर भीतर की ओर वह कितनी दूर जा पाएगा? यही है वह प्रश्न जो आप उठा रहे थे।

**पुपुल जयकर :** यह बड़ा ही रोचक है : चाँद तक की उड़ान के लिए, सफर की शुरुआत से पहले ऊर्जा के ज़बरदस्त संग्रह-संवर्द्धन की दरकार होती है। यहाँ पर उस उड़ान के लिए ऊर्जा कैसे जुटाएँ?

**कृष्णमूर्ति :** नहीं मालूम। ऊर्जा क्या है?

**अच्युत पटवर्धन :** मैं ऊर्जा के विषय में थोड़े अलग ढंग से सोच रहा था। कतिपय उत्प्रेरक थे जो मनुष्य को अंतरिक्ष में—जहाँ वह अपने वातावरण पर इख्तियार चाह रहा था—इस सफल अन्वेषण की दिशा में ले गये, पर अब जब यह दिख रहा है कि मनुष्य किस तरह अपने वातावरण का दुरुपयोग कर रहा है, तो एक आंतरिक नवदृष्टि की तत्काल आवश्यकता पहले से बहुत, बहुत अधिक महसूस हो रही है, और वही यह ऊर्जा है, जैसा कि मैं इसे समझ पा रहा हूँ। ऐसा लगता है कि मनुष्य के लिए कोई उम्मीद नहीं बचती जब तक वह इस ढर्रे से बाहर नहीं आता, क्योंकि वही यह वातावरण है।

**पुपुल जयकर :** माफ कीजिए, अच्युत जी। वजह यह नहीं है कि अमेरिका

करोड़ों खर्च कर रहा है इस सब पर। यदि यह वाकई इतना ज़रूरी होता कि उन्हें अंतरिक्ष को जीतना ही है, तो वे इस कार्यक्रम को जारी रखते; इस चीज़ के लिये कोई भी कुरबानी उनके लिए कम होती। परंतु उन्होंने कार्यक्रम को रोक दिया है। चाँद पर जीत हासिल कर ली, पर वह कार्यक्रम तो रोक दिया गया।

**अच्युत पटवर्धन :** लेकिन मुझे नहीं लगता कि इस आंतरिक आवश्यकता को उस तरह से रोका जा सकता है, क्योंकि यह तो मनुष्य की यंत्रणा-यात्रा का मर्म है। जब तक भीतर कुछ नया उद्‌घाटित नहीं होता, मनुष्य के बने रहने की कोई उम्मीद नज़र नहीं आती।

**कृष्णमूर्ति :** पुपुल ने यही प्रश्न किया था : कोई स्वयं के भीतर कितने गहरे जा सकता है, और कुछ नया उद्‌घाटित कर सकता है? आप भी वही बात कह रहे हैं, है न?

**अच्युत पटवर्धन :** नहीं। मैं कह रहा हूँ कि यह तो दिखाई पड़ता है कि यह ऊर्जा मौजूद है। अगर इसमें कहीं कुछ गड़बड़ है तो हमें उसे जाँचना होगा। यह प्रश्न उठ कैसे रहा है?

**कृष्णमूर्ति :** कौन-सा प्रश्न?

**अच्युत पटवर्धन :** कि कोई सादृश्य वाजिब है?

**कृष्णमूर्ति :** नहीं, सादृश्य की बात नहीं है। हम तो यूँ ही चर्चा कर रहे थे कि मनुष्य बस बाहरी चीज़ों के पीछे भागते रहने की बजाय, खूब गहराई में क्यों नहीं उतरता, बस यही। उसमें सादृश्यतापरक कुछ नहीं। क्या हम इस प्रश्न से आरंभ करें : ऊर्जा क्या है, किस तरह हममें ऐसी ऊर्जा हो जिसमें विचलन न हो, जो इधर-उधर न बिखरे, ताकि यह और-और ऊर्जा एकत्रित करती चले, बजाय निरंतर क्षीण होते जाने के? क्या ऐसी किसी ऊर्जा का अस्तित्व है भी? इसके बगैर, मुझे नहीं दिख रहा कि कैसे कोई नयी खोज को आकार दे सकेगा, अथवा कैसे बहुत, बहुत गहराई में पैठना हो सकेगा। तो मेरे विचार से हमें पूछना होगा—यह एक सुझाव ही है, मैं यह नहीं कह रहा कि सोच की यही धारा होनी चाहिए—वह ऊर्जा क्या है जो कभी बरबाद न हो, जो बराबर स्वतः आपूरित होती रहे, निरंतर और-और ऊर्जा सृजित हो, न कि कम होती जाए?

**मॉरिस फ्रीडमैन :** भौतिक विज्ञान में एक संभावनाओं का सिद्धांत है, जिसके अनुसार ऊर्जा का मापन अणुकणिकाओं, 'मोलेक्यूल' की गति के आधार पर होता है, और यदि हम मंद को, तीव्र को चुनकर उन्हें एक दूसरे से अलग-अलग कर सकें, तो ऊर्जा का संवर्द्धन किया जा सकता है। तो भौतिक विज्ञान में, ऊर्जा में बढ़ोतरी करना चयनीकरण की एक प्रक्रिया है : अधिक ऊर्जा वाली अणुकणिकाओं को चुन लें, उन्हें एकत्रित करते चलें, और इस तरह से यह विभेदन-प्रक्रिया ऊर्जा में वृद्धि करती रहती है।

**कृष्णमूर्ति :** तो हम जो सवाल कर रहे हैं शायद यही है जो आप कह रहे हैं कि : क्या ऊर्जा, जो बरबाद हो रही है, उसे अवरुद्ध किया, रोका या समझा जा सकता है, उसे सँभाल-समेटकर अग्रसर किया जा सकता है?

**मॉरिस फ्रीडमैन :** मेरे ख्याल से आपको हमें बतलाना होगा कि वह क्या है जिससे ऊर्जा की इस बरबादी की रोकथाम की जा सकती है?

**कृष्णमूर्ति :** हम इसी की तहकीकात कर रहे हैं : वह बरबादी क्या है? और क्या वास्तव में बरबादी जैसा कुछ होता है?

**मॉरिस फ्रीडमैन :** जी हाँ।

**कृष्णमूर्ति :** थोड़ा ठहरें। हम बस शुरुआत ही कर रहे हैं, पूछताछ कर रहे हैं। हम कहते हैं कि इस ऊर्जा की सशक्तता में, 'वोल्टेज' में कमी हो रही है, ऊर्जा बरबाद हो रही है। मेरा सवाल है, क्या ऊर्जा के बरबाद होने जैसा कुछ है भी?

**मॉरिस फ्रीडमैन :** हाँ, अवरुद्धता, 'एंट्रपी' होती तो है।

**कृष्णमूर्ति :** हाँ, वह मैं समझ रहा हूँ। मैं केवल प्रश्न उठा रहा हूँ। मैं यह नहीं कह रहा कि ऐसा ही है। क्या है जो ऊर्जा को बनाये रखता है? क्या यह स्वयं को फिर-फिर भरती चलती है, बनाए रखती है, स्वतः संचालित होती है? यह होता कैसे है?

**मॉरिस फ्रीडमैन :** दो अलग-अलग समस्याएँ हैं। एक है ऊर्जा का स्रोत, और दूसरा है इसकी बरबादी।

**कृष्णमूर्ति :** यदि ऊर्जा की बरबादी को रोका जा सके, तो यह प्रवाहित होती रहेगी।

**मॉरिस फ्रीडमैन :** तब यह ऊर्जा संचित होगी।

**कृष्णमूर्ति :** संचित होगी, गतिशील होगी, प्रस्फुटित होगी, जो करना चाहेगी करेगी। परंतु ऊर्जा का वह स्रोत क्या है? ऊर्जा है क्या? वहीं से मैंने शुरुआत की थी। क्या ऊर्जा घर्षण से, टकराव से उत्पन्न होती है?

**मॉरिस फ्रीडमैन :** घर्षण तो ऊर्जा का अपव्यय है।

**कृष्णमूर्ति :** मैं पूछ रहा हूँ। हम ऊर्जा को घर्षण के ज़रिये ही जानते हैं।

**सुनंदा पटवर्धन :** क्या ऊर्जा के सारे उपभोग उसकी बरबादी है?

**कृष्णमूर्ति :** मैं एक बार में बस एक प्रश्न कर रहा हूँ। मिसाल के तौर पर, एक अच्छा लेखक केवल तभी लिख पाता है, जब वह तनाव में होता है। ऐसा मुझे उन विश्लेषणकर्ताओं ने बताया है जिन्होंने कई प्रसिद्ध लेखकों का विश्लेषण किया है। जब वे अंतर्विरोध की, तनाव की अवस्था में होते हैं, शराब या सेक्स के ज़रिये, विपरीत दिशाओं में धकेलती इच्छाओं, उग्र कामनाओं इत्यादि के चलते होने वाले तनाव में, वैसी हालत में उन्हें महसूस होता है कि हाँ, उनमें लिखने का सामर्थ्य है।

आप देख सकते हैं, कलाकारों को शराब का और वैसी तमाम किस्म की चीज़ों का सेवन करते हुए, ताकि वे ऊर्जा के उस रेले को महसूस कर सकें। तो उस अंतर्विरोध में, उस टकराव में एक तरह की ऊर्जा मौजूद रहती है और यह हम देख सकते हैं। अब, उस तरह की ऊर्जा से तो हमारा परिचय है। क्या कोई अन्य प्रकार की ऊर्जा भी है जो कर्म के दौरान सोच द्वारा रची जा रही हो?

**मॉरिस फ्रीडमैन :** ऊर्जा का कोई भी अवतरण ऊर्जा का अपव्यय है।

**कृष्णमूर्ति :** मैं अभी उस बात में नहीं जाऊँगा। मैं पता लगाने की कोशिश कर रहा हूँ कि वह है क्या जिसे हम ऊर्जा कहते हैं, बात अभी ऊर्जा की बरबादी की नहीं है? मुझे एक घर बनाना है, तो एक ऑर्किटेक्ट या कॉन्ट्रेक्टर की सेवा लेता हूँ। विचार सक्रिय है और घर बनाने की इच्छा के माध्यम से ऊर्जा की मौजूदगी है। मुझे कोई पसंद है और मुझमें कामुकता का भाव आता है, और वह ऊर्जा मौजूद है। और फिर विचार की ऊर्जा है अन्वेषण करती हुई, प्रेरित तथा अग्रसर करती हुई—तमाम टेक्नोलॉजी की ऊर्जा। और एक वह ऊर्जा है जो किसी विशालतर से, जैसे किसी राष्ट्र से, सरकार से, परिवार से, ईश्वर से तादात्म्य करने पर, अपनी पहचान जोड़ लेने पर महसूस होती है; उससे एक तरह की ऊर्जा मिलती है, और उस ऊर्जा से आप तरह-तरह के प्रपंच रच सकते हैं। एक ऊर्जा ज़िम्मेदारी की है : मैं परिवार के लिए ज़िम्मेदार महसूस करता हूँ, और मेहनत पर मेहनत किये जाता हूँ; यह भी ऊर्जा है। तो ऊर्जा की बरबादी किसे कहेंगे? मैं देखता हूँ कि कैसे-कैसे ऊर्जा उत्पन्न होती है। लेकिन उसका अपव्यय कहाँ हो रहा है?

**अच्युत पटवर्धन :** सर, क्या आप ऐसा कहेंगे कि विश्वास में या किसी विश्वास को कायम रखने में जो ऊर्जा उत्पन्न होती है वह घर्षण की ऊर्जा है?

**स. बालसुंदरम् :** ये सब एक ही वर्ग से हैं।

**कृष्णमूर्ति :** मैं ईश्वर में, किसी शै में विश्वास करता हूँ, और इससे मुझे संतुष्टि मिलती है। घर्षण तभी पैदा होता है जब उस संतुष्टि में विघ्न पड़ने लगे।

**अच्युत पटवर्धन :** लेकिन तब वह ऊर्जा घर्षण पैदा होने पर निर्भर नहीं करती है। जब दसियों लाख शरणार्थी चले आ रहे हों और आपको उन्हें आश्रय देना है, खिलाना-पिलाना है, तब जो ऊर्जा उपजती है, हो सकता है कि वह किसी विश्वास पर आधारित हो, परंतु इसमें मुझे कोई घर्षण, कोई टकराव दिखाई नहीं देता।

**कृष्णमूर्ति :** उसमें कोई घर्षण नहीं है, लेकिन उसके क्रियान्वयन में, कमेटी के सदस्य होने के नाते बहस-मुबाहिसा करने वगैरह में, वैसी स्थिति आ ही जाती है।

**अच्युत पटवर्धन :** मुझे बस यह समझना है कि यह अपव्यय होता कैसे है।

**कृष्णमूर्ति :** हम इसी पर गौर करने जा रहे हैं। मैं स्वयं से पूछ रहा हूँ कि ऊर्जा है क्या? मैं ऊर्जा को क्रियारत विचार के रूप में देखता हूँ। ज़िम्मेदारी में ऊर्जा

दिखती है। किसी के साथ पहचान जोड़कर उसके लिये लड़ने-मरने में ऊर्जा उभरती दिखाई देती है। सफलता और बाकी सब हासिल करने की इच्छा में ऊर्जा दिखती है। अब, इस सब में अपव्यय कहाँ है?

**अच्युत पटवर्धन :** आस्था-विश्वास के द्वारा हम अपनी बैट्री रिचार्ज करते रह सकते हैं—जब तक वह विश्वास कायम रह पाए।

**कृष्णमूर्ति :** जी हाँ।

**अच्युत पटवर्धन :** विश्वास जिस समय है, तब बैट्री रिचार्ज होती है और आपको ऊर्जा मिलती है, पर इस ऊर्जा में स्वपोषित होने, और पुनर्नवा होते रहने की वह गुणवत्ता नहीं हुआ करती।

**कृष्णमूर्ति :** सही है।

**अच्युत पटवर्धन :** यह एक क्षरणशील ऊर्जा है, लेकिन जब तक वह विश्वास कायम रहता है तब तक कोई टकराहट उसमें नहीं होती।

**कृष्णमूर्ति :** अब हम यह पता लगाने जा रहे हैं कि टकराहट कहाँ पैदा होती है? मेरी आस्थाएँ हैं, मैं किसी से पहचान जोड़ लेता हूँ, इसमें कोई टकराहट नहीं है। मैं अपने ईश्वर या जो कुछ भी वह हो उससे तादात्म्य कर लेता हूँ, इसमें कोई अपव्यय वाली बात नहीं है। इसमें अपव्यय घटित कब होता है? किसी आस्था-विश्वास के साथ मेरा जो संबंध है, उसमें यह अपव्यय आता किस जगह है?

**टी.के.परचुरे :** तादात्म्य तो अवास्तविक होता है।

**कृष्णमूर्ति :** नहीं, इससे फर्क नहीं पड़ता कि यह वास्तविक है अथवा नहीं; वह तथ्य तो है ही। मैं अपनी पहचान इस देश से जोड़ लेता हूँ।

**पुपुल जयकर :** जब आप ऊर्जा के अपव्यय की बात करते हैं, तो लगता है जैसे आप कह रहे हों कि एक ऊर्जा का भंडार होता है, जो धीरे-धीरे क्षीण होता जा रहा है।

**कृष्णमूर्ति :** नहीं, मैं यह नहीं कह रहा। अच्युत जी ने कहा था कि विश्वास आपको एक तरह की ऊर्जा देता है।

**मॉरिस फ्रीडमैन :** उन्होंने कहा कि विश्वास ऊर्जा उपजाता है।

**कृष्णमूर्ति :** ठीक है। ऊर्जा उपजाता है। इसमें बरबादी वाली स्थिति आती कहाँ पर है। वह कह रहे हैं : ''जब तक मेरा विश्वास किसी चीज़ में बना रहता है तब तक कोई बरबादी नहीं; उलटे इससे और ज़्यादा ऊर्जा उत्पन्न हो रही होती है।''

**मॉरिस फ्रीडमैन :** टकराहट तब होती है, जब विश्वास ऊर्जा उत्पन्न न कर रहा हो।

**कृष्णमूर्ति :** टकराहट शुरू होती है जब ऊर्जा पैदा होने की वह प्रक्रिया बंद हो जाती है।

**अच्युत पटवर्धन :** मेरा कहना है टकराहट का सवाल उठता ही नहीं है। मैं पूछना चाहता हूँ, क्या विश्वास में टकराव निहित है जैसा कि मेरे जैसे लोगों में होता

है? मेरा विश्वास मिटता है और मेरी ऊर्जा निःशेष हो जाती है। जब तक वह विश्वास बना हुआ है ऊर्जा देता रहता है। यह विश्वास की प्रकृति है कि चूँकि ऊर्जा विश्वास से निकलती है, तो जब वह विश्वास जाता है, ऊर्जा भी उसके साथ चली जाती है। तब मैं कहता हूँ कि उससे काम नहीं चलने वाला।

**कृष्णमूर्ति :** हम एक प्रश्न पूछ रहे हैं जो सीधा और सरल है : क्या टकराव विश्वास में निहित है?

**अच्युत पटवर्धन :** यही तो।

**कृष्णमूर्ति :** क्या टकराव विश्वास में निहित है? हाँ, मेरे विचार से तो है।

**पुपुल जयकर :** मैं जानना चाहूँगी कि क्या विचार की क्रिया के द्वारा ऊर्जा वजूद में आती है?

**अच्युत पटवर्धन :** वह विचार के रूप में नहीं आती, पर जब विचार कोई विश्वास रच लेता है जो आपको भावनात्मक रूप से तरंगित करे, तब ऊर्जा वजूद में आती है।

**पुपुल जयकर :** वह तो एक कृत्रिम उद्दीपन है, पर आप कैसे कह रहे हैं कि ऊर्जा वजूद में आ जाती है?

**कृष्णमूर्ति :** पुपुल, आप क्या कह रही हैं? जैसे, भारत में मेरा विश्वास है।

**पुपुल जयकर :** तो मुझसे महान कार्य होते हैं।

**कृष्णमूर्ति :** मुझसे महान कार्य होते हैं क्योंकि मेरा इसमें विश्वास है। मेरा विश्वास है कि भारत सबसे महान देश है, मुझे इसकी आध्यात्मिक रूप से रक्षा करनी होगी, और इसलिए मैं अन्य सभी विश्वासों को छिन्न-भिन्न करने जा रहा हूँ। मेरा विश्वास है कि भारत सही है, और मैं लड़ूँगा और मारूँगा, और यह सब मुझे अगाध ऊर्जा देता है।

**पुपुल जयकर :** मैं उस ऊर्जा का इस्तेमाल करने लगती हूँ।

**कृष्णमूर्ति :** नहीं।

**पुपुल जयकर :** आप ऐसा क्यों कहते हैं कि यह ऊर्जा 'वजूद में आती' है? यह कथन बड़े अचरज का है कि ऊर्जा वजूद में आती है।

**कृष्णमूर्ति :** नहीं, यह काफी सरल है। मैं मामूली-सा इंसान हूँ, छोटे-से गाँव में रहता हूँ; मैं भारत के रूप में किसी महानतर के साथ अपना तादात्म्य कर लेता हूँ, अपनी पहचान जोड़ लेता हूँ, और इस 'अधिक महान' की यह धारणा मुझे ज़बरदस्त उद्दीपन देती है। वह ऊर्जा का ही हिस्सा है।

**पुपुल जयकर :** पर वह ऊर्जा नहीं है।

**कृष्णमूर्ति :** बिल्कुल है। मैं हर किसी को मारने को तैयार हूँ। मुझमें ऊर्जा है। किसी गाँव में रहना बहुत छोटी बात है, परंतु जैसे ही मैं उस अधिक महान से अपनी पहचान जोड़ लेता हूँ तो मुझमें कहीं अधिक ऊर्जा होती है।

**पुपुल जयकर :** ऊर्जा का कोई मापन भी होता है?

**कृष्णमूर्ति :** जी हाँ, मुझे दीख रहा है। मैं जान ले लेने को तैयार हूँ, मैं मीलों-मीलों दूर जाने को तैयार हूँ। आप लोग क्या बात कर रहे हैं?

**पुपुल जयकर :** बहुत सारे लोग ऐसा करते हैं, पर क्या वह ऊर्जा की कुल मात्रा में वृद्धि हो जाना है?

**कृष्णमूर्ति :** यकीनन, यकीनन।

**राधा बर्नियर :** विश्वास में क्या एक अंतर्निहित असुरक्षा है जो कि इस टकराहट को भी इसमें निहित बना देती है, और इसलिए ह्रास होता है।

**कृष्णमूर्ति :** बस, बात यही है। मेरे पास थोड़ी-सी ऊर्जा है, किसी छोटी-मोटी जगह मैं रहता हूँ; पर उस ज़्यादा बड़ी महानता से पहचान जोड़ लेना मुझे भारी ऊर्जा दे देता है।

**स. बालसुंदरम् :** वह ये कहना चाह रही हैं कि समस्त आस्था-विश्वास में असुरक्षा का एक केन्द्र अंतर्निहित है।

**कृष्णमूर्ति :** बेशक। आस्था-विश्वास में निहित है बुनियादी टकराहट, जो कि ऊर्जा की बरबादी है।

**अच्युत पटवर्धन :** इसे मैं अभी समझ नहीं पा रहा। मेरा एक विश्वास है। वह विश्वास इस माहौल से टकराकर बिखर जाता है, और तब असुरक्षा घेर लेती है और मैं देखता हूँ कि जब विश्वास चला जाता है, तो ऊर्जा भी चली जाती है।

**कृष्णमूर्ति :** जी हाँ, आपने बात कह ही दी है।

**अच्युत पटवर्धन :** पर मैं इसे समझना चाहूँगा, अगर आप ज़रा समझाएँ।

**राधा बर्नियर :** नहीं, इसका किसी माहौल से टकराना कतई ज़रूरी नहीं है। किसी विश्वास के मौजूद होने का अर्थ ही असुरक्षा है।

**कृष्णमूर्ति :** बिल्कुल। टकराहट विश्वास में अंतर्निहित है क्योंकि असुरक्षा का, अनिश्चितता का एक गहरा भाव उसमें होता है। यह तो काफी सरल है। हम इधर-उधर की बात क्यों कर रहे हैं? हम चर्चा किस बात पर कर रहे हैं? हम यह पता लगाने की कोशिश कर रहे हैं कि ऊर्जा की वह गुणवत्ता क्या है जो खुद का पोषण करती है, अपने आप को तरोताज़ा करती रहती है, और जो बहुत, बहुत गहरे पैठने के लिए आवश्यक है। मनुष्य ने असाधारण ऊर्जा व्यय करके चाँद तक की यात्रा की है, अतीव दक्षता, सहयोग का एक अद्भुत भाव, एक साथ आने, निर्माण करने, प्रशिक्षित होने का विशद अभिप्राय : निश्चित ही, अगाध ऊर्जा है यह। अब, अपने भीतर जाने के लिए, क्या उसी किस्म की ऊर्जा की दरकार है, या एक पूरी तरह से भिन्न प्रकार की ऊर्जा चाहिए उसके लिए? ऊर्जा क्या किस्म-किस्म की होती है या, बस केवल ऊर्जा होती है?

**स. बालसुंदरम् :** वैसे देखा जाए तो लगता है कि ऊर्जा दो प्रकार की होती है। एक तो घर्षण की, टकराहट की ऊर्जा जिसे हम सक्रिय होता देखते ही हैं। लगता है एक अन्य तरह की ऊर्जा भी होती है जिसका आगमन संपर्क के साथ होता है।

**कृष्णमूर्ति :** संपर्क किससे?

**स. बालसुंदरम् :** किसी भी चीज़ से संपर्क, कुछ ऐसा जिसे देखा है, जो सुना है, उसके साथ संपर्क। पर वह भी स्व-पोषित नहीं प्रतीत होती। वे दोनों तो भिन्न लगती हैं।

**कृष्णमूर्ति :** फिर से शुरू करते हैं। पुपुल ने एक प्रश्न किया : खूब गहरे पैठना कैसे संभव हो? बस इतनी बात है।

**पुपुल जयकर :** इसमें दो चीज़ें हैं। जितनी दूर, जितनी गहराई तक जाने की संभावना हो, कैसे जाया जाए। दुनिया भर की तमाम ऊर्जाओं पर मेरे चर्चा करने का कोई उपयोग नहीं; जो ऊर्जा मौजूद है उसी को लेकर मुझे चलना है। हो सकता है आगामी मानव-मस्तिष्क को आणविक ऊर्जा उपलब्ध हो जाए, पर वह हमें तो उपलब्ध नहीं है। जो ऊर्जा अपने पास है, उससे यह कैसे संभव हो? और वह क्या चीज़ है जो हमें शुरुआती तीव्रता देगी?

**राधा बर्नियर :** क्या यह हमें उसी प्रश्न पर नहीं लौटा लाता है कि मेरे पास जो ऊर्जा है, वह 'ऊर्जा' से भिन्न है?

**पुपुल जयकर :** इसी पर मैं सवाल उठा रही हूँ कि क्या दोनों एक दूसरे से भिन्न हैं।

**प्रश्नकर्ता-1 :** जब भी कोई विचार आता है, क्या उस विचार के लिए कुछ ऊर्जा नहीं हुआ करती?

**कृष्णमूर्ति :** बिल्कुल होती है। यही तो हमने कहा है।

**प्रश्नकर्ता-2 :** ऊर्जा सृजित कैसे होती है?

**पुपुल जयकर :** क्या ऊर्जा का कभी सृजन किया जाता है?

**कृष्णमूर्ति :** यह हमेशा ही है, जैसा कि वह कह रही हैं। और जैसे ही आप मुझे तमाचा मारते हैं तो यह उभर आती है।

**पुपुल जयकर :** या मैं किसी स्त्री के पीछे पड़ा होऊँ तब...

**कृष्णमूर्ति :** हाँ, जो भी।

**पुपुल जयकर :** या मेरा समय बढ़िया बीत रहा हो, या मुझे इमकान हो कि मैं युवा हूँ।

**कृष्णमूर्ति :** क्या हम प्रश्न को इस प्रकार रखें? मैं वही बात ज़रा अलग ढंग से कह रहा हूँ। हमारे जीवन अधिकांशतः बड़े ऊपरी-ऊपरी हुआ करते हैं; तो क्या यह संभव है कि हम खूब, खूब गहराई से जीवन जिएँ, और साथ ही ऊपरी तल पर

भी हमारा कार्य जारी रहे? क्या मन के लिए गहरे पैठना या बड़ी गहराई के साथ जीना संभव है? मुझे नहीं लग रहा कि हम सब की एक सरीखी माँग है। हम सतही जीवन व्यतीत करते हैं, और हममें से अधिकांश उसी में संतुष्ट हैं।

**पुपुल जयकर :** हम तो नहीं हैं।

**कृष्णमूर्ति :** हमें नहीं पता कि गहराई में जाना कैसे हो। तो हम कहते हैं "ठीक है, यूँ ही जी लिया जाए।" तो कैसे मन उस अगाध गहराई का भेदन करे? क्या हम गहराई की बात माप-तौल के हिसाब से कर रहे हैं? गहराई शब्द में मापन शामिल है। मुझे उस बिंदु पर सुस्पष्ट होना है। सतहीपन भी मापन ही है। मैं यह बात साफ कर देना चाहता हूँ कि हम इस शब्द गहराई का प्रयोग मापन के, अथवा समय के अर्थ में नहीं कर रहे हैं, बल्कि कुछ ऐसा, जो अतीव गहन है—यह प्रयोग उस मायने में है। इन शब्दों में समय की अर्थ-छटा है, पर हम समय और मापन के उस समस्त अर्थाभास को यहाँ से पोंछने जा रहे हैं। यह मन आमतौर पर उथला जीवन ही जीता है—एक बित्ता नहीं तो पाँच बित्ते गहरा—पर हम बहुत, बहुत गहराई में मन के वेधन की बात कर रहे हैं। ठीक? तो प्रश्न यह है।

**पुपुल जयकर :** चूँकि मैं किसी और आयाम को नहीं जानती हूँ, मैं कहती हूँ कि उस वेधन के लिए चाहिए...

**कृष्णमूर्ति :** ...ध्यान। यही तो इसके मानी हैं।

**पुपुल जयकर :** और मैं कहती हूँ कि इसके लिए ज़रूरत है संवर्द्धन-संचयन...

**कृष्णमूर्ति :** ...ऐसी ऊर्जा का, जो विस्फोटित होती है, वेधन करती...

**पुपुल जयकर :** और यह ऊर्जा जुटाई कैसे जाए? या यह एक गलत प्रश्न है?

**कृष्णमूर्ति :** मैं फिलहाल ऊर्जा शब्द का इस्तेमाल नहीं करूँगा, क्योंकि उस राह पर तो हम भटक जाएँगे। मैं एक निहायत उथला जीवन जी रहा हूँ, और मैं बौद्धिक अथवा शाब्दिक स्तर पर देख पाता हूँ उस जीवन के, उस मन के सौन्दर्य को जो अपनी अतल गहराइयों में पैठा है। मैं खुद से कहता हूँ, "मुझे उसका सौन्दर्य, उसकी गुणवत्ता दिख रही है। अब इसे किया कैसे जाना है?" इसी प्रश्न के साथ चलते हैं, बजाय ऊर्जा और शेष सब को बीच में लाए, ठीक है?

**पुपुल जयकर :** इसे कैसे किया जाना है?

**कृष्णमूर्ति :** यही हम पूछ रहे हैं : कैसे इसे किया जाए? क्या विचार इसे बींध सकता है? क्या विचार गहन बन सकता है?

**मॉरिस फ्रीडमैन :** रुचि की दरकार होती है, बस।

**कृष्णमूर्ति :** फ्रीडमैन, देखिए, मैं खुद से कहता हूँ, मैं एक सतही जीवन व्यतीत कर रहा हूँ, और यह नाकाफी है, मुझे गहराई की ज़रूरत है। और मैं ऐसा मूर्खतापूर्ण सतही जीवन जीने के बेतुकेपन को देखता हूँ और यह कथन ही कह रहा है कि मुझे

गहरे जाना चाहिए। ऐसा नहीं कि "रुचि ही नहीं है!"; रुचि को मत लाइए इसमें। रुचि मुझे है। मैं पता लगाना चाहता हूँ कि यह हो कैसे। मैं एक उथला जीवन जी रहा हूँ। मैं अलहदा ढंग का जीवन जीना चाहता हूँ, जिसमें गहराइयाँ हों। और ये मैं समझ रहा हूँ कि गहराई का मतलब मापन नहीं है, इतने फुट गहरा, या उतरने में समय कितना लगेगा, बल्कि वह गहराई, जो मुझे महसूस हो रहा है कि अतल है। आप उसकी थाह नहीं ले सकते, और मैं इसे खोज लेना चाहता हूँ, उस ढब से जीना चाहता हूँ। 'रुचि', 'ऊर्जा', और वह सारा कुछ इसमें मत लाइए। अब यह बताइए कि मुझे करना क्या है?

**प्रश्नकर्ता-1 :** मुझे लगता है कि विचार यह नहीं कर सकता।

**कृष्णमूर्ति :** पता नहीं। मैं पूछ रहा हूँ, "क्या विचार—जो कि समय है, अतीत है—इस गहनता को वेध सकता है?"

**मॉरिस फ्रीडमैन :** आपको यह गहन, अतल गहराई मिली कहाँ—यह अवधारणा?

**कृष्णमूर्ति :** यह अवधारणा नहीं है। मैं यह साफ-साफ देख पा रहा हूँ कि कोई भी मापन-योग्य गहराई ले-देकर मापन के छोटे-से दायरे में ही है। और मैं यह भी देख रहा हूँ कि भीतर पैठने में यदि समय की भूमिका है, तो उसमें सालों-साल लग सकते हैं, और इसलिए मेरा कहना है—बौद्धिक नज़रिये से, तर्क की कसौटी पर कसते हुए—कि मैं देख रहा हूँ कि गहराई का अर्थ है एक समयातीत, मापनरहित गुणधर्म, कभी किसी अंतिम तल तक पहुँचे बगैर। अनंत। अवधारणा नहीं है यह।

**मॉरिस फ्रीडमैन :** यह जो भी है, शाब्दिक परिभाषा ही है।

**कृष्णमूर्ति :** मैं आपके प्रति व्यक्त कर रहा हूँ, इसलिए यह शाब्दिक है। यह मेरे लिए शाब्दिक नहीं है क्योंकि मैं इसे शब्दीकृत नहीं कर रहा हूँ, केवल शब्दों में मैंने आपको बताया है, अतएव आपके लिए यह एक अवधारणा बन जाती है।

**मॉरिस फ्रीडमैन :** क्या आप मुझसे यह सवाल करते हैं या मैं खुद से यह सवाल पूछ रहा हूँ?

**कृष्णमूर्ति :** मैं यह सवाल खुद से कर रहा हूँ और इसलिए आपसे कह रहा हूँ कि आप भी खुद से पूछें।

**मॉरिस फ्रीडमैन :** यदि यह सवाल आप खुद से कर रहे हैं, तो यह एक अवधारणा है।

**कृष्णमूर्ति :** नहीं! मत छेड़िए इसे।

**पुपुल जयकर :** मेरे ख्याल से यह सवाल जायज़ है।

**कृष्णमूर्ति :** यह सवाल मैं कर रहा हूँ। मुझे बताएँ यदि यह गलत है, और मैं इसे रहने दूँगा।

**पुपुल जयकर :** मेरे ख्याल से यह एक जायज़ प्रश्न है।

**कृष्णमूर्ति :** मैं देखता हूँ कि मेरा जीवन बहुत ही सतही है; वह एकदम ज़ाहिर है।

**पुपुल जयकर :** और मैं कहती हूँ कि कुछ तो होना चाहिए और देखती हूँ कि मुझमें गहराइयाँ हैं तो सही।

**कृष्णमूर्ति :** तो मैं स्वयं से प्रश्न करता हूँ, क्या विचार इस गहराई में पैठ सकता है? और यही एक उपकरण है मेरे पास?

**प्रश्नकर्ता-1 :** उस स्थिति में, क्या आप यह चुनेंगे कि विचार की प्रक्रिया का इस्तेमाल नहीं करना है? यदि मुझे उस गहराई में जाना है तो मुझे उस गहराई को विचार के बगैर महसूस करना होगा।

**कृष्णमूर्ति :** यही हम पता लगाने की कोशिश कर रहे हैं।

**प्रश्नकर्ता-1 :** और यह बिल्कुल संभव है।

**कृष्णमूर्ति :** मुझे नहीं मालूम कि क्या संभव है।

**प्रश्नकर्ता-1 :** बिना विचार के उस गहराई तक पहुँचना संभव है। विचार का इस्तेमाल नहीं करना है।

**कृष्णमूर्ति :** कैसे हो इस गहराई से आमना-सामना? अगर मुझे विचार का इस्तेमाल नहीं करना है, तो इसमें प्रवेश कैसे हो?

**प्रश्नकर्ता-1 :** मैं इसका ब्यौरा नहीं दे सकता, पर यह एक हकीकत है। कभी-कभी वैसी स्थिति होती तो है, कभी-कभी।

**कृष्णमूर्ति :** ओह, नहीं, नहीं। सर, देखिए, मैं यह प्रश्न बहुत सरल रूप में रख रहा हूँ। मैं एक बड़ा ही सतही जीवन जी रहा हूँ और मैं खुद-ब-खुद यह पता लगाना चाहता हूँ कि क्या कोई ऐसी गहराई है जो अपरिमेय है, जिसे मापा नहीं जा सकता। और मैं देख पाता हूँ कि विचार इस तक नहीं पहुँच सकता, क्योंकि विचार मापन है, विचार समय है, विचार उस अतीत की प्रतिक्रिया है, इसलिए विचार संभवतः इसे छू नहीं सकता। तब क्या है जो इसे संभव बनाएगा? यदि विचार यह नहीं कर सकता—और वही एकमात्र उपकरण है मनुष्य के पास—तब वह करे क्या? विचार ने अपनी अभिव्यक्ति के चलते, अपनी गति में, अपने क्रियाकलाप में इस संसार को रचा है जिसमें मैं रहता हूँ, जो कि उथला, सतही है—उसी का मैं भाग हूँ। यह तो ज़ाहिर है। अब, क्या इस मन के लिए, विचार के प्रयोग के बगैर—क्योंकि विचार यह कर सकता नहीं—उसका स्पर्श कर पाना संभव है, जो अथाह है? अपनी नींद के दौरान, या जब मैं अकेला घूमने निकला हूँ उस अवधि के बस कुछ क्षणों के वास्ते नहीं; मैं वहीं रहना चाहता हूँ, जीना चाहता हूँ। मेरा मन कहता है कि इसे तो खोजना ही होगा, और कैसे यह मन उसी गुणधर्म का हो जाए। ठीक?

**प्रश्नकर्ता-3 :** माफ कीजिए, सर, सबसे पहली बात तो यह कि मुझे यह मालूम कैसे हो कि जो जीवन मैं जी रहा हूँ वह सतही है?

**कृष्णमूर्ति :** हे ईश्वर!

**प्रश्नकर्ता-3 :** और तब मुझे, कुछ गहरा है इसका भान तो होना चाहिए न!

**कृष्णमूर्ति :** समझ रहा हूँ, सर। मैं क्लब जाता हूँ, पीता हूँ, व्यापार करता हूँ और वैसी ही तमाम चीज़ें। तीस बरस मैंने यही किया है और अब मैं कहता हूँ, "हे भगवान, जीवन की किस कदर बरबादी है ये! और, क्या कुछ ऐसा है जिसमें गहराई हो?" हर शख्स यह पूछता है। और यह पूछते हुए, मैं एक संन्यासी बन जाता हूँ, इस या उस समूह से जुड़ जाता हूँ या किसी ध्यान में लीन हो जाता हूँ; सब तो एक ही बात है। और कुछ न मिलने पर, मैं समाज सेवा में लग जाता हूँ अथवा नेता या और कुछ बन जाता हूँ। तो इस सबको दरकिनार करते हुए, सरल और सहज-सीधे तौर से, यह समझते हुए कि विचार संभवतः इसे स्पर्श नहीं कर सकता, यह भी महसूस करते हुए कि चूँकि इसे यह नहीं मालूम कि गहराई का मतलब क्या है, और यह भी कि ये सिर्फ सतहीपन को ही महसूस कर सकता है, गहराई को नहीं, तो यह कहता है, "बहुत हो गया यह सतहीपन; अब मैं यह देखना चाहता हूँ कि क्या मेरा मन उस अनाम तत्त्व की अद्‌भुत, अथाह गहराई का स्पर्श कर सकता है।" बात बस इतनी है।

**पुपुल जयकर :** यह वेधन होता किसमें है? यदि कोई नापने वाला फीता हो, तो मुझे तल की ओर उतरने के लिए इसका इस्तेमाल नहीं करना है। मैं इसे वेधने, 'पेनिट्रेट' करने के अर्थ में प्रयोग कर रही हूँ। क्या है जिसके भीतर तक जाना है?

**कृष्णमूर्ति :** अच्छा हो यदि आप उस शब्द का प्रयोग न ही करें?

**पुपुल जयकर :** तब खोजबीन करना...

**कृष्णमूर्ति :** मैं उन शब्दों का प्रयोग नहीं करूँगा।

**पुपुल जयकर :** नहीं, मैं उन शब्दों का प्रयोग कर रही हूँ। मैं आपको बताती हूँ कि क्यों मैं उन शब्दों को प्रयुक्त कर रही हूँ, अभी बतलाती हूँ। वे सज्जन जो कह रहे थे, सही है—विचार मापन का यंत्र है।

**कृष्णमूर्ति :** बस वही मैं जानता हूँ।

**पुपुल जयकर :** अब, मापन करने वाले उस यंत्र से—जो कि हरदम मेरे साथ है, मेरे मन में है—मुक्ति के विषय में खोज-बीन तो करनी होगी।

**कृष्णमूर्ति :** नहीं, नहीं, इसे हम सरल ही रखें।

**पुपुल जयकर :** क्या आप विचार में पैठ सकते हैं?

**कृष्णमूर्ति :** विचार सतही होता है—हम इस पर चर्चा कर चुके हैं। विचार समय है, विचार मापन है, विचार स्मृति का प्रत्युत्तर है, विचार जानकारी है, अनुभव है, वह अतीत है, इसलिए विचार समय है। और वह विचार हमेशा सतही तौर पर ही कार्य कर पाता है; यह सीधी-सरल बात है।

**पुपुल जयकर :** जो आपने अभी-अभी कहा वह तो अंतत: एक सारांशन, 'ऐब्स्ट्रैक्शन' ही हुआ।

**कृष्णमूर्ति :** नहीं!

**पुपुल जयकर :** ऐसा ही है सर; विचार *यह* है, विचार *वह* है।

**कृष्णमूर्ति :** नहीं, नहीं, यह सारांशन नहीं है, यह एक वास्तविकता है।

**पुपुल जयकर :** कैसे, सर?

**कृष्णमूर्ति :** विचार क्या है?

**पुपुल जयकर :** आपने कहा विचार समय है।

**कृष्णमूर्ति :** हाँ। वह सारांशन नहीं हुआ।

**पुपुल जयकर :** आपने विचार में से इस सार को निकाला है। विचार अपने आप में ही सारांशन की गति है।

**कृष्णमूर्ति :** नहीं, नहीं; सुनिए तो। हमने कहा था विचार उसे नहीं वेध सकता। ठीक? बस, इसे वैसे ही रहने दीजिए।

**पुपुल जयकर :** तो मेरा प्रश्न है : चूँकि यही है यंत्र जो मापन कर रहा है, क्या आप इस यंत्र का वेधन कर सकते हैं, उसमें गहरे पैठ सकते हैं?

**कृष्णमूर्ति :** नहीं। मेरा सरोकार गहराई से है, मापन के यंत्र से नहीं। मापन का यंत्र क्या है वह तो ज़ाहिर ही है; मुझे उसकी खोजबीन की दरकार नहीं है।

**पुपुल जयकर :** वह यंत्र ही मापन है। यदि आप यह कहते हैं तो मेरा कहना है कि किस आयाम में हमें भीतर तक जाना है? यदि आप उसका प्रयोग नहीं करने वाले हैं, और वही एकमात्र उपकरण है जो हमारी जानकारी में है, तो किस आयाम में हमें खुदाई करनी है?

**कृष्णमूर्ति :** खुदाई का कोई सवाल ही नहीं है।

**पुपुल जयकर :** तब यह क्या है?

**प्रश्नकर्ता-1 :** और यहाँ दूसरा एक संकेतक यह है कि इस चर्चा के दौरान भी, बोध के वास्ते हमें जो मशीनरी उपलब्ध है, उसी से हम बँधे हुए हैं, और वह मशीनरी उस अथाह अवस्था को उद्‌घाटित नहीं कर सकती जिसमें हम जीना चाह रहे हैं, क्योंकि हो सकता है कि भाषा का स्रोत-संसाधन ही विचार हो। वह उपकरण ही बहुत कमज़ोर है।

**कृष्णमूर्ति :** जी हाँ, सर, एकदम।

**प्रश्नकर्ता-1 :** यानी कि हमारे पास उस आयाम से दो-चार होने के लिए वैसी भाषा चाहिए, उसके संप्रेषण का संसाधन चाहिए।

**कृष्णमूर्ति :** क्या हमारा सरोकार संप्रेषण से है?

**प्रश्नकर्ता-1 :** नहीं। उस अन्य से है।

**कृष्णमूर्ति :** क्या हमारा सरोकार शाब्दिक संप्रेषण से है या उस गहराई को छू लेने से?

**प्रश्नकर्ता-1 :** बेशक उसी से, क्योंकि कतिपय अवस्थाओं तक आधुनिक विज्ञान की पहुँच संभव नहीं है।

**अच्युत पटवर्धन :** इस अवस्था को संप्रेषित करना ज़रूरी नहीं है।

**प्रश्नकर्ता-1 :** मैं जानता हूँ कि कभी-कभी मैं उस अवस्था को स्पर्श कर पाता हूँ।

**प्रश्नकर्ता-3 :** हम आपसे उस अवस्था के बारे में नहीं पूछ रहे हैं।

**प्रश्नकर्ता-1 :** मैं कैसे आपको उस अवस्था के बारे में बता सकता हूँ?

**राधा बर्नियर :** परंतु कृष्णजी ने इंगित किया है कि यह कभी-कभार अनुभव करने वाली बात नहीं है, बल्कि असल बात है कैसे उसमें हों, उसमें जिएँ।

**मॉरिस फ्रीडमैन :** जब खाने लगते हैं....

**कृष्णमूर्ति :** जब खाने लगते हैं, भूख लग आती है।

**मॉरिस फ्रीडमैन :** ऊर्जा के कार्य करने के साथ ऊर्जा आती है।

**कृष्णमूर्ति :** हम ऊर्जा की बात नहीं कर रहे हैं, फ्रीडमैन।

**मॉरिस फ्रीडमैन :** फर्क नहीं पड़ता। हम विचार या किसी पर भी बात कर सकते हैं; बात वहीं आ जाती है। हम किसी चीज़ पर बात कर रहे होते हैं और आप आकर दूसरा ही कुछ इशारा करते हैं और चाहते हैं कि हम उसे देखें जो आप कहना चाह रहे हैं।

**कृष्णमूर्ति :** नहीं, नहीं। देखिए, मैं एक साधारण आदमी हूँ।

**मॉरिस फ्रीडमैन :** अगर आप साधारण आदमी होते तो यहाँ पर कोई चर्चा नहीं हो रही होती। चलिए, हमें बहलाइए मत।

**कृष्णमूर्ति :** नहीं, मैं ऐसा नहीं कर रहा। एक सतही जीवन जीते हुए जैसा कि हम सब का है, मनुष्य मात्र का है, मैं अपने आप से कहता हूँ, कि मैं उस गहराई को खोजना चाहूँगा जहाँ बड़ा ही विस्तार है, सौन्दर्य है, कुछ अपरिमित —ईश्वर नहीं—और बस वही हो जाऊँ। अब मुझे करना क्या होगा? मैं विचार को प्रयोग में नहीं ला रहा, मैं उसकी व्यर्थता को देख पा रहा हूँ। तब वह अन्य क्रिया, वह अन्य गतिविधि क्या है जो घटित होती ही है जब विचार कार्यरत नहीं होता?

**मॉरिस फ्रीडमैन :** यह वाक्य तो आपके बिना सूत्रबद्ध हो ही नहीं सकता। ईश्वर के वास्ते, सर, तथ्यों के साथ वाबस्ता रहिए।

**कृष्णमूर्ति :** मैं तथ्यों के साथ ही वाबस्ता हूँ।

**मॉरिस फ्रीडमैन :** पर इसका मतलब यह हुआ कि यदि आप यहाँ हमारे बीच बैठकर चर्चा नहीं कर रहे होते तो हम अपनी समस्या को इस तरह से व्यक्त नहीं करते।

**कृष्णमूर्ति :** आप अपनी समस्या को कैसे व्यक्त करते?

**मॉरिस फ्रीडमैन :** हम संस्कारबद्धता की पड़ताल करते और कहते कि किस तरह के संस्कार हमें सृजित करने होंगे ताकि वह सब न हो...

**कृष्णमूर्ति :** अरे नहीं! खुदारा...

**पुपुल जयकर :** आप खुद को कम करके आँक रहे हैं।

**मॉरिस फ्रीडमैन :** यदि कृष्णजी का अपने क्रांतिकारी वक्तव्यों के साथ आगमन नहीं हुआ होता, तो हम, सभी के सभी, किसी आश्रम में बैठे होते।

**कृष्णमूर्ति :** क्या मैं वह प्रश्न पूछता यदि विचार कार्यरत नहीं होता?

**पुपुल जयकर :** परंतु आप एक बिल्कुल ही परिकाल्पनिक प्रश्न पूछ रहे हैं?

**कृष्णमूर्ति :** नहीं, मुझे नहीं लगता कि यह परिकाल्पनिक है। मैं पूछ रहा हूँ कि क्या मन बिना मापन के रह सकता है? क्या यह काल्पनिक है?

**पुपुल जयकर :** उस स्थिति का अस्तित्व में आना ज़रूरी है जहाँ मापन हो ही नहीं।

**कृष्णमूर्ति :** हाँ, उतनी बात है। अपनी सारी ज़िंदगी मैंने मापन को ही जाना है। अब मैं पूछ रहा हूँ, क्या मन नाप-तोल, तुलना, समय और उस सब के बगैर रह सकता है?

**पुपुल जयकर :** यदि मैं आपसे पूछती कि 'कैसे?' तो आप तो बताते नहीं। सो एक ही चीज़ जो हम कर सकते हैं वह है : अपने मन का नाप-तोल की अवस्था में अवलोकन करना।

**कृष्णमूर्ति :** ठीक है।

**पुपुल जयकर :** क्योंकि कोई और रास्ता ही नहीं है।

**कृष्णमूर्ति :** ठीक है। क्या आपने वह किया है? क्या आपने, क्या इस मन ने नाप-तोल कर रही अपनी गतिविधि का अवलोकन किया है?

**पुपुल जयकर :** हाँ।

**कृष्णमूर्ति :** तुलना करना, मापन करना, और उसका अंत होना?

**पुपुल जयकर :** जी हाँ।

**कृष्णमूर्ति :** तब क्या?

**पुपुल जयकर :** तब एक निःशब्दता होती है।

**कृष्णमूर्ति :** आप कह रही हैं कि मापन की उस गतिविधि का अंत हो चुका है।

**पुपुल जयकर :** मापन की उस गतिविधि का अंत हो गया है।

**कृष्णमूर्ति :** मापन की गतिविधि का अंत हो गया है। (थोड़ा रुककर) क्या यह कहना सही होगा? क्या आप ईमानदारी से, वस्तुतः कह सकती हैं कि मापन की गति समाप्त हो गयी है?

**पुपुल जयकर :** अभी-अभी यह समाप्त हुई है।

**कृष्णमूर्ति :** अभी-अभी? ओह! यह तो यथेष्ट नहीं है, काफी नहीं है।

**पुपुल जयकर :** और अलग प्रकार क्या है?

**कृष्णमूर्ति :** 'यथेष्ट' अर्थात जीवन भर के लिए मापन की गतिविधि समाप्त हो गयी है।

**पुपुल जयकर :** यह मैं कैसे जान सकती हूँ?

**कृष्णमूर्ति :** मैं पता लगाने जा रहा हूँ। मैं अभी यही कर रहा हूँ। मैं पता लगाना चाहता हूँ कि क्या मेरा मन जो मापन के क्रियाकलाप में संस्कारित रहा है—मापन अर्थात तुलना, नकल, जी-हुज़ूरी, एक आदर्श, एक प्रतिरोध जो अ-मापन से इसे बचाए रखता है—यदि मेरा मन कह सके : अब मैंने मापन की पूरी गति को समझ लिया है, और देख पा रहा हूँ कि उसकी सही जगह क्या है, और यह भी कि कहाँ पर इसकी कोई जगह नहीं है।

**पुपुल जयकर :** आपने अभी जो कहा, यह उस मन की समझ में कैसे आएगा जिसमें कोई विचार ही नहीं?

**कृष्णमूर्ति :** इसे बोध होता है।

**पुपुल जयकर :** कैसे?

**कृष्णमूर्ति :** ठहरिए, अभी स्पष्ट करता हूँ। विचार ने, फिलहाल, इसका विश्लेषण किया है, इस पर प्रश्न पूछे हैं, इसे आगे बढ़ाया है, तहकीकात की है और यह कह रहा है कि इसने मापन की इस समग्र गतिविधि को देख लिया है। इस गतिविधि का प्रत्यक्ष बोध ही इस गतिविधि का समापन है—बोध मात्र ही। तात्पर्य यह कि वह देखना ही कर्म है और वही अंत भी है—यह देखना कि यह गतिविधि ही समय है, मापन और शेष सब है, इसके पूरे नक्शे को देखना, इसकी प्रकृति को, संरचना को देखना। वह बोध ही काम करता है इसके समापन के तरीके के तौर पर। अतः देखना ही वह अंत है। और इसमें कहीं कोई प्रयास नहीं। ठीक? आपका कहना है, "हाँ, मैंने इसे देख लिया है।" क्या आपने देख लिया है?

**पुपुल जयकर :** हाँ।

**प्रश्नकर्ता-1 :** आप एक विचार को उठते हुए देखते हैं, स्मृति के उस निचले तल से। मुझे विचारों का भान मन में आ रहे शब्दों के रूप में ही होता है।

**कृष्णमूर्ति :** आप विचार को देखते हैं, उसका अवलोकन करते हैं।

**पुपुल जयकर :** जब वह जा चुका होता है।

**प्रश्नकर्ता-1 :** विचार उठने के बाद तो मैं उसके प्रति सजग हो पाता हूँ, पर विचार के उदय को देख पाने में सक्षम नहीं हूँ।

**कृष्णमूर्ति :** आप विचार के उदित होने को देखना चाहते हैं? क्या आप इसे देख पाएँगे यदि आप इसके प्रति सजग हैं, उस क्षेत्र के प्रति सजग हैं जिसमें विचार

उठ सकता है? आप मुझे चोट पहुँचाते हैं, कुछ-न-कुछ कहकर, जुदा-जुदा ढंग से। उस चोट से विचारों की हर किस्म की हलचल उभरने लगती है। मैं देख सकता हूँ कि कैसे उस चोट से विचार उठ रहे हैं। निश्चित ही मैं देख सकता हूँ: आप मेरे मित्र नहीं हैं, आप मेरे दुश्मन हैं, वगैरह, वगैरह। आप देख सकते हैं कि विचार किस तरह उठने-उभरने लगते हैं, जब आपने मुझे ठेस पहुँचा दी हो, या जब आपने मुझे खुश कर दिया हो; ज़ाहिर-सी बात है। तो क्या यह मन कह सकता है "हाँ मैंने मापन की संपूर्ण गतिविधि को देख लिया है?" अपनी छानबीन में, जीवन के प्रति अपने रुख में, क्या मैंने संबंधों में मापन के इस क्रियाकलाप को देखा है? यदि मैं मापन की इस गतिविधि को देख लेता हूँ, तो मैं फिर कभी आहत नहीं होऊँगा, और जो भी चोटें मुझमें पहले की रही हों, वे खत्म हो चुकी होंगी।

**मॉरिस फ्रीडमैन :** अगर मैं कोई संबंध हिसाब-किताब लगाकर रख रहा होता और मेरा वह हिसाब गड़बड़ा जाता व मुझे ठेस पहुँचती, एवं मैं इस सारी प्रक्रिया को देखता, तो क्या इसका मतलब यह होता कि अब वह ठेस मुझमें नहीं रही?

**कृष्णमूर्ति :** आप मुझे आहत करते हैं और मैं देखता हूँ कि कैसे उससे विचार उठते हैं। विचार का वह उठना ही मापन है। और तमाम उम्र मुझे ठेस लगती रही है। एक ठेस को, एक चोट को समझने के द्वारा मैंने सारी-की-सारी चोटों को पोंछ दिया होता है।

**प्रश्नकर्ता-1 :** चोट तो अपने आप में ही अतीत का परिणाम है।

**कृष्णमूर्ति :** जी हाँ, जी हाँ। आपने मुझे चोट पहुँचायी है, यह एक तथ्य है। मुझे आप बेवकूफ या कुछ और कह देते हैं और आपने मुझे चोट पहुँचा दी होती है। चोट नाप-तौल का ही एक प्रकार है। मस्तिष्क ने उस चोट को स्मृति के रूप में संचित कर लिया है। उससे फिर विचार उठता है, और वह विचार ही नाप-तौल है, मापन है। अब, एक चोट का अवलोकन करने में, उसके प्रति सजग होने में, पूरी तरह से उस पर तवज्जो देने में—जिसमें से विचार में हो रहे सारे नाप-तौल उठा करते हैं—मन उन सारी चोटों को मिटा डालता है। इसी को मैं कहता हूँ वह मन जिसमें अब मापन की वह हलचल रही ही नहीं। लेकिन जब आप कहते हैं, "हाँ, मैंने मापन का अंत कर दिया है", तो मैं कहता हूँ...

**पुपुल जयकर :** मैं यह नहीं कहती कि मैंने मापन का अंत कर दिया है। माफ करिए, सर।

**कृष्णमूर्ति :** क्या कहा था आपने?

**पुपुल जयकर :** मैंने कहा था कि मैंने इस प्रक्रिया को देखा, इसका अवलोकन किया और एक अंत घटित हुआ।

**कृष्णमूर्ति :** किसका?

**पुपुल जयकर :** उसी का, उस क्षण भर के लिए।

**कृष्णमूर्ति :** नहीं। आप फिर वापस जा रही हैं : "उस क्षण भर के लिए"। मैं उस क्षण भर के लिए नशे में नहीं होना चाहता (हँसी)।

**पुपुल जयकर :** जो हो रहा है वह तो यही है।

**कृष्णमूर्ति :** तब आप अभी-भी मापन में ही हैं।

**पुपुल जयकर :** हो सकता है।

**सुनंदा पटवर्धन :** बिना उस तरह से कहे ही, आप चोट से सदा के लिए मुक्त होने का पहलू यहाँ ला रहे हैं।

**कृष्णमूर्ति :** वही तो मैं पता लगाना चाहता हूँ, अन्यथा आप शब्दों के साथ खेल रहे हैं।

**सुनंदा पटवर्धन :** कैसे पता?

**कृष्णमूर्ति :** बतलाता हूँ।

**सुनंदा पटवर्धन :** एक तो बिना खुद को किसी भ्रम-भ्रांति में रखे।

**कृष्णमूर्ति :** बिल्कुल, वह तो ज़ाहिर ही है। बिना छलावे के, बिना दंभ-कपट के, बिना बनावटी बातों के। सारी ज़िंदगी मैं आहत किया जाता रहा हूँ, स्कूल द्वारा, माता-पिता द्वारा, और न जाने किस-किस द्वारा। और मैं देखता हूँ उस चोट से उठते-उभरते विचार को—औरों को ठेस पहुँचाने की तबीयत, हिंसकता, काम से जी चुराना, अपने आप में सिमट जाना, दीवारें खड़ी कर लेना, वह सब। और मैं खुद से कहता हूँ कि विचार मापन है। क्या मापन का अंत हो सकता है? एक या दो घंटों के लिए नहीं, क्योंकि उसका कुछ मतलब नहीं है।

**पुपुल जयकर :** कुछ तो है जो इसमें बहुत...

**कृष्णमूर्ति :** ...गड़बड़?

**पुपुल जयकर :** गड़बड़ है।

**सुनंदा पटवर्धन :** वह कह रहे हैं कि चेतना की समग्र संरचना बदल जाती है, आप पहले वाले हाल में फिर कभी नहीं लौट पाते; यह अंतर्निहित है इसमें।

**कृष्णमूर्ति :** आप ठेस लगने की स्थिति में फिर कभी नहीं लौटते। इसका मतलब है कि आपका जो मन है, वह अब आहत होने में असमर्थ है।

**सुनंदा पटवर्धन :** बिना प्रयोग किये क्या मैं इसके बारे में कुछ भी कह सकती हूँ? कैसे पता लगे मुझे?

**कृष्णमूर्ति :** आप कहना चाह रही हैं कि आप प्रयोग करके पता लगाएँगी?

**सुनंदा पटवर्धन :** सर, कैसे जी पाऊँ मैं उस ढंग से?

**अच्युत पटवर्धन :** इसमें एक राह तो मुझे नज़र आती है। हमने देखा है कि ठेस सिर्फ अनवधान के क्षण में ही उभरती है। यह मैंने देखा है। यदि मुझे मालूम पड़ता है

कि मैं आहत हुआ हूँ, तो मैं उस अनवधान का, 'इनअटेन्शन' का अवलोकन करता हूँ।

**कृष्णमूर्ति :** नहीं सर! क्या आप यह कहना चाह रहे हैं कि विविध कारणों से—वह अप्रासंगिक है—मैं आहत होता रहा हूँ और मैं इसे शेष जीवन भर ढोता रहूँ?

**पुपुल जयकर :** नहीं।

**कृष्णमूर्ति :** अब जो जीवन है, वही मेरा जीवन है, आने वाले कल या बीते कल वाला नहीं। मैं जी रहा हूँ। मैं जीना चाहता हूँ बगैर किसी ठेस के; इसलिए मन की ऐसी गुणवत्ता का होना ज़रूरी है जिसे ठेस लगने की कोई संभावना ही न हो, एकदम असमर्थ हो वह आहत होने में।

**पुपुल जयकर :** मन की एक गुणवत्ता होती तो है जो आहत होने में असमर्थ हो, पर असावधानी के अगले ही क्षण वह मौजूद नहीं रहती।

**कृष्णमूर्ति :** उसके विषय में मैं कुछ नहीं जानता। मुझे ठेस लगती रही है अपने मित्रों से, अपनी पत्नी से, अपने पति, बच्चों, समाज, संस्कृति से।

**प्रश्नकर्ता-1 :** जब मैं आहत महसूस करता हूँ, मुझे भी एहसास होता है कि मेरे भीतर एक सन्निहित गतिविधि भी है आहत न महसूस करने की।

**कृष्णमूर्ति :** नहीं, यह बहुत सही नहीं है। मैं आहत हुआ हूँ, बस इतना पता है मुझे। यह मैं नहीं कहता कि मुझे आहत नहीं होना चाहिए।

**प्रश्नकर्ता-1 :** मुझमें वह ज़रूरत है, क्योंकि मैं उस ठेस को महसूस करता हूँ, मुझे तकलीफ होती है। और जब मैं दु:ख-तकलीफ में होता हूँ, तो पीड़ित न होने की एक ज़रूरत मौजूद होती है मुझमें।

**कृष्णमूर्ति :** वह एक अलग मसला है। वे सब घटना के बाद के प्रभाव हैं। तथ्य है कि मुझे ठेस लगी है, भले ही मुझमें चाह हो कि ठेस न लगे, तकलीफ न हो वगैरह।

**प्रश्नकर्ता-1 :** आहत न होने की वह ज़रूरत पहले से ही मौजूद है मुझमें, और यही ज़रूरत है जिसके चलते मैं आहत होता हूँ।

**कृष्णमूर्ति :** मेरे भीतर पहले से आहत न होने की वह ज़रूरत है, और इसीलिए मैं आहत होता हूँ; क्या ऐसा है? मैं सिर्फ जाँच रहा हूँ। इसलिए ठेस लगने के पूर्व की एक अवस्था है जो कहती है "कृपया आहत न कीजिए, क्योंकि मुझे पीड़ा होती है, दुखी हो जाता हूँ मैं।" आप कह रहे हैं : कोई पूर्वकथन बता रहा होता है कि आहत न हों, और इसीलिए मैं आहत होता हूँ। जो भी हो, मैं आहत हुआ हूँ; वह तो तथ्य है। अब, क्या कोई राह है या कुछ ऐसा हो सकता है कि मन फिर कभी आहत न हो? यही प्रश्न है जिस पर हम बात कर रहे हैं। कोई कह रहा है, "देखिए आपको चोट लगी है, और आप उस चोट को बहुत, बहुत करीब से, नाप-तौल की उस हरकत के बगैर देखें, अवलोकन करें उसका।" और जब ऐसा अवलोकन हो, तो वह चोट, और बाकी सारी चोटें मिट जाएँगी, और मन फिर कभी आहत नहीं होगा।

**पुपुल जयकर :** सारी चोटें पुँछ गयी हैं।

**कृष्णमूर्ति :** पुँछ गयीं।

**पुपुल जयकर :** सहमत हूँ।

**कृष्णमूर्ति :** 'सहमत' की बात नहीं; यह सहमति का विषय नहीं है। क्या मुझमें ऐसा हुआ है?

**पुपुल जयकर :** ठहरिए, सर, मैं कह रही हूँ।

**कृष्णमूर्ति :** आप क्या कह रही हैं? कि अब पुपुल जयकर एक आहत व्यक्ति नहीं है, और इसका अभिप्राय है कि वह फिर कभी-भी आहत नहीं होंगी।

**पुपुल जयकर :** नहीं।

**कृष्णमूर्ति :** यही तो मैं कह रहा हूँ। आप कह रही हैं : नहीं।

**पुपुल जयकर :** नहीं। चोट पुँछ चुकी है। पूर्ण विराम।

**कृष्णमूर्ति :** फिलहाल के लिए?

**पुपुल जयकर :** मैं फिलहाल शब्द का प्रयोग नहीं करूँगी।

**कृष्णमूर्ति :** इस क्षण के लिए?

**पुपुल जयकर :** मैं नहीं जानती।

**कृष्णमूर्ति :** 'इस क्षण के लिए' में मुझे रुचि नहीं।

**अच्युत पटवर्धन :** क्या मैं यह कह सकता हूँ कि हमने कुछ ऐसा नहीं खोजा है जो नित्य हो।

**कृष्णमूर्ति :** यह नित्य नहीं है। इसे शाश्वत समय के अर्थ में मत रखिए। ऐसा मन जो कभी आहत नहीं होता—जब तक उसे नहीं खोज लेते आपको ठेस लगने ही वाली है, आज न लगे, लेकिन कल, और किसी दिन। आप आहत होते रहेंगे, प्रतिक्रिया करते रहेंगे, आँसू बहाते रहेंगे, और यह तमाम निरर्थकता जारी रहेगी।

**सुनंदा पटवर्धन :** कैसे मुझे इसका लक्षण मालूम हो?

**कृष्णमूर्ति :** मैं बताने जा रहा हूँ।

**पुपुल जयकर :** आप बता नहीं सकते हैं।

**कृष्णमूर्ति :** क्यों नहीं। मैंने यह नहीं कहा : मैं बताऊँगा आपको उस मनोदशा के बारे में; मैं वो नहीं कह रहा। 'के' का संकेत इस ओर है कि जब आप किसी ठेस का अवलोकन बिना मापन की गतिविधि के करते हैं, जब आप उसके साथ पूरी तरह से, सकलता में जीते हैं, नाप-तौल की किसी भी हलचल के बगैर, तो सारी चोटें गायब हो चुकी होती हैं। आप कहेंगे, "जी, बड़ी अच्छी बात है कि आपने इस बारे में चर्चा की, पर यह मेरी हकीकत तो नहीं है।" तब मैं कहता हूँ, "आप इसका संज्ञान नहीं ले रहे, अवलोकन नहीं कर रहे, आप किसी एक ठेस को वस्तुतः देख

नहीं रहे। इसे बाहर लाइए, सामने मेज़ पर रखिए, या ठीक अपनी नाक की सीध में, और देखिए इसे।''

**पुपुल जयकर :** मैंने यह किया है।

**कृष्णमूर्ति :** आपने यह किया है?

**पुपुल जयकर :** मैंने किया है।

**कृष्णमूर्ति :** तो आप अब आहत नहीं हो रही हैं, तो आपने सारी चोटें पोंछ डाली हैं।

**पुपुल जयकर :** मैंने सारी चोटें पोंछ दी हैं।

**कृष्णमूर्ति :** क्या?

**पुपुल जयकर :** उन घटनाओं की स्मृति विदा हो चुकी है।

**कृष्णमूर्ति :** नहीं, नहीं। मैं जानता हूँ वह सारी स्मृति जा चुकी है।

**पुपुल जयकर :** उस घटना से जुड़ी पीड़ा है, जो अभी है।

**कृष्णमूर्ति :** माफ कीजिए, हम एक ही विषय पर बात नहीं कर रहे।

**पुपुल जयकर :** बात एक ही विषय पर हो रही है।

**कृष्णमूर्ति :** मैं पूछ रहा हूँ: ''क्या आपने किसी एक चोट को देखा है, मापन की इस गतिविधि के बगैर?'' 'हाँ' मत कहिए। यदि ऐसा अवलोकन हुआ है, तो वे सारी-की-सारी चेतन और अचेतन चोटें धुल-बह चुकी हैं, और इसलिए मन चोटों से मुक्त है। और मुक्ति समय के अंतर्गत नहीं आती।

**पुपुल जयकर :** मैं कहती हूँ कि हाँ, पर आपने एक और भी बात कही, ''आप फिर कभी आहत नहीं होंगे।''

**कृष्णमूर्ति :** वो मैं कह रहा हूँ। मैं उस शब्द का प्रयोग कर रहा हूँ : यह आहत होने में असमर्थ है। अन्यथा कुछ दिन चोट नहीं लगी, अगले दिन फिर लग गयी, तीसरे दिन इसका आनंद लिया, चौथे दिन इसे धो-पोंछ डाला—यह किस किस्म का खेल हुआ?

**मॉरिस फ्रीडमैन :** क्या हम इसे आशीर्वाद के रूप में लें?

**कृष्णमूर्ति :** आशीर्वाद के रूप में क्या लें?

**मॉरिस फ्रीडमैन :** कि हम फिर कभी आहत नहीं होंगे? (हँसी) इसे हम एक आशीर्वाद मान सकते हैं कि इस मन को अब कभी ठेस नहीं लगेगी।

**कृष्णमूर्ति :** ज़हन से निकाल डालें यह सब।

**मॉरिस फ्रीडमैन :** पर क्यों नहीं? विदाई पर एक उपहार!...

**कृष्णमूर्ति :** नहीं, सर। यह बहुत ही महत्त्वपूर्ण है। यदि ठेस से मुक्ति नहीं है, तब आपको हमेशा ठेस लगती रहेगी, आप सदा आहत होने की यंत्रणा से गुज़रते

रहेंगे और जाने क्या-क्या। आपको इस तक आना होगा, अन्यथा आप ये खिलवाड़ किससे कर रहे हैं!

**अच्युत पटवर्धन :** इसका मतलब हुआ : जब मन जान लेता है कि उस स्थिति में होना क्या है जिसमें मापन हो ही नहीं रहा, तब वही अंत है उसका।

**कृष्णमूर्ति :** जहाँ मापन नहीं है, कोई ठेस भी नहीं है।

**अच्युत पटवर्धन :** इसी अवस्था से आपने चर्चा की शुरुआत की थी।

**कृष्णमूर्ति :** जी हाँ।

*मुंबई में संवाद, 30 जनवरी, 1973*

# 4

# अवधान, और द्वंद्वमुक्त कर्म

*कोई भी विश्वासजनित कर्म ऊर्जा की बरबादी है—अब इसे दूसरी तरह से कहें। अवधान में, 'अटेन्शन' में हो रहा कर्म अपनी ऊर्जा स्वयं सृजित करता है।*

**कृष्णमूर्ति :** आपने कल एक बात शुरू की थी।

**मॉरिस फ्रीडमैन :** कर्म। हम कर्म के संबंध में बात कर रहे थे कि वह आवश्यक है। हमने यह कहा कि हम केवल एक चीज़ कर सकते हैं कि अज्ञात को अपने व्यवहार में प्रवाहित होने दें, और निषेधात्मक होने के सिवाय हम कुछ नहीं कर सकते। और व्यवहार हमें कर्म तक ले आया। व्यवहार क्या है? केवल निष्क्रिय रहना, नीति का उल्लंघन नहीं करना काफी नहीं है। तो, कर्म क्या है, और हम उसे कैसे किसी उद्देश्य से, मतलब से, मकसद से या एक मंशा से मुक्त रखें?

**कृष्णमूर्ति :** कर्म से आपका क्या अभिप्राय है?

**मॉरिस फ्रीडमैन :** कर्म का कुल मिलाकर अर्थ होता है बदलाव लाना।

**कृष्णमूर्ति :** क्या ऐसा है?

**मॉरिस फ्रीडमैन :** यदि कोई बदलाव नहीं तो कोई कर्म भी नहीं।

**कृष्णमूर्ति :** कर्म, करना—इस शब्द का मूल अर्थ क्या है?

**मॉरिस फ्रीडमैन :** 'करना'।

**कृष्णमूर्ति :** 'करना'। 'कर लिया है' या 'करेंगे' नहीं—न अतीत और न भविष्य। केवल 'करना'।

**मॉरिस फ्रीडमैन :** मेरे ख्याल से एक तो भावी कर्म है, फिर अतीत कर्म है, एवं वर्तमान कर्म है।

**कृष्णमूर्ति :** नहीं। मैं 'कर रहा' हूँ, यानी कर्म हमेशा सक्रिय वर्तमान में ही होता है, ऐसा नहीं कि अतीत कुछ कर रहा है या भविष्य कुछ कर रहा है। क्रिया है : 'करना' जो हमेशा वर्तमान में ही है।

**मॉरिस फ्रीडमैन :** पर उस हिसाब से आप कह सकते हैं कि 'जो है' हमेशा वर्तमान में ही विद्यमान है।

**कृष्णमूर्ति :** जी, मैं यही कहना चाह रहा था। तब वह कर्म क्या है जो अब, इस समय हो रहा है? क्या वह अतीत के कर्मों का परिणाम है?

**मॉरिस फ्रीडमैन :** वर्तमान का कर्म जो भी मौजूद है उसे ही दर्शाता है। चूँकि यह बहुत जल्दी-जल्दी घटित होता है, हमारे पास इसके बारे में कुछ कर पाने का समय ही नहीं होता; यह सारा-का-सारा एकदम समक्ष होता है।

**कृष्णमूर्ति :** मैं सुनिश्चित नहीं इस बारे में, सर। मैं इसकी छानबीन करना चाहूँगा।

**पुपुल जयकर :** अभी आपने इस बारे में बात की कि उस कर्म के संदर्भ में क्या घटित होता है जो कि अब हो रहा है, पर क्या ऐसा कोई कर्म है जो 'अब' से निःसृत हो रहा हो?

**कृष्णमूर्ति :** मैं यह पता लगाना चाह रहा हूँ कि क्या कोई ऐसा कर्म है जिसमें एक अविरलता, एक निरंतरता है, यानी ऐसी गतिविधि जो कार्य-कारण से हमेशा स्वतंत्र है।

**पुपुल जयकर :** कर्म, जो कि अविरल है, उससे आपका अभिप्राय क्या है?

**कृष्णमूर्ति :** कर्म के लिए क्या हमेशा किसी कारण, किसी मकसद, किसी दिशा-निर्देश का होना ज़रूरी है?

**पुपुल जयकर :** क्या यह समस्या अर्थबोध की नहीं है? यदि आप कहते हैं कर्म यानी करना, तब आप उसे पलक झपकते नहीं कर सकते; 'करना' में एक...

**कृष्णमूर्ति :** ...अतीत होता है, वर्तमान होता है, और भविष्य भी। उससे हम परिचित हैं।

**पुपुल जयकर :** जब आप कर्म शब्द का इस भाव में प्रयोग करते हैं तो क्या इसकी प्रकृति *कर रहा है* क्रियारूप से अलग होती है?

**कृष्णमूर्ति :** *कर्म हो रहा है* अर्थात?

**पुपुल जयकर :** करना।

**कृष्णमूर्ति :** करना; शारीरिक तौर पर कुछ करना, यहाँ से वहाँ जाना। एक तो यह है। फिर बौद्धिक क्रिया है, बौद्धिक स्तर पर समस्या को सुलझाना, भावनात्मक स्तर पर, और शेष सब। तो कर्म का अर्थ हुआ...

**पुपुल जयकर :** किसी चीज़ पर काम करना।

**कृष्णमूर्ति :** या किसी चीज़ के ज़रिये काम करना, उससे काम करना।

**पुपुल जयकर :** जी हाँ, वह सभी।

**अच्युत पटवर्धन :** जब हम एक बच्चे को रास्ते पर देखते हैं और एक कार उधर से आती दिखती है, तो उस बच्चे को कार के रास्ते से उठा लेते हैं, उस दृश्य

में एक बदलाव ले आते हैं। मैं यह एक ऐसे कर्म का वर्णन कर रहा हूँ, जहाँ न तो अतीत बीच में आया है, और न भविष्य।

**मॉरिस फ्रीडमैन :** अपने अनुभव से मुझे पता है कि जब मैं बिना पूर्व-पहचान के क्रिया करता हूँ, बिना किसी पूर्व-विमर्श के, तत्क्षण, पल भर में, तब मैं सही चीज़ कर रहा होता हूँ, एक क्षण भी उस पर सोचे-विचारे बगैर।

**कृष्णमूर्ति :** जी।

**मॉरिस फ्रीडमैन :** परन्तु मैं उस प्रक्रिया से अनभिज्ञ हूँ जो मुझसे ऐसा कराती है, जो सारी मांसपेशियों की गतिविधियों को संचालित करती है। मुझे पता नहीं होता कि हुआ क्या है, परंतु यह मालूम होता है कि अनायास, पल भर में चीज़ों को कर डालना क्या होता है, तुरंत, और सही-सही।

**पुपुल जयकर :** मुझे लगता है कि कृष्णजी ने कर्म शब्द को जो अर्थ दिया है, वह हमारे दिये हुए अर्थ से अलग है।

**कृष्णमूर्ति :** ठीक बात है।

**पुपुल जयकर :** यह हम स्पष्ट करते चलें कि कर्म शब्द को जिस अर्थ में हम प्रयुक्त कर रहे हैं और जिस अर्थ में कृष्णजी कर रहे हैं, उनकी अंतर्वस्तु ही जुदा-जुदा है। तो जिस शब्द का प्रयोग आप कर रहे हैं उसमें क्या निहित है?

**कृष्णमूर्ति :** उसमें घर्षण, टकराहट अनुपस्थित है।

**मॉरिस फ्रीडमैन :** अगला प्रश्न है : क्या ऐसा कर्म चेतन है अथवा अचेतन? जब उसमें कोई घर्षण नहीं है तो क्या वह सचेतन कर्म हो सकता है?

**कृष्णमूर्ति :** मैं बस पड़ताल कर रहा हूँ, अभी इसे लपकें नहीं। क्या कोई ऐसा कर्म होता है जो कोई द्वंद्व, बाहर का या भीतर का, उत्पन्न न करता हो? क्या ऐसा कोई कर्म है जो समग्र हो, विखंडित नहीं? ऐसा कोई कर्म होता है क्या, जो अफसोस या इनाम का एहसास न दे? कोई ऐसा कर्म, जिसकी गति किसी माहौल, किसी 'मैं' अथवा समुदाय से न जुड़ी हो? क्या ऐसा कोई कर्म है जो समय से बाहर की गति हो? मेरे देखे, वह सब कर्म है।

**मॉरिस फ्रीडमैन :** आपको उसे कार्य, 'फंक्शन' कहना चाहिए, कर्म नहीं। आप जिसका वर्णन कर रहे हैं उसे कार्य की संज्ञा दी जाती है।

**कृष्णमूर्ति :** नहीं, मुझे कर्म, 'एक्शन' शब्द का प्रयोग बेहतर लग रहा है। देखिए, मेरा कर्म आपके साथ जो मेरा संबंध है उससे जुड़ा है। मेरा कर्म, जिस समुदाय में मैं रहता हूँ उससे संबंधित है, मेरा कर्म आर्थिक परिस्थिति द्वारा निर्धारित है।

**मॉरिस फ्रीडमैन :** अभिप्रेरित।

**कृष्णमूर्ति :** अभिप्रेरित। जलवायु, वातावरण, वैयक्तिकता से जुड़ा, किसी मान्यता, किसी आदर्श आदि पर आधारित। ऐसे कर्म से हम परिचित हैं। ठीक? मुझे

ऐसे कर्म का पता लगाना है—यदि ऐसा कोई कर्म है तो—जो वातावरण के दबाव का परिणाम न हो।

**मॉरिस फ्रीडमैन :** ऐसा कर्म मुझसे अलग नहीं है; यह ऐसा कुछ नहीं है जिसे मैं करता हूँ।

**कृष्णमूर्ति :** मुझे नहीं पता यह क्या है; मैं अभी वहाँ नहीं आ रहा।

**मॉरिस फ्रीडमैन :** यह *करना* होता क्या है?

**कृष्णमूर्ति :** मैं देखना चाहता हूँ कि कर्म क्या है। कर्म क्या है? यहाँ से वहाँ जाना? रास्ते पर आती हुई कार के सामने से एक बच्चे को बचाना? कुछ सोच-विचार करना और उस पर काम करना?

**मॉरिस फ्रीडमैन :** कर्म जो भी हो, महत्त्व अभिप्रेरणा का ही है।

**कृष्णमूर्ति :** तो अभिप्रेरणा कर्म का हिस्सा है।

**मॉरिस फ्रीडमैन :** आपके अभिप्राय के अनुसार यदि अभिप्रेरित हो रहे हैं तो कर्म नहीं हो रहा। कर्म नहीं हो रहा है; वह प्रयोजन काम कर रहा है, आप नहीं।

**कृष्णमूर्ति :** हम वह कह चुके हैं। हमने कहा था कि कर्म में प्रयोजन जुड़ा होता है; यह सब हम जान रहे हैं। मैं कुछ चाहता हूँ, और उसे हासिल कर लेता हूँ। मैं आपको पसंद नहीं करता, मैं कुछ करता हूँ। या मुझे आप पसंद हैं, मैं कुछ करता हूँ। मेरे गुरु एक मूढ़ वृद्धपुरुष हैं, पर मैं उनका अनुसरण कर रहा हूँ। अब, हम यह पता लगाने की कोशिश कर रहे हैं कि कर्म है क्या?

**पुपुल जयकर :** क्या है यह? अगर वो यह सब नहीं है, तब वह तत्त्व क्या है जो उस गति को आगे ठेल रहा है?

**कृष्णमूर्ति :** यही बात है। मैं सोचता हूँ कि हमें कर्म में से कारणत्व को मिटा देना होगा। क्या यह संभव है? क्या वही कर्म है?—मैं आपसे प्रेम करता हूँ, क्योंकि आप मुझे धन दे रहे हैं, या अपना जिस्म दे रहे हैं। आप समझ रहे हैं?

**पुपुल जयकर :** ये सब तो ज़ाहिर ही है। कोई इसके कारण और प्रभाव को तो देख सकता है, पर अवधान की, 'अटेन्शन' की अवस्था में...

**कृष्णमूर्ति :** नहीं, मुझे अवधान में नहीं जाना है।

**पुपुल जयकर :** क्यों नहीं, सर?

**कृष्णमूर्ति :** क्योंकि, यहाँ मैं केवल कर्म से पेश आ रहा हूँ। मुझे नहीं मालूम कि अवधान क्या है।

**पुपुल जयकर :** मैं आपसे पूछ रही हूँ। कारणत्व की गति, विचार की गति, घटित होती है, जो हम सभी लोगों का अनुभव है। कोई विचार उठता है तो मुझे किसी दिशा में ले जाता है, और इसका कुछ परिणाम होता है और वह भी विचार में संग्रहीत हो जाता है।

**कृष्णमूर्ति :** मैं वह सब जानता हूँ, हम सभी जानते हैं।

**पुपुल जयकर :** मैं कह रही हूँ कि अवधान में भी सदैव गतिशीलता होती है; ऐसा नहीं है कि इसके चलते हम निद्रा में चले जाते हैं। मैं आपसे बात कर रही हूँ अभी; या वह आपसे बातचीत कर रहे हैं, और हम आपको अपने कानों से सुन रहे हैं, अपनी आँखों से देख रहे हैं, और इसके अलावा हमारे भीतर अन्य कोई हलचल नहीं हो रही। वाणी की यह गतिविधि कर्म की गतिविधि है। अब, यह कर्म शब्द आया था चेतना व मस्तिष्क की कोशिकाओं के प्रश्न के परिप्रेक्ष्य में।

**कृष्णमूर्ति :** जी हाँ।

**पुपुल जयकर :** अब प्रश्न यह है कि, इस अवस्था में, जहाँ मेरे आपको देखने और सुनने के अलावा कुछ और नहीं हो रहा है, क्या है जो मेरी वाणी को अभिप्रेरित कर रहा है? क्या है जो इसे गति दे रहा है?

**मॉरिस फ्रीडमैन :** क्या आप कहेंगे कि निष्प्रयोजन कर्म ही स्वत:स्फूर्त अभिव्यक्ति होगी उस असीमित ऊर्जा की, जिस पर कल हम चर्चा कर रहे थे।

**कृष्णमूर्ति :** मैं किसी और, ज़्यादा गहरी चीज़ तक आना चाहता हूँ। यह सब तो हम जानते हैं, वह कर्म क्या है जो स्वत:ऊर्जित होता रहे, और जो एक निस्सीम गति हो, निस्सीम ऊर्जा सहित? क्या मैं कुछ स्पष्ट कर पा रहा हूँ?

**पुपुल जयकर :** निस्सीम ऊर्जा वाली निस्सीम गति।

**कृष्णमूर्ति :** जी हाँ। मेरे ख्याल से वही कर्म है। मुझे लगता है कि हमारे सब कर्म विखंडित होते हैं, आधे-अधूरे; वे सब-के-सब प्रतिबंधित-सीमित होते हैं। हमारे सारे कर्म विभाजन पैदा करते हैं और फिर उस विभाजन से द्वंद्व उभरता है। हमारे कर्म हमेशा उस ज्ञात के क्षेत्र में ही हुआ करते हैं, अतएव वे समय से बँधे होते हैं और इसलिए मुक्त, स्वतंत्र नहीं होते। ऐसा है, अब मैं पता लगाना चाहता हूँ कि इसके अलावा कोई और कर्म भी है। ज्ञात के दायरे में होने वाले इस कर्म से तो हम भलीभाँति परिचित हैं—तकनीक से जुड़े कर्म, विचार का कर्म, व्यवहार का कर्म वगैरह। क्या कोई अन्य कर्म है जो स्वयं को संवर्द्धित-पोषित करता है।

**पुपुल जयकर :** कर्म की वह धारा किस प्रकार जुड़ी है...

**कृष्णमूर्ति :** ...दैनिक जीवन से?

**पुपुल जयकर :** मैं दैनिक जीवन नहीं कहना चाहूँगी। आप कह रहे हैं कि मनुष्य में इसका घटित होना संभव है।

**कृष्णमूर्ति :** जी हाँ।

**पुपुल जयकर :** यह धारा, मस्तिष्क की कोशिकाओं से तथा चेतना से किस तरह से जुड़ी हुई है? यदि यह मस्तिष्क की कोशिकाओं तथा चेतना से जुड़ी नहीं है, तो ईश्वर की समानार्थी हो सकती है?

**कृष्णमूर्ति :** हाँ, मालूम है, समझ रहा हूँ। हम बात कर क्या रहे हैं?

**पुपुल जयकर :** तब फिर वह क्या है?

**कृष्णमूर्ति :** मैं कर्म के संबंध में बात कर रहा हूँ। कर्म है क्या? चेतना के क्षेत्र के भीतर-भीतर कर्म क्या होता है वह तो हम भली-भाँति जानते हैं। ठीक? क्या हमें उस पर फिर से बात करनी होगी?

**पुपुल जयकर :** नहीं।

**कृष्णमूर्ति :** प्रयोजन से, पुरस्कार, दंड और उस सब से हम परिचित हैं—तकनीकी कर्म, गैर-तकनीकी कर्म आदि को जानते हैं। इस सब का समावेश है....

**पुपुल जयकर :** ...समय की गति में।

**कृष्णमूर्ति :** वह सारा कुछ। वैसा कर्म अनिवार्यतः कुंठा, दुःख और बिखराव के विविध प्रकारों की ओर ले जाता है। यह स्वीकार है आपको? और मैं स्वयं से पूछता हूँ, "क्या कोई अलग तरह का कर्म है जिसका वास्ता इस चेतना से, इसकी कुंठाओं, असफलताओं, दुःखों, बदहाली, भ्रम-भ्रांति से न हो?" क्या ऐसा कोई कर्म है जो समय के अंतर्गत नहीं आता, समय अर्थात वह सब? क्या यह प्रश्न उचित है? मनुष्य हमेशा ज्ञात के क्षेत्र के भीतर-भीतर ही कर्म करता आया है। नहीं?

**मॉरिस फ्रीडमैन :** प्रत्यक्ष अनुभव इससे मेल नहीं खाते।

**कृष्णमूर्ति :** आप कहना क्या चाह रहे हैं?

**मॉरिस फ्रीडमैन :** कोई भी व्यक्ति, जिसे अपने मन के बारे में अंतर्दृष्टि की किंचित् भी झलक मिली है, यह देख सकता है कि कोई भी कर्म, अब घटित होने के अर्थ में, निरपवाद रूप से कारणरहित, निष्प्रयोजन ही हुआ करता है।

**कृष्णमूर्ति :** मैं उसकी बात नहीं कर रहा।

**मॉरिस फ्रीडमैन :** मैं सामान्यतः किये जाने वाले कृत्यों की बात नहीं कर रहा हूँ। हमारे सामान्य कर्म, जो प्रयोजनवश, सकारण और संस्कारग्रसित प्रतीत होते हैं, वैसे सिर्फ इसलिए हैं, क्योंकि उनका वर्णन उस तरह से किया जाता है।

**कृष्णमूर्ति :** ठीक।

**मॉरिस फ्रीडमैन :** वस्तुतः वे वैसे नहीं हैं।

**कृष्णमूर्ति :** मैं समझ रहा हूँ।

**मॉरिस फ्रीडमैन :** बदनामी मचा के फाँसी देने वाली मिसाल हो गयी।

**कृष्णमूर्ति :** बिल्कुल।

**मॉरिस फ्रीडमैन :** वैसा है नहीं।

**कृष्णमूर्ति :** जानता हूँ। देखिए, फिर से, बहुत सरल तौर पर शुरू करते हैं। मैं ये पता लगाना चाह रहा हूँ कि क्या कोई ऐसा कर्म है जिसमें कोई घर्षण, कोई टकराहट न हो; बस उतना ही। मुझे मालूम है कि प्रत्येक कर्म किसी-न-किसी तरह का टकराव पैदा करता है।

**मॉरिस फ्रीडमैन :** स्मृति की वजह से।

**कृष्णमूर्ति :** वह हम कह ही चुके हैं। मैं ऐसा एक कर्म खोज लेना चाहता हूँ, जो द्वंद्व न लाता हो। क्या मैं सरल शब्दों में कहूँ? मैं एक ऐसे कर्म की खोज में हूँ जिससे कोई अंतर्विरोध उत्पन्न न हो।

**मॉरिस फ्रीडमैन :** प्रत्येक कर्म विशुद्ध होता है; अंतर्विरोध हम ही रचा करते हैं।

**कृष्णमूर्ति :** पता नहीं। आप किसी और तरफ जा रहे हैं।

**पुपुल जयकर :** मैं मॉरिस से पूछना चाहूँगी : बिना अभिप्रेरणा अथवा प्रयोजन के क्या कोई कर्म शुरू हो सकता है?

**मॉरिस फ्रीडमैन :** परंतु अभिप्रेरणा को कर्म के साथ जोड़ना तो उस कर्म के पश्चात आया विचार हुआ।

**कृष्णमूर्ति :** नहीं।

**मॉरिस फ्रीडमैन :** जब आप कारण ढूँढ़ने लगते हैं, तो आपको कारण मिल ही जाता है।

**कृष्णमूर्ति :** नहीं। देखिए, मैं आपको पसंद करता हूँ, क्योंकि आप मेरी खुशामद किया करते हैं। प्रयोजन का अर्थ ही है कुछ करना।

**मॉरिस फ्रीडमैन :** मैं दफ्तर जाता हूँ, बस पकड़ता हूँ। बस में चढ़ना महज़ बस में चढ़ना है, उसके अलावा और कुछ नहीं। पर जब आप पूछते हैं कि "आप क्यों इस बस में चढ़ते हैं?" मैं कहता हूँ : मैं आजीविका कमाने की खातिर दफ्तर जाता हूँ।

**कृष्णमूर्ति :** बिल्कुल। बस में चढ़ना यानी आजीविका कमाने जाना।

**पुपुल जयकर :** वह क्या कह रहे हैं, मैं समझ पा रही हूँ। दिन भर में कई सारी चीज़ें हम करते हैं, जो वास्तव में शरीर की अनैच्छिक क्रियाएँ हैं, जिनका दिमागी तंत्र-प्रक्रिया से—जो कि प्रयोजन तय करती है—कोई संबंध नहीं होता। आपको खाज हुई, आप खुजला लेते हैं। खुजलाना प्रयोजन है लेकिन यह एक शारीरिक मामला है।

**कृष्णमूर्ति :** मैं सहमत हूँ, वह सब मान्य है मुझे। हम बार-बार, बार-बार वहीं लौटकर न आएँ। वह तो बहुत स्पष्ट है। उस कर्म को हम सभी जानते हैं। तो, मैं जानना चाहता हूँ कि क्या कोई ऐसा कर्म है जो द्वंद्व उत्पन्न न करता हो, जो कल को खुद का ही विरोध न करने लगे। इसका अभिप्राय यह नहीं है कि वह कर्म सुसंगत, सिलसिलेवार होगा। किसी स्थापित ढाँचे का अनुसरण करना और वही करते रहना कभी अंतर्विरोधी नहीं होता, और महज़ वह यांत्रिक दोहराव तो मस्तिष्क को पूरी तरह से विनाश की ओर ले जाता है। मैं खोजना चाह रहा हूँ एक ऐसा कर्म जिसमें न तो दोहराव हो, न ही कोई द्वंद्व, और जो अनुकरणात्मक, आज्ञानुरूपी अतएव विकृत, भ्रष्ट नहीं हो। आप समझ गये जो मैं कहना चाह रहा हूँ?

**मॉरिस फ्रीडमैन :** मैं समझ गया हूँ। ऐसा कर्म किस दुनिया में हुआ करता है?

**कृष्णमूर्ति :** मैं पता लगाने जा रहा हूँ। वहाँ या यहाँ नहीं।

**मॉरिस फ्रीडमैन :** बिल्कुल।

**कृष्णमूर्ति :** जीने का ऐसा एक तरीका मैं खोज लेना चाहता हूँ। जीना कर्म ही है।

**मॉरिस फ्रीडमैन :** हाँ। यह न भूलिए कि जीना यानी 'वातावरण पर प्रभाव डालना और उससे प्रभावित होना'।

**कृष्णमूर्ति :** जी।

**मॉरिस फ्रीडमैन :** आप उस वातावरण के बाहर नहीं जा सकते।

**कृष्णमूर्ति :** और इसलिए मैं वातावरण पर निर्भर नहीं करता, और वातावरण मुझे शक्ल नहीं देता। मैंने वह सब कहा।

**मॉरिस फ्रीडमैन :** आपने वह सब कह दिया। आप देखिए मैं उलझन में पड़ गया हूँ, क्योंकि आप उन शब्दों का प्रयोग कर रहे हैं जिनकी निर्भरता बुनियादी तौर पर वातावरण पर ही है।

**कृष्णमूर्ति :** वह सब जाने दीजिए। मैं एक ऐसा जीवन जीना चाहता हूँ...

**मॉरिस फ्रीडमैन :** जिसमें द्वंद्व न हो।

**कृष्णमूर्ति :** जिसमें द्वंद्व न हो।

**मॉरिस फ्रीडमैन :** बस इतना ही।

**कृष्णमूर्ति :** जिसका मतलब हुआ जीवन कर्म है : उठना, जाना, चलना, जीविका कमाना, बाल-बच्चे होना, सेक्स—यह जीवन। और मैं देखता हूँ कि जीवन हमेशा द्वंद्व में ही रहता है; यहाँ, इस धरती पर। मैं किसी स्वर्ग अथवा नरक की चर्चा नहीं कर रहा। यहीं बंबई में जीने की बात है, और मैं देख रहा हूँ कि जीवन एक निरंतर संग्राम है।

**मॉरिस फ्रीडमैन :** वह तो सच है।

**कृष्णमूर्ति :** ठहरिए, उसे विस्तार मत दीजिए। मैं जीने की एक राह ढूँढ़ निकालना चाहता हूँ, जो ऐसा कर्म हो जिसमें कोई द्वंद्व नहीं है। द्वंद्व यानी नकल करना, अनुरूप ढलना, किसी प्रारूप के हिसाब से चलना ताकि द्वंद्व न हो, जिसका मतलब हुआ जीने का एक यांत्रिक ढंग, उस तरह का कर्म जो मेरे अनुभव, मेरी स्मृति इत्यादि पर आधारित हो, जो आपकी अनुभूति-स्मृति से भिड़ता है और विखंडन लाता है। तो मैं जीने का ऐसा तरीका खोजना चाहता हूँ—और संबंधों में कर्म ही जीना है—जिसमें द्वंद्व की कोई आहट तक न हो। इसका मतलब यह नहीं कि मैं सोया अथवा पड़ा रहूँ, या मैं किसी का अनुयायी बन जाऊँ जो मुझे बताता रहे कि मुझे क्या करना है। मैं जीने का एक ऐसा ढंग खोज लेना चाहता हूँ जिसमें नकल, अनुरूपता, दमन, इन सबों का कोई नामोनिशान तक न हो।

**पुपुल जयकर :** यह फिर से भाषा की समस्या हो सकती है। आपने अपने

वक्तव्य की शुरुआत में एक शब्द का प्रयोग किया है : खोज लेना।

**कृष्णमूर्ति :** जानता हूँ कि मैंने खोजना शब्द का प्रयोग किया है; यह सटीक शब्द नहीं है। मैं जल्दी से संप्रेषित करना चाह रहा था।

**पुपुल जयकर :** पर मुझे जानना है। मैं आपके वक्तव्य को सुनती हूँ; मैं इसका सामना कैसे करूँ?

**कृष्णमूर्ति :** सबसे पहली बात तो यह कि ये खोज लेना नहीं है। उस अभिव्यक्ति को हम हटा दें। मैंने उसे बदल दिया है—ऐसे जीना, अभी, आज, जिसमें कोई द्वंद्व न हो।

**मॉरिस फ्रीडमैन :** उस कर्म में आपके हिसाब से परिणामों का कोई संदर्भ है या नहीं? क्योंकि हो सकता है वह कर्म आफत ले आए।

**कृष्णमूर्ति :** नहीं, आफत नहीं लाएगा।

**मॉरिस फ्रीडमैन :** आप कुछ कर बैठें और जेल पहुँच जाएँ।

**कृष्णमूर्ति :** नहीं, वैसा कुछ नहीं होगा। ज्ञात के क्षेत्र में होने वाले समस्त कर्म को देखने में—जिस पर हम चर्चा कर चुके हैं—उसका अवलोकन करने में, उस पर अवधान यानी ध्यान देने में, मेरी प्रज्ञा यह प्रश्न पूछ रही है। वह प्रज्ञा अब क्रियाशील है। इसलिए मैं जेल नहीं पहुँचूँगा। मैं टैक्स देना बंद नहीं करूँगा। किसी को लूटूँगा या मारूँगा नहीं।

**मॉरिस फ्रीडमैन :** आप खुद को एक अच्छे नागरिक तक क्यों सीमित कर रहे हैं?

**कृष्णमूर्ति :** बात यह नहीं है।

**मॉरिस फ्रीडमैन :** बम क्यों नहीं फेंक सकते?

**कृष्णमूर्ति :** बम क्यों नहीं फेंक सकते? क्योंकि मेरी प्रज्ञा कहती है कि वह सरासर बेवकूफी होगी।

**मॉरिस फ्रीडमैन :** आपकी प्रज्ञा यह भी कह सकती है कि यही सही काम होगा।

**कृष्णमूर्ति :** नहीं, नहीं। मेरी प्रज्ञा ने बम फेंकने को जाँच-परख लिया है।

**मॉरिस फ्रीडमैन :** लाखों बम गलत हो सकते हैं, लेकिन कोई एक खास बम सही भी हो सकता है।

**कृष्णमूर्ति :** नहीं। कोई बम सही नहीं है।

**मॉरिस फ्रीडमैन :** यहाँ पर वस्तुतः हमारे बीच बुनियादी भिन्नता है।

**कृष्णमूर्ति :** कोई बम सही नहीं होता।

**मॉरिस फ्रीडमैन :** आपको कैसे पता?

**कृष्णमूर्ति :** आपको कुछ वैसा करने की ज़रूरत ही नहीं है। संसार में शांति लाने की खातिर किसी को मार डालना कोई तरीका नहीं है।

**अच्युत पटवर्धन :** प्रज्ञा कहती है कि मैं किसी को भी चोट नहीं पहुँचा सकता, खुद को उससे भी ज़्यादा चोट पहुँचाए बगैर।

**मॉरिस फ्रीडमैन :** आपका मन आपसे यह कहता है।

**अच्युत पटवर्धन :** नहीं, प्रज्ञा आपको बताती है कि संसार में किसी का बुरा आप कर नहीं सकते, जब तक कि आप उससे भी बढ़कर बुरा खुद का न कर रहे हों।

**कृष्णमूर्ति :** मैं इसमें शरीक नहीं हो रहा। हम कहीं भटके जा रहे हैं। देखिए, प्रज्ञा, 'इन्टेलीजेन्स' शब्द से आशय है न केवल एक बहुत सचेत मन का होना, पर पंक्तियों के बीच निहित अर्थ को भी पढ़ पाना : 'इन्टर लेज्जेरे'। मैं उस जानी-पहचानी गतिविधि के, पंक्तियों के मध्य निहित अर्थ को पढ़ता हूँ। उसे पढ़ लेने पर, मेरी प्रज्ञा कहती है कि उस क्षेत्र में सभी कर्म सदैव अंतर्विरोधी होंगे। पूर्ण विराम।

**मॉरिस फ्रीडमैन :** जब प्रज्ञा कुछ तलाश रही होती है...

**कृष्णमूर्ति :** तलाशना नहीं।

**मॉरिस फ्रीडमैन :** उस शब्द का इस्तेमाल मैं कर रहा हूँ।

**कृष्णमूर्ति :** तलाश करना, ढूँढ़ना, खोज लेना, इन शब्दों का प्रयोग मैं नहीं करना चाह रहा।

**मॉरिस फ्रीडमैन :** वह किसी चीज़ की संभावना की पड़ताल, 'इन्क्वाइरी' करती है।

**कृष्णमूर्ति :** यह ठीक है : पड़ताल करना, तहकीकात करना।

**पुपुल जयकर :** देखिए, लगता है हम यहाँ पर पूरी तरह अटक गये हैं।

**कृष्णमूर्ति :** अटक क्यों गये हैं?

**पुपुल जयकर :** बताती हूँ, क्यों अटक रहे हैं हम? आप कह रहे हैं कि कोई तलाश नहीं, खोज लेने का कोई तरीका नहीं, संपर्क का ही कोई उपाय नहीं।

**कृष्णमूर्ति :** मैंने कहा, मैं तहकीकात करने जा रहा हूँ।

**पुपुल जयकर :** 'तहकीकात' और 'तलाश'—इन दोनों शब्दों में फर्क क्या है?

**कृष्णमूर्ति :** एक बड़ा फर्क है। तहकीकात यानी पता लगाते हुए आगे बढ़ना। तलाश अर्थात 'कुछ पाने की खातिर खोजना'; तलाश के मानी ही वही हैं। मैं तलाश कुछ पाने के हेतु से ही तो करता हूँ।

**पुपुल जयकर :** मेरे खयाल से आप इसे एक खास मानी दे रहे हैं। मुझे नहीं लगता कि 'तहकीकात' और 'तलाश' इन दोनों के बीच उतना ज़्यादा फर्क है।

**कृष्णमूर्ति :** मेरे विचार से तो है।

**पुपुल जयकर :** हम इसे फिर से समझ लें।

**कृष्णमूर्ति :** मेरे लिए यह फर्क बहुत स्पष्ट है—तलाश करना और इसलिए खोज लेना, तथा तहकीकात करना यानी जहाँ आप पता लगाते-लगाते आगे बढ़ते जा रहे हैं, बढ़ते जा रहे हैं। कम से कम मेरे लिए तो इन दोनों में फर्क है।

**पुपुल जयकर :** तो तहकीकात कोई किस तरह करे?

**कृष्णमूर्ति :** हम वही करने जा रहे हैं?

**मॉरिस फ्रीडमैन :** विज्ञान में, 'तहकीकात' का आशय है ज्ञात के मध्य किसी अज्ञात को खोज लेना। आप किसी ज्ञात वस्तु को लेते हैं, जो ज़ाहिरा तौर पर जानी-पहचानी है, और उसके संदर्भ में कुछ अज्ञात खोज निकालते हैं।

**कृष्णमूर्ति :** नहीं। मैं बस 'तहकीकात', इस शब्द को ले रहा हूँ, न कि विज्ञान में उसका क्या आशय है, या उससे मेरा अथवा आपका क्या आशय है। शब्दकोश के अनुसार 'तहकीकात', 'इन्वैस्टिगेट' शब्द जो 'इन्वेस्तिगारे' से व्युत्पन्न है, इसका अर्थ है 'अनुसंधान करना', 'देखते-परखते पीछे-पीछे जाना'।

**मॉरिस फ्रीडमैन :** जी।

**कृष्णमूर्ति :** इतना ही।

**पुपुल जयकर :** हम यह अनुसंधान कैसे करें?

**कृष्णमूर्ति :** मैं वही करने जा रहा हूँ। ध्यान देने पर, मैं देख पाता हूँ कि कोई भी सप्रयोजन कर्म अपरिहार्य रूप से विभाजन और अंतर्विरोध लाता है। यह मैं देखता हूँ, एक विचार के तौर पर नहीं बल्कि तथ्यत:, जैसे मैं इसे देख रहा हूँ (किसी चीज़ की ओर इंगित करते हुए) एक तथ्य के तौर पर। तो मैं प्रश्न करता हूँ, ''जब मैं तहकीकात कर रहा होता हूँ, क्या उस वक्त मेरे मन में कोई ध्येय, कोई प्रयोजन होता है?'' ठीक? और मैं कहता हूँ मेरा कोई ध्येय नहीं है इसमें, मैं बस देखना चाहता हूँ कि होता क्या है। और उस अवधान में मुझे यह साफ दिखता है कि विश्वास पर आधारित किसी भी कर्म में विसंगति होगी, अंतर्विरोध होगा। अत: मैं स्वयं से पूछता हूँ, ''क्या मुझमें कोई विश्वास मौजूद है, जो कि ज़िंदा है, सक्रिय है, और इसीलिए अंतर्विरोध है।'' और अगर ऐसा है, तो मैं उस विश्वास का पीछा करता हूँ और उसे पोंछ डालता हूँ।

**पुपुल जयकर :** वह कौन है जो उसके पीछे जाता है, उसे पोंछ डालने के लिए?

**कृष्णमूर्ति :** मैं आपको दिखाता हूँ। मैंने *'मैं'* शब्द का प्रयोग किया था। उस अवधान, उस 'अटेन्शन' में पीछे जाने, पोंछ डालने जैसा कुछ नहीं है। वह अवधान ही—उस विश्वास का अवलोकन ही—विश्वास का समापन कर देता है। मुझमें; आपमें नहीं। उस विश्वास का यह अंत कर देता है। उस अवधान में, मुझे दिखाई दे जाता है कि अनुरूप-अनुकूल बनने का कोई भी प्रकार भय, दमन और जी-हुज़ूरी को उपजाता-बढ़ाता है। अत: वह अवधान ही मुझमें से उसे पोंछकर मिटा देता है। और कोई भी कर्म जो पुरस्कार या दंड पर आधारित हो, रहता ही नहीं, खत्म हो जाता है। मैं देखता हूँ कि संबंधों में, छवि पर आधारित कोई भी कर्म लोगों में विभाजन लाता है, उन्हें बाँटता है। मैंने आपके बारे में एक छवि बना रखी है, और आपने मेरे बारे में—हम इस सब पर चर्चा कर चुके हैं। तो इस ज्ञात पर, इस ज्ञात के तमाम पहलुओं पर, उनकी संरचना और प्रकृति पर अवधान, 'अटेन्शन' देने से इसका अंत हो जाता

है। अंत हो जाता है इस मन के संदर्भ में, न कि किसी और के मन में। तो अवधान अत्यंत महत्त्वपूर्ण हो जाता है। अब अवधान ही प्रश्न करता है, "क्या ऐसा कोई कर्म है जिसमें उस सब में से कुछ भी न हो?" ठीक?

**पुपुल जयकर :** परंतु स्वयं अवधान में ही वह सब नहीं है।

**कृष्णमूर्ति :** इसलिए उसका तात्पर्य क्या हुआ?

**मॉरिस फ्रीडमैन :** क्या आप यह कहना चाहेंगे कि अवधान अपने आप में ही कर्म, 'एक्शन' है?

**कृष्णमूर्ति :** बिल्कुल यही बात है। इसलिए, अवधान कर्म में अपने आप को बनाए रखता है, और इसीलिए अवधान में कोई द्वंद्व नहीं हुआ करता। यह निस्सीम है। कोई भी विश्वासजनित कर्म ऊर्जा की बरबादी है—अब इसे दूसरी तरह से कहें। अवधान में, 'अटेन्शन' में हो रहा कर्म अपनी ऊर्जा स्वयं सृजित करता है और इसलिए यह अनंत है। अब उसे मस्तिष्क से जोड़ दीजिए। क्या आगे बढ़ना हो रहा है?

**अच्युत पटवर्धन :** बिल्कुल।

**कृष्णमूर्ति :** यह मस्तिष्क सदैव इसी क्षेत्र में कार्य करता आया है : द्वंद्व, विश्वास, नकल, अनुरूपता, आज्ञाकारिता, दमन-दबाव, अनुकरण। फिर, अवधान घटित होता है। तब उस मन में मस्तिष्क की वे कोशिकाएँ अपने आप ही अवधानयुक्त, 'अटेन्टिव' हो जाती हैं—यह अवधान आरोपित नहीं है।

**पुपुल जयकर :** आपका अभिप्राय है कि अवधान की उस अवस्था में मस्तिष्क की कोशिकाओं में कोई द्वैत नहीं होता?

**कृष्णमूर्ति :** सही है। जिस पल द्वैत की मौजूदगी हो, आप फिर से उसी पुराने कबाड़ में लौट आते हैं।

**मॉरिस फ्रीडमैन :** मैं जितना अब तक समझ पाया हूँ, आप ऐसा कहते प्रतीत होते हैं कि अवधान के लिए ऊर्जा की दरकार होती है।

**कृष्णमूर्ति :** इसे सरल ही रखें।

**मॉरिस फ्रीडमैन :** ऊर्जा का एकत्रीकरण—इसे आप चाहे जिस नाम से पुकारें। और तब अवधान द्वारा निर्देशित वह ऊर्जा, यदि मैं इस शब्द का उपयोग कर सकूँ, कर्म करती है।

**कृष्णमूर्ति :** अवधान, 'अटेन्शन' ही कर्म है।

**मॉरिस फ्रीडमैन :** ठीक है, बात को आप वैसे रख लें। अब, आप जब कहते हैं कि मस्तिष्क की वे कोशिकाएँ ही अवधानयुक्त हो जाती हैं, तो हम यह मानकर चल रहे हैं कि खुद उन कोशिकाओं में चेतना है।

**कृष्णमूर्ति :** ज़रा ठहरें, सर। हमने कहा कि चेतना इसकी अपनी अंतर्वस्तु है, और इसकी अंतर्वस्तु चेतना है।

**मॉरिस फ्रीडमैन :** यह तो बहुत जटिल हो गया। क्या आप ऐसा कहेंगे कि हमारे मस्तिष्क की बनावट में ये सजीव प्राणी होते हैं जिन्हें मस्तिष्कीय कोशिकाएँ कहा जाता है और ये संज्ञान ले सकती हैं? यदि आप इसे स्वीकार करते हैं तब तो यह सारी बात अलग ही हो जाती है। जैविक तौर पर हम ऐसा कह सकते हैं। जैविक दृष्टि से ये कोशिकाएँ व्यक्ति विशेष हैं। जीवविज्ञान के हिसाब से प्रत्येक कोशिका अपने आप में एक सजीव प्राणी है।

**कृष्णमूर्ति :** वह मैं जानता हूँ।

**मॉरिस फ्रीडमैन :** यह अवधान में कार्य करने में सक्षम है, बशर्ते कि आप सही अर्थ दे पाएँ।

**कृष्णमूर्ति :** जी हाँ।

**मॉरिस फ्रीडमैन :** क्या आप कहेंगे, या कह पाएँगे कि हर एक कोशिका सचेत भी होती है?

**कृष्णमूर्ति :** मेरे ख्याल से तो है।

**मॉरिस फ्रीडमैन :** क्योंकि तभी आप कह सकते हैं कि कोशिका में सजगता मौजूद है।

**कृष्णमूर्ति :** मेरे ख्याल से ऐसा ही है।

**मॉरिस फ्रीडमैन :** तब तो यह मस्तिष्क का एक तरह से नया शरीर-विज्ञान हुआ, और इस बारे में कहीं कोई चर्चा तक नहीं है।

**कृष्णमूर्ति :** देखिए सर, मैं एक अलग बिंदु से शुरू करना चाहूँगा। ऊर्जा की बरबादी है, जो कि द्वंद्व, नकल, और बाकी सब है—मस्तिष्क की कोशिकाएँ उस सब से गुज़रती रही हैं, उसकी अभ्यस्त हो चुकी हैं। कोशिका का कार्य यही तो रहा है। तो मस्तिष्क की उन कोशिकाओं ने वह सब बंद कर दिया है और अब वे उस क्षेत्र से बाहर हैं। और मस्तिष्क अब उस सब का अवशिष्ट नहीं रहा। वह तकनीकी और उस तरह के अन्य कार्य कर सकता है। परंतु ऐसा मस्तिष्क, जो कह रहा है कि जीवन कर्म है और द्वंद्व से रहित है, वह एक अवधान की स्थिति में है। और जब ठीक भीतर संपूर्ण अवधान होता है, पूरी 'अटेन्शन' होती है, जो आरोपित नहीं है, निर्देशित नहीं है, संकल्पजनित नहीं है, इत्यादि, तब यह सारी संरचना सजीव ही है। सजीव उन पुराने अर्थों में नहीं, बल्कि एक भिन्न अर्थ में।

**मॉरिस फ्रीडमैन :** तब, आप कह रहे हैं कि वह मस्तिष्क समग्रतः कार्य करता है, अब वह खंडों में कटा हुआ नहीं रहा।

**कृष्णमूर्ति :** जी, बात यही है।

**मॉरिस फ्रीडमैन :** तब यह संपूर्ण शरीर एक समग्रता के रूप में कर्म करता है।

**कृष्णमूर्ति :** ये बात ले कहाँ जा रही है?

**मॉरिस फ्रीडमैन :** भौतिक रूपांतरण की दिशा में।

**कृष्णमूर्ति :** हाँ, मेरे विचार से, एक भौतिक रूपांतरण होता तो है।

**मॉरिस फ्रीडमैन :** यह मृत का पुनरुद्धार है।

**कृष्णमूर्ति :** जी हाँ, यह मृत का पुनरुद्धार ही है। मृत *वही* है; वहाँ से आप परे चले जाते हैं।

**मॉरिस फ्रीडमैन :** आप का कहना है कि पुनरुक्ति करने वाला मस्तिष्क मृत मस्तिष्क ही है।

**कृष्णमूर्ति :** जी, ज़ाहिर है। तो एक कर्म होता है जो पुनरुक्ति से रहित है, जिसमें दोहराव नहीं है, और इसीलिए ज्ञात से वह मुक्ति ही अज्ञात में अवधान है।

**पुपुल जयकर :** सर, क्या आप जानते हैं कि आप क्या कह रहे हैं?

**कृष्णमूर्ति :** मैं नहीं जानता कि मैं क्या कह रहा हूँ।

**पुपुल जयकर :** ज्ञात से मुक्ति भी तब मस्तिष्क की कोशिकाओं के अंतर्गत ही हुई।

**कृष्णमूर्ति :** हाँ।

**पुपुल जयकर :** मस्तिष्क की वे कोशिकाएँ वह ज्ञात ही हैं।

**कृष्णमूर्ति :** जी।

**पुपुल जयकर :** उस ज्ञात से मुक्ति भी मस्तिष्क की उन कोशिकाओं के भीतर ही है।

**कृष्णमूर्ति :** जी, इसलिए एक निश्चित रूपांतरण है।

**मॉरिस फ्रीडमैन :** मस्तिष्क से स्मृति-छाप, 'एन्ग्रैम्ज़' मिट गये।

**कृष्णमूर्ति :** स्मृति-छाप; जी हाँ, सुना है उसके बारे में।

**मॉरिस फ्रीडमैन :** अब वहाँ कुछ नहीं है, कोई नयी लीक नहीं है, जिसके माध्यम से स्मृति काम किया करती है।

**कृष्णमूर्ति :** जी हाँ।

**मॉरिस फ्रीडमैन :** यह एक भौतिक रूपांतरण है, ठीक संबोधि, 'रीयलिज़ेशन' सरीखा।

**कृष्णमूर्ति :** यह तर्कसंगत ठहरता है इन अर्थों में कि जब तक यह मन ज्ञात के उस क्षेत्र में कार्य कर रहा है—अंतर्विरोध एवं उस सब में—यह एक लीक, एक ढर्रे पर कार्य कर रहा होता है। और मस्तिष्क की वे कोशिकाएँ इन लीकों पर—वे चाहे जो हों—ही कार्य करती रही हैं। अब, जब इन लीकों का वजूद ही नहीं रहा, तो वह सकल मस्तिष्क कर्म करता है, किसी ढर्रे पर नहीं, बल्कि स्वातंत्र्य में, जो कि अवधान है, 'अटेन्शन' है। ठीक है? क्या मैंने कुछ संप्रेषित किया?

*मुंबई में संवाद, 18 जनवरी, 1973*

# 5

# समस्वरता—मौन का आधार

*तो क्या बिना द्वंद्व के, बिना अनुशासन के, और बिना किसी विकृति के, मन में शांति लाना संभव है?*

**पुपुल जयकर :** क्या हम इस विषय पर चर्चा करें कि क्या मौन के कई पहलू और रूप होते हैं? या फिर मौन केवल एक ही है जो कि विचार की अनुपस्थिति है? या, वे मौन जो विभिन्न स्थितियों में हुए विभिन्न अनुभवों से उभरते हैं, क्या वे अपनी प्रकृति, आयाम और दिशा की दृष्टि से भिन्न होते हैं?

**कृष्णमूर्ति :** कहाँ से शुरू करें? कई सारे मुद्दे हो गये।

**पुपुल जयकर :** मौन क्या है?

**कृष्णमूर्ति :** आपका सवाल क्या यह है : मौन को लेकर क्या एक सही पहुँच, सही 'एप्रोच' है—*सही* क्या है इस पर हम बात कर लेंगे; और यदि है तो वह क्या है? आपने शुरुआत इसी से की है, है न? क्या मौन के कई प्रकार हैं, जिसका अर्थ होगा मौन तक पहुँचने की विभिन्न विधियाँ? और मौन की प्रकृति क्या है? तो क्या हम इस क्रम से बढ़ें? मौन के विषय में सही दृष्टि क्या है—'सही' उद्धरण चिह्नों में। सही से हमारा आशय क्या है?

**पुपुल जयकर :** क्या एक ही पहुँच है? या अगर सभी मौन एक ही प्रकृति के हैं, तब कई दृष्टियाँ, कई उपागम हो सकते हैं।

**कृष्णमूर्ति :** पर मैं केवल यह पूछ रहा हूँ, सही पहुँच से हमारा अभिप्राय क्या है?

**पुपुल जयकर :** सही से मेरा अभिप्राय है : एक।

**कृष्णमूर्ति :** वही एक?

**पुपुल जयकर :** अनेक की बजाय वही एक।

**कृष्णमूर्ति :** अतएव, वह एक क्या है? वह कौन-सी दृष्टि, कौन-सी पहुँच है, जो खरी, नैसर्गिक, वाजिब, तर्कसंगत और तर्कातीत है? क्या यही प्रश्न है?

**पुपुल जयकर :** कह नहीं सकती। नहीं जानती कि मैं उसे इस तरह से रखूँगी। बल्कि मैं कहूँगी कि जब चेतना क्रियारत नहीं है, जब विचार क्रियारत नहीं है...

**कृष्णमूर्ति :** मैं इस पर चर्चा करना चाहूँगा।

**सुनंदा पटवर्धन :** लोग मौन को विचार की अनुपस्थिति के रूप में परिभाषित करते हैं।

**कृष्णमूर्ति :** मैं खाली-दिमाग हो सकता हूँ, बिना किसी विचार के, बस किसी चीज़ को देख रहा हूँ और स्तब्ध हो गया हूँ—क्या वह मौन होगा?

**सुनंदा पटवर्धन :** आपको यह कैसे पता चले कि यही सच्चा मौन है?

**कृष्णमूर्ति :** शुरुआत हम इस प्रश्न से करें : क्या मौन को लेकर एक सही उपागम, सही पकड़ है, और वह 'सही' क्या है, और क्या मौन के कई प्रकार हैं? और क्या मौन, विचार की अनुपस्थिति है? तो इसमें कई सारी बातें निहित हैं, जैसे कि अचानक मेरा दिमाग रिक्त हो जाता है : मैं खूब सोचे जा रहा हूँ, और बस रुक जाता हूँ व किसी चीज़ की तरफ देखने लगता हूँ और खाली-दिमाग हो जाता हूँ, अस्पष्ट हाल में दिवास्वप्न देखता हुआ। इसीलिए मैं इस प्रश्न को इस ढंग से लेना चाहूँगा : क्या मौन को लेकर एक सच्ची-सही पकड़ है? आपने शुरुआत इसी प्रश्न से की थी। मुझे लगता है कि हमें इसी को पहले लेना चाहिए और अन्य मुद्दों पर हम बाद में चर्चा कर लें।

**सुनंदा पटवर्धन :** लगता है कि आप सच्चे मौन की प्रकृति से कहीं ज़्यादा ज़ोर सही 'एप्रोच' पर दे रहे हैं।

**कृष्णमूर्ति :** जी हाँ। क्योंकि उस तरह के लोग हैं जिन्होंने मौन का अभ्यास किया है, जो विचारों को नियंत्रित करते रहे हैं, खुद को मौन में सम्मोहित करते रहे हैं और अपने बड़बड़ाते मन को इस कदर काबू करते रहे हैं कि वह मन पूरी तरह से सुस्त, मूढ़ और मौन हो गया है। इसलिए मैं इस पड़ताल की शुरुआत एक सही पहुँच के बिंदु से करना चाहूँगा; अन्यथा हम कहीं भटक जाएँगे। मेरे विचार से यह पता लगाना अधिक निरापद है कि क्या कोई...

**मॉरिस फ्रीडमैन :** ...सहज उपागम है।

**कृष्णमूर्ति :** ...सहज, स्वस्थचित्त, सुथरा उपागम। स्वस्थचित्तता ही स्वास्थ्य है। क्या मौन तक कोई स्वस्थ, तर्कसंगत, वस्तुनिष्ठ, संतुलित उपागम, पहुँच है? क्या हम यहाँ से आगे बढ़ें? काफी कुछ मैं जानता हूँ जो मुझे लोगों ने बता रखा है; और इस विषय पर काफी चर्चा भी की है। तो, मौन की ज़रूरत क्या है?

**पुपुल जयकर :** मौन की ज़रूरत समझ लेना तो बहुत आसान है। किसी आम दिन के दौरान जब एक लगातार बड़बड़ाता हुआ मन, लगातार खीजा हुआ मन ठहर जाता है, तो तरो-ताज़ा हो जाने का एक एहसास होता है। और किसी असर को छोड़ भी दें, मन तरो-ताज़ा तो हो ही जाता है। तो मौन का अपने आप में एक महत्त्व है।

**स. बालसुंदरम् :** साधारण अर्थों में भी, सुनना या देखना हो नहीं पाता है—रंगों का देखना या चीज़ों को देखना, जब तक कि एक तरह की खामोशी न हो।

**कृष्णमूर्ति :** जी हाँ, बिल्कुल।

**सुनंदा पटवर्धन :** एक पूरी परंपरा भी है कि मौन महत्त्वपूर्ण है, आवश्यक है। इसलिए अनेकों पद्धतियाँ भी हैं, चाहे वह प्राण को या साँस को देखने की पद्धति हो या प्राणायाम करने की। कई सारे तरीके हैं जिन्हें लोग उपयोग में लाते हैं, ताकि मौन की एक अवस्था उपलब्ध हो। यह मौन की कोई अस्वस्थ अवस्था नहीं, परंतु यह अवस्था होती तो है।

**कृष्णमूर्ति :** फर्ज़ कीजिए आपको कोई जानकारी न हो कि औरों ने इस विषय में क्या कहा है कि आपको क्यों मौन होना चाहिए, क्या आप तब भी यह प्रश्न पूछेंगी?

**पुपुल जयकर :** तब भी यह प्रश्न पूछा जाएगा। भले ही यह एक शामक उपाय के स्तर पर हो, तो भी आप यह प्रश्न करेंगे।

**कृष्णमूर्ति :** तो आप मन को शांत करने के हेतु से यह प्रश्न कर रहे हैं। मन बड़बड़ करता रहता है और यह उबाऊ हो जाता है, एकदम थका डालता है। अत: आप पूछते हैं, ''क्या मन को शांत करने के लिए शामक औषधियों, 'ड्रग्ज़' के अतिरिक्त और कोई उपाय है?'' हम इनसे मन को शांत करा लेने का तरीका तो जानते हैं, लेकिन क्या कोई और तरीका है जो सहज-स्वस्थ, संतुलित, तर्कसंगत ढंग से मन का शमन कर सके, इसमें शांति ले आए? आप इस तक किस तरह आएँगे? मन की इस बड़बड़ाहट से ऊब-थककर मैं खुद से पूछता हूँ, ''क्या मैं 'ड्रग्ज़' का इस्तेमाल किए बगैर, मन को शांत कर सकता हूँ? क्या ऐसा करने का कोई तरीका है?'' यह स्वाभाविक है, मैं इसे पूछता। तो क्या कोई तरीका है?

**सुनंदा पटवर्धन :** कई तरीके हैं।

**कृष्णमूर्ति :** ओह, मैं कोई तरीका नहीं जानता। आप सभी कहते हैं कि कई तरीके हैं। जासूसी उपन्यासों या इतिहास की किताबों के अलावा मैं कुछ नहीं पढ़ता। मैं एक ऐसी भूमि से आया हूँ जहाँ हम इस सब में से कुछ भी प्रत्यक्षत: नहीं जानते हैं। तो मैं पूछ रहा हूँ, क्या मन बिना प्रयास के यह कर सकता है? क्योंकि प्रयास में निहित है मन का खलल। इससे शांति नहीं आती; यह थकान लाता है और थकान शांति नहीं है। यह उसी तरह से है जैसे कोई व्यापारी दिन बीतने पर थका-हारा, शांत होने के लिए, शिराओं को शांत करने के लिए शराब पीता है। तो द्वंद्व से शांति नहीं आएगी। द्वंद्व से थकान होगी, और इस थकान को उन लोगों के द्वारा मौन कहा जा सकता है जो दिन के आखिर में पूरी तरह से थक-हार गये हों; वे कहेंगे, ''आखिरकार, अब मैं अपने ध्यान-कक्ष में जाकर शांत हो सकता हूँ।'' तो क्या बिना द्वंद्व के, बिना अनुशासन के, और बिना किसी विकृति के, मन में शांति लाना संभव है? वे सब तो थका देने वाली प्रक्रियाएँ हैं।

**सुनंदा पटवर्धन :** मुझे एक साधारण-सी बात पूछनी है, हालांकि यह बेतुकी हो सकती है। जब कोई प्राणायाम करता है, तो इसमें कोई द्वंद्व वाली बात नहीं होती, बल्कि एक मौन होता है, और यह आपको थकाता भी नहीं। इस मौन की क्या प्रकृति है?

**कृष्णमूर्ति :** इसमें आप श्वास ग्रहण कर रहे होते हैं, आपकी शारीरिक प्रणाली में अधिक ऑक्सीजन आ रही होती है, और स्वभावतः वह ऑक्सीजन तनावमुक्त, शांत होने में आपकी मदद करती है।

**सुनंदा पटवर्धन :** अतः, वह भी मौन की एक अवस्था हुई।

**कृष्णमूर्ति :** हम मौन की इस अवस्था की चर्चा बाद में कर लेंगे, लेकिन मुझे पता यह लगाना है कि क्या यह मन शांत हो सकता है, किसी प्रकार के प्रयास, किसी श्वास-क्रिया, ज़ोर-ज़बरदस्ती, नियंत्रण व निर्देशन के बगैर?

**टी.के.परचुरे :** मन ऐसा प्रश्न अपनी उद्विग्न और विचलित अवस्था में ही पूछता है। वह सवाल करता है, क्या बिना किसी बाहरी मदद के मन को प्रशांति मिल पाना संभव है?

**कृष्णमूर्ति :** नहीं, मैंने 'बाहरी मदद' नहीं कहा। मैंने कहा : बिना किसी द्वंद्व, निर्देशन व नियंत्रण के, श्वास के अभ्यास अथवा किसी भी तरह से कुछ थोपे बगैर। मैं कोई शामक औषधि, कोई 'ड्रग' लेकर मन को एकदम शांत बना सकता हूँ; यह प्राणायाम के ही स्तर पर है। मैं मन पर नियंत्रण करके मौन ला सकता हूँ; यह फिर श्वास-क्रिया या 'ड्रग्ज़' के स्तर पर ही है। तो मैं उस स्थल से शुरू करना चाहूँगा जहाँ मन क्षुब्ध है, बड़बड़ा रहा है, और विचार के अंतहीन घर्षण से खुद को थकाए दे रहा है, और यह पूछता है, "क्या बिना किसी भी कृत्रिम साधन के, वस्तुतः मौन, शांत होना संभव है?" मेरे लिए यह केंद्रीय मसला है। मैं अगर इसमें पैठता, तो कुछ इसी कोण से। मैं नियंत्रण, 'ड्रग', श्वास-क्रिया, अपनी श्वास को देखना, अपने पैरों के अंगूठे को देखना, किसी प्रकाश को देखना, मंत्र-उच्चारण, इस सब को कृत्रिम, बनावटी मानता। ये सारे कृत्रिम साधन हैं जो एक अजीब ढंग के मौन को प्रवृत्त करते हैं।

**राधा बर्नियर :** क्या आप इसमें प्रकृति के सान्निध्य से प्रेरित मौन को भी शामिल करेंगे?

**कृष्णमूर्ति :** वह सब उसी का हिस्सा है। मैं इन तमाम बातों को मौन प्रवृत्त करने की कृत्रिम विधियाँ ही मानूँगा।

**पुपुल जयकर :** जब आप एक पर्वत को निहारते हैं, तो मन मौन हो जाता है।

**कृष्णमूर्ति :** जब आप उस पर्वत को निहार रहे होते हैं, तब होता क्या है? उस पर्वत की विराटता, सुंदरता, भव्यता आपको तल्लीन कर देती है, मौन कर देती है, पर यह अभी भी कृत्रिम ही होता है। एक बच्चे की तरह, जिसे एक बढ़िया खिलौना दे

दिया जाए, तो वह उसमें तल्लीन हो जाता है, और फिलवक्त, उस खिलौने के टूटने तक, वह एकदम शांत रहता है। मौन की अवस्था ले आने के लिए किसी भी रूप में प्रलोभन कृत्रिम ही होता है—'के' के लिए।

**टी.के.परचुरे :** वह प्रश्न शुरू ही किसी प्रयोजन से किया जाता है।

**कृष्णमूर्ति :** मैं कह रहा हूँ कि वह प्रयोजन भी कृत्रिम है।

**टी.के.परचुरे :** मौन की अवस्था लाने के पीछे वह प्रयोजन सांयोगिक ही हुआ करता है।

**कृष्णमूर्ति :** मैं पता लगाना चाहता हूँ कि क्या वह सांयोगिक है या कोई स्वाभाविक तरीका भी है, बिना किसी प्रलोभन, प्रयोजन या निर्देशन के।

**सुनंदा पटवर्धन :** यद्यपि किसी पर्वत को देखना एक द्वैतरहित अनुभव है, वह भी, आप कह रहे हैं कि मौन नहीं है।

**कृष्णमूर्ति :** मैं उसे मौन नहीं कहूँगा क्योंकि वह इतना भव्य है कि उस समय के लिए तो उसकी भव्यता आपके पाँवों तले से ज़मीन खींच लेती है।

**सुनंदा पटवर्धन :** 'मैं' अनुपस्थित होता है। यह चेतन स्तर पर रहता ही नहीं, लेकिन आप कहते हैं कि यह मौजूद होता है।

**कृष्णमूर्ति :** मौजूद होता है।

**सुनंदा पटवर्धन :** कैसे?

**कृष्णमूर्ति :** आप एक अद्‌भुत चित्र देखते हैं, एक शानदार सूर्यास्त, पहाड़ों की एक दीर्घ शृंखला—और यह किसी बच्चे के पास उस खिलौने की भाँति ही है। वह भव्यता उस 'मैं' को उस क्षण के वास्ते जैसे दूर हटा देती है, और वह मन खामोश हो जाता है। आप इसके साथ प्रयोग करके देखें।

**सुनंदा पटवर्धन :** परंतु आप कहते हैं कि वह मौन नहीं है।

**कृष्णमूर्ति :** मैं उसे मौन नहीं कहूँगा क्योंकि वह पर्वत, वह सूर्यास्त, किसी शै का सौंदर्य उस क्षण के लिए मुझ पर छा जाता है और यह 'मैं' एक तरफ हट-सा जाता है। जिस क्षण वह चीज़ मेरी नज़रों से हट जाती है, मैं अपने भीतर की बड़बड़ या जो भी चल रहा है, उसमें लौट आता हूँ। तो कुछ भी कृत्रिम, जो सप्रयोजन है, जिसमें दिशा-निर्देश तय है, वह 'के' को एक विकृति प्रतीत होती है, जो मौन की उस गहराई को लाने में सक्षम नहीं है; अब उसमें सारे अभ्यास, अनुशासन, नियंत्रण, किसी उच्चतर के साथ तादात्म्य और इस प्रकार अपने आप को खामोश बना लेना इत्यादि शामिल है। तब मैं खुद से पूछता हूँ : मौन की दरकार ही क्यों है? अगर उसके पीछे कोई प्रयोजन न हो तो क्या मैं वह प्रश्न करूँगा?

**प्रश्नकर्ता-1 :** यकीनन, वह मन जिसका आपने वर्णन किया है, क्या वह उस मौन को महसूस करता है?

**कृष्णमूर्ति :** मैं किसी मन का वर्णन नहीं कर रहा हूँ।

**प्रश्नकर्ता-1 :** इस अर्थ में कि उसका कोई ध्येय नहीं है....

**कृष्णमूर्ति :** नहीं। मैंने कहा कि प्रलोभन-प्रेरणा किसी भी रूप में हो, सूक्ष्म या ज़ाहिर, उससे विशद मौन की उस गहनता का जन्म नहीं हो सकता है। मैं इस सब को सतही ही मानूँगा। मैं गलत भी हो सकता हूँ। हम बस पड़ताल कर रहे हैं।

**प्रश्नकर्ता-1 :** मन की वह अवस्था तो एक मौन मन है ही।

**कृष्णमूर्ति :** हो सकता है। मुझे नहीं मालूम। तो प्रशांति के लिए वह स्वाभाविक, स्वस्थ उपागम, पहुँच क्या है?

**राधा बर्नियर :** लेकिन कोई पहुँच तो अभिप्रेरणा ही हुई न?

**कृष्णमूर्ति :** नहीं। क्या है वह स्वाभाविक ढंग, प्रशांति की वह स्वाभाविक अवस्था? कैसे होता है स्वाभाविक रूप से उससे मिलना? जैसा कि बालसुंदरम् ने कहा कि आप जो कह रहे हैं, अगर उसे मैं सुनना चाहता हूँ, तो यह ज़रूरी है कि मेरा मन चुप हो, खामोश हो; वह एक स्वाभाविक बात हुई। अगर मैं कुछ देखना चाहता हूँ स्पष्टता के साथ, साफ समझना है मुझे, तो मन को बड़बड़ाते नहीं रहना चाहिए; यह एक स्वाभाविक बात है।

**स.व.सुंदरम् :** आपको यहाँ *स्वाभाविक* शब्द का इस्तेमाल करना चाहिए या *ज़ाहिर* का?

**कृष्णमूर्ति :** ओह, दोनों में कोई भी। इन दोनों शब्दों का इस्तेमाल हम करते आये हैं, इन्हें फिर इस्तेमाल कर लेंगे : स्वाभाविक, ज़ाहिर। तो हम मौन को इस कदर भारी-भरकम क्यों बना देते हैं?

**पुपुल जयकर :** उसमें सारा संतुलन, सारा विवेक है। मैं इसे देख पा रही हूँ।

**कृष्णमूर्ति :** तो मैं कहूँगा कि मौन की उस गहराई का आधार है मन, शरीर, तथा हृदय के बीच संतुलन, समस्वरता, अद्भुत समस्वरता, किन्हीं भी कृत्रिम विधियों का—नियंत्रण और उस किस्म के तरीकों समेत—परे हटा दिया जाना। मैं कहूँगा, यही वह आधार है। वह वास्तविक आधार है, समस्वरता, 'हार्मनी'।

**पुपुल जयकर :** किंतु वह है क्या? इससे तो कुछ नहीं सुलझता।

**कृष्णमूर्ति :** ठहरिए। हमने कुछ भी सुलझाया नहीं है।

**पुपुल जयकर :** आपने एक और शब्द इस्तेमाल किया है *समस्वरता*।

**कृष्णमूर्ति :** हाँ, उस पर बात करेंगे। अतएव मेरा कहना है कि यही मौन का आधार है।

**सुनंदा पटवर्धन :** सम्यक् मौन।

**कृष्णमूर्ति :** सम्यक् मौन का।

**पुपुल जयकर :** परंतु यह पूरी की पूरी चीज़ द्वंद्व ही है।

**कृष्णमूर्ति :** ठीक है। तब मौन पर चर्चा न करें। द्वंद्व पर बात कर लें, मौन

पर नहीं। यदि मन, हृदय और शरीर के बीच बेमेलपन है, तो उससे निपटिए, मौन से नहीं। यदि आप मौन से पेश आ रहे हैं और साथ ही बेमेल भी बरत रहे हैं, तो वह कृत्रिम हो जाएगा। ऐसा ही है। बात मेरी पकड़ में आ रही है।

**टी.के.परचुरे :** एक क्षुब्ध मन का झुकाव स्वभावत: एक अक्षोभ की अवस्था की ओर होता है।

**कृष्णमूर्ति :** तो आपका सरोकार उस क्षुब्ध मन से हो, मौन से नहीं। *जो है* से पेश आइए, न कि *जो हो सकता है* से। यह कथन तर्क-दृष्टि से खरा है; इसी पर टिकते हैं।

**राधा बर्नियर :** आप ये पूछ रहे हैं कि क्या वह क्षुब्ध मन अपने क्षोभ पर कार्य कर सकता है?

**कृष्णमूर्ति :** वह एक अलग प्रश्न है।

**स. बालसुंदरम :** वह कह रही हैं, स्वाभाविक है कि एक क्षुब्ध मन यह प्रश्न उठाए : क्या यह शांत हो सकता है?

**कृष्णमूर्ति :** हाँ। तो सरोकार मौन से नहीं, बल्कि इससे हो कि मन क्षुब्ध, अशांत क्यों है?

**टी.के.परचुरे :** उस विपरीत अवस्था *अक्षोभ* की मन कल्पना कर लेता है।

**कृष्णमूर्ति :** तब वह एक द्वंद्व है, और उस विपरीत की जड़ें उसके अपने विपरीत में हुआ करती हैं।

**राधा बर्नियर :** जी हाँ। यह धारणा अपने आप में उस क्षोभ का ही हिस्सा है।

**कृष्णमूर्ति :** तो मैं कहूँगा कि संपूर्ण समस्वरता, एकलयता ही मौन की विशुद्धता की बुनियाद है।

**सुनंदा पटवर्धन :** इस संपूर्ण समस्वरता को कोई जाने कैसे?

**कृष्णमूर्ति :** आप जान नहीं पाते। हम इसी की पड़ताल करें, मौन की नहीं। मौन के विविध प्रकारों पर बाद में बात करेंगे। तो समस्वरता, 'हार्मनी' क्या है? मैं यह पता लगाना चाहता हूँ कि मन, शरीर और हृदय के समस्वर होने का तात्पर्य क्या है। मन में समग्र होने का एक संपूर्ण एहसास, विखंडन के बगैर, बुद्धि के बेतहाशा विकास के बिना, लेकिन स्पष्टता, वस्तुनिष्ठता, विवेक के साथ कार्य करती बुद्धि के संग। और हृदय में स्नेह की गुणवत्ता हो, परवाह हो, प्रेम हो, करुणा हो, जीवंतता हो—भावाकुलता नहीं, लिजलिजी भावुकता नहीं, उन्माद का प्रकोप नहीं। और शरीर की अपनी प्रज्ञा सक्रिय हो, बुद्धि अथवा लज़्ज़त की किसी भी दखलंदाज़ी के बगैर—एक ऐसा एहसास जिसमें सब कुछ सुंदर-सुचारु रूप से संचालित है, कार्यरत है, एक अद्‌भुत यंत्र की तरह, भले ही वह शारीरिक तौर पर निरोग न हो। मेरे ख्याल से यह बहुत महत्त्वपूर्ण है। अब, क्या यह संभव है?

**स.व.सुंदरम् :** समस्वरता की उस अवस्था में क्या एक केंद्र कार्य कर रहा होता है?

**कृष्णमूर्ति :** उस समस्वरता में, क्या कोई केंद्र मौजूद है? मालूम नहीं। हम इसका पता लगाने जा रहे हैं। क्या यह हो सकता है कि यह मन, यह मस्तिष्क, किसी टकराहट तथा विकृति के बिना, कुशलतापूर्वक कार्य करे, साथ ही बुद्धि एवं तर्कविवेक की, स्पष्ट, पैने ढंग से बोध कर पाने की क्षमता भी सक्रिय रहे? और जब केंद्र मौजूद हो तो ज़ाहिर है कि ऐसा संभव नहीं होता, क्योंकि यह केंद्र तो अपनी हदों के मुताबिक हर चीज़ का तर्जुमा कर रहा होता है। क्या मैं सबको मौन किये दे रहा हूँ?

**राधा बर्नियर :** यह विभाजन क्यों उत्पन्न होता है मन और.......

**कृष्णमूर्ति :** ...शरीर के बीच? क्या यह हमारी शिक्षा की वजह से होता है जिसमें बुद्धि को स्मृति और तर्क के रूप में विकसित करने पर ज़ोर दिया जाता है, जैसे वह जीने से अलहदा कोई कृत्य हो।

**राधा बर्नियर :** यह तो मन को अतिशय महत्त्व देना हुआ, परंतु शिक्षा के अभाव में वही ज़ोर भावनाओं पर दिया जा सकता है।

**कृष्णमूर्ति :** बेशक, यही बात तो मैं कह रहा हूँ। मनुष्य बुद्धि की अपेक्षा भावनाओं की उपासना अधिक करता है, है कि नहीं? और भावना बदल ली जाती हैं भक्ति में, भावुकता में और तमाम किस्म की अतियों में, भावप्रधानता के विस्तार में, उन्माद वगैरह में। यही सब तो हम करते आये हैं। या नहीं?

**टी.के.परचुरे :** तकनीकी या रोज़मर्रा के प्रयोजनों के लिए स्मृतियों का संचय और भावनात्मक स्मृति का संचय—इन दोनों के घाल-मेल को हम कैसे रोक सकते हैं?

**कृष्णमूर्ति :** यह बहुत सीधा-सरल है। स्मृति के भंडार के रूप में यह मस्तिष्क जानकारी को इतना महत्त्व क्यों देता है, वह चाहे तकनीक से संबंधित हो, मनोजगत से या फिर आपसी रिश्तों से जुड़ी हो? मनुष्यों ने जानकारी को इतनी ज़्यादा अहमियत क्यों दी हुई है? मेरा एक कार्यालय है, मैं एक महत्त्वपूर्ण अधिकारी बन जाता हूँ, कुछ कार्यों के विषय में मुझे जानकारी है, और मैं बेवकूफ, सुस्त और आडंबरी बन जाता हूँ। क्यों? जानकारी को, ज्ञान को मैं इतना महत्त्व क्यों देता हूँ?

**टी.के.परचुरे :** क्या यह एक अंतर्जात दोष है या जानकारी के उस प्रभाव के चलते ऐसा है?

**कृष्णमूर्ति :** सीधी-सी बात है : सुरक्षा। ज़ाहिर है।

**पुपुल जयकर :** सुरक्षा—स्वयं को महत्त्वपूर्ण बना लेना।

**कृष्णमूर्ति :** जानकारी आपको रुतबा देती है। मनुष्यों ने जानकारी की पूजा की है; जानकारी, ज्ञान जिसकी पहचान बुद्धि के साथ जोड़ ली गयी है। वह बहुश्रुत विद्वान, वह दार्शनिक, वह आविष्कारक, वह वैज्ञानिक—उन सभी का सरोकार जानकारी से है। संसार में गज़ब का सृजन रहा है उनका—चाँद पर जाना, नई बंदूकें, पनडुब्बियाँ,

ध्रुव तारे की खोज। उन्होंने बड़े ही अद्‌भुत आविष्कार किये हैं; एवं जानकारी के लिए जैसा अचंभे का, सराहना का भाव है वह अभिभूत करने वाला है, और वह हमें स्वीकार्य है। तो हमने बुद्धि के प्रति अतिशय प्रशंसा का भाव, लगभग पूजा की हद तक, पोषित कर लिया है। सब पवित्र पुस्तकें और उनकी व्याख्याएँ भी वही हैं। और इसके वैषम्य में एक प्रतिक्रिया होती है : "रहने भी दो! इस सब को लेकर हम थोड़ा और भावप्रवण हो जाएँ, मुझे अपनी भावनाओं को जी लेने दीजिए। अपनी बेवकूफी से तो मुझे प्यार है।" आराधना, उन्माद, भावुकता, अभिव्यक्ति में अतिशयोक्ति, यह सब इसी से उपजता है। और शरीर की उपेक्षा हो जाती है, ये आप देखा ही करते हैं।

**सुनंदा पटवर्धन :** और योग इत्यादि इसीलिए हैं।

**कृष्णमूर्ति :** तब फिर शरीर को ठीक-ठाक रखने के लिए योग का अभ्यास—और इस तरह आप में यह विभाजन अस्वाभाविक रूप से आकार लेने लगता है। तो अब हमें एक सहज-स्वाभाविक समस्वरता को जन्म देना होगा, जहाँ बुद्धि एक बढ़िया घड़ी की मानिंद काम कर रही हो, जहाँ भावनाएँ और स्नेह, तवज्जो, प्रेम, करुणा, वे सभी स्वस्थ, सक्रिय हों, और यह शरीर, जो इस कदर बिगाड़ा गया है, जिसका इतना दुरुपयोग हुआ है, उसे अपनी स्वयं की प्रज्ञा उपलब्ध हो। तो यह सब है। अब यह आप कैसे करेंगे?

**घनश्याम मेहता :** मुझे जानकारी प्यारी है, क्योंकि मुझे इसकी ज़रूरत है।

**कृष्णमूर्ति :** जी हाँ, यह मैंने पहले ही स्पष्ट कर दिया है, मुझे इसे दुहराना नहीं है। मुझे जानकारी की बिल्कुल ज़रूरत है; आपसे अंग्रेज़ी में बात करनी हो, तो मुझे अंग्रेजी का ज्ञान तो होना ही चाहिए। और कोई भारतीय भाषा मुझे आती नहीं, तो मुझे अंग्रेज़ी का प्रयोग करना ही है। यही ज्ञान है, जानकारी है। मुझे साइकिल चलानी है, यह जानकारी है। मुझे कार चलानी होगी, यह भी जानकारी है। मुझे कोई इंजन चलाना है, मोटर चलानी है; यह सब जानकारी है।

**स.व.सुंदरम् :** नहीं। कोई बीमार है और वह डॉक्टर उसे ठीक नहीं कर पा रहा, अतः मैं किसी और के पास जाता हूँ जो ज़्यादा जानकार है।

**कृष्णमूर्ति :** जी हाँ, वह भी जानकारी के दायरे में ही है। जानकारी आवश्यक है; परंतु जब 'मैं' के रूप में वह केन्द्र जिसको वह जानकारी है उस जानकारी का दुरुपयोग करता है और उस वजह से मैं खुद को, जिस शख्स की जानकारी कम है उससे बढ़कर महसूस करता हूँ, तब मैं इसे रुतबे की तरह इस्तेमाल कर रहा होता हूँ। मैं उस 'बेचारे' से जिसे जानकारी नहीं है, ज़्यादा महत्त्वपूर्ण हो जाता हूँ।

**पी.वाई. देशपांडे :** अब अगला प्रश्न है : क्या हम जानकारी और नये की खोज के बीच कोई भेद नहीं कर रहे?

**कृष्णमूर्ति :** जी बिल्कुल। जब जानकारी नये की खोज में दखलंदाज़ी करती है, तब नये की खोज नहीं हो पाती। जानकारी और उस नये के बीच एक अंतराल

ज़रूरी है; नहीं तो आप बस पुराने को ही ढोते चले जाएँगे।

**पी.वाई. देशपांडे :** बिल्कुल। तो आप जानकारी को एक तरफ बुहार देते हैं और यह प्रयोग करके देखते हैं कि जब जानकारी बीच में न हो, तो क्या होता है।

**कृष्णमूर्ति :** बस यही हम कह रहे हैं। राधाजी ने अभी पूछा था, ''मन, शरीर और हृदय के बीच यह विभाजन क्यों है?'' हम देख पा रहे हैं कि ऐसा क्यों है। अब हम पूछ रहे हैं : यह विभाजन स्वाभाविक रूप से गहन समस्वरता में कैसे परिवर्तित हो? आप इसे कैसे करेंगे? ज़ोर-ज़बरदस्ती से तो यह हो नहीं सकता, समस्वरता का आदर्श बनाकर भी आप यह नहीं कर सकते; इसलिए मुझे अपनी बौद्धिकता को कम करना होगा। वह तो बड़ी मूढ़ता हो जाएगी। तो मुझे करना क्या होगा?

**स.व.सुंदरम् :** क्या मैं यह समस्वरता, यह 'हार्मनी' ला सकता हूँ, या इसे स्वतः ही अस्तित्व में आना होगा?

**कृष्णमूर्ति :** आप क्या कहते हैं?

**स.व.सुंदरम् :** मैं इसे उत्पन्न नहीं कर सकता।

**कृष्णमूर्ति :** तो आप क्या करेंगे? इस विभाजन से हम अवगत हैं, हैं न? विचार, भावना और शरीर—इनके बीच यह विशद विभाजन है, अंतराल है। किस तरह मन इन सारे अंतरालों को हटाए, और एक समग्र रचनातंत्र के रूप में खूबसूरती से काम करे? परंपरावादी इस संदर्भ में क्या कहते हैं?

**मॉरिस फ्रीडमैन :** प्रयास, केवल प्रयास। जान लड़ाते हुए।

**कृष्णमूर्ति :** जान लड़ाते हुए हासिल करना—ऐसा है क्या?

**पुपुल जयकर :** मुझे लगता है हम कहीं उलझ गये हैं।

**कृष्णमूर्ति :** नहीं, मुझे नहीं लगता।

**पुपुल जयकर :** मैं बताऊँ क्यों : आपने *समस्वरता* शब्द का प्रयोग किया।

**कृष्णमूर्ति :** मैं कर रहा हूँ। आप कोई और शब्द प्रयोग कर लीजिए।

**पुपुल जयकर :** यही बात है। हमारे पास मौन शब्द था।

**कृष्णमूर्ति :** ओह, उसे हम नहीं छूने जा रहे।

**पुपुल जयकर :** हम मौन को नहीं छूने जा रहे। फिर आप *समस्वरता* शब्द लेते हैं; हम समस्वरता शब्द को नहीं छू सकते हैं।

**कृष्णमूर्ति :** तब आप क्या करेंगे? तब मौन की तफतीश क्यों करें?

**पुपुल जयकर :** तो हम लौट आते हैं उस एकमात्र दशा की ओर जिससे हम परिचित हैं : विस्वरता, 'डिस्हार्मनी'।

**कृष्णमूर्ति :** बस, बात इतनी है। इसी पर मैं आ जाना चाह रहा हूँ।

**पुपुल जयकर :** लेकिन यह विभाजन तो है ही।

**कृष्णमूर्ति :** इसीलिए मैं कह रहा हूँ कि विस्वरता को, विसंगति को देखें-परखें,

न कि मौन को; जब विसंगति की समझ बने, तब संभवत: वहाँ से मौन नैसर्गिक रूप से प्रवाहित हो।

**मॉरिस फ्रीडमैन :** एक लातीनी कहावत है : मैं जानता हूँ सही क्या है, पर मैं उसे अपनाता नहीं।

**कृष्णमूर्ति :** हाँ, मैं समझ रहा हूँ।

**मॉरिस फ्रीडमैन :** अब, एक क्रियातंत्र, एक 'मैकेनिज़्म' है, जो आपके इस कथन का निषेध करता प्रतीत होता है कि यदि आप विसंगति को देखते-परखते हैं तो विसंगति लुप्त हो जाती है।

**कृष्णमूर्ति :** आप लातीनी भाषा से कुछ न लाएँ; इसे जस-का-तस देखें, सामना करें इसका। पुपुल का कहना है कि बात हमने मौन से शुरू की थी, और हमने कहा, "देखिये, मौन पर बातचीत हमें कहीं नहीं ले जाने वाली, जब तक आप यह पता न लगा लें कि उस तक आने के लिए कोई सहज-स्वाभाविक ढंग है अथवा नहीं।" कृत्रिम ढंग—उस सबसे हम गुज़र चुके हैं। इसलिए हमने यह पूछा, "वह स्वाभाविक ढंग क्या होगा?" स्वाभाविक ढंग होगा यह पता लगाना कि क्या समस्वरता है, 'हार्मनी' है, लेकिन हमें समस्वरता के बारे में कुछ नहीं पता, क्योंकि हम एक अव्यवस्था की स्थिति में हैं। अत: हम अव्यवस्था से पेश आएँ, न कि समस्वरता से, या मौन से; बल्कि अव्यवस्था को देखें।

**मॉरिस फ्रीडमैन :** हमारे अनुभव के मुताबिक, अव्यवस्था कभी हार नहीं मानती; अव्यवस्था अव्यवस्था ही बनी रहती है।

**कृष्णमूर्ति :** हम पता लगाने जा रहे हैं : उस पर आग्रह मत करिए।

**मॉरिस फ्रीडमैन :** नहीं, मेरा इस पर आग्रह नहीं है; यह मेरा निरीक्षण है।

**कृष्णमूर्ति :** खुद का निरीक्षण है ये आपका, व्यक्तिगत?

**मॉरिस फ्रीडमैन :** खुद का निरीक्षण है मेरा, व्यक्तिगत।

**कृष्णमूर्ति :** कि आप अव्यवस्था हैं।

**मॉरिस फ्रीडमैन :** मैं इस अव्यवस्था का निरीक्षण करता हूँ, करता जाता हूँ, इसे देखता जाता हूँ...

**कृष्णमूर्ति :** ...और यह कायम रहती है।

**मॉरिस फ्रीडमैन :** ...मैं इस अव्यवस्था को देखता हूँ और यह अव्यवस्था मेरी ओर देखती है।

**कृष्णमूर्ति :** इसीलिये आपके निरीक्षण में निरीक्षक और निरीक्षित के रूप में एक द्वंद्व,, एक विभाजन, एक अंतर्विरोध बना रहता है। हमारा यह खेल अंतहीन जारी रह सकता है।

**मॉरिस फ्रीडमैन :** स्वाभाविक है।

**कृष्णमूर्ति :** अभी तक जो चर्चा हुई है कृपया उसके सिलसिले पर गौर कीजिए। हमने शुरुआत मौन से की थी। मौन की प्रकृति क्या है? क्या मौन विविध प्रकार का होता है? क्या मौन को समझने के कई ढंग हैं? पुपुल ने यह भी पूछा था, मौन का आरंभ, इसकी दहलीज़ क्या है? हमने कहा था कि शायद एक सही पहुँच हो सकती है—'सही' उद्धरण चिह्नों में—और कहा कि पता लगाते हैं। मौन के लिए प्रयुक्त कोई भी कृत्रिम साधन मौन को नहीं ला सकता—कोई भी नकली साधन। हमने वह बहुत स्पष्ट कर दिया था, उस पर हम नहीं लौटेंगे। यदि कोई बनावटी तरीका नहीं है, तब क्या मौन तक हम स्वाभाविक रूप से आ सकते हैं, बिना प्रयास व प्रलोभन के, बिना किसी दिशा-निर्देश के? और जाँच-परख करने में हमने कहा, समस्वरता। इस पर पुपुल ने कहा "हम नहीं जानते कि यह समस्वरता क्या है, पर अव्यवस्था का संज्ञान हमें ज़रूर है।" तो बाकी सब को एक तरफ रख देते हैं, अव्यवस्था पर गौर करते हैं, बजाय इसके कि मौन क्या है। कोई अव्यवस्थित मन मौन के विषय में पूछताछ करने लगता है; मौन तब व्यवस्था लाने या अव्यवस्था से पलायन का एक साधन बन जाता है; मौन तब अव्यवस्था पर आरोपित किया जा रहा होता है, या फिर हम अव्यवस्था से दूर दौड़ जाते हैं। तो हम उस सारे उपक्रम को विराम देकर पूछ रहे हैं : क्यों है यह अव्यवस्था? क्या अव्यवस्था को समाप्त करना संभव है?

**पुपुल जयकर :** अव्यवस्था विचार के रूप में खुद को अभिव्यक्त करती है।

**कृष्णमूर्ति :** मैं इसके बारे में कुछ नहीं जानता। मैं वो नहीं कहने वाला।

**पुपुल जयकर :** मैं इसे एक प्रत्यक्ष बोध के तौर पर कह रही हूँ। अगर आप सोचते हैं कि यह गलत है तो इस पर बात कर लेते हैं।

**कृष्णमूर्ति :** हाँ, मैं इस पर चर्चा करना चाहूँगा।

**पुपुल जयकर :** क्या कोई और तरीका है, जिससे यह खुद को अभिव्यक्त कर सके?

**कृष्णमूर्ति :** अव्यवस्था क्या है? मुझमें जो अव्यवस्था है, वह क्या है?

**पुपुल जयकर :** मुझमें अव्यवस्था अर्थात जब विचार उठता है और मैं कुछ चाहती हूँ।

**कृष्णमूर्ति :** नहीं। आप एक कारण दिए दे रही हैं, आप कोई कारण ढूँढ़ रही हैं। आप यह खोजना चाह रही हैं कि अव्यवस्था का कारण क्या है; सही है?

**पुपुल जयकर :** मैं कारण नहीं खोज रही।

**कृष्णमूर्ति :** नहीं?

**पुपुल जयकर :** नहीं खोज रही।

**कृष्णमूर्ति :** फिर?

**पुपुल जयकर :** मैं अव्यवस्था की प्रकृति को देखती हूँ। मैं उसका कारण नहीं

ढूँढ़ रही हूँ। मैं कारण नहीं जानती, कारण मैं कभी जान भी नहीं सकती।

**कृष्णमूर्ति :** आप अव्यवस्था का अवलोकन करती हैं, ठीक?

**पुपुल जयकर :** मैं अव्यवस्था का अवलोकन करती हूँ।

**कृष्णमूर्ति :** आप अपने आप में अव्यवस्था को देखती हैं; कोई अपने आप में अव्यवस्था को देखता है, ठीक?

**पुपुल जयकर :** जी हाँ। और मैं देखती हूँ कि वह अव्यवस्था विचार के रूप में व्यक्त-प्रकट हो रही है।

**कृष्णमूर्ति :** मुझे नहीं मालूम। मैं इसमें थोड़ा और गहरे जाना चाहूँगा। मैं स्वयं में अव्यवस्था का अवलोकन करता हूँ। जो मैं देख रहा हूँ उसे मैं अव्यवस्था क्यों कह रहा हूँ? उसका मतलब तो यह हुआ कि मुझे पहले से ही अंदाज़ा है कि व्यवस्था क्या होती है।

**सुनंदा पटवर्धन :** बिल्कुल।

**कृष्णमूर्ति :** तो जो मैंने अनुभव किया या जाना होगा व्यवस्था के तौर पर, उससे इसकी तुलना करता हूँ, और उस वजह से इस *जो है* को अव्यवस्था कह देता हूँ। मेरा कहना है, 'देखिए, वैसा मत कीजिए, तुलना मत करिए, केवल देखिए कि अव्यवस्था होती क्या है। क्या मैं, क्या यह मन, अव्यवस्था को जान सकता है व्यवस्था के साथ उसकी तुलना किए बगैर? तो क्या ऐसा हो सकता है कि मेरा मन तुलना ना करे? हो सकता है तुलना ही अव्यवस्था हो, तुलना अपने आप में ही अव्यवस्था का कारण हो। संभव है माप-तौल ही अव्यवस्था हो, और जब तक मैं तुलना कर रहा हूँ, अव्यवस्था होनी ही होनी है। मैं एक नौकरशाह हूँ और मैं अपनी तुलना खुद से ऊँचे नौकरशाह से करता हूँ, और इसीलिए अव्यवस्था मौजूद है। मैं वर्तमान क्षण की अपनी अव्यवस्था की तुलना करता हूँ व्यवस्था की उस महक से, जो कभी मुझे मिली थी, और इसलिए मैं इसे अव्यवस्था कह देता हूँ। तो मैं देख रहा हूँ कि मुख्य मुद्दा तुलना का है, अव्यवस्था का नहीं। जब तक मेरा मन तुलना कर रहा है, माप और तौल रहा है, अव्यवस्था का होना तो लाज़िमी है।

**राधा बर्नियर :** परंतु तुलना किये बगैर मैं स्वयं को देखती हूँ, और अव्यवस्था दिखाई देती है, क्योंकि मेरा हर हिस्सा अलग-अलग दिशा में खिंचा जा रहा है।

**कृष्णमूर्ति :** मैंने यह कभी महसूस नहीं किया कि मैं अव्यवस्था में हूँ।

**पुपुल जयकर :** हम आपके बारे में बात नहीं कर रहे।

**कृष्णमूर्ति :** मालूम है, मालूम है। (हँसी) मुझे कभी महसूस नहीं हुआ कि मैं अव्यवस्थित हूँ सिवाय कभी एकाध बार के। मैं अपने से पूछता हूँ, "ये सब लोग क्यों अव्यवस्था की बात कर रहे हैं? क्या वे सचमुच जानते हैं कि अव्यवस्था क्या होती है, या वे इसे केवल तुलना के चलते ही जान रहे हैं?"

**मॉरिस फ्रीडमैन :** मैं बात अनगढ़ ढंग से रख रहा हूँ, पर मेरे साथ ठीक यही अवस्था होती है। जब मुझे वो नहीं मिल पाता जो मैं चाह रहा हूँ, तो उसे मैं अव्यवस्था कह देता हूँ।

**कृष्णमूर्ति :** सर, मैं उसे अव्यवस्था नहीं कहूँगा। मुझे एक 'रोल्स रॉयस' चाहिए, मैं चाँद पर जाना चाहता हूँ, लेकिन वह हो नहीं पाता; लेकिन इसे मैं अव्यवस्था नहीं कहता।

**पुपुल जयकर :** क्षमा कीजिएगा, पर आप ऐसे शब्दों को ले आते हैं जिन्हें ग्रहण करने में मुझे बड़ी कठिनाई होती है। मन में चेतन रूप से ऐसी कोई तुलना नहीं हो रही जिसके चलते यह कहा जाए कि "यह अव्यवस्था है, और मुझे व्यवस्था चाहिए।"

**कृष्णमूर्ति :** नहीं। मैं सिर्फ यह पूछ रहा हूँ : आप अव्यवस्था को जान कैसे रही हैं?

**पुपुल जयकर :** मैं देखती हूँ कि भ्रम-उलझन का एक एहसास है : एक विचार, और उसके विरुद्ध कोई दूसरा विचार। आप कहेंगे कि यह शब्द *उलझन* भी तुलना ही है।

**कृष्णमूर्ति :** नहीं, नहीं। अंतर्विरोध।

**पुपुल जयकर :** मैं किसी और दशा के बारे में नहीं जानती, लेकिन उलझन से मैं परिचित हूँ।

**कृष्णमूर्ति :** आप केवल अंतर्विरोध से परिचित हैं, जो कि उलझन है। इसी के साथ ठहरिए। आपका कहना है, "मेरा मन उलझन की दशा में है, क्योंकि यह हर समय खुद की ही काट में लगा है।"

**पुपुल जयकर :** जी हाँ।

**कृष्णमूर्ति :** ठीक है, यहाँ से आगे बढ़ें।

**पुपुल जयकर :** मैं कहती हूँ कि मैं अपने मन को देख रही हूँ, और मुझे अव्यवस्था दिखाई देती है।

**कृष्णमूर्ति :** हाँ। मैं अधिक खा लेता हूँ और अव्यवस्था हो जाती है।

**पुपुल जयकर :** मुझे अव्यवस्था, विसंगति दिखाई देती है। हम समस्वरता की बात नहीं कर रहे हैं।

**कृष्णमूर्ति :** आपको अव्यवस्था दिखाई देती है। आप क्या करने वाली हैं? मतलब : उसके बाद क्या? वहाँ से आगे बढ़िए।

**पुपुल जयकर :** स्वाभाविक है तब प्रश्न का उठना; पूछना तो मन की प्रकृति है।

**कृष्णमूर्ति :** पूछिए।

**पुपुल जयकर :** मैं कहती हूँ कि इस दशा से बाहर निकलने की कोई तरतीब तो होगी।

**कृष्णमूर्ति :** ठीक है। तब क्या?

**पुपुल जयकर :** तब मैं खुद को प्रश्न करते हुए देखती हूँ।

**कृष्णमूर्ति :** हाँ।

**पुपुल जयकर :** और फिर उस वक्फे के लिए उसका अंत हो जाता है।

**मॉरिस फ्रीडमैन :** इसमें तर्कदोष कहाँ है?

**पुपुल जयकर :** तर्कदोष तो नहीं है।

**कृष्णमूर्ति :** यहाँ तक तो इसमें कोई तर्कदोष नहीं। मैं उसी पर आ रहा हूँ।

**पुपुल जयकर :** उस प्रश्न की प्रकृति यही है जिससे हमने शुरुआत की थी।

**कृष्णमूर्ति :** हाँ, हाँ।

**पुपुल जयकर :** हम इन सोपानों पर चर्चा करके किसी निष्कर्ष तक आ सकते हैं।

**कृष्णमूर्ति :** नहीं, वह मत करिए।

**पुपुल जयकर :** पर मैंने सोचा कदम-दर-कदम चलना ही सबसे बेहतर होगा। अब मेरा कहना यह है कि एक अंत होता तो है; हो सकता है यह वास्तविक अंत न हो। और मैं पूछती हूँ, "इसकी प्रकृति क्या है? क्या यह मौन है?" तब मैं अपने प्रश्न पर लौटती हूँ। क्या कोई अंतर्धारा अब भी सक्रिय है? जब हम मौन के, प्रशांति के विभिन्न गुणधर्मों और स्वभावों तथा आयामों की बात करते हैं, तो उसका अभिप्राय वही होता है। परंपरागत दृष्टि यह है कि दो विचारों के बीच का अंतराल ही मौन है।

**कृष्णमूर्ति :** वह मौन नहीं है।

**पुपुल जयकर :** उसी पर मैं आ रही हूँ।

**कृष्णमूर्ति :** दो कोलाहलों के बीच की शांति मौन नहीं है। बाहर से आती उस ध्वनि को सुनिए, एक अंतराल तो आता है; क्या आप उसे मौन कहेंगी? मेरा कहना है, वह बेमतलब है। वह तो ध्वनि की अनुपस्थिति है। और ध्वनि की अनुपस्थिति तो मौन नहीं।

**पुपुल जयकर :** तो हम अब किसी बिंदु पर आ रहे हैं—उद्विग्नता की उस दशा में स्वयं का प्रत्यक्ष बोध...

**कृष्णमूर्ति :** पुपुल, आप की बात स्पष्ट नहीं है।

**पुपुल जयकर :** नहीं, मैं एकदम स्पष्ट हूँ। विक्षोभ का बोध उस विक्षोभ को खत्म कर देता है।

**कृष्णमूर्ति :** मैं इस पर सवालिया निशान लगा रहा हूँ। मैं कतई आश्वस्त नहीं कि अव्यवस्था क्या है, इससे आप परिचित हैं। आप उसे अव्यवस्था *कह* रही हैं। मैं अधिक खा लेता हूँ, वह अव्यवस्था है; मैं किसी भावुक बेतुकेपन में डूब जाता हूँ वह अव्यवस्था है।

**पुपुल जयकर :** मुझे अचानक इमकान होता है कि मैं बहुत ऊँची आवाज़ में बात कर रही हूँ—अव्यवस्था।

**कृष्णमूर्ति :** वह अव्यवस्था है। तो अब? अव्यवस्था होती क्या है? आप जानते कैसे हैं कि यह अव्यवस्था है? ज़रा सुनिए। मैं ज़रूरत से ज़्यादा खा लेता हूँ, मुझे पेट में दर्द होने लगता है। मैं इसे अव्यवस्था नहीं कहता। मैं कहता हूँ, "अरे बाबा! मैंने ज़्यादा ही खा लिया, मुझे इतना ज़्यादा नहीं खाना चाहिए।" पूर्ण विराम।

**टी.के.परचुरे :** अपने सामान्य स्वास्थ्य की दशा से मैं परिचित हूँ; अतः जब उसमें गड़बड़ होती है तो मैं कहता हूँ ये अव्यवस्था है।

**कृष्णमूर्ति :** नहीं, नहीं। मैं इन तमाम प्रक्रियाओं से नहीं गुज़रता। मैं ज़्यादा खा लेता हूँ, मुझे दर्द होता है, और मैं खुद से कहता हूँ, "भई, अगली बार ख्याल रखना होगा।"

**पुपुल जयकर :** नहीं, कृष्णजी। हम मौन से समस्वरता पर गये, और हमने पाया कि अव्यवस्था में पैठे बगैर समस्वरता की प्रकृति का अन्वेषण असंभव है।

**कृष्णमूर्ति :** बात यही है। उन तीन बिंदुओं के साथ आगे बढ़ें।

**पुपुल जयकर :** पर आप पूछ रहे हैं : "आप इसे अव्यवस्था क्यों कहते हैं?"

**राधा बर्नियर :** जब शरीर और मन के बीच कोई द्वंद्व हो, तो वह अनिवार्यतः अव्यवस्था का संकेत नहीं होता।

**कृष्णमूर्ति :** उसके चलते द्वंद्व को आप अव्यवस्था के साथ जोड़ देते हैं।

**राधा बर्नियर :** नहीं। द्वंद्व आपको थका-उबा देता है, जैसा कि आप कह रहे थे, और आपको सहज ही महसूस होने लगता है कि इसमें कहीं कुछ तो गलत है।

**कृष्णमूर्ति :** आप कह रही हैं, अगर मैं सही समझ रहा हूँ, कि द्वंद्व अव्यवस्था की ओर इशारा है।

**राधा बर्नियर :** तब भी, जब आप उसे द्वंद्व नाम न दे रहे हों।

**कृष्णमूर्ति :** द्वंद्व बता रहा है कि अव्यवस्था है। चाहे वह दो विचारों के बीच हो, शरीर के साथ हो, जिसको लेकर भी हो, द्वंद्व तो है। यही हम कहते आ रहे हैं। द्वंद्व अव्यवस्था है।

**स.व.सुंदरम् :** वह अव्यवस्था की ओर इशारा करता है।

**कृष्णमूर्ति :** नहीं। द्वंद्व ही अव्यवस्था है। *इशारा करता है* नहीं। आप उसका अव्यवस्था के रूप में तर्जुमा कर लेते हैं।

**सुनंदा पटवर्धन :** और आप पूछ रहे थे, "क्या अव्यवस्था जैसा कुछ है भी?"

**पुपुल जयकर :** कृष्णजी ने कहा, "यह अव्यवस्था ही है," और फिर वह कह रहे हैं, "आप उसका अव्यवस्था के रूप में अनुवाद कर लेते हैं।" फर्क क्या हुआ?

**कृष्णमूर्ति :** ठीक है। मैं सिर्फ यह कह रहा हूँ कि द्वंद्व का आशय है अव्यवस्था। अब फिर क्या? वहाँ से आगे बढ़िए। आप उसी घेरे में घूम रहे हैं।

**पुपुल जयकर :** मैं सोच रही हूँ कि इससे मुक्त होने की कोई राह तो ज़रूर होगी।

**कृष्णमूर्ति :** किससे?

**पुपुल जयकर :** द्वंद्व से।

**मॉरिस फ्रीडमैन :** अव्यवस्था से।

**कृष्णमूर्ति :** नहीं। मौन, समस्वरता, द्वंद्व—बस; न कि अव्यवस्था और द्वंद्व।

**पुपुल जयकर :** क्षमा चाहूँगी यह कहने के लिए। आप अव्यवस्था शब्द को ले सकते हैं और वही शाब्दिक कवायद अव्यवस्था के साथ, द्वंद्व के साथ की जा सकती है, और सामना अंततः इसी प्रश्न से होता है : द्वंद्व को लेकर मुझे करना क्या होगा?

**कृष्णमूर्ति :** हमारा सरोकार बस इसी से है : मौन, समस्वरता, द्वंद्व। मुझे द्वंद्व से गौरवान्वित तौर पर किस तरह पेश आना होगा? आपको कुछ नहीं मालूम। आप पहली मर्तबा सुन रहे हैं; इसलिए आपको इस विषय में मेरे साथ-साथ पैठना होगा। यह न पूछिए कि "मैं इसे पहली मर्तबा कैसे जानूँ?" कोई आकर कहता है, "इस गज़ब की मशीन पर नज़र डालिए।" और आप देखते हैं।

**सुनंदा पटवर्धन :** जिस वक्त मैं द्वंद्व में होती हूँ, तब मौन या समस्वरता के बारे में नहीं सोच पाती हूँ। इतना तो स्पष्ट है।

**कृष्णमूर्ति :** तो क्या यह मन द्वंद्व से स्वयं को मुक्त करने में समर्थ है? आप बस केवल यही पूछ सकते हैं।

**पुपुल जयकर :** क्या आप पूछ रहे हैं?

**कृष्णमूर्ति :** मैं पूछ रहा हूँ, "क्या यह मन स्वयं को हर तरह के द्वंद्व से मुक्त करने में समर्थ है?" इस प्रश्न में दिक्कत क्या है?

**राधा बर्नियर :** क्योंकि फिर यही मन है जो जवाब दे रहा होता है।

**कृष्णमूर्ति :** नहीं नहीं।

**पुपुल जयकर :** इस प्रश्न की प्रकृति भी ठीक वही है, "क्या मन विसंगति से मुक्त हो सकता है?" मैं इन दोनों में कोई फर्क नहीं देख पा रही।

**कृष्णमूर्ति :** अब मैं ये कह रहा हूँ : देखिए, उस एक चीज़ के साथ रहिए, हम गोल-गोल चक्कर ही न काटते रहें। इस एक मुद्दे के साथ टिके रहिए—द्वंद्व—और देखिए कि क्या मन इससे मुक्त हो सकता है। फिर से चक्कर काटकर यह न पूछने लगिये "कैसे?" क्या यह मन—यह जानते हुए कि द्वंद्व क्या है और द्वंद्व क्या करता है—द्वंद्व को समाप्त कर सकता है? निस्संदेह यह एक जायज़ प्रश्न है। नहीं? आप चुप क्यों हैं?

**मॉरिस फ्रीडमैन :** क्योंकि आप ये माने ले रहे हैं कि मन उस दशा में हो सकता है।

**कृष्णमूर्ति :** मैं जानता नहीं हूँ।

**प्रश्नकर्ता-2 :** द्वंद्व के इस प्रश्न की पड़ताल के दौरान क्या हम इसके एक पहलू पर गौर कर सकते हैं, तुलना पर? क्योंकि बिना तुलना के द्वंद्व हो ही नहीं सकता।

**कृष्णमूर्ति :** द्वंद्व अंतर्विरोध है, तुलना है, नकल है, अनुरूपता है, दमन है, वह सारा कुछ। उस सब को इस एक शब्द में समेटकर, जिस अर्थ में हमने इसे परिभाषित किया है उसे स्वीकृति देते हुए पूछिए, 'क्या यह मन द्वंद्व से मुक्त हो सकता है?'

**सुनंदा पटवर्धन :** बेशक यह द्वंद्व से मुक्त हो सकता है, परंतु यह प्रश्न तो उठता ही है कि द्वंद्व से उस मुक्ति की प्रकृति क्या है?

**कृष्णमूर्ति :** यह आपको मुक्त होने से पहले ही कैसे पता चले? वह तो सैद्धांतिक हो जाएगा।

**सुनंदा पटवर्धन :** नहीं। हम फिलहाल द्वंद्व से मुक्ति की अवस्था से तो परिचित हैं। उस द्वंद्व से होकर गुज़रने पर द्वंद्व की उस अवस्था का अंत, कम-से-कम कुछ समय के वास्ते, होता तो है।

**कृष्णमूर्ति :** क्या द्वंद्व का पूरी तरह से अंत हो जाता है?

**सुनंदा पटवर्धन :** जी हाँ, पर मेरा प्रश्न अब भी यही है : इस अंत की प्रकृति क्या है, और जब आप कहते हैं 'पूरी तरह से', तो उससे आपका आशय क्या है?

**कृष्णमूर्ति :** हम पता लगाने जा रहे हैं।

**मॉरिस फ्रीडमैन :** इस ब्रह्मांड में—जिस भाँति हम जी रहे हैं—द्वंद्व का कोई अंत नहीं है।

**कृष्णमूर्ति :** इस ब्रह्मांड में स्पष्टतया सब कुछ व्यवस्थापूर्वक गतिमान है। ब्रह्मांड को इसमें न लाएँ। बस अपने मन-मस्तिष्कों पर गौर करें जो कि अंतहीन रूप से द्वंद्व में जीते प्रतीत होते हैं। बस उतना ही। अब यह मन सहज ही द्वंद्व का अंत किस प्रकार करे? क्योंकि हर अन्य विधि अथवा पद्धति बाध्यकारी, निर्देशनात्मक होती है, नियंत्रण पर आधारित, इसलिए उस सब को अलग हटा दें। अब, क्या यह मन अपने आप को द्वंद्व से मुक्त कर सकता है? मेरा कहना है, हाँ। आप कहाँ हैं इस सबके अंत में। मैं कह रहा हूँ कि यह मन पूरी तरह से, सर्वथा द्वंद्वरहित हो सकता है।

**सुनंदा पटवर्धन :** हमेशा के लिए।

**कृष्णमूर्ति :** इस हमेशा शब्द का इस्तेमाल न करें, क्योंकि तब आप समय से जुड़ा कोई शब्द ला रहे हैं, और समय द्वंद्व का एक कारक है।

**पुपुल जयकर :** मैं यह पूछना चाहती हूँ : क्या यह मन पूरी तरह से द्वंद्व ही *हो सकता* है?

**कृष्णमूर्ति :** क्या यह मन पूरी तरह से द्वंद्व की अवस्था में हो सकता है? आप कहना क्या चाह रही हैं? मैं समझ नहीं पाया।

**पुपुल जयकर :** मैं खुद को ऐसी स्थिति में बिल्कुल असहाय महसूस करती हूँ। तथ्य यह है कि द्वंद्व है, तथ्य यह है कि उस पर 'स्व' की कोई भी क्रिया...

**कृष्णमूर्ति :** उस सब पर हम चर्चा कर चुके हैं। उसे यहाँ न लाएँ।

**पुपुल जयकर :** अतएव उसकी प्रकृति को देखने पर, क्या यह मन कह सकता है, "यदि यह द्वंद्व है, तो द्वंद्व है"?

**कृष्णमूर्ति :** समझ रहा हूँ आप क्या कहने की कोशिश कर रही हैं : क्या यह मन उस अवस्था के प्रति सजग हो सकता है जिसमें कोई द्वंद्व नहीं है? क्या आप यही कहना चाह रही हैं?

**पुपुल जयकर :** नहीं। पूरी तरह से उसी में हो रहें।

**कृष्णमूर्ति :** या, क्या यह हो सकता है कि यह मन बस केवल द्वंद्व को जान रहा हो? ठीक? क्या आपको इसका संज्ञान है, क्या आपके मन को द्वंद्व का पूरी तरह से भान है? या ये बस शब्द हैं? एक चीज़ को लेकर चलिए। क्या मेरा मन पूरी तरह से जागरूक है कि यह द्वंद्व में है? या फिर मन का एक हिस्सा है जो कह रहा है, "मुझे एहसास है कि मैं पूरी तरह से द्वंद्व में हूँ"? या मेरा एक हिस्सा द्वंद्व को देख रहा है? या मेरा एक हिस्सा है जो द्वंद्व से मुक्त होना चाह रहा है? तात्पर्य यह कि क्या कोई एक खंड है जो कह रहा है, "मैं द्वंद्व में नहीं हूँ?" अथवा क्या कोई ऐसा खंड है जो उस द्वंद्व की सकलता से, उसके पूरेपन से खुद को अलहदा किए ले रहा है? यदि वैसा कोई अलहदा खंड है, तो यह सारा कुछ मखौल है। फिर वह खंड कहता है, "मुझे सक्रिय होना होगा, कुछ करना होगा, दमन करना होगा, इसके परे जाना होगा।" गौर करें, यह एक तर्कसम्मत प्रश्न है : क्या इस मन को पूरी तरह से भान है कि सिर्फ द्वंद्व की मौजूदगी है? यही आपका प्रश्न है; सही है?

**प्रश्नकर्ता-2 :** ऐसा लगता है कि मन खुद की माप-तौल करता है, जैसा कि आप कह रहे हैं, और द्वंद्व का कारण बनता है, परंतु असली द्वंद्व यह है कि वह खुद ही द्वंद्व में जकड़ा हुआ है।

**कृष्णमूर्ति :** जी हाँ, सर, यही हम कह रहे हैं। क्या आपका मन पूरी तरह से जागरूक है कि बस द्वंद्व है, और उसके अलावा कुछ भी नहीं है? या कोई एक खंड है, इसका एक छोटा-सा हिस्सा, जो किनारा कर लेता है और कहता है, "हाँ, मुझे मालूम है, मैं जागरूक हूँ कि मैं द्वंद्व में हूँ। मैं तो द्वंद्व में नहीं, परंतु मैं जानता हूँ।" तो द्वंद्व एक खंड है, अथवा सकल है, पूरा-का-पूरा है? मैं उसी शब्द को रखने जा रहा हूँ, बस फिलवक्त एक और शब्द ले आते हैं : क्या कुल अंधकार है, या कहीं पर हल्का-सा प्रकाश मौजूद है?

**राधा बर्नियर :** यदि वह प्रकाश हो ही नहीं, तो क्या जागरूकता हो सकती है?

**कृष्णमूर्ति :** मुझे इसके बारे में कुछ मालूम नहीं; मैं पूछ रहा हूँ आपसे। जब मन में कोई विखंडन हो, वह विखंडन ही द्वंद्व है। तो क्या इसे कभी-भी यह एहसास होता है कि कुल द्वंद्व ही है, पूरी तरह सिर्फ द्वंद्व की ही मौजूदगी है? पुपुल कह रही हैं, हाँ।

**पुपुल जयकर :** मुझे कुल द्वंद्व के बारे में नहीं मालूम।

**कृष्णमूर्ति :** इसलिए आप केवल आंशिक द्वंद्व को ही जानती हैं।

**पुपुल जयकर :** मैं द्वंद्व को जानती हूँ, अब चाहे वो आंशिक हो या सकल हो।

**कृष्णमूर्ति :** नहीं, यह बिंदु महत्त्वपूर्ण है।

**पुपुल जयकर :** इसमें कुल, सकल कहाँ है?

**कृष्णमूर्ति :** मेरे विचार से यह एक महत्त्वपूर्ण प्रश्न है।

**राधा बर्नियर :** मन की उस जागरूकता, उस एहसास का होना ही संकेत है कि कोई एक खंड है।

**कृष्णमूर्ति :** यही तो। अतः आप कह रहे हैं, ''मैं अंशतः द्वंद्व में हूँ।'' अतएव आप द्वंद्व के साथ कभी-भी नहीं होते।

**स.व.सुंदरम् :** एक सकल द्वंद्व अपने आप को नहीं जान सकता, जब तक कि उसे देखने वाला कोई और न हो।

**कृष्णमूर्ति :** हम इसमें किंचित् और गहरे जाएँगे।

**पुपुल जयकर :** मैंने अपनी बात को स्पष्ट नहीं किया लगता है। द्वंद्व कोई जंगली, फैलती जा रही दशा नहीं है। जब आप 'कुल' कहते हैं, तो इसने जैसे मन को आपूरित कर रखा हो।

**कृष्णमूर्ति :** जब कोई कमरा फर्नीचर से भरा पड़ा हो—माफ कीजिएगा अगर यह उदाहरण सटीक न हो—तो उसमें आगे बढ़ने के लिए जगह ही नहीं बची होती। इसे मैं कहूँगा कि यह पूरी तरह से भ्रम-उलझन की अवस्था है। क्या मेरा मन इस उलझन से इस कदर, पूरा-पूरा भरा हुआ है कि इससे हट पाने की खातिर हिलना-डुलना ही मुमकिन नहीं है? यदि यह इस कदर भरा हुआ है भ्रम से, द्वंद्व से, और कमरे के उस फर्नीचर से, तब होता क्या है? मैं इसी बिंदु तक आना चाह रहा हूँ—आंशिक *ये* या आंशिक *वो* वाली बात नहीं हो रही। जब भाप पूरी भरी हो, तो वह ज़रूर कुछ करेगी: फट पड़ेगी। और मुझे नहीं लगता कि हम इस संभ्रम को, इस द्वंद्व को इस तरह पूरेपन से देखते हैं। क्या मैं दुःख शब्द का प्रयोग कर सकता हूँ? उसे यहाँ ले आएँ? अब, दुःख से दूर हटने जैसा कुछ होता नहीं है। जब आप दुःख से दूर हटते हैं तब वह इससे एक पलायन भर होता है, या इसका दमन, या वैसा ही कुछ। क्या कोई दुःख से आपूरित हो सकता है? बल्कि 'क्या कोई' नहीं : क्या दुःख से आपूरित, भरा-पूरा होने जैसा कुछ होता है? या पूर्णरूपेण प्रसन्न होने जैसा कुछ है? जब आपको ऐसा भान होने लगता है कि आप पूर्णरूपेण प्रसन्न हैं, तब वह प्रसन्नता रह ही नहीं जाती। इसी तरह से, जब आप संभ्रम, दुःख, द्वंद्व नाम की इस दशा से पूर्णरूपेण आपूरित, भरे हुए होते हैं, तब यह दशा भी रह नहीं जाती। यह होती ही तब है, जब कोई विभाजन हो; बस इतनी बात है।

**राधा बर्नियर :** नहीं। तब यह एक आशातीत समस्या प्रतीत होती है, क्योंकि व्यक्ति के साथ सदैव...

**कृष्णमूर्ति :** इसीलिए उस शै की सच्चाई के साथ बने रहिए, उसको लेकर रचे निष्कर्षों के साथ नहीं। इस मसले की सच्चाई यह है : जब तक यह मन किसी चीज़ के साथ पूरी तरह से नहीं है, यह द्वंद्व पैदा करने के सिवा कुछ कर ही नहीं सकता। यदि मैं आपसे प्रेम करता हूँ और यदि इसमें आसक्ति है, तो यह एक अंतर्विरोध है, अतएव यह प्रेम तो न हुआ। अत: मैं कह रहा हूँ, ''उस वस्तु के तथ्य के साथ रहिए, उसमें शेष सब मत लाइए...''। क्या यह मन इस दु:ख से, इस भ्रम-उलझाव से, इस द्वंद्व से पूर्णरूपेण आपूरित है, भरा-भराया है? जब तक वह वैसा है, मैं उससे नहीं हटने वाला।

**मॉरिस फ्रीडमैन :** आप जिस तरह से इससे पेश आ रहे हैं, उसमें एक खास बात है। जब आप चित्र बना रहे होते हैं तो उसमें हमेशा एक स्पष्ट, काली रूपरेखा होती है; अलबत्ता रंग अलहदा, बेमेल होते हैं। जबकि हकीकत में, रूपरेखाएँ होती ही नहीं हैं; सिर्फ रंग हुआ करते हैं, एक दूसरे में विलीन होते हुए।

**कृष्णमूर्ति :** मुझे तो यह बिल्कुल स्पष्ट है। यदि हृदय प्रेम से आपूरित हो और ईर्ष्या लेश मात्र भी न हो, तो समस्या समाप्त है। केवल तभी, जब एक ऐसा अंश हो जो ईर्ष्यालु है, समस्या खड़ी होती है।

**पुपुल जयकर :** तब व्यक्ति ईर्ष्या से भर उठता है।

**कृष्णमूर्ति :** इसलिए बने रहें इसके साथ, ईर्ष्या से भरे रहें, ईर्ष्यालु हों, महसूस करें उसे।

**पुपुल जयकर :** तब इसका संपूर्ण स्वभाव गुज़रता है...

**कृष्णमूर्ति :** ...एक असाधारण परिवर्तन से।

**पुपुल जयकर :** अपने आप में ही इसका एक परिवर्तन से गुज़रना होता है।

**कृष्णमूर्ति :** निश्चित ही, यही तो मैं कह रहा हूँ। जब आप कहते हैं, ''मैं ईर्ष्यालु हूँ, और ऐसा मुझे नहीं होना चाहिए'', जब कहीं किसी अँधेरे कोने में वह शैक्षिक निग्रह मौजूद होता है, तब कुछ गड़बड़ा जाता है। लेकिन अगर आप कहते हैं, ''हाँ, मैं ईर्ष्यालु हूँ'' और वहाँ से आप हटते नहीं...हटना अर्थात विवेकसंगत ठहराना, दमन करना, वह सब। बस उस एहसास के साथ ठहरे रहें, बने रहें।

**मॉरिस फ्रीडमैन :** रूसी रहस्यदर्शी कहते हैं, ''बिना प्रायश्चित के छुटकारा नहीं''।

**कृष्णमूर्ति :** मैं प्रायश्चित नहीं कर रहा, मुझे छुटकारा नहीं चाहिए।

**मॉरिस फ्रीडमैन :** प्रायश्चित करना और द्वंद्व के प्रति पूरी तरह से सचेत होना, इन दोनों में फर्क क्या है?

**कृष्णमूर्ति :** प्रायश्चित के मानी हुए कि कोई एक प्रायश्चित करने वाला है, एक हस्ती जो प्रायश्चित कर रही है, खेद जता रही है।

**राधा बर्नियर :** लेकिन ईर्ष्या के साथ ठहरना, उसे पूरी तरह से महसूस करना...

**कृष्णमूर्ति :** नहीं। इसे महसूस न करें। आप ईर्ष्यालु हैं, बस आप ईर्ष्यालु हैं।

**राधा बर्नियर :** तब वह बोध नहीं है।

**कृष्णमूर्ति :** वही बोध है।

**स.व.सुंदरम् :** यह तो हमें तोड़ सकता है।

**कृष्णमूर्ति :** नहीं सर। यह आपको तोड़ तभी सकता है जब आप इसे दबाने की, इसके परे जाने की, इसे उचित ठहराने की व उस तरह की अन्य कोशिशें कर रहे होते हैं। यह कितनी ज़ाहिर-सी बात है।

**मॉरिस फ्रीडमैन :** जब आप अस्तव्यस्त होते हैं, आपके इर्द-गिर्द सब बेतरतीब होता है, तब खुद को लेकर क्या आपको खेद नहीं होने लगता?

**कृष्णमूर्ति :** हे भगवान, नहीं। वह तो बाद में उठने वाला विचार हुआ : "काश मैं यूँ अस्तव्यस्त नहीं होता!" आप जब अस्तव्यस्त हैं, उस दशा में रहें, देखें उसे, उससे दूर न हटें।

**मॉरिस फ्रीडमैन :** वो सब बाद के विचारों में आता है। दूर न हटने की सोच ही एक घटनोपरांत विचार है।

**कृष्णमूर्ति :** मैं ये कह रहा हूँ। आप इसे दोहरा रहे हैं...

**मॉरिस फ्रीडमैन :** समय निष्ठुर होता है।

**कृष्णमूर्ति :** यह निष्ठुर है। बाकी सब जुगत भिड़ाना है। जब दुःख उपस्थित हो, उसके साथ पूरी तरह से हो रहें।

**मॉरिस फ्रीडमैन :** जो अभी है, उसमें समय है ही नहीं।

**कृष्णमूर्ति :** मुझे नहीं पता आप किस बारे में बात कर रहे हैं। मैं दुःख के बारे में बात कर रहा हूँ, समय की नहीं। मेरा बेटा मर गया है। उधर उस भिखारी को देखिए—दुःख से भरा है वह। मुझे दुख को ईजाद करने की ज़रूरत नहीं है : वह यहीं है, मेरी आँखों के ठीक सामने। संजीदगी से कह रहा हूँ। मैं इससे इंच भर भी नहीं टलने वाला।

**मॉरिस फ्रीडमैन :** बेशक, लेकिन क्या कोई कर्म घटित नहीं हो रहा होता?

**कृष्णमूर्ति :** बिल्कुल सर, कर्म तो हुआ है। जब आप किसी चीज़ के साथ होते हैं, कर्म घटित हो गया होता है। मुझे कुछ करना नहीं पड़ता। एक समग्र कर्म हुआ है, जो है उस दुःख का अंत।

**स.व.सुंदरम् :** हमें शांति कैसे प्राप्त हो सकती है जब कि वह भिखारी हमारे सामने है? क्या यह दुःख का एहसास भर है, क्योंकि वह इससे भरा हुआ है? कारण कि हमने उस भिखारी के लिए किया तो कुछ भी नहीं है?

**कृष्णमूर्ति :** दुःख का अंत ही प्रशांति है।

**मॉरिस फ्रीडमैन :** क्या दुःख की स्वीकृति ही प्रशांति नहीं?

**कृष्णमूर्ति :** नहीं। यह तो दुःख की पूजा करने सरीखा ही हुआ।

**मॉरिस फ्रीडमैन :** नहीं, नहीं।

**कृष्णमूर्ति :** यकीनन, वही तो है।

**मॉरिस फ्रीडमैन :** यदि आप दुःख को स्वीकार कर लें.....

**कृष्णमूर्ति :** दुःख की पूजा भी दुःख को स्वीकार करने का ही एक रूप है।

**मॉरिस फ्रीडमैन :** यहाँ आपके पूजा शब्द ले आने की कोई वजह नहीं बनती। स्वीकार पूजा नहीं है।

**कृष्णमूर्ति :** नहीं। मैं उसे स्वीकार क्यों करूँ?

**मॉरिस फ्रीडमैन :** मैं अपने अपाहिज बच्चे को स्वीकार करता हूँ उसे पूजे बगैर।

**कृष्णमूर्ति :** नहीं। स्वीकार क्यों करना चाहिए मुझे ये? बस ऐसा है।

**मॉरिस फ्रीडमैन :** क्योंकि मैं दुःख के साथ जी रहा हूँ। हमें साथ में जीना है।

**कृष्णमूर्ति :** स्वीकार में एक स्वीकार करने वाला निहित है।

**मॉरिस फ्रीडमैन :** यूँ तो कुछ भी हो उसमें एक कर्ता निहित होगा, कुछ भी।

**स.व.सुंदरम् :** फर्ज़ कीजिए कोई दुःख की बजाय हिंसा से भरा है। दुःख के स्थान पर हम हिंसा को लें।

**कृष्णमूर्ति :** हिंसा के साथ रहें।

**स.व.सुंदरम् :** उससे क्या विनाश नहीं होगा?

**कृष्णमूर्ति :** नहीं। इसका अर्थ होगा कि आप उस तथ्य से दूर हट रहे हैं। जब आप हिंसक हैं, पूरी तरह से उसके साथ हो रहें, जिसका मतलब हुआ कि हिंसापूर्वक कुछ करना भी हिंसा से दूर हटना ही है। समझ रहे हैं आप? क्योंकि आप उससे दूर हो रहे हैं। हिंसा को दबाना भी उससे दूर हटना है, हिंसा पर विजय पाने की कोशिश भी उससे दूर चले जाना ही है।

**स.व.सुंदरम् :** अतः पूरी तरह से हिंसक होने का आशय है मानसिक रूप से, शारीरिक रूप से, हर तरह से हिंसक होना।

**कृष्णमूर्ति :** नहीं। हिंसा की एक अवस्था—आप इसे जानते ही हैं। आपको *होना पड़ेगा* ऐसा नहीं है।

**राधा बर्नियर :** यहाँ एक भेद किया जा सकता है : हिंसक न हों, अपितु हिंसा के साथ हों।

**कृष्णमूर्ति :** जी हाँ। उसके साथ जिएँ, उसके साथ हो रहें, हिंसक हों ऐसा नहीं। यकीनन, हिंसक तो हम हैं ही; साथ *होना पड़ेगा* वाली बात थोड़े ही है। (हँसी)

*मुंबई वार्ता, 25 जनवरी, 1973*

# 6

# क्षय के कारक

*आपने सड़क पर उस भिखारी को देखा; वो आपके लिए एक आघात, एक 'शॉक' क्यों नहीं था, आप रो क्यों नहीं पड़े? आपको रोना तभी क्यों आता है जब आपका बेटा मरता है?*

**पुपुल जयकर :** ह्रास और मृत्यु की समस्या पर मैं चर्चा करना चाह रही थी कि मन के रचनातंत्र में शरीर के रचनातंत्र को प्रभावित करने की यह प्रवृत्ति क्यों है, जिससे कि ऊर्जा उतार पर आती जाती है।

**कृष्णमूर्ति :** शरीर का क्षय क्यों होने लगता है?

**पुपुल जयकर :** उम्र के साथ-साथ शरीर क्षरित होता जाता है। समय के साथ-साथ शरीर ढलने लगता है, परन्तु मन का क्षय क्यों होने लगता है जिसके अंत में फिर मृत्यु है? एक तो है इस शरीर की मृत्यु, और इस मन की मृत्यु; और मन की यह मृत्यु शरीर के जीते-जी भी घटित हो सकती है।

**कृष्णमूर्ति :** ये दस वर्ष की उम्र में भी शुरू हो सकती है।

**पुपुल जयकर :** यदि, जैसा कि आप कहते हैं, सारी चेतना मस्तिष्क की कोशिकाओं में समायी हुई है, तो मस्तिष्क की कोशिकाओं के क्षीण होने तथा मानव शरीर की कोशिकाओं के क्षीण होने पर यह अपरिहार्य ही है कि मस्तिष्क की कोशिकाओं का भी क्षरण होता जाएगा।

**कृष्णमूर्ति :** क्या हम इस पर चर्चा कर रहे हैं कि उम्र और समय के साथ मन और मस्तिष्क की समस्त संरचना का क्षरण क्यों होने लगता है?

**मॉरिस फ्रीडमैन :** जीव-विज्ञानी इसका उत्तर दे चुके हैं।

**कृष्णमूर्ति :** वे क्या कहते हैं?

**मॉरिस फ्रीडमैन :** शरीर और मस्तिष्क की कोशिकाओं का क्षय इसलिए होता है, क्योंकि उनमें छँटाई नहीं होती, निकास नहीं होता। पूरे निष्कासन हेतु उनकी बनावट

भी नहीं है। अपने निजी चयापचय की प्रक्रिया में उपजे पदार्थों का वे पूरी तरह से निकास नहीं कर पाती हैं। यदि उन्हें यथोचित द्रव में स्वयं को पूरी तरह प्रक्षालित करने का मौका मिले तो वे हमेशा के लिए जी सकती हैं।

**कृष्णमूर्ति :** जी हाँ, रासायनिक तौर पर वह सही है। पर सवाल तो यह है कि मस्तिष्क जो एक खास समयावधि में सक्रिय रहा है उसका क्षय क्यों होने लगता है। और जीव-वैज्ञानिकों का उत्तर है : प्रक्षालन, साफ-सफाई के लिए पर्याप्त ऊर्जा उपलब्ध होने पर मस्तिष्क सदा के लिए जीवित रह सकता है। प्रक्षालन का वह मूल तत्त्व क्या है?

**मॉरिस फ्रीडमैन :** समुचित उत्सर्जन, निकास।

**कृष्णमूर्ति :** पर मसला बेशक उससे कहीं अधिक गहरा है।

**मॉरिस फ्रीडमैन :** सही बात है। समुचित उत्सर्जन तो प्रक्षालन की ऊर्जा की बाह्य अभिव्यक्ति भर है।

**कृष्णमूर्ति :** हाँ।

**सुनंदा पटवर्धन :** सर, वैज्ञानिकों का यह भी कहना है कि अनुपलब्धता, 'एन्ट्रपी' का रुझान अर्थात ऊर्जा के और-और घटते जाने की प्रवृत्ति केवल भौतिक पदार्थ के संदर्भ में ही वैध है। मन को लेकर वे ऐसा कुछ कहने की स्थिति में नहीं हैं।

**कृष्णमूर्ति :** इसी बात को मैं मालूम करना चाहता हूँ।

**पुपुल जयकर :** परन्तु क्या यह मन इस मस्तिष्क की कोशिकाओं से अलग है?

**कृष्णमूर्ति :** तो क्या यह ऊर्जा का क्षीण होना है, या मसला मस्तिष्क की कोशिकाओं में ऊर्जा उत्पन्न करने की क्षमता के क्षीण होने का है? मालूम नहीं मैं अपनी बात को स्पष्ट कर पा रहा हूँ या नहीं। हम कुछ पता लगाने जा रहे हैं। पहले इस प्रश्न को स्पष्टता से रखें।

**मॉरिस फ्रीडमैन :** दरअसल प्रक्रियाएँ दो हैं : ऊर्जा की अनुपलब्धता यानी 'एन्ट्रपी', तथा उसकी उपलब्धता, जिसे 'एक्स्ट्रपी' कहा जाता है। तो उपलब्धता की स्थिति में ऊर्जा संग्रहीत होती है, पुनरुज्जीवित होती है; अनुपलब्धता में वह छितराती जाती है। भौतिक प्रक्रियाएँ इस अनुपलब्धता की, 'एन्ट्रपी' की प्रक्रियाएँ होती हैं। किंतु मानसिक प्रक्रियाएँ इससे विपरीत, अर्थात उपलब्धता, 'एक्स्ट्रपी' का प्रक्रम हो सकती हैं, जिसका अर्थ हुआ कि वे ऊर्जा एकत्रित करती हैं।

**कृष्णमूर्ति :** तो इसकी पड़ताल शुरू करें। 'एन्ट्रपी' और 'एक्स्ट्रपी' आदि को हम फिलहाल एक तरफ रख दें। प्रश्न ये है : मस्तिष्क अपनी तीक्ष्णता, स्पष्टता, तीव्रता, गहन ऊर्जा की गुणवत्ता को क्यों बनाये नहीं रख पाता और क्यों उम्र के बढ़ने के साथ-साथ उसमें गिरावट आती प्रतीत होती है? यहाँ तक कि बीस साल की उम्र में भी ऐसा होता नज़र आता है। जैसे कि पहले से ही सब निर्धारित हो चुका हो, किसी

ढर्रे में बँधा-बँधाया, और मस्तिष्क क्रमश: ऊर्जा से रहित होता जाता है। तो यह उम्र का मसला नहीं है। मैं मालूम करना चाहता हूँ कि क्या इसमें उम्र की कोई भूमिका है? आप देख सकते हैं कि कइयों के मन—भले ही वे अभी छोटे हों, किशोरावस्था में ही हों—उम्र से पहले ही तत्परता का यह गुण खो चुके होते हैं। वे उसी ढर्रे का हिस्सा बन जाते हैं और अपकर्ष का, उतार का वह कारक सक्रिय हो गया होता है। क्या ऐसा है?

**सुनंदा पटवर्धन :** इसमें यह मुद्दा भी सामने आता है कि जब हम जन्म लेते हैं, हम किसी संस्कार विशेष की लीक, 'कन्डीशनिंग' के साथ ही आते हैं।

**कृष्णमूर्ति :** क्या यह मसला संस्कार का और उस संस्कार के बंधन को भेदकर निकल आने का है जिससे ऊर्जा मुक्त होती है और परिणामस्वरूप यह मस्तिष्क अनिश्चित काल तक, जब तक शरीर बना रहे, तब तक सक्रिय रह सकता है? या इसका सरोकार उस मन से है, जो निर्णयों के अंतर्गत कार्य करता है?

**सुनंदा पटवर्धन :** 'निर्णयों के अंतर्गत कार्य' से आपका क्या आशय है?

**कृष्णमूर्ति :** जो चयन और संकल्प के माध्यम से क्रियाशील होता है। कोई निर्णय लेता है कि वह क्या और किस प्रकार कार्य करने वाला है, और यह निर्णय स्पष्टता पर, उस संपूर्ण क्षेत्र के निरीक्षण पर आधारित न होकर अपनी तृप्ति-तुष्टि और मौज-मज़े के हिसाब से लिया जा रहा है। वह उस क्षेत्र का बस एक खंड है; और उस विखंडन में व्यक्ति जिए चला जाता है। यह उस क्षय के, उस क्षरण के कारकों में से एक है। मुझे यह स्पष्ट है कि ऐसा ही है। मैं चुनता हूँ कि मुझे वैज्ञानिक बनना है, और जीवन के उस पूरे क्षेत्र को नज़रअंदाज़ कर देता हूँ, जीवन के उस समग्र, विस्तीर्ण व जटिल क्षेत्र को; और वैज्ञानिक बनने का यह निर्णय, हो सकता है माहौल के असर, परिवार के प्रभाव, किसी दिशा विशेष में सफलता हासिल करने की मेरी अपनी ख्वाहिश के चलते लिया गया हो। ये सारे संयोग किसी खास व्यवसाय के चयन के पीछे हुआ करते हैं—विज्ञान, समाजशास्त्र, जीवविज्ञान अथवा ये जो भी हों—और वह निर्णय, वह चयन और फिर उस चयन से कर्म, यानी कि उसे अंजाम देना, यह उस क्षय के कारणों में से एक है, क्योंकि मैं शेष क्षेत्र की अवहेलना कर रहा हूँ और बस उसके एक छोटे-से संकीर्ण कोने में जी रहा हूँ। मस्तिष्क की वे कोशिकाएँ पूरी तरह से नहीं, सिर्फ एक दिशा विशेष में कार्य कर रही हैं। ये काफी दिलचस्प है। कृपया इसे स्वीकार न करें; हम बस इसकी जाँच-परख कर रहे हैं।

**पुपुल जयकर :** आप कह रहे हैं कि वे पूरी तरह से कार्य नहीं करती हैं।

**कृष्णमूर्ति :** पूरा मस्तिष्क सक्रिय नहीं होता, और मेरे विचार से यही उस क्षय का कारक है।

**मॉरिस फ्रीडमैन :** पर जब हम देखते हैं, तो पूरेपन को देख पाना नामुमकिन होता है।

**कृष्णमूर्ति :** नहीं, रुकें। पुपुलजी ने पूछा, "उस क्षय के, क्षीण होते जाने के कारक कौन-से हैं?" यह नहीं कि मन उस समग्र को देखने में सक्षम है या नहीं। यह मेरा कई वर्षों का निरीक्षण रहा है कि वह मन जो कर्म की कुल समग्रता की अवहेलना करते हुए, कर्म की कोई खास दिशा अपना लेता है, किसी व्यवसाय का अनुसरण करता है जो तर्कसिद्ध है, स्वस्थ-संतुलित या फिर विक्षिप्त है, सुविधाजनक या तुष्टिकारक है, लेकिन उसमें बाकी सब अनदेखा हुआ जा रहा है, तब यह मस्तिष्क के ह्रास के कारकों में से एक है।

**पुपुल जयकर :** इसका अन्वेषण करते हैं। मस्तिष्क की कोशिकाओं में ही समय, स्मृति तथा नैसर्गिक प्रवृत्ति की अनुभूति अंतर्निहित होती है। यह सब खुद उन कोशिकाओं में अंतर्निर्मित हुआ होता है। ये अनैच्छिक दैहिक क्रिया, 'रिफ्लेक्स' के रूप में काम करती हैं। अब, यदि इन अनैच्छिक क्रियाओं की प्रकृति ही ऐसी है जो मस्तिष्क के समग्र रूप से कार्य करने को सीमित करती है, तब तो हमारे पास और कोई चारा नहीं है।

**कृष्णमूर्ति :** मैं जो कहना चाह रहा हूँ, आप समझ नहीं पा रहे। इस ह्रास के कारक क्या हैं यह पता लगाने की हमारी कोशिश है। जब हम यह देख पाएँ कि ये कारक हैं क्या, तब संभवत: हम उस अन्य की—उसे पूरा-का-पूरा देखने की—पड़ताल कर सकें।

**पुपुल जयकर :** उस ढंग से तो हम बीसियों कारक सोच सकते हैं।

**कृष्णमूर्ति :** नहीं, बहुत सारे नहीं।

**पुपुल जयकर :** द्वंद्व।

**कृष्णमूर्ति :** मैं उस पर आ रहा हूँ। चयन पर आधारित कर्म के अनुसरण से, जिसमें संतुष्टि या परितृप्ति अथवा किसी उपलब्धि की चाह इत्यादि का प्रयोजन निहित है, द्वंद्व उत्पन्न होने ही वाला है, क्योंकि यह कर्म बाकी सब चीज़ों के विपरीत जा रहा है। तो एक कारक, एक 'फैक्टर' यह हुआ।

**पुपुल जयकर :** और दूसरा है आघात, 'शॉक'।

**कृष्णमूर्ति :** तो द्वंद्व उस क्षय का एक कारक है, संभवत: प्रमुख कारक।

**प्रश्नकर्ता-1 :** क्या इसे आप हमारी ज़िंदगी के ज़रा करीब ला सकते हैं?

**कृष्णमूर्ति :** मैं वही कर रहा हूँ। देखिए सर, मैं एक राजनेता बनने का निर्णय लेता हूँ, धार्मिक जन बनने का निर्णय लेता हूँ, मैं तय करता हूँ कि कलाकार बनूँगा, नेता, संन्यासी—कुछ भी। यह निर्णय एक ऐसी संस्कारग्रस्तता के तहत लिया जा रहा है जो एक संस्कृति की देन है, जिसकी प्रकृति में ही विखंडन है। मैं अविवाहित रहने का निर्णय लेता हूँ क्योंकि मेरी सोच कह रही है कि यदि ईश्वर को, सत्य को, संबोधि को, किसी भी वैसी अवस्था को प्राप्त करना है तो मुझे अविवाहित रहना होगा; और वो सोच उस सब से बनी है जो भी मैं पढ़ता, देखता या सुनता आया हूँ। मैं मानव-

अस्तित्व की पूरी संरचना को दरकिनार कर देता हूँ, जैविक, सामाजिक, सारा कुछ। ज़ाहिर है कि यह निर्णय मुझमें द्वंद्व पैदा करने वाला है—सेक्स-विषयक द्वंद्व, लोगों से दूरी बनाए रखने को लेकर द्वंद्व और उस तरह के बाकी द्वंद्व। यह उन कारकों, उन वजहों में से एक है जो मस्तिष्क की कोशिकाओं के ह्रास के लिए ज़िम्मेवार हैं, क्योंकि मैं उनके सिर्फ एक हिस्से का इस्तेमाल कर रहा होता हूँ, बस कुछ खास कोशिकाओं का। मस्तिष्क में न जाने कितनी करोड़ों अरबों कोशिकाएँ हैं। और उनका महज़ एक छोटा-सा हिस्सा ही सक्रिय है, शेष नहीं; और इसीलिए द्वंद्व है, और वही द्वंद्व कारक है ह्रास का, क्षय का।

**पुपुल जयकर :** मैं बस एक बात कहना चाहूँगी, क्योंकि इससे कभी-कभी एक भ्रम पैदा हो सकता है। यहाँ तात्पर्य यह भी नहीं है कि ये या वो कर लेने पर द्वंद्व में कमी आ जाएगी। ऐसा है कि कभी कुँवारे रहे, कभी शादीशुदा—इससे भी द्वंद्व उपजने वाला है।

**कृष्णमूर्ति :** बिलकुल, बिलकुल। जो भी कारक द्वंद्व उपजाता है, वह ह्रास ही है। ये कारक दर्ज़न भर हो सकते हैं या एक हो सकता है—विवाह, सेक्स, कारोबार—कोई भी वजह जो द्वंद्व ले आती हो। ज़ाहिर-सी बात है।

**प्रश्नकर्ता-1 :** हमारी संरचना का एक हिस्सा है गहरे, छिपे हुए अंतर्विरोध, जिन्हें हम न देख पाते हैं, न ही जिनका अन्वेषण हो पाता है। वह क्या है जो हमें उस निर्णय-प्रक्रिया का भागीदार बना देता है?

**कृष्णमूर्ति :** वह तो काफी स्पष्ट है, है न? मैं राजनीतिज्ञ बनने का निर्णय लेता हूँ क्योंकि राजनीतिज्ञ बनने से मुझे कामयाबी मिल सकती है, और ज़्यादा धन-दौलत हो सकती है मेरे पास, प्रतिष्ठा मिल सकती है, एक रुतबा हो सकता है मेरा। मैं धोखाधड़ी कर सकता हूँ, भ्रष्ट हो सकता हूँ, वगैरह, वगैरह, और मैं इसे चुनता हूँ। एक राजनीतिज्ञ के तौर पर अपने जीवन को शेष जीवन से विभाजित करने का यह उपक्रम ही उस क्षय का, उस ह्रास का एक कारक है। हम बस इतना ही कह रहे हैं, यह बहुत सीधा-सरल है। अतः चयन और संकल्प दोनों ह्रास के कारक हैं।

**पुपुल जयकर :** और इस पर भी हमारे पास कर्म के यही दो उपकरण हैं।

**कृष्णमूर्ति :** बस यही है, तो इसे देखें हम। यह बहुत दिलचस्प है। हम किसी खास बिंदु पर पहुँच रहे हैं। हमारा पूरा जीवन इन्हीं दो घटकों पर आधारित है : विभेद, चयन और संतुष्टि की दौड़ में संकल्पजनित कर्म।

**सुनंदा पटवर्धन :** विभेद क्यों?

**कृष्णमूर्ति :** विभेद चयन ही है : मैं इसके और उसके बीच में विभेद करता हूँ।

**पुपुल जयकर :** समस्या यहाँ आती है : क्या सवाल यह देखने का है कि महत्त्वपूर्ण क्या है, और गौण, परिधिगत क्या है?

**कृष्णमूर्ति :** नहीं। हम यह देखने की कोशिश कर रहे हैं कि उस क्षय की वजह क्या है, उसका मूल कारक। इस अन्वेषण में, हो सकता है कुछ ऐसा हमारे सामने आए जो पूर्णतः भिन्न है। मुझे दिख रहा है कि कर्म में चयन और संकल्प उस ह्रास, उस क्षय के कारक हैं और यदि आप भी इसे देख पा रहे हैं तब प्रश्न यह है : क्या कोई ऐसा कर्म है जिसमें ये दो तत्त्व, ये दो पद्धतियाँ न हों। मैं बहुत जल्दी तो आगे नहीं जा रहा?

**पुपुल जयकर :** आप थोड़ा जल्दी जा रहे हैं।

**कृष्णमूर्ति :** अच्छा।

**पुपुल जयकर :** हम कुछ और वजहों को भी लें, क्योंकि कई हैं वे। आनुवंशिकता है, आघात है।

**कृष्णमूर्ति :** अगर मुझे एक सुस्त, भोंदू दिमाग विरासत में मिला है, तब तो बात खत्म हुई समझिए। मैं क्षुद्रताओं में लगा रह सकता हूँ, तमाम मंदिरों, गिरजाघरों के चक्कर काट सकता हूँ, पर मेरी मस्तिष्क की कोशिकाओं पर तो वह असर है ही।

**पुपुल जयकर :** और जीने का यह आघात भी है।

**कृष्णमूर्ति :** जो कि क्या है?

**पुपुल जयकर :** जीवन स्वयं।

**कृष्णमूर्ति :** किंतु जीवन स्वयं यह आघात क्योंकर लाएगा?

**पुपुल जयकर :** पर यह लाता तो है।

**कृष्णमूर्ति :** क्यों?

**पुपुल जयकर :** मृत्यु एक आघात, एक 'शॉक' देती है।

**कृष्णमूर्ति :** क्यों? मेरे बेटे की मृत्यु हो जाती है। इससे आघात पहुँचता है, क्योंकि मैंने कभी महसूस ही नहीं किया था कि मेरा बेटा मर जाएगा; और ये एहसास मुझमें अचानक घर करता है कि वह गुज़र गया। यह मस्तिष्कीय तंत्रिका पर आघात होने के साथ ही एक भीतरी आघात भी है, एक सदमा।

**पुपुल जयकर :** यह एक शारीरिक आघात है, तंत्रिकाओं पर।

**कृष्णमूर्ति :** तथा मनोवैज्ञानिक आघात।

**पुपुल जयकर :** यह वस्तुतः संपर्क में आना है इस असलियत के साथ कि कुछ है जिसका भौतिक रूप से अंत हो चुका है; इससे एक आघात लगता है।

**कृष्णमूर्ति :** सहमत हूँ। ठीक है, इसे हम आघात के तौर पर लें—शारीरिक, मनोवैज्ञानिक, भावनात्मक आघात कुछ अचानक खो देने का, किसी को खो बैठने का या अकेले पड़ जाने का सदमा, कुछ था जिसका अकस्मात अंत हो गया। यह एक आघात है, एक धक्का और मस्तिष्क की कोशिकाओं ने उस आघात को झेला है। तो अब आप क्या करेंगे? क्या यह उस ह्रास का कारक है?

**पुपुल जयकर :** निश्चित ही यह ह्रास ही है।

**सुनंदा पटवर्धन :** नहीं। उसको हमारा जो जवाब होता है, हमारी प्रतिक्रिया, उससे वह ह्रास सक्रिय हो सकता है।

**कृष्णमूर्ति :** हाँ, ऐसा ही है। उस आघात पर हमारी प्रतिक्रिया क्या होती है, वही वो कारक है।

**पुपुल जयकर :** तथ्य यह है कि हमारा वह जवाब एक समग्र मन से आ सकता है, पर फिर यह उन गहराइयों में दर्ज़ हो जाता है जिन्हें समझना हमारे बूते में नहीं।

**कृष्णमूर्ति :** ठहरिए, ज़रा धीरे। मेरा बेटा मर गया है, मेरा भाई मर गया है। यह एक असाधारण आघात है, क्योंकि हम संग-साथ रहे, खेले-कूदे, जीवन जिया। यह एक ज़बरदस्त धक्का है। आप इस आघात, इस 'शॉक' से बाहर कैसे आते हैं ये महत्त्वपूर्ण है—कि उस आघात ने कहीं मन को स्तंभित तो नहीं कर दिया।

**पुपुल जयकर :** स्तंभित, सुन्न हो जाता है यह।

**कृष्णमूर्ति :** उतने समय तो आघात से ऐसा होता है। आघात, मन का फालिज है, लकवा है उतने वक्फे के लिए। मन कैसे उस दशा से बाहर निकलता है, यह महत्त्वपूर्ण मुद्दा है। यह उससे बाहर कैसे आता है? क्या यह उससे एक चोट के साथ, एक ठेस के साथ निकलता है, उसके तमाम उलझावों समेत या फिर यह उस पक्षाघात से बगैर एक भी ठेस के बाहर आ जाता है?

**सुनंदा पटवर्धन :** इसी जगह उनका कथन प्रासंगिक है। हो सकता है आपको पता ही न चल रहा हो; चेतन स्तर पर भले ही आप कहते रहें कि आपने उसे सुलझा लिया है।

**कृष्णमूर्ति :** नहीं, नहीं, नहीं।

**सुनंदा पटवर्धन :** आपको कैसे मालूम हो कि चोट का निशान तक नहीं रहा?

**कृष्णमूर्ति :** इसका पता लगाने जा रहे हैं हम। पहले देखें। आप सब बड़ी जल्दी में हैं।

**पी.वाई. देशपांडे :** क्या ऐसा हो सकता है कि मृत्यु या कोई और घटना मन के उस ढाँचे-ढर्रे का भी पूरी तरह से अंत कर दे जिससे कोई...

**कृष्णमूर्ति :** जी हाँ, सर, वह सब निहित है इसमें। जब मेरा भाई या बेटा मर जाता है, मेरी पूरी ज़िन्दगी बदल चुकी होती है। वह बदलाव ही वह आघात है। मुझे इस घर से बाहर निकलना होगा, एक अलग ढंग से रोज़ी-रोटी कमानी होगी। उन दर्ज़नों चीज़ों का मुझे इमकान नहीं, जो मुझे करनी पड़ेंगी। ये सारा कुछ निहित है उस शब्द *आघात* में। उसके और खुलासे में न जाएँ हम, वह तो फैलता ही जाएगा। तो अब मैं यह पूछ रहा हूँ कि क्या उस आघात ने चोट का कोई निशान छोड़ दिया है या नहीं छोड़ा है। अगर इसने एक भी निशान नहीं छोड़ा है, एक भी ठेस, एक भी खरोंच, या दुःख का कोई साया नहीं छोड़ा है, तब यह मन इससे बाहर आता है, पूरी

तरह से तरो-ताज़ा, पूरी तरह से नया। लेकिन अगर इसमें कोई खरोंच रह गयी है, कोई ठेस, कठिन-कठोर हो गया है यह, तो वही कारक है क्षय का, ह्रास का। और, मुझे कैसे पता चले, कैसे इस मन को चेतन तल पर यह मालूम हो कि कहीं ऐसा तो नहीं कि यह गहरे में, बहुत भीतर से आहत ही है?

**पुपुल जयकर :** क्या ऐसा है कि जिस किसी भी तरह से इसका बाहर निकलना हो, यदि ठेस कहीं गहराई में, भीतर-भीतर लगी हो, तो बाद में कोई उम्मीद ही नहीं बचती, और सब कुछ खत्म हो चुका होता है? या, क्या कोई तरीका है कि खरोंच रह जाने पर भी हम उस चोट को पोंछ-मिटा सकें?

**कृष्णमूर्ति :** हम उसी को देख रहे हैं। वह आघात तो कुदरती है, क्योंकि मुझे अचानक ही कहीं बीच रास्ते में फेंक दिया गया है, लाक्षणिक रूप से व्यक्त करें तो। इसे जैसे चाहें कह लें। शिराओं-तंत्रिकाओं के स्तर पर, मानसिक रूप से, भीतरी तौर पर, बाहर से, सारा कुछ बदल चुका है। तो मन इससे बाहर किस तरह आता है? प्रश्न यही है। क्या वह उस चोट को लिए हुए बाहर आता है, या सारी चोटों से पूरी तरह से परिशुद्ध, निर्मल होकर? क्या वे चोटें सतही हैं, या इतनी गहन कि चेतन मन को शायद किसी भी पल उनका कोई इमकान ही नहीं होता और इसलिए वे चोटें बार-बार, बार-बार दोहराई जाती रहती हैं। यह सब ऊर्जा की बरबादी ही है। तो क्या यह मन पता लगा सकता है कि यह गहरे में आहत है अथवा नहीं?

**पुपुल जयकर :** मुझे ऐसा लगता है कि उन सतही चोटों से तो हम निपट सकते हैं लेकिन वे गहरी चोटें जिन्हें हमने...

**कृष्णमूर्ति :** मैं जानना चाहता हूँ कि उनसे कैसे निपटना होगा। आप कैसे निपटने जा रही हैं उनसे?

**पुपुल जयकर :** कैसे निपटा जाए?

**कृष्णमूर्ति :** अन्वेषण जारी रखिए, पूछिए, पता लगाइए कि आप उन गहन चोटों से किस तरह पेश आएँगी? यह मन इन गहन चोटों से परिचित कैसे होता है? होती क्या है यह चोट, यह ठेस?

**पुपुल जयकर :** गहन पीड़ा।

**कृष्णमूर्ति :** क्या कोई *गहरी* ठेस होती है?

**पुपुल जयकर :** जी हाँ।

**कृष्णमूर्ति :** गहरी ठेस से आपका आशय क्या है?

**पुपुल जयकर :** जब चेतना की संरचना और प्रकृति एक बदलाव से गुज़रती है...

**कृष्णमूर्ति :** क्या, क्या? कृपया इसे सरल रूप में कहें।

**पुपुल जयकर :** वस्तुतः गहन चोटें वे हैं जब किसी संकट के कारण आपके अस्तित्व की प्रकृति ही मानो तलवार के सिरे पर रख दी गयी हो।

**कृष्णमूर्ति :** सरल रखें। क्या आप इन सारे कारकों से अवगत नहीं हैं? मेरा भाई मर जाता है, मेरे बेटे, मेरे पति या पत्नी की मौत हो जाती है। यह एक आघात है। यह आघात एक प्रकार की चोट है। मैं पूछ रहा हूँ, "क्या वह चोट बहुत गहरी है, और बहुत गहरी से आपका अभिप्राय क्या है?

**पुपुल जयकर :** मैं उस पर होने वाली चेतन प्रतिक्रिया को देखती हूँ। मैं देखती हूँ कि अचेतन से बाहर क्या उगला जा रहा है।

**कृष्णमूर्ति :** क्या उगला जा रहा है बाहर?

**पुपुल जयकर :** जो बाहर आ रहा है वह पीड़ा ही है।

**कृष्णमूर्ति :** पीड़ा, जिसका आपको पहले कोई भान नहीं था। और यह आघात उस पीड़ा को प्रकट कर देता है। जिसका अर्थ हुआ—इसे गौर से सुनिए—उस पीड़ा, या पीड़ा के कारण की मौजूदगी वहाँ थी ही।

**पुपुल जयकर :** पीड़ा का कारण।

**कृष्णमूर्ति :** यही बात है। पीड़ा का वह कारण पहले से ही वहाँ था, जिसका संज्ञान, जिसकी चेतना मुझे नहीं थी। वह आघात लगता है, और मुझे उस दर्द का भान करा देता है।

**मॉरिस फ्रीडमैन :** लेकिन आप ऐसा क्यों नहीं कह सकते कि वह आघात ही उस पीड़ा को जन्म दे रहा है?

**कृष्णमूर्ति :** नहीं, मैं ऐसा नहीं कह सकता। आघात कैसे पीड़ा को जन्म दे सकता है? दर्द तो वहाँ था ही।

**मॉरिस फ्रीडमैन :** नहीं, नहीं।

**कृष्णमूर्ति :** बात अभी साफ हो जाएगी। फ्रीडमैन, निष्कर्षों में न उलझें, प्रासंगिक या अप्रासंगिक प्रश्न पूछने में ही न लगे रहें। मेरा भाई मर चुका है; यह पूर्णतः सुनिश्चित, अंतिम है; मैं उसे वापिस नहीं ला सकता हूँ। यह समस्या सारे संसार के सामने आती है, सिर्फ आपके या मेरे नहीं; हर किसी को इस समस्या का सामना करना होता है। यह एक आघात है, उसमें वह सब शामिल है जिसकी हम बात कर रहे थे। यह आघात एक गहरी चोट है। क्या यह चोट पहले से ही वहाँ थी, क्या इस चोट का कारण पहले से ही था, और इस आघात ने सिर्फ उसे उद्घाटित, प्रकट कर दिया? वह चोट, वह ठेस वहाँ थी क्योंकि मैंने उसका सामना कभी किया ही नहीं था। मैंने कह दिया था कि मेरा एक ही भरोसा है : मेरा भाई। मैंने कभी अकेलेपन के उस एहसास का सामना ही नहीं किया, जो कि ठेस के कारकों में से एक है। अतः, इससे पहले कि वह आघात आए, मैं अकेलेपन को देखता हूँ। उस आघात के लगने से पहले ही, मैं जानता हूँ कि एकाकी होने का अर्थ क्या है। इससे पहले कि वह आघात लगे, मैं आसरे के, सहारे के—जो सब ठेस के घटक, उसके कारण हैं—इस प्रश्न में पैठता हूँ; वही सब कुछ बाहर प्रकट

हुआ करता है आघात लगने पर। तब जब वह आघात आता है, तो क्या होता है? मुझमें कोई चोट, कोई ठेस होती ही नहीं। ठीक कह रहा हूँ मैं, यह ठीक है।

**मॉरिस फ्रीडमैन :** आपकी तैयारी किस चीज़ ने करवाई।

**कृष्णमूर्ति :** मैंने तैयारी नहीं की, मैंने बस जीवन को देखा। मैंने आसक्ति अथवा उदासीनता के फँसाव को देखा; यह देखा कि मैं स्वाधीनता को पोसने लगता हूँ क्योंकि मुझे निर्भर नहीं होना है। निर्भरता पीड़ा का कारण बन जाती है, अतएव मैं अनिर्भरता को, स्वाधीनता को विकसित करता हूँ, और पीड़ा वह भी ला सकती है। तो मैंने अपने आप में यह देखा कि किसी भी प्रकार की निर्भरता अपरिहार्य रूप से गहन चोट को जन्म देगी ही। मैं इसकी गहराई में गया, और मैंने कहा, "अब यह खत्म है"। तो जब उस आघात की घड़ी आती है, चोट का कारण वहाँ नहीं होता; कुछ बिल्कुल अलग ही घटित होता है। इसी पर मैं आना चाहता हूँ।

**पुपुल जयकर :** सर, ये सारी चीज़ें कर ली गयी हैं, अकेलेपन का अवलोकन हुआ है, भय की समस्या में, आसक्ति की समस्या में पैठना हुआ है। ऐसा नहीं कि ये मैं किसी दंभ के चलते कह रही हूँ।

**कृष्णमूर्ति :** क्या आप कहेंगे कि आघात वेदना, 'सफरिंग' है?

**पुपुल जयकर :** ऐसा लगता है कि उस आघात ने मेरे अस्तित्व की उन गहराइयों का स्पर्श किया है, जिन्हें मैं पहले कभी नहीं छू पायी थी, जिन तक मेरी पहुँच ही नहीं थी।

**कृष्णमूर्ति :** इससे आपका अभिप्राय क्या है? यदि आप अकेलेपन, आसक्ति, भय से गुज़रे हैं, यदि आप आसक्ति के विपरीत के रूप में स्वाधीनता की तलाश में नहीं हैं, आसक्ति के विपरीत के रूप में अलगाव को नहीं खोज रहे, उन चालों से अनछुए हैं जिन्हें मनुष्य खेला करता है, तब फिर होता क्या है? जब मृत्यु आघात लाती है, तब क्या होता है? क्या आपको चोट पहुँचती है?

**पुपुल जयकर :** सर, इस शब्द को मैं और खोलना चाहूँगी।

**कृष्णमूर्ति :** खोलिए इसे, इसके विस्तार में जाइए।

**पुपुल जयकर :** यह उन सभी पीड़ाओं को—जिनसे मेरा गुज़रना हुआ था—जगाती प्रतीत होती है।

**कृष्णमूर्ति :** इसका अर्थ क्या हुआ? उन पीड़ाओं का समाधान आपने नहीं किया?

**पुपुल जयकर :** संभवतः।

**कृष्णमूर्ति :** मेरी कोशिश इसी बिंदु तक आने की है। बेशक, आपने अकेलेपन की पीड़ा को हल नहीं किया है—इसे मैं एक उदाहरण के तौर पर ले रहा हूँ।

**पुपुल जयकर :** मैं यह पूछना चाह रही हूँ : क्या अकेलेपन की पीड़ा का, आसक्ति की पीड़ा का कोई समाधान है?

**कृष्णमूर्ति :** हाँ है, बिलकुल है।

**पुपुल जयकर :** या, समाधान पीड़ा की इस कुल प्रक्रिया की पूरी समझ में या—जो भी शब्द आप प्रयोग करना चाहें—इसके प्रति जागने में है?

**कृष्णमूर्ति :** देखिए, वेदना पीड़ा है। पीड़ा ही वेदना का, 'सफरिंग' का कारण बनती है। हम इस शब्द वेदना का प्रयोग जिस अर्थ में कर रहे हैं उसमें निहित है अकेलापन, आसक्ति, विरक्ति, स्वाधीनता, द्वन्द्व—वेदना से पलायन तथा वेदना के कारण का समस्त क्षेत्र। उस शब्द के प्रयोग में हम वह सब शामिल किए ले रहे हैं। या आप कोई और शब्द प्रयोग करना पसंद करेंगी? सकल पीड़ा, जो छिपी हुई है, जो देखने में आ रही है, वेदना अपनी सकलता में—उस गाँववाले की पीड़ा, किसी स्त्री का दुःख जो अपना पति खो बैठी है, उस व्यक्ति का दुःख जो अबोध है, निरक्षर है, सदा गरीबी से घिरा है, तथा उस व्यक्ति का दुःख, उस व्यक्ति की पीड़ा जो तृप्त नहीं हो पा रहा, जो महत्त्वाकांक्षी है, कुंठित है। वह सब वेदना है, और वह आघात उस सारी पीड़ा को—सिर्फ आपकी पीड़ा ही नहीं—सतह पर ले आता है। और तब होता क्या है? मैं रोता हूँ, चिल्लाता हूँ, प्रार्थना करता हूँ, और मंदिर चला जाता हूँ। यही सब होता है। मैं आशा बाँधता हूँ कि मैं अगले जन्म में या परलोक में अपने भाई से, बेटे से, पति से मिल सकूँगा। मैं पीड़ा की इस यंत्रणा से बाहर निकलने की कोशिश में हर तरफ हाथ-पैर मारता हूँ।

**पुपुल जयकर :** या मैं बैठ जाता हूँ और पीड़ा का अवलोकन करता हूँ, इसे देखता हूँ।

**कृष्णमूर्ति :** हाँ। अवलोकन के द्वारा, इसके बारे में चर्चा करके, रोते-धोते, सपनों के ज़रिये...ओह, मैं इन यंत्रणाओं से गुज़रता हूँ। उस आघात से यह सब क्यों उघड़ना चाहिए?

**पुपुल जयकर :** चूँकि पीड़ा की जड़ें कभी प्रत्यक्ष नहीं हुई थीं।

**कृष्णमूर्ति :** क्यों?

**पुपुल जयकर :** क्योंकि हमने कभी इतनी गहराई में गोता नहीं लगाया।

**कृष्णमूर्ति :** क्यों? मैं पूछ रहा हूँ। आप मेरे प्रश्न का जवाब नहीं दे रहे। मानव-मन ने रास्ते पर उस भिखारी को देखा है, कुष्ठग्रस्त, या उस गाँववाले को, जो अपने कभी खत्म न होने वाले काम में, दुःख में जुता है—इसने मुझे क्यों नहीं छुआ है? आघात ही मुझे क्यों छू पाए?

**पुपुल जयकर :** क्या इसमें क्यों का प्रश्न है?

**कृष्णमूर्ति :** जी हाँ, प्रश्न बिल्कुल है।

**पुपुल जयकर :** वह तो होता है।

**कृष्णमूर्ति :** नहीं। उस भिखारी को देखने का आघात मुझे क्यों नहीं हिला देता? यह सड़ा-गला समाज, यह सब का सब।

**पी.वाई. देशपांडे :** वह आघात मस्तिष्क की कोशिकाओं के पूरे ढाँचे को झकझोरता है, उन्हें सक्रिय कर देता है।

**कृष्णमूर्ति :** मैं आपसे एक बहुत सीधा सवाल पूछ रहा हूँ। आपने सड़क पर उस भिखारी को देखा; वो आपके लिए एक आघात, एक 'शॉक' क्यों नहीं था, आप रो क्यों नहीं पड़े? आपको रोना तभी क्यों आता है जब आपका बेटा मरता है?

**प्रश्नकर्ता-2 :** क्योंकि उससे मैं जुड़ा हुआ हूँ।

**कृष्णमूर्ति :** नहीं, नहीं। मैंने रोम में एक मठवासी साधु को देखा, मैं सच में रो पड़ा। आप समझ रहे हैं, सर? धर्म नाम के एक खूँटे से बँधा हुआ, वहीं कैद। वहाँ हम नहीं रोते हैं, लेकिन यहाँ हम रो पड़ते हैं, ऐसा क्यों? ऐसा नहीं कि 'क्यों' का जवाब नहीं है। वजह तो ज़ाहिर है। वजह ये है कि हम असंवेदनशील हैं।

**स.बालसुंदरम् :** मन तमाम वक्त सोया रहता है, और वह आघात इसको जगा देता है।

**कृष्णमूर्ति :** वह आघात इसे जगा देता है—बात यही है। आघात इसको जगाता है। और हम उस पीड़ा के प्रति जाग उठते हैं जो कि हमारी पीड़ा है। हम *पीड़ा* के प्रति नहीं जागते। यह कोई सूत्र-सिद्धांत, 'थीअरी' नहीं है।

**पुपुल जयकर :** नहीं, सर। जब आप इस तरह का वक्तव्य देते हैं, तो पीड़ा के प्रति मेरा जागना होता है। और यह पीड़ा ही असल मसला है; यहाँ प्रश्न मेरी पीड़ा या किसी और की पीड़ा का नहीं है।

**कृष्णमूर्ति :** जी हाँ, हमने वही कहा : पीड़ा। अब आप इस पीड़ा के साथ करते क्या हैं? पीड़ा वेदना ही है। तो आप इसके साथ क्या करते हैं?

**प्रश्नकर्ता-1 :** इससे छुटकारा पाने की कोशिश।

**कृष्णमूर्ति :** हम इससे छुटकारा पाने की कोशिश करते हैं। इस सब की चर्चा हम कर चुके हैं। होता क्या है? आप छुटकारा पा जाते हैं, छुटकारा नहीं पाते। घटित क्या होता है? यदि आप वाकई उस सबसे से गुज़रे हैं, तो होता क्या है?

**पुपुल जयकर :** यदि आप तूफान के बीचों-बीच हों तो यह नहीं पूछा करते कि हो क्या रहा है?

**कृष्णमूर्ति :** ठीक। तो अब दस दिन बीत गये, समय व्यतीत हुआ। मेरे भाई की मृत्यु दस महीने पहले, या दस साल पहले हुई थी। तो क्या? पलायन का कोई सवाल ही नहीं है, कोई और विकल्प ढूँढ़ लेने का भी सवाल नहीं है। वह पीड़ा मेरे हृदय में, मेरे मन में मौजूद है।

**पुपुल जयकर :** एक और बात है : यह किसी निजी एहसास से जुड़ी पीड़ा नहीं है।

**कृष्णमूर्ति :** मैंने वह कहा, पुपुल।

**पुपुल जयकर :** यह हर एक पीड़ा को जगा देती है।

**कृष्णमूर्ति :** मैंने यह कहा ही था। यह मेरी या आपकी नहीं; बस पीड़ा है! मैंने पीड़ा महसूस की जब मैंने उस भिखारी को देखा। जब उस मठवासी को देखा तो मैं रो पड़ा। जब मैंने उस गाँववाले को देखा तो मैं यंत्रणा से गुज़रा। और जब उस अमीर शख़्स पर नज़र पड़ी तो मैंने कहा : "हे ईश्वर, देखो तो।" और फिर यह समाज, यह संस्कृति, धर्म, मनुष्य का यह सारा किया-धरा। और मनुष्य के इस किये-धरे में ही अपने भाई को खो देने की मेरी वह पीड़ा भी शुमार है। सो ये है पीड़ा। अब मुझे इस पीड़ा के साथ करना क्या है? क्या यह गहरी है, या सतही है? आप कहते हैं यह बड़ी गहरी है, ठीक?

**अच्युत पटवर्धन :** हाँ, सर, बड़ी गहरी है। गहरी ही है।

**कृष्णमूर्ति :** *गहरी* से आपका आशय क्या है?

**अच्युत पटवर्धन :** गहरी से मेरा अभिप्राय है कि यह आपके अस्तित्व के हर हिस्से को चीरती चली जाती है। यह खंडों में सीमित नहीं है, ऐसा नहीं है कि यह आपके जीवन के सिर्फ एक ही हिस्से में सक्रिय हो रहे।

**कृष्णमूर्ति :** और तब क्या? आप कहते हैं कि यह बहुत गहरी है, इसका कोई माप-तौल है ही नहीं। इसे गहरा न कहें। पीड़ा का कोई मापन नहीं है। यह गहरी या उथली नहीं होती : पीड़ा तो बस पीड़ा है। तो फिर क्या? आप उसी में बने रहें? इस चोट को जीवन भर वहन करते रहें कि मैं एक बच्चे को जन्म नहीं दे सकती? बताएँ सर, उत्तर दें।

**पी.वाई. देशपांडे :** यह तो ज़ाहिर ही है कि हर कोई पीड़ा से पलायन की या उसकी कोई काट, 'सब्स्टिट्यूट' खोज लेने की कोशिश करता है।

**कृष्णमूर्ति :** जी हाँ।

**पी.वाई. देशपांडे :** और अगर इसका कोई विकल्प हो ही नहीं सकता, तो वह इस पीड़ा को गहन कह देता है।

**कृष्णमूर्ति :** तो मुझमें जो यह पीड़ा है मैं इसका क्या करूँ?

**प्रश्नकर्ता-3 :** उसे नज़रअंदाज़ करें। ऐसा कुछ भी नहीं है जो आप कर सकें।

**कृष्णमूर्ति :** नज़रअंदाज़ कर दूँ?

**प्रश्नकर्ता-3 :** मैं ये कह रहा हूँ कि आप कुछ कर ही नहीं सकते।

**कृष्णमूर्ति :** हम पता लगाने जा रहे हैं। किसी मनोविश्लेषक के पास चला जाऊँ उस पीड़ा से मुक्ति पाने के लिए? उस पीड़ा से मुक्त होने की खातिर तिरुपति या बनारस के लिए निकल पड़ूँ? उस दर्द से छुटकारा पाने के लिए कोई पुस्तक पढ़ लूँ? इसके साथ मैं क्या करूँ?

**पी.वाई. देशपांडे :** हमें यह पता लगाना होगा कि वह पीड़ा हो किसे रही है?

**कृष्णमूर्ति :** समझ गया। पर मैं करूँ क्या?

**पुपुल जयकर :** मैं थिर खड़ा रह जाने की दशा में हूँ।

**कृष्णमूर्ति :** जब आप कहती हैं "थिर खड़ा रह जाना", तो आप उस पीड़ा के साथ होती हैं।

**पुपुल जयकर :** मैं बस वहाँ हूँ।

**कृष्णमूर्ति :** आप ही वह पीड़ा हैं। आप वहीं रह जाती हैं, आप वहीं होती हैं, आप उसे थामे रहती हैं। यह आपका शिशु है, आप उसे सँभाले हुए हैं। और तब क्या? मैं क्या करूँ? मैं ही वह पीड़ा हूँ—पीड़ा उस गाँववाले की, उस भिखारी की पीड़ा, उस शख्स की पीड़ा जो अमीर है और जिसे अपने अलग ही संतापों से गुज़रना होता है, उस साधु की पीड़ा, और शेष पीड़ाएँ। वह पीड़ा मैं ही हूँ। क्या करूँ मैं?

**सुनंदा पटवर्धन :** क्या इस पीड़ा का एक रूपांतरण होता है जागे रहने की दशा में?

**कृष्णमूर्ति :** उसी का मैं पता लगाना चाह रहा हूँ। मृत्यु के उस क्षण में अथवा उसके कुछ दिनों या एक महीने बाद तक, मेरी पूरी स्नायविक, जैविक, मानसिक प्रणाली को फालिज-सा मार जाता है। मैं उस अवधि की बात नहीं कर रहा हूँ।

**सुनंदा पटवर्धन :** वह तो बीत चुकी।

**कृष्णमूर्ति :** फिर से वहाँ मत लौटिए। अब वह बीत चुका, एक बरस पुरानी बात हो गयी। मेरे पास बस यह पीड़ा बची रह गयी है। अब मुझे करना क्या है?

**सुनंदा पटवर्धन :** वेदना लोगों को जगाती नहीं है, क्योंकि वेदना-व्यथा तो सारा संसार झेलता है; वे सो जाते हैं, वेदना से गुज़रते हैं, फिर सो जाते हैं, दुःख पुनः आता है, फिर वे बेहोशी में चले जाते हैं। स्पष्टतया, यह काफी नासमझी भरा क्रियाकलाप है।

**कृष्णमूर्ति :** किसी माँ ने अपने बेटे को वियतनाम में खो दिया, और माँएँ कतई यह सीखती प्रतीत नहीं होतीं कि उनके बेटों को राष्ट्रवाद के अथवा किन्हीं धारणाओं व फार्मूलों के चलते मारा जा सकता है। उन्हें यह महसूस ही नहीं होता। तो एक पीड़ा वह है। मैं इसे उनके लिए महसूस करता हूँ, मुझे वेदना होती है। तो होता क्या है? मुझे वेदना हो रही है—बल्कि मुझे नहीं—वेदना बस है। अब क्या करूँ मैं?

**प्रश्नकर्ता-2 :** मैं देखता हूँ कि यह क्या है।

**कृष्णमूर्ति :** मैं देख रहा हूँ कि यह क्या है। वह भिखारी कभी किसी कार में नहीं जा सकेगा, कभी कोई मंत्री नहीं बन सकेगा, वह बेचारा—यह नहीं कि उसे वैसा होना चाहिए। और वह साधु अपनी ही सौगंधों से, ईश्वर की अपनी ही धारणाओं से उत्पीड़ित है; मैं वह सब देख रहा हूँ। यह सब बहुत स्पष्ट है। मुझे और अधिक पड़ताल करने की दरकार नहीं है। तो मुझे करना क्या होगा? मेरे पास बस यही रह गया है।

**प्रश्नकर्ता-4 :** यह समझ जिसके तहत उस गाँववाले की पीड़ा या उस भिखारी की पीड़ा आपकी अपनी पीड़ा बन जाती है, वही उस पीड़ा को समझने की दिशा में अग्रसर एक कदम है। हर कोई उस गाँववाले या उस भिखारी की पीड़ा को अपनी

पीड़ा के रूप में नहीं देख सकता।

**कृष्णमूर्ति :** मुझमें वह पीड़ा है, सर। मैं क्या करूँ? हर कोई उसे देख पा रहा है या नहीं, उससे मुझे सरोकार नहीं है। लोग बहुत कुछ नहीं देखते हैं। मुझे करना क्या होगा? आपका बेटा मर गया है, किसी का बेटा मर गया है; यह पीड़ा है।

**पुपुल जयकर :** जब ऐसा होता है तो आप उसके बीचों-बीच होते हैं, उससे जकड़े-घिरे।

**कृष्णमूर्ति :** हाँ, मैं उसी की बात कर रहा हूँ—उसके बीचों-बीच होना। उस रात आपने उस भिखारी को गाते हुए सुना; दारुण दृश्य था वह। आप वहाँ थे। वह तथ्य सामने है, वह पीड़ा, वह वेदना। आप क्या करने वाले हैं?

**प्रश्नकर्ता-4 :** आप सुधारने के लिए उस पर काम करेंगे।

**कृष्णमूर्ति :** आप किस पर काम करेंगे?

**प्रश्नकर्ता-4 :** आप ऐसा कुछ करने का जतन करेंगे जिससे उस भिखारी की हालत में बदलाव आए।

**कृष्णमूर्ति :** हे ईश्वर! वह आपकी अपनी धुन है। कोई और कहता है, ''नेमी-धर्मी बन जाओ, सब कुछ सुलझ जाएगा। अपना जीवन जीसस को अर्पित कर दो।''

**प्रश्नकर्ता-4 :** मेरे विचार से इनमें एक फर्क है।

**कृष्णमूर्ति :** बहुत नहीं है। आप इसे अपने ढंग से करना चाहते हैं, तथा कोई दूसरा किसी और ढ्रंग से। और मैं बात पीड़ा की कर रहा हूँ।

**प्रश्नकर्ता-4 :** यदि हम रचनात्मक कर्म करें, तो वह पीड़ा जाती रहती है।

**कृष्णमूर्ति :** तो उस पीड़ा को लुप्त करने के लिए आप जिस कर्म की वकालत कर रहे हैं, वह है : उस संदर्भ में कुछ करना।

**पुपुल जयकर :** हम कुछ-न-कुछ, कुछ-न-कुछ करते ही रहे हैं।

**कृष्णमूर्ति :** कर्म तो कर्म है। उसका आशय आप गाँव चले जाना मान सकते हैं, और मैं साधु बनना या भगवान जाने और क्या-क्या मान लेता हूँ। फर्क क्या है?

**प्रश्नकर्ता-4 :** जो पीड़ा मुझे महसूस होती है, वह कुछ न कर पाने की पीड़ा है। जिस पीड़ा का एहसास मुझे होता है, वह कुंठा की पीड़ा है।

**कृष्णमूर्ति :** मैंने वो कहा है, सर। हमने पहले कहा है : कुंठा की पीड़ा, सफल न हो पाने की पीड़ा, उस भिखारी का दर्द, उस गाँववाले की तकलीफ, उस मठवासी की पीड़ा, उस माँ का दर्द जिसने अपने बेटे को वियतनाम में खो दिया, उस शख्स का दर्द जो पाँव कटा बैठा किसी युद्ध में, जो भयावह है। यह आपकी पीड़ा या मेरी पीड़ा नहीं है बल्कि इसमें मेरी, आपकी, सबकी पीड़ा शामिल है। और आप कहते हैं, ''वहाँ उस गाँव में जाइए और कुछ कीजिए।'' मैं पूछ रहा हूँ, 'कुछ करने' से आपका तात्पर्य क्या है?

**पुपुल जयकर :** पीड़ा तो तब भी बनी ही रहेगी।

**कृष्णमूर्ति :** क्या मैं इसे ढाँप देता हूँ, इससे पलायन करता हूँ? लोगों ने यह सब कुछ किया है : जीसस की ओर चल पड़े, कृष्ण की ओर चल दिये, मन्दिर चले गये, समाज-सुधार में लग गये—बीसियों चीज़ें हैं करने को। इनसे पीड़ा का तो अंत हुआ नहीं। हमने पूछा था, "मस्तिष्क की कोशिकाओं के तथा इस मन के पतन के कारक क्या हैं?" और हमने कहा, मुख्य कारकों में से एक है द्वंद्व। एक और कारक है चोट, पीड़ा। और अन्य कारक क्या हैं? भय, द्वंद्व, वेदना एवं सुख की यह दौड़—इसे ईश्वर कह लें या समाज-सेवा, या किसी अभिकल्पित साम्राज्य के आगमन हेतु कार्य; है यह सब संतुष्टि पर, सुखभोग पर आधारित। तो अगर ये ही ह्रास के, क्षय के कारक हैं, तो आप क्या करेंगे? कर्म किसे करना है? मुझे क्या करना होगा? जब तक मन इसे नहीं सुलझा लेता, इसका कोई भी कर्म और अधिक वेदना, और अधिक पीड़ा ही उपजाने वाला है।

**पुपुल जयकर :** तब इस क्षय की रफ्तार तेज़ होती चली जाएगी।

**कृष्णमूर्ति :** यकीनन, यह तो एक ज़ाहिर सच्चाई है।

**स.बालसुंदरम् :** लोग कहते हैं कि अनुभव के साथ आप सीखते जाएँगे, परंतु अनुभव से कोई नहीं सीखता। उन मुख्य कारकों में से एक यह भी है।

**कृष्णमूर्ति :** जानता हूँ, जानता हूँ। हम एक मुकाम पर आ पहुँचे हैं; इसके और खुलासे में न जाएँ। हम इस बिंदु पर आ चुके हैं कि पीड़ा, आघात, वेदना, भय, सुख और सुख की दौड़—ये वे घटक हैं जो इस ह्रास, इस क्षय का कारण बनते हैं। अब, मुझे करना क्या होगा? यह मन करे तो क्या करे?

**स.व.सुंदरम् :** यह प्रश्न पूछ कर, क्या यह मन कुछ और बन जाने की कोशिश नहीं कर रहा है?

**कृष्णमूर्ति :** वह कैसे? यदि यह पीड़ा में होता है तो आप करते क्या हैं? यह कुछ और कैसे बन सकता है?

**स.व.सुंदरम् :** पीड़ा के अतिरिक्त *कुछ और* बनना।

**कृष्णमूर्ति :** तो 'कुछ बनना' एक और कारक है ह्रास का। कुछ बनना एक कारक है, क्योंकि उस दशा में द्वंद्व निहित है। मैं कुछ और बनना चाहता हूँ; इसलिए कुछ बनने का यह सिलसिला उस पीड़ा को टालना, उससे बचना है, और फिर उस वजह से द्वंद्व घटित होता है। तो मुझे करना क्या होगा? मैंने गाँव में काम करके देखा, समाज-सेवा करके देख ली, धर्मों के साथ जुड़कर देख लिया, किताबें, सिनेमा, सेक्स, सब कुछ आज़मा लिया—पीड़ा तो बनी ही रही। अब मैं करूँ क्या?

**स.व.सुंदरम् :** कोई तो तरीका होना चाहिए जिससे यह पीड़ा जाती रहे।

**कृष्णमूर्ति :** यह क्यों जाती रहे? आपका सरोकार इतना ही है कि इसे बस जाने दें। इसे जाना क्यों चाहिए?

**स.व.सुंदरम् :** जिस तरह से इस वक्त हम यह बात रख रहे हैं, ऐसा लगने लगा है जैसे कि इस पीड़ा को जाने देने का कोई उपाय ही न हो।

**कृष्णमूर्ति :** कोई उपाय, कोई राह नहीं; क्या बात यही है?

**स.व.सुंदरम् :** मुझे इसके साथ जीना होगा।

**कृष्णमूर्ति :** आपको इसके साथ जीना होगा। आप किसी ऐसी शै के साथ कैसे जीते हैं, जो कि पीड़ा है, जो कि दु:ख है? कैसे जीते हैं आप उसके साथ?

**प्रश्नकर्ता-2 :** सर, मैं कम-से-कम कुछ और-और करते रहना तो बंद कर ही सकता हूँ?

**कृष्णमूर्ति :** क्या आपने कुछ और करना बंद कर दिया है या आप बस कोई सिद्धांत-सूत्र बता रहे हैं? क्या आप वैसा कर रहे हैं, या उसके बारे में सिर्फ बोल रहे हैं? इस ज़बर्दस्त ठेस के साथ—जो पीड़ा का, वेदना का कारण बनती है—और मस्तिष्क की कोशिकाओं में ह्रास लाने वाले उन तमाम सिलसिलों, इस अंतहीन संग्राम को लेकर इस मन को करना क्या होगा?

**स.व.सुंदरम् :** इसे देखने का जतन किया जाना चाहिए।

**कृष्णमूर्ति :** देखना किसको, सर? क्या मेरी वेदना, पीड़ा इस देखने वाले से, इस द्रष्टा से जुदा है? ऐसा है क्या?

**स.व.सुंदरम् :** नहीं।

**कृष्णमूर्ति :** तब क्या होता है? जब अवलोकन करनेवाला ही वह हो जिसका अवलोकन किया जा रहा है, तब क्या होता है?

**स.व.सुंदरम् :** संबंध नहीं होता।

**कृष्णमूर्ति :** परंतु अवलोकनकर्ता कहता है, ''मुझे इस पीड़ा से मुक्ति पानी ही है।'' वह ये सारी तरकीबें आज़मा चुका है—गाँव, गिरजाघर, ड्रग, समाज-सेवा, राष्ट्र, ईश्वर—पीड़ा से बचने के लिए उसने ये सारे खेल खेले हैं, पर यात्रा का अंत होने को आया, अब भी यह पीड़ा कायम है। अब आप क्या करेंगे?

**मॉरिस फ्रीडमैन :** हमने शुरुआत यहाँ से की थी : इस क्षय का कारण क्या है? गोल-गोल घूमकर, हम उसी निष्कर्ष पर पहुँचते हैं कि पीड़ा क्षय का कारक है। यदि हम पतन नहीं चाहते हैं, यदि हम तरो-ताज़ा, प्रफुल्लित रहना चाहते हैं तो हमें पीड़ा का दु:ख नहीं उठाना चाहिए। इसलिए पीड़ा का शमन महत्त्वपूर्ण है, और हम यह नहीं कहते रह सकते, ''मैं ही पीड़ा हूँ, मुझे पीड़ा का सामना करना होगा, पीड़ा के साथ जीना होगा।'' यह रवैया हानिकारक है, बुरा है। हमें दर्द को बर्दाश्त करने के काबिल बनना छोड़ना होगा। अब, इसका रहस्य क्या है? आप बताइए हमें। (हँसी)

**कृष्णमूर्ति :** किस बात का रहस्य?

**मॉरिस फ्रीडमैन :** हमें पीड़ा से प्रतिरक्षित, 'इम्यून' होना होगा, न कि संवेदनहीन।

**कृष्णमूर्ति :** आह! ईश्वर के वास्ते। आप ऐसे शब्दों को ला रहे हैं जिन्हें मैं कभी इस्तेमाल नहीं करता।

**मॉरिस फ्रीडमैन :** ये सब अंग्रेजी शब्दकोश में मौजूद हैं।

**कृष्णमूर्ति :** नहीं, मैं शब्दकोश के अनुसार ही शब्दों का प्रयोग कर रहा हूँ। मैं एक पत्थर की दीवार नहीं बनना चाहता हूँ जो पीड़ा महसूस ही न करे, प्रतिरक्षित हो। प्रतिरक्षा का, 'इम्यूनिटी' का मतलब तो यही है।

**मॉरिस फ्रीडमैन :** आपने शायद मेरे शब्दों को सुना नहीं। प्रतिरक्षित होने का मतलब संवेदनहीनता नहीं है।

**कृष्णमूर्ति :** आपने बात पूरी नहीं सुनी। पीड़ा से हम सभी छुटकारा पाना चाहते हैं; यह समझ में आता है। यह कहना तो मूढ़ता होगी, "मुझे पीड़ा को भुगतते रहना होगा", और ज़्यादातर लोग ऐसा ही किया भी करते हैं। और चूँकि वे पीड़ा को बरदाश्त किए चले जाते हैं, वे खब्त के कामों में लग जाते हैं, जैसे मंदिरों में या वैसे ही किन्हीं और स्थलों पर जाने लगना। वह एक खब्त-कर्म ही तो है। सो ये कहना तो बेतुका होगा कि हमें दर्द को बरदाश्त करते जाना है। बल्कि बात उसके उलट है। यह जानते हुए कि पीड़ा क्षय के मुख्य कारकों में से एक है, इसका अंत कैसे हो—इस बात को आप दस तरह से रख सकते हैं—ताकि मन असाधारण रूप से आवेगयुक्त हो, न कि बस एक निरुत्साह, पीड़ारहित मन। (अंतराल) आप इसका रहस्य जानना चाहते हैं?

**मॉरिस फ्रीडमैन :** रहस्य आपको मालूम है।

**कृष्णमूर्ति :** बताता हूँ। जानना चाहेंगे आप इसे? इसे हम एक अलग ढंग से लें। क्या एक मन के लिए यह संभव है कि वह कभी आहत न हो? शिक्षा हमें आहत करती है, परिवार आहत करता है, समाज आहत करता है; इससे हम गुज़रे हैं। मैं पूछ रहा हूँ, "क्या यह मन इस संसार में रहते हुए भी—जो उसे हमेशा आहत करता रहता है, चोट पर चोट पहुँचाता रहता है—कभी आहत न हो। आप मुझे बेवकूफ कहें, महापुरुष कहें, मुझे संबोधिप्राप्त या बुद्धिमान अथवा एक मूर्ख बूढ़ा कहकर पुकारें—जो चाहे संबोधन दें—लेकिन तो भी कोई ठेस लगे नहीं। समस्या वही है, बस उसे एक अलग ढंग से रखा जा रहा है।

**सुनंदा पटवर्धन :** हल्का-सा फर्क है। तथ्य यह है कि मन चोट तो खाया हुआ है। जब आप यह प्रश्न पूछ रहे हैं तो इसका अर्थ है कि चोट को पूरी तरह से मिटा देना, पुनः चोट न लगने देना संभव है।

**कृष्णमूर्ति :** जी हाँ, यही मैं आपको दिखला रहा हूँ। यही वह रहस्य है। मुझे करना क्या होगा? मनुष्यों द्वारा संचित की गयी चोटों के साथ आप करने क्या जा रहे हैं? हे ईश्वर, यदि आप इस समस्या को हल नहीं कर लेते, तो आप चाहे जो करते रहें, वह और दुःख की दिशा में ही ले जाने वाला है। (अंतराल) ठीक है, सर, आगे बढ़ें। उस

रहस्य को पाँच मिनट में बताया जाना है। और पाँच मिनट में इसे बताया जा सकता है।

**मॉरिस फ्रीडमैन :** अगली मीटिंग के लिए छोड़ दें इसे।

**कृष्णमूर्ति :** अगली मीटिंग के लिए छोड़ दें? (हँसी)। यह रहा। अभी हमने कहा था कि अवलोकन करनेवाला ही वह है जिसका अवलोकन किया जा रहा है। तब समस्या कहाँ पर है?

**स.व.सुंदरम् :** जैसा कि आपने कल कहा था, ऐसा अवलोकन ज़रूरी है, जो उस केंद्र के बगैर हो।

**कृष्णमूर्ति :** हाँ, सर। उस केंद्र के बगैर अवलोकन का अर्थ है कि मौजूद सिर्फ वही है जिसे आप पीड़ा कहते हैं। ऐसी कोई हस्ती है ही नहीं जो कह रही हो, ''मुझे इस पीड़ा के पार जाना होगा।'' जब अवलोकनकर्ता नहीं है, तब कोई पीड़ा है क्या? नहीं, सर, यह सिर्फ शब्दों का खेल नहीं है। अवलोकन करनेवाला ही है जो आहत हुआ करता है। वह केंद्र ही है जो प्रशंसा से गद्‌गद हो जाता है। वह केंद्र ही कहा करता है, ''ये एक आघात है।'' और केंद्र ही कह रहा होता है, ''मैं पीड़ा से परिचित हूँ।'' अब, क्या आप पीड़ा नाम की इस शै को, बिना उस केंद्र के, बिना उस अवलोकनकर्ता के, देख सकते हैं? और, क्या पीड़ा अब भी है? और अगर पीड़ा है ही नहीं, तब होता क्या है? यह कोई निर्वात, शून्य नहीं है, यह कुछ ऐसा नहीं है जिसमें कुछ भी नहीं। घटित क्या होता है?

**प्रश्नकर्ता-1 :** वह पीड़ा एक एहसास में बदल जाती है।

**कृष्णमूर्ति :** एहसास से आपका मतलब क्या है? यह एक मुश्किल मसला है, क्योंकि हम पीड़ा को सदैव अवलोकनकर्ता के रूप में उस केंद्र से देखा करते हैं, और वह अवलोकनकर्ता कहता है, ''मुझे कुछ तो करना होगा।'' और कर्म आधारित होता है उस केंद्र के पीड़ा को लेकर कुछ किये जाने पर, किंतु जब वह केन्द्र ही पीड़ा हो, तो आप क्या करते हैं? करने के लिए तब है ही क्या? (अंतराल) करुणा, 'कम्पैशन' क्या है? अंग्रेज़ी के उस शब्द का अर्थ है : सभी के लिए 'पैशन', उत्कटता। यह शब्दकोशीय अर्थ है। यह घटित कैसे होती है? क्रियाकलाप में लगे रहने से? यह वजूद में कैसे आती है? जब वेदना नहीं है, 'सफरिंग' नहीं है, उस अन्य का वजूद होता है। जो वेदना से, व्यथा से ग्रस्त है, ऐसा मन करुणा कैसे जान सकेगा?

**मॉरिस फ्रीडमैन :** पीड़ा है, इसका ज्ञान ही करुणा है।

**कृष्णमूर्ति :** देखिए, कितनी चतुरता से...मैंने ज्ञान शब्द का प्रयोग ही नहीं किया, मैंने कभी नहीं कहा ''करुणा बन जाती है''। हम उस तथ्य को, *जो है* उसे देख रहे हैं। जो है ही वेदना है। यह एक मुकम्मल सच्चाई है—मुझे वेदना होती है। यह मन उससे दूर भागने के लिए हर तरह की कोशिश किया करता है। और जब यह नहीं भाग रहा होता, तब यह अवलोकन करता है, देखता है। तब यह अवलोकनकर्ता अगर

बहुत, बहुत करीब से अवलोकन करता है, तो वो वही है जिसका अवलोकन किया जा रहा है। और वह पीड़ा ही परपीड़ा-संवेदन, 'पैशन' में रूपांतरित हो जाती है, जो कि करुणा, 'कम्पैशन' है। आपके पास ये शब्द हैं, आपके पास वह वास्तविकता नहीं है। तो वेदना से भागें मत, जिसका यह मतलब नहीं है कि आप पर मनहूसियत तारी हो जाएगी। उसके साथ जिएँ। सुख के साथ, मौज-मज़े के साथ जीते ही हैं आप, है कि नहीं? उसे तो आप चाहते हैं, पोषित करते हैं उसे। क्यों आप इस स्थिति के साथ, वेदना के साथ भी नहीं जीते, पूरी तरह से?

**मॉरिस फ्रीडमैन :** क्योंकि आप पीड़ा के साथ जी नहीं सकते।

**कृष्णमूर्ति :** आप इस पूरी चर्चा में रहे हैं। शब्दों के साथ खेलें मत।

**मॉरिस फ्रीडमैन :** आप पीड़ा के साथ मर तो सकते हैं, लेकिन आप पीड़ा के साथ जी नहीं सकते।

**कृष्णमूर्ति :** मैं यह दर्शा रहा हूँ आपको। जब मैं कहता हूँ इसके साथ जिएँ, तो अभिप्राय है : उससे पलायन न करना, उसके विषय में कुछ न करना। आपका एक शिशु है, क्या करते हैं आप उसके साथ? आप उसके साथ जीते हैं, है न? आप उसे बढ़ते हुए, खिलते हुए देखते हैं।

**मॉरिस फ्रीडमैन :** आपका यह शिशु 'थैलिडअमीड'[1], अपंग है, जनाब-ए-मन!

**कृष्णमूर्ति :** ठहरें, सर। यह 'थैलिडअमीड' शिशु अपाहिज है, क्योंकि उसकी माँ ने तमाम किस्म के ड्रग लिए थे। मेरी माँ ने न कोई ड्रग लिया, न ही मुझे दिया। मेरा मस्तिष्क एकदम स्पष्ट, एकदम पैना है। तो कुछ नया प्रस्तावित न करें। वेदना का यह तथ्य मेरे समक्ष है, मैं इसके साथ जी रहा हूँ, इस अर्थ में कि मैं इससे पलायन नहीं कर रहा। मैं देखना चाहता हूँ कि होता क्या है। मैं देख रहा हूँ कि यदि मैं इसके साथ जीता हूँ, इसका ख्याल रखता हूँ, इसका सिंचन करता हूँ, इससे भागता अथवा इसे कुचलता नहीं, तो क्या घटित होता है। वह वेदना, वह दुःख से गुज़रना ही उत्कटता में, 'पैशन' में रूपांतरित हो जाता है, जो विपुल है, विराट है। पूर्ण विराम। यही है वह रहस्य। और यहाँ से उदित होता है एक ऐसा मन जिसे कभी आहत नहीं किया जा सकता।

*मुंबई में संवाद, 25 जनवरी, 1973*

---

1. एक ड्रग जिसे पीड़ाहर औषधि के तौर पर लिया जाता था; 60 के दशक की शुरुआत में इसे यू. के. में प्रतिबंधित करना पड़ा, क्योंकि गर्भावस्था में जिन माँओं ने इसका इस्तेमाल किया, उनके नवजात शिशुओं में अपंगता के लक्षण देखे गये।

# 7

## आत्मकेन्द्रित क्रियाकलाप एवं अतींद्रिय ऊर्जा

*मैं आपको सबसे छोटी, सबसे सीधी राह बताऊँ;*
*ये है सिर्फ अवलोकन करना और फिर वहीं समाप्ति।*

**पुपुल जयकर :** मुझे लगा कि आप जो कह रहे हैं उसे समझने में तथा उन बातों का हमारे अपने दैनिक जीवन में क्या निहितार्थ है। उसे समझ पाने की हमारी क्षमता में आड़े आने वाली मुख्य बाधाओं में से खास एक पर हम चर्चा कर सकते हैं, और यह बाधा है आत्मकेन्द्रित गतिविधि का पहलू।

**कृष्णमूर्ति :** आत्मकेन्द्रित गतिविधि। अच्छा विचार है; चलिए इसी पर चर्चा करते हैं। क्या आप इसकी खोजबीन करना चाहेंगे?

**पुपुल जयकर :** इससे फर्क नहीं पड़ता कि हम क्या कर रहे हैं, परंतु ऐसा प्रतीत होता है कि हमारा यह सरोकार कि इसका हमारे ऊपर क्या असर होगा, यही बात कहीं पर हमारे उस 'कुछ करने' को रँग देती है। कार्य करने का, जीवन जीने का क्या कोई ऐसा तरीका है जिसमें भले ही इस 'स्व' के प्रति हमारा सरोकार बना रहे, लेकिन हम इसे इसकी सही जगह पर रख पाएँ?

**कृष्णमूर्ति :** जब आप आत्मकेन्द्रित होने की प्रवृत्ति की बात करते हैं, तो एक केन्द्र के होने में एक परिधि का होना भी निहित है। क्या यह कहना सही होगा कि जहाँ पर एक केन्द्र उपस्थित है वहाँ एक सीमारेखा भी होगी। और जहाँ पर एक केन्द्र मौजूद है और उसकी एक सीमारेखा है या एक परिधि है, तो सारे कर्म उसी केन्द्र और परिधि के भीतर ही होंगे। एक केन्द्र के होने में निहित है एक परिधि, एक सीमारेखा, एक दायरा, और सारे कर्म उसी घेरे के भीतर घटित होंगे। आत्मकेन्द्रित गतिविधि से मेरा आशय यही होगा।

**पुपुल जयकर :** 'स्व' की सीमाएँ क्या हैं?

**कृष्णमूर्ति :** वह असीमित हो सकता है या उसका दायरा बेहद सीमित हो सकता है, पर एक सीमारेखा ज़रूर होगी।

**पी.वाई.देशपांडे :** असीमित?

**कृष्णमूर्ति :** असीमित। जितना चाहें आप उसे आगे बढ़ा लें।

**पी.वाई. देशपांडे :** जब तक केन्द्र मौजूद रहता है, उसकी सीमा बड़ी हो या छोटी, सीमित ही होगी।

**कृष्णमूर्ति :** जी हाँ, जब तक 'स्व' है, केन्द्र है, वहाँ उसकी परिधि है, एक सीमा है, पर उसकी सीमा बढ़ाई जा सकती है।

**पी.वाई. देशपांडे :** हाँ, फैलाव संभव है।

**कृष्णमूर्ति :** यही बात मैं कह रहा हूँ।

**पी.वाई. देशपांडे :** असीमित नहीं।

**कृष्णमूर्ति :** जितना चाहें विस्तार कर सकते हैं।

**पुपुल जयकर :** क्या इसका मतलब यह हुआ कि विस्तार की कोई सीमा नहीं।

**कृष्णमूर्ति :** ज़रा आहिस्ता ... जब हम आत्मकेन्द्रित क्रियाओं की बात करते हैं तो इसमें यही निहित है—एक केन्द्र और एक परिधि, एक दायरा; और उस घेरे के भीतर सारी क्रियाएँ घटित होती हैं, जो कि आत्मकेन्द्रित हैं। मैं खुद के बारे में सोचता हूँ, मैं किसी ओर प्रगति करता हूँ। यह तब भी केन्द्र से एक बिन्दु तक होगी, उस घेरे के भीतर, उस परिसर के भीतर। उस केन्द्र से आप जितना चाहें विस्तार कर लें—समाजसेवा, प्रजातंत्र या मतदाताओं का राजतंत्र, तानाशाही; सब कुछ उसी क्षेत्र के भीतर है।

**अच्युत पटवर्धन :** और, कुंडलिनी को जगाना आदि भी।

**कृष्णमूर्ति :** बाखुदा! कुंडलिनी को जाग्रत करना—क्या आप उसकी चर्चा करना चाहते हैं?

**अच्युत पटवर्धन :** नहीं सर। मैंने केवल कहा कि वह भी केन्द्र का एक प्रक्षेपण बन सकता है।

**सुनंदा पटवर्धन :** हाँ सर, हमें उसकी चर्चा करनी है।

**कृष्णमूर्ति :** आप सब एकदम से जग गये, लगता है। (हँसते हुए)।

**आपा पंत :** उस केन्द्र से कुछ ज़्यादा ही रोचक यह विषय लग रहा है। (हँसते हुए)।

**अच्युत पटवर्धन :** भारत में इस विषय में रुचि रखने वाले समूहों में, जैसा कि समझा जाता है, यह परिष्कृत व्यवहारवाद का एक प्रकार बन गया है।

**कृष्णमूर्ति :** सारा व्यवहार—अच्छा, बुरा, कुछ बनने की कोशिश, कुछ नहीं बनने की कोशिश, कुछ हासिल करने की कोशिश, संबोधि प्राप्त करना, वह सब। जहाँ पर एक केन्द्र है, वहाँ पर परिधि होगी, और सारे कार्य उसी क्षेत्र के सीमा के

भीतर होंगे : चालाकी, धन्धा, देवी-देवता, कर्मकांड। तो, मुद्दा क्या है?

**अच्युत पटवर्धन :** मुद्दा यह है : क्या ऐसे किसी कर्म का होना संभव है जिसका...

**कृष्णमूर्ति :** ...कोई केन्द्र नहीं हो? या क्या ऐसा कोई कर्म संभव है...

**अच्युत पटवर्धन :** ...जो उस केन्द्र का पोषण नहीं करता हो?

**कृष्णमूर्ति :** नहीं। क्या ऐसा हो सकता है कि कोई केन्द्र ही न हो?

**अच्युत पटवर्धन :** पर हम केन्द्र से शुरू करते हैं। हम ईमानदारी से, तथ्यतः कह सकते हैं कि हम जानते हैं कि एक केन्द्र मौजूद है, और हमारी सारी क्रियाएँ, साँस लेने समेत, इस केन्द्र का पोषण करती हैं।

**कृष्णमूर्ति :** साँस लेने को मैं तो नहीं इसमें शामिल करूँगा। इसको रहने दें, अच्युत।

**अच्युत पटवर्धन :** आप जान-बूझकर भी एक ढंग से साँस लेते हैं और कह देते हैं, "अब मैं इस तरह से साँस लूँगा, अब मैं उस तरह से साँस लूँगा।"

**कृष्णमूर्ति :** ज़रूरी नहीं है कि वह केन्द्र से ही हो, वह मात्र शारीरिक व्यायाम हो सकता है।

**अच्युत पटवर्धन :** मैं निश्चित नहीं हूँ। अकसर हम इसमें कुछ लाभ ही तलाश रहे होते हैं। चलिए, इसे हम हटा देते हैं। हम बस यही कहेंगे : मनुष्य के लिए क्या यह संभव है कि वह किसी भी तरह की क्रिया के ज़रिये इस केन्द्र का पोषण नहीं कर रहा हो?

**कृष्णमूर्ति :** आप इस पर चर्चा करना चाहेंगे?

**पुपुल जयकर :** क्या जाग्रत करना संभव है...

**कृष्णमूर्ति :** ...कुंडलिनी को...

**पुपुल जयकर :** ...उस ऊर्जा को—मैं कुंडलिनी शब्द का प्रयोग नहीं करूँगी—जो मेरी तरफ से संकल्प की किसी क्रिया के बगैर ही इस केन्द्र को खुद-ब-खुद मिटा दे?

**कृष्णमूर्ति :** हाँ, यही है पूरा मसला।

**अच्युत पटवर्धन :** यह एक अच्छा सवाल है।

**कृष्णमूर्ति :** यह एक बिल्कुल ही अलग सवाल है। पर बात यह है कि वह ऊर्जा, जो एक केन्द्र और उसकी परिधि के भीतर विस्तृत होती है, वह एक सीमित ऊर्जा है, एक यांत्रिक ऊर्जा। क्या हम इस सब की चर्चा करें?

**अच्युत पटवर्धन :** नहीं, यह तो काफी स्पष्ट ही है।

**कृष्णमूर्ति :** शाब्दिक तौर पर नहीं, असल में आपके भीतर। जहाँ केन्द्र है, उसकी परिधि भी है ही, और उस क्षेत्र के दायरे में जो भी कर्म होता है, वह सीमित है, खंडित है और इसलिए वह ऊर्जा का अपव्यय है।

**विजय आनंद :** केन्द्र और परिधि, ये शब्द तो रेखांकन के ज़रिये कुछ तफसील

बताते हैं, लेकिन इसका एहसास अपने भीतर करना, सबसे पहली समस्या वही होगी।

**कृष्णमूर्ति :** यही समस्या है, सर। हम स्वार्थी हैं, आत्मकेन्द्रित मनुष्य हैं हम। आत्मकेन्द्रित मनुष्य पूरी तरह से स्वार्थी होते हैं। या तो आप पूरी तरह से स्वार्थी हैं—अपने ही बारे में सोचते रहना, अपनी चिन्ताएँ, अपने परिवार की, आप, आप और आप—या आप उस केन्द्र को समाज-सेवा की ओर ले जा सकते हैं, राजनीतिक क्रियाकलाप की ओर, पर तब भी कार्य यह केन्द्र ही कर रहा होता है।

**पुपुल जयकर :** यह देखना थोड़ा और सूक्ष्म है, क्योंकि आप खुद को किसी ऐसी चीज़ के साथ जोड़ सकते हैं, जिसमें आपको यह महसूस हो कि इसमें तो उस केन्द्र की कोई भूमिका नहीं है।

**कृष्णमूर्ति :** आप वैसा सोच सकते हैं, पर वह तो मौजूद है। मैं गरीबों के लिए काम करता हूँ, जो कि इस देश में एक तलब है, पर मैं अब भी उसी दायरे में ही काम कर रहा होता हूँ।

**पुपुल जयकर :** मुझे इस बात में कुछ खुलासे की ज़रूरत है। गरीबों के लिए काम करना अपने आप में नहीं...

**कृष्णमूर्ति :** नहीं। बात है खुद का गरीबों से तादात्म्य करना, पहचान जोड़ना, देश से तादात्म्य, ईश्वर से तादात्म्य—यदि कहीं ईश्वर है तो—खुद का किसी मकसद, आदर्श से तादात्म्य आदि-इत्यादि; यानी कि, हमेशा केन्द्र से परिधि की ओर, उस दायरे की ओर बढ़ना। और इसलिए यह बहुत ही सीमित ऊर्जा है, बल्कि यह आत्मविनाशक ऊर्जा है।

**आपा पंत :** मेरे ख्याल से पुपुलजी ने जो सवाल उठाया वह यह था कि इस मन की यह सतत हलचल जो खुद को विस्तीर्ण एवं अशेष करती रहती है, क्या इसे निश्चल-शांत किया जा सकता है। वह कौन-सी ऊर्जा का प्रबल प्रवाह होगा, जो इस गतिविधि को खामोश कर पाए या इसे अप्रासंगिक बना दे या इसको किसी परछाईं सरीखा बना दे?

**कृष्णमूर्ति :** मैं आपकी बात समझ नहीं पाया।

**पुपुल जयकर :** बात दरअसल यह है : इस आत्मकेन्द्रित गतिविधि की प्रकृति को समझने की खातिर हमने सब कुछ किया है। देखा-परखा है, हमने ध्यान किया है, पर यह चीज़ थमती नहीं है।

**कृष्णमूर्ति :** नहीं, क्योंकि मुझे लगता है कि हम कहीं भूल कर रहे हैं। हम देख नहीं रहे हैं, अपने दिल से, अपने दिमाग से वास्तव में यह देखना, यह प्रत्यक्ष बोध नहीं हो रहा कि कोई भी कार्य इस दायरे के भीतर—केन्द्र से परिधि तक और फिर परिधि से केन्द्र के बीच—आगे-पीछे होने वाली गति ऊर्जा का अपव्यय है और वह कार्य सीमित ही होगा, और उसी दायरे के अन्दर, दुःख भी पैदा करेगा ही। हम यह नहीं देखते हैं।

**पुपुल जयकर :** यह हमारे मस्तिष्क की कोशिकाओं का हिस्सा है और इन कोशिकाओं का कार्य ही है ऐसी तरंगे निरंतर बाहर फेंकते रहना, जो कि एक मायने में आत्मकेन्द्रित वजूद दर्शाती हैं।

**कृष्णमूर्ति :** देखिए, जैसा हम कह चुके हैं और इस बात से अधिकतर विशेषज्ञ भी सहमत होंगे कि मस्तिष्क को दो चीज़ों की ज़रूरत होती है : सुरक्षा और स्थायित्व का एहसास।

**पुपुल जयकर :** और यह 'स्व' इन दोनों को ही उपलब्ध कराता है।

**कृष्णमूर्ति :** इसीलिए यह बहुत महत्त्वपूर्ण बन गया है। इस बिंदु की महत्ता को देखिए।

**आपा पंत :** मस्तिष्क एक यांत्रिक अथवा भौतिक संरचना है, जिसकी आदत है सुरक्षा या निरंतरता की तलाश करना; इस आदत से या इस यांत्रिक बाधा से कोई कैसे बाहर आए? मुझे लगता है कि वह इसी ओर इंगित कर रही हैं।

**कृष्णमूर्ति :** मैं इससे बाहर आना ही नहीं चाहता। बाहर आ जाने की कोई भी गतिविधि होती तो इसी परिधि में ही है।

**आपा पंत :** यही मैं कहना चाह रहा था : यह एक आदत है। आप उस लीक में फँस गये हैं, सुरक्षा और निरंतरता चाहने की आदत में फँस गये हैं।

**अच्युत पटवर्धन :** मेरे विचार से हम आपके साथ एक कदम और आगे बढ़ा चुके हैं। मेरे विचार से हमारे मन, हमारे मस्तिष्क, हमारी चिंतन की हर प्रक्रिया को पूरी तरह से यकीन हो गया है कि सुरक्षा नाम की कोई चीज़ नहीं है, और निरंतरता और सुरक्षा दोनों ही, अज्ञान की उपज हैं। कहने का आशय है कि हम इसे वास्तव में देख चुके हैं। मुझे नहीं लगता कि हममें से जो भी लोग आपके साथ रह चुके हैं, उनमें इसके प्रति एक प्रतिशत भी प्रतिरोध होगा। जब आप यह कहते हैं कि सबसे बड़ी सुरक्षा, असुरक्षा को पहचान लेने में है, कि अनित्यता ही जीवन की खुशबू है, तब हमारे अस्तित्व का कोई भी हिस्सा ऐसा नहीं होता जो यहाँ विस्वरता में, विसंगति में हो।

**कृष्णमूर्ति :** आप कहना क्या चाह रहे हैं?

**अच्युत पटवर्धन :** मैं कह रहा हूँ कि हमने उस खरे सुर को सुना है और हमने कहा है कि यह सच्चा सुर है।

**कृष्णमूर्ति :** परन्तु क्या ऐसी कोई गति है, कोई कर्मव्यवहार जो आत्मकेन्द्रित नहीं है?

**अच्युत पटवर्धन :** मैं पुपुलजी की बात पर लौट रहा हूँ कि अवधान की, 'अटेन्शन' की एक ऊर्जा होती है।

**पुपुल जयकर :** मैंने उसे एक भिन्न परिप्रेक्ष्य में पूछा था। मैंने कहा था कि जब हम अवलोकन करते हैं, देखते हैं कि हम आत्मकेन्द्रित गतिविधि में लगे हैं, तो

यह खत्म हो जाती है। यह तो हम जानते हैं। हम उस अवस्था को जानते हैं जब यूँ लगता है मानो 'स्व' है ही नहीं, पर उसका बीज यदि मस्तिष्क की कोशिकाओं में कहीं पड़ा हुआ है, तो वह खुद को दोहराएगा। यदि ऐसा है, यदि वह मस्तिष्क की कोशिकाओं में कहीं पड़ा है और उसकी अपनी ही क्रिया उसे बाहर उलीचेगी, तब मेरे अंदर यह आवाज़ उठती है कि कहीं एक अन्य ऊर्जा अवश्य होनी चाहिए। होनी ही चाहिए एक और...

**कृष्णमूर्ति :** ...मन की एक और ही गुणवत्ता...

**पुपुल जयकर :** ...जो इसे मिटा दे।

**आपा पंत :** आप देखिए, हमारा मस्तिष्क जो एक कम्प्यूटर है, बहुत ही पेचीदा हो गया है और कम्प्यूटरीकृत प्रतिपुष्टि और 'प्रोग्रैमिंग' में जो भी करते हैं वह भी और ज़्यादा पेचीदा होता जा रहा है। अब, वह ऊर्जा क्या है—क्या वह अवधान है, क्या वह मौन है? क्या वह बाह्य है, या अंदरूनी है?

**कृष्णमूर्ति :** हमारा मस्तिष्क केन्द्र से परिधि की ओर, और परिधि से केन्द्र की ओर—इस तरह से कार्य करने का सदियों से आदी हो चुका है—एक आगे और पीछे की ओर हो रही गतिविधि, हलचल। मस्तिष्क इसका आदी हो गया है, इसके लिए क्रमादेशित, 'प्रोग्रैम्ड' हो गया है, इसमें प्रशिक्षित हो गया है, इसके अनुरूप संस्कारित हो गया है। ठीक? तो आप कह रहे हैं, "क्या इस सघन आदत को तोड़ना संभव है? मस्तिष्क की कोशिकाओं के गतिवेग को, 'मोमेन्टम' को जो इसी तरह से काम करती आयी हैं सदा-सदा से, क्या इसे रोकना, थामना संभव है?" बात यही है, है न?

**पुपुल जयकर :** नहीं, मैं यह प्रश्न नहीं पूछ रही हूँ।

**आपा पंत :** यह मेरा प्रश्न है।

**पुपुल जयकर :** मैं यह नहीं पूछ रही हूँ कि आप उस गतिवेग को रोक सकते हैं अथवा नहीं; मैं एक बिल्कुल अलग ही प्रश्न उठा रही हूँ। क्या कोई दूसरी ऊर्जा...

**कृष्णमूर्ति :** ...है, जिसका कोई प्रयोजन नहीं होता...

**पुपुल जयकर :** ...जो बिना मेरे संकल्प के, इच्छा के, बिना मेरे चाहे ही, इसे मिटा दे?

**कृष्णमूर्ति :** हम बात को स्पष्ट कर लें, पुपुलजी। दो प्रश्न हैं यहाँ पर। यह गतिवेग, यह 'प्रोग्रैम' से संचालित मस्तिष्क जो कि सदियों से संस्कारबद्ध है, क्या यह रुक सकता है? जिस पल यह रुके, इसने उस गति को तोड़ दिया होता है। ओह, बात मेरी पकड़ में आ गयी। जिस पल यह रुके, आपने इसे भंग कर दिया होता है। दूसरा प्रश्न यह है, क्या ऐसी कोई ऊर्जा है जो आत्मकेन्द्रित गतिविधि नहीं है, एक ऐसी ऊर्जा जो किसी मकसद के तहत काम नहीं कर रही, कारणरहित है, ऐसी ऊर्जा जो अंतहीन है?

**पुपुल जयकर :** और क्या तहकीकात करना संभव है ...

**कृष्णमूर्ति :** ...उस ऊर्जा की? हम वही करने जा रहे हैं।

**अच्युत पटवर्धन :** और इसके साथ मैं जोड़ना चाह रहा था कि एकमात्र यंत्र जो हमारे पास है, वह है अवधान, 'अटेन्शन'। तो जिस ऊर्जा को भी आप मानें, वह ऐसी ऊर्जा ही होगी जिसे हममें अवधान के तौर पर ही व्यक्त होना होगा।

**सुनंदा पटवर्धन :** आप ऐसा क्यों मानकर चल रहे हैं कि उसे अवधान के रूप में ही व्यक्त होना होगा?

**पुपुल जयकर :** मैं कुछ मानकर नहीं चलना चाहती हूँ। मैं कृष्णजी से जो पूछना चाह रही हूँ, शायद हमने उनसे कभी नहीं पूछा है।

**कृष्णमूर्ति :** आप क्या पूछ रही हैं मैं समझ रहा हूँ। क्या मैं उसे कहूँ?

**पुपुल जयकर :** जी, सर।

**कृष्णमूर्ति :** आप पूछ रही हैं, क्या ऐसी कोई ऊर्जा है जो केन्द्र से नहीं है, ऐसी ऊर्जा जो कारणरहित है, ऐसी ऊर्जा जो अक्षय है और इसलिए यांत्रिक नहीं है? क्या यही है आपका सवाल?

**पुपुल जयकर :** हाँ।

**कृष्णमूर्ति :** चलिए, अब पहले प्रश्न को सुलझाते हैं। हमने कुछ पता लगाया है : यह कि, मस्तिष्क, केन्द्र से परिधि और परिधि से केन्द्र की ओर, पीछे पलटते और फिर आगे बढ़ते हुए गति करने के लिए, हलचल के लिए सदियों-सदियों से संस्कारबद्ध है, कभी इसे फैलाव देते हुए, कभी सीमित करते हुए, आदि-इत्यादि। क्या इस हलचल को समाप्त करने का कोई तरीका है? हमने अभी कहा कि जब रुकना होता है, तो यह हलचल समाप्त हो जाती है, जैसे कि 'प्लग' निकाल दिया गया हो। मस्तिष्क उस दिशा में गति करना बंद कर देता है, और यदि यह बंद होना किसी कारणवश है, तब आप फिर से उस वृत्त में, 'लूप' में फँस जाते हैं। क्या आपको जवाब मिला? क्या यह हलचल थम सकती है? अब अगला प्रश्न है : क्या यह संभव है? मेरे ख्याल से यह एक गलत प्रश्न होगा। जैसे ही आप रुक जाने की ज़रूरत को देख लेते हैं, मस्तिष्क खुद इस हलचल, इस गति को देख लेता है और रुक जाता है, यह इस हलचल का अंत कर चुका होता है। क्या मैं खुद को स्पष्ट कर पा रहा हूँ?

**विजय आनंद :** जी हाँ। पर यह फिर शुरू हो जाती है। थोड़े समय भर के लिए उस हलचल को रोकता है, पर तब यह फिर शुरू हो जाती है।

**कृष्णमूर्ति :** नहीं। जिस पल आप कहते हैं कि आपको वैसा फिर-से चाहिए, आप केन्द्र में लौट आते हैं। ठीक?

**प्रश्नकर्ता-1 :** शायद वह पूछ रहे हैं कि इसका हमेशा के लिए कैसे अंत करें।

**कृष्णमूर्ति :** ओह, नहीं। वह तो लोभ हुआ। (हँसी) यदि मैं इस बात की

सच्चाई को या इस तथ्य को देख पाता हूँ कि जिस पल यह हलचल समाप्त होती है, इस गति का अंत होता है, बात खत्म हो गयी। खत्म हो गयी; यह कोई निरंतर रुकाव नहीं है। जब आप चाहते हैं कि यह निरंतर हो, तो यह समय की हलचल ही है।

**आपा पंत :** तब देखना बिना हलचल के होता है। वह देखना एक ऐसी गति है जो इस केन्द्र के बाहर है, जो एक अलग ही आयाम में है।

**कृष्णमूर्ति :** नहीं, नहीं। देखना, केन्द्र से परिधि, परिधि से केन्द्र की ओर हो रही इस पूरी हलचल का अवलोकन करना—यह गति ही है 'जो है', जिससे आप सुपरिचित हैं।

**आपा पंत :** परंतु वह देखना किसी भी केन्द्र के बगैर है।

**कृष्णमूर्ति :** बिल्कुल, बिल्कुल।

**आपा पंत :** वह देखना एक भिन्न स्तर पर, एक बिल्कुल ही भिन्न आयाम का है।

**कृष्णमूर्ति :** इसका बोध होता है, जब आप इसके प्रति सजग होते हैं, बिना किसी चयन के। इस हलचल के प्रति सजग भर हो जाइए। यह सिलसिला, यह 'प्रोग्रैम' थम जाता है। चलिए इसे छोड़ते हैं, इस बिंदु पर फिर लौटेंगे। अगला प्रश्न जिसकी प्रतीक्षा शायद आप सभी कर रहे हैं वह है : "क्या ऐसी कोई ऊर्जा है जो अ-यांत्रिक है, जो कारणरहित है और इसलिए यह एक ऐसी ऊर्जा है, जो खुद को सतत नवीन बनाती रहती है, जो अंतहीन है?" यही है न वह प्रश्न?

**पुपुल जयकर :** जी हाँ।

**कृष्णमूर्ति :** आपका क्या कहना है?

**विजय आनंद :** मृत्यु की एक ऊर्जा होती है।

**कृष्णमूर्ति :** क्या मतलब है सर आपका? मृत्यु यानी समाप्ति?

**विजय आनंद :** पूर्ण समाप्ति।

**कृष्णमूर्ति :** यानी, उस हलचल का, उस गति का पूर्ण अंत।

**विजय आनंद :** जिसे कि मैं स्वयं के तौर पर जानता हूँ।

**कृष्णमूर्ति :** सुनिए ज़रा, आपने अभी कुछ कहा। केन्द्र से परिधि की ओर इस गति का कुल अंत ही, एक मायने में, मृत्यु है। तब क्या यह ऊर्जा वही है जो कारणरहित है?

**विजय आनंद :** यह कारणरहित है। यह आती है हमारे रक्त की भाँति।

**कृष्णमूर्ति :** मैं समझ रहा हूँ। पर क्या वह एक अनुमान है, एक परिकल्पना है या कि एक हकीकत?

**विजय आनंद :** हकीकत।

**कृष्णमूर्ति :** जिसका अभिप्राय क्या हुआ? जहाँ से आप कार्य कर रहे हैं वहाँ कोई केन्द्र नहीं है।

**विजय आनंद** : हाँ, उस अवधि के लिए जब वह ऊर्जा मौजूद है...

**कृष्णमूर्ति** : नहीं, नहीं। अवधि नहीं।

**विजय आनंद** : शाश्वतता का एक बोध होता है।

**कृष्णमूर्ति** : ठीक है। उस पल में। तब क्या होता है?

**विजय आनंद** : तब विचार फिर लौट आता है।

**कृष्णमूर्ति** : और आप फिर लौट आते हैं केन्द्र से परिधि की ओर, और तब उस घटना की याद आती है और फिर उस घटना को आप चाहने लगते हैं।

**विजय आनंद** : सही है, सर।

**कृष्णमूर्ति** : जो कि फिर केन्द्र से परिधि की ओर गति करना हुआ।

**विजय आनंद** : हमें भय भी रहता है। यह उसे सिर्फ दोबारा चाहने की बात नहीं है; हम डरने लगते हैं कि कहीं वह फिर से घटित न हो, क्योंकि वह तो कुल मृत्यु ही है।

**कृष्णमूर्ति** : पहले ऐसा बिन-बुलाए हो गया था।

**विजय आनंद** : हाँ।

**कृष्णमूर्ति** : अब आप उसे बुला रहे हैं।

**विजय आनंद** : मुझे पता नहीं कि मैं उसे बुला रहा हूँ या मैं उससे डरा हुआ हूँ।

**कृष्णमूर्ति** : हाँ। डरे हुए हैं, बुलावा दे रहे हैं, जो भी हो—यह सब अब भी उसी स्व-केन्द्र के क्षेत्र में हो रहा है। दूसरा प्रश्न—जिसे पुपुलजी ने उठाया था—अनंत ऊर्जा के संबंध में। आप कुंडलिनी पर चर्चा करना चाहती हैं?

**पुपुल जयकर** : जी, सर।

**कृष्णमूर्ति** : सबसे पहले तो, यदि आप वास्तव में चर्चा करना चाह रहे हैं, इस विषय में संवाद करना चाह रहे हैं, तो आपने जो कुछ भी इसके बारे में सुना है, क्या उसे भुला सकते हैं? करेंगे ऐसा आप? हम ऐसे विषय में प्रवेश करने वाले हैं जो बहुत गंभीर है। यह बस सुबह-सवेरे का मन-बहलाव नहीं है। क्या आप वह सारा कुछ भुलाने को तैयार हैं जो भी आपने इसके बारे में महसूस किया हो, जो आपको आपके गुरुओं ने बताया हो, या इसे जगाने के जतन आपने किये हों—सब भुलाकर एक खाली स्लेट की तरह, नयी शुरुआत एक 'कार्त ब्लांश', कोरे कागज़ से? आप जानते हैं 'कार्त ब्लांश' क्या होता है : एक पूरी तरह से साफ स्लेट। ऐसा कर सकते हैं?

**विजय आनंद** : जी हाँ।

**कृष्णमूर्ति** : सर, हाँ मत कहिए। आपको तहकीकात करनी होगी, कुछ नहीं जानते हुए, कुंडलिनी के संबंध में वास्तव में कुछ नहीं जानते हुए, जो कुछ भी लोगों ने इस संबंध में कहा हो, जो भी कोशिशें की गयी हों। क्या आप जानते हैं कि अमेरिका में अब क्या हो रहा है? उन लोगों द्वारा कुंडलिनी केन्द्र स्थापित किये जा रहे हैं जो

कहते हैं, ''मुझे कुंडलिनी का अनुभव हुआ है, उसकी जागृति हुई है, उसकी पीड़ा'', इत्यादि। यह एक भिन्न किस्म की ऊर्जा ले आती है जिसमें वैज्ञानिकों की रुचि है और वे कहते हैं कि आप यदि अमुक व्यायाम करेंगे, श्वसन-क्रिया करेंगे, ऐसा, वैसा, तो आपको भी यह हासिल हो जाएगी। विश्वभर में इसका प्रचार किया जा रहा है, और इस तरह से यह पैसे बनाने का धंधा बन गया है और ऐसे लोगों के हाथ में सौंपा जा रहा है जो बहुत ही खुराफाती हैं। एक अच्छा व्यापारी इसी तरह की ऊर्जा चाहता है, ''मुझे दे दीजिए, मैं इससे लाखों बना लूँगा।'' इस तरह की बेहूदगियाँ हो रही हैं।

**आपा पंत :** एक प्रोफेसर ने मुझे बताया कि यूरोप में कम्युनिस्ट योग केन्द्र शुरू करवा रहे हैं क्योंकि वे तब मन को प्रभावित कर सकते हैं।

**कृष्णमूर्ति :** जानता हूँ।

**आपा पंत :** उन्हें एक शक्ति हासिल होती है, मानो वह औरों के दिमाग को प्रभावित करने के लिए ही होती है। तो विचार को नियंत्रित करने की यह एक विधि बन गयी है।

**कृष्णमूर्ति :** गुरुओं ने यही तो किया है, प्रचारकों ने भी एक अलग ढंग से यही किया है। तो क्या इसी वजह से आप जानना चाहते हैं कि यह ऊर्जा क्या है?

**विजय आनंद :** नहीं, सर। यह जानने के लिए कि क्या यह ऊर्जा मौजूदा संस्कारबद्धता को मिटा सकती है।

**कृष्णमूर्ति :** नहीं सर, नहीं सर। यह नहीं कि *कुछ और* हो जो इस आत्मकेन्द्रित गतिविधि को तोड़ दे। आप देख रहे हैं, हम किस तरफ जा रहे हैं? इसीलिए कुंडलिनी या जो भी यह ऊर्जा है, इस पर चर्चा के संदर्भ में एतराज रहता है मेरा, क्योंकि इसके लिए अभी हमने नींव पर काम नहीं किया है। हम एक सही-सटीक जीवन नहीं जी रहे हैं; हम तो बस इसमें और कुछ नया जोड़ देना चाहते हैं ताकि हम अपनी खुराफात चालू रख सकें।

**प्रश्नकर्ता-1 :** कुंडलिनी को जाग्रत करने के बाद भी आत्मकेन्द्रित क्रियाएँ चलती ही रहती हैं। ऐसे भी लोग हैं जो दावा करते हैं कि उन्होंने कुंडलिनी को जगा लिया है, और तब भी उनकी आत्मकेन्द्रित गतिविधि जारी ही है।

**कृष्णमूर्ति :** उन्होंने कुंडलिनी जगा ली है, मुझे तो इसमें शुबहा है। मुझे नहीं पता कि उनका इससे क्या अभिप्राय है।

**विजय आनंद :** हम वस्तुतः इसे समझना चाहते हैं; कभी-कभी यह एक असलियत होती है।

**कृष्णमूर्ति :** नहीं, सर।

**पुपुल जयकर :** हम ऐसी ऊर्जा से तो परिचित हैं जब आत्मकेन्द्रित गतिविधि का उस क्षण अंत हो जाता है। हम यह मान लेते हैं कि अंतहीन ऊर्जा का स्रोत वही होगा। हो सकता है नहीं भी हो।

**कृष्णमूर्ति :** क्या आप कह रही हैं कि केन्द्र से परिधि और परिधि से केन्द्र की इस हलचल का अंत ही...

**पुपुल जयकर :** ...वह क्षणिक अंत जिसे हम जानते हैं।

**कृष्णमूर्ति :** नहीं। इसका अंत, इसका पूरी तरह से अंत ही उस ऊर्जा का निर्मुक्त होना है जो असीमित है।

**पुपुल जयकर :** मैं यह नहीं कह रही।

**कृष्णमूर्ति :** मैं यह कह रहा हूँ। क्या हम इस ऊर्जा को, कुंडलिनी की ऊर्जा को, इसकी सही जगह रख सकते हैं? क्या हम ऐसा कर सकते हैं? सर, बहुत सारे लोग इस अनुभव से गुज़रते हैं जिसे वे कुंडलिनी कहते हैं, पर मेरा उस पर सवालिया निशान है। जब मैं कहता हूँ कि सवालिया निशान है, तो मेरा आशय होता है कि मैं इसकी छानबीन करना चाहता हूँ; मैं इसकी खिलाफत नहीं कर रहा हूँ, मैं यह नहीं कह रहा कि वे गलत हैं। मेरा सवाल यह है कि क्या यह एक वास्तविकता है या किसी किस्म की शारीरिक गतिविधि है, जिसे कुंडलिनी से जोड़ दिया जाता है। या, क्या यह किसी तरह की शारीरिक रुग्णता है—मैं इन सभी को नज़र में रख रहा हूँ—और उसके चलते वे कह रहे हैं कि यह कुंडलिनी है? जब वे एक अनैतिक जीवन—इस मायने में कि एक मूढ़तापूर्ण, दंभी तथा आत्मकेंद्रित जीवन—जी रहे हैं, जब उनका रोज़मर्रा का जीवन आत्मकेंद्रित है, वे कह रहे हैं कि उन्होंने कुंडलिनी जाग्रत कर ली है। तो मैं इस पर सवाल उठा रहा हूँ।

**पुपुल जयकर :** सर, हम इसकी जाँच-पड़ताल अपने आप में करें। कुंडलिनी को शरीर के कतिपय हिस्सों में स्थित कुछ केन्द्रों से जुड़ा बताते हैं।

**कृष्णमूर्ति :** ऐसा ही कहा जाता है, सही है।

**पुपुल जयकर :** ऐसा ही कहा जाता है। यही है मेरा पहला प्रश्न जो मैं आपसे पूछना चाहूँगी।

**कृष्णमूर्ति :** क्या है यह?

**पुपुल जयकर :** इस ऊर्जा की—जिसका कोई अंत नहीं—निर्मुक्ति का, शरीर के भौतिक हिस्सों में स्थित इन अतींद्रिय केन्द्रों से कुछ लेना-देना है?

**कृष्णमूर्ति :** आप ढेर सारे प्रश्न कर रही हैं।

**अच्युत पटवर्धन :** इस प्रश्न को लेने से पहले : मुझे लगता है आपने जो प्रश्न उठाया है वह बहुत ही महत्त्वपूर्ण है, जिसे बहुत कम तवज्जो मिलती है, और वह यह है कि यदि ऊर्जा तक पहुँचने के लिए किसी को इस माध्यम, उस माध्यम या अन्य माध्यमों से होकर जाना है, तब यह ज़रूरी है कि वह व्यक्ति किसी को नुकसान पहुँचाने में अक्षम हो।

**कृष्णमूर्ति :** नहीं, नहीं सर। थोड़ी सावधानी की ज़रूरत है। आप कैसे कह पाएँगे कि कोई नुकसान पहुँचाने में अक्षम है? इन संतों ने, इन भारतीय संतों ने लोगों की दिशा भ्रमित करके उन्हें ज़बर्दस्त नुकसान पहुँचाया है।

**अच्युत पटवर्धन :** यही मैं कह रहा हूँ। जब तक हृदय से घृणा धुलकर विदा न हो जाए, नुकसान पहुँचाने का यह आवेश पूरी तरह से रूपांतरित न हो जाए, यह ऊर्जा खुराफात के अलावा और कुछ नहीं कर सकती।

**कृष्णमूर्ति :** अच्युतजी, हम इस प्रश्न पर लौटेंगे। पुपुलजी यह पूछ रही हैं : प्रचलित मान्यता है कि यह ऊर्जा शरीर के कई केन्द्रों से गुज़रकर जाती है और निर्मुक्त होती है, इत्यादि।

**अच्युत पटवर्धन :** भारतीय परंपरा में एक शब्द है, 'अधिकार', जो मुझे बहुत ही महत्त्वपूर्ण लगता है। 'अधिकार' से आशय है कि व्यक्ति इन प्रश्नों को स्वयं के समक्ष उठाने से पूर्व अपने आप को पर्याप्त तौर पर परिशुद्ध कर ले।

**कृष्णमूर्ति :** जी हाँ, काफी हद तक सही बात है। क्या आप यह कह रहे हैं कि जब तक केन्द्र से परिधि और परिधि से केन्द्र की दिशा में चलने वाली यह गतिविधि थम न जाए, तब तक पुपुल का प्रश्न वैध नहीं है?

**अच्युत पटवर्धन :** मुझे ऐसा लगता है।

**पुपुल जयकर :** मैं यह मानकर चल रही हूँ कि जब कोई इस तरह का प्रश्न उठाता है, तो वह स्वयं को जानने की, 'सेल्फ नोइंग' की एक गहराई से उठ रहा होता है। मेरा मतलब है कि मैं कुछ और नहीं बोल सकती हूँ इस विषय में, पर 'स्व' की तहकीकात में भी ऊर्जा निर्मुक्त या प्रवाहित तो होती है।

**कृष्णमूर्ति :** बिल्कुल।

**पुपुल जयकर :** यदि अपने जीवन में किसी हद तक आंतरिक संतुलन नहीं बन पाया है, तो जो कृष्णजी कह रहे हैं उसके कोई मायने नहीं होंगे। उसका चेतना की गहराइयों में प्रवेश तक भी नहीं होगा जब तक कि स्वयं को जानना कम-से-कम उतना गहरा तो हो, जो हमारी चेतना की गहराइयों को, वह जो कह रहे हैं उसके आलोक में अनावृत कर सके। जब कोई कृष्णजी को सुनता है वह उसे उतनी ही गहराई से ग्रहण कर पाता है जितना कि उसने स्वयं से खुलकर परिचय किया होता है, और इसलिए मेरे विचार से यह प्रश्न पूछना सही है।

**अच्युत पटवर्धन :** अगर ऐसा कह सकें, एक तो कलाकार है और फिर उस कलाकार की सृजनात्मकता है।

**कृष्णमूर्ति :** कोई कलाकार सृजनात्मक कैसे हो सकता है, जब तक कि वह एक समग्र जीवन न जी रहा हो? बात खत्म।

**अच्युत पटवर्धन :** वह मैं देख पा रहा हूँ। मैं कहना यह चाह रहा हूँ कि

उस कलाकार को अपने सामान्यतः स्व-रहित वजूद में सृजनात्मकता का जो संस्पर्श मिल सकता है, उसके लिए ऊर्जा की उस उपलब्धि की दरकार नहीं है, जिसकी बात पुपुलजी कर रही हैं।

**पुपुल जयकर :** हम दो अलग तलों पर बात कर रहे हैं। मैं यही प्रश्न तो पूछ रही हूँ : यह ज़्यादा खतरनाक क्यों है? मैं कृष्णजी से यह प्रश्न पूछ रही हूँ बजाय किसी और प्रश्न के, बजाय यह पूछने के कि ईश्वर क्या है, ध्यान क्या है, यह क्या है, वह क्या है। तो यह प्रश्न ज़्यादा खतरनाक क्यों है? एक मन जो समझ पाएगा, वह इसे भी और उसे भी समझ पाएगा। जो मन नहीं समझ पा रहा, वह इनमें से कुछ भी नहीं समझ पाएगा। जो मन दुरुपयोग करना चाहता है, वह दुरुपयोग किसी भी चीज़ का कर सकता है।

**अच्युत पटवर्धन :** मैं इसे नहीं स्वीकार करूँगा।

**कृष्णमूर्ति :** पर वह तो ज़ाहिर है, सर।

**प्रश्नकर्ता-1 :** वह ऊर्जा शारीरिक संरचना के लिए खतरनाक हो सकती है।

**पुपुल जयकर :** पर यह हममें जाग्रत नहीं होने जा रही।

**कृष्णमूर्ति :** जब तक कि आप एक ऐसा दैनिक जीवन न जिएँ जो कि जीने का पूरी तरह से अनात्मकेंद्रित, अ-स्वकेंद्रित ढंग है, उस अन्य के आगमन की संभावना ही नहीं है।

**विजय आनंद :** लेकिन वह एक अलग मसला है। जिस ऊर्जा का आना आत्मकेंद्रित गतिविधि खत्म होने पर होता है, वह कुंडलिनी या जो भी हो, उससे पूरी तरह से अलग है।

**कृष्णमूर्ति :** नहीं, सर!

**पुपुल जयकर :** यह सब अटकलबाज़ी है।

**कृष्णमूर्ति :** यह सब अटकलबाज़ी ही है।

**सुनंदा पटवर्धन :** कुछ लोगों से, उनके द्वारा कुंडलिनी जगा लेने के संदर्भ में मेरी बात हुई है। उनके साथ कई चीज़ें घटित हुईं, वे इससे डरे हुए हैं, उनमें से कइयों में डर बैठ गया है।

**पुपुल जयकर :** वे डरे हुए हैं, पर यदि आप इस 'स्व' की तहकीकात करना शुरू करते हैं, तो आपको कतिपय अतींद्रिय अनुभव होने लगते हैं।

**सुनंदा पटवर्धन :** हम जानना चाहेंगे कि वह ऊर्जा कौन-सी है जो भय पैदा करती है। क्या है वह?

**विजय आनंद :** भय तो बाद में उठता है। मृत्यु का अनुभव होता है और सब कुछ विलीन हो जाता है। आप मर चुके होते हैं, और आप फिर-से जी उठते हैं, और आप अचरज में हैं कि आप फिर से जीवित हैं। आपको यह संसार जैसे फिर-से

मिलता है, और आपके विचार, और जो कुछ आपके अधिकार-कब्ज़े में है, आपकी इच्छाएँ, और यह सारा-का-सारा संसार, सब धीरे-धीरे वापस लौट आता है।

**कृष्णमूर्ति :** क्या इसे आप कुंडलिनी का जागरण कहेंगे?

**विजय आनंद :** मुझे नहीं मालूम।

**कृष्णमूर्ति :** इस पर लेबल मत लगाइए।

**विजय आनंद :** मैं लेबल नहीं लगा रहा।

**कृष्णमूर्ति :** आप लगा रहे हैं। माफ कीजिएगा।

**विजय आनंद :** इसके कुछ दिनों बाद तक, महीने भर तक आपका पूरा जीवन बदल चुका होता है।

**कृष्णमूर्ति :** हाँ, सर, मैं समझ रहा हूँ।

**विजय आनंद :** सेक्स गायब हो जाता है, इच्छाएँ गायब हो जाती हैं।

**कृष्णमूर्ति :** और आप फिर से वहीं लौट आते हैं।

**विजय आनंद :** आप वहीं लौट आते हैं डर की वजह से, क्योंकि आपकी समझ में नहीं आ रहा होता कि हो क्या रहा है।

**कृष्णमूर्ति :** यही तो मैं कह रहा हूँ। जब किसी चीज़ तक फिर से लौट आना हो रहा है, तो प्रश्न यह उठता है कि क्या वह ऊर्जा आप में थी भी।

**विजय आनंद :** मैं खुद इस पर प्रश्न उठाता हूँ।

**कृष्णमूर्ति :** जी हाँ।

**पुपुल जयकर :** सर, मैं सिर्फ यह पूछ रही हूँ : इस प्रश्न ने इतनी तरंगे क्यों छेड़ दी हैं? स्वज्ञान की, अपने आप को जानने की प्रक्रिया में अधिकतर लोग बहुतेरे अतींद्रिय अनुभवों से गुज़रते हैं। यह भी समझ में आता है—शायद इसलिए क्योंकि हमने कृष्णजी को सुना हुआ है—कि किसी भी अतींद्रिय अनुभव को, जैसे ही वह घटित हो, एक तरफ हटा दिया जाना ज़रूरी है।

**कृष्णमूर्ति :** क्या यह बात स्पष्ट हो गयी है? अतींद्रिय, 'साइकिक' अनुभव को एक तरफ हटा देना होगा।

**पुपुल जयकर :** केवल तभी वह दृष्टि, वह पहुँच स्वच्छ-स्वस्थ रहेगी।

**अच्युत पटवर्धन :** यह बात जो पुपुलजी ने अभी कही—अतींद्रिय अनुभव को, यदि वह घटित होता है, एक तरफ हटा देना होगा—यही है शुरुआत। मुझे याद है यह मैंने पच्चीस बरस पहले सुना था।

**कृष्णमूर्ति :** मैं जान रहा हूँ, सर।

**अच्युत पटवर्धन :** तो इससे हम शुरू करें।

**पुपुल जयकर :** हम उसे कोई महत्त्व नहीं दे रहे।

**अच्युत पटवर्धन :** हम उसे अलग ही हटा दें, बात केवल महत्त्व न देने की नहीं है।

**विजय आनंद :** शरीर के भीतर कुछ नये प्रवाहपथ तो खुल जाते हैं, और इन पथों में ऊर्जा का ऊपर की ओर प्रवाह होता रहता है। आप इन चीज़ों को परे नहीं हटा सकते।

**पुपुल जयकर :** क्या पता! किसी और व्यक्ति के बारे में बात करना बड़ा मुश्किल है।

**विजय आनंद :** आपकी धमनियाँ काँपती हैं, आपको बड़े ज़ोरों से सिरदर्द होता है।

**कृष्णमूर्ति :** सर, आप इसे कुछ असाधारण क्यों कह रहे हैं? हम क्यों इसे कुछ असाधारण ठहरा देते हैं? मैं बस अपनी बात रख रहा हूँ। हो सकता है कि आप बहुत संवेदनशील हो गये हों, सघनता से संवेदनशील; बस बात इतनी ही है।

**विजय आनंद :** मुझमें और अधिक ऊर्जा होती है।

**कृष्णमूर्ति :** संवेदनशीलता में और अधिक ऊर्जा हुआ करती है।

**विजय आनंद :** आप यह कहना चाह रहे हैं कि ऊर्जाएँ आती हैं?

**कृष्णमूर्ति :** जी हाँ, सर, अगर आप सच में संवेदनशील हों; समझ रहे हैं? लेकिन इसे आप असाधारण, कुंडलिनी, यह अथवा वह या कुछ और क्यों कहने लगते हैं?

**पुपुल जयकर :** असली मुद्दा यह है कि आपका जीवन किस हद तक बदला है।

**कृष्णमूर्ति :** यही वह प्रश्न है।

**पुपुल जयकर :** किसी भी तरह के जागरण की सार्थकता केवल तभी है, जब चीज़ों को देखने का ढंग पूरी तरह से नया हो जाए, जीवन जीने का, संबंधित होने का तौर-तरीका ही नया हो।

**विजय आनंद :** एक नया मस्तिष्क तो है, मगर वह पुराना मस्तिष्क पुरानी आदतों समेत हमेशा द्वन्द्व में रहता है।

**कृष्णमूर्ति :** कभी नहीं, सर। यही तो सारी बात है; आप लोग इससे चूक रहे हैं।

**विजय आनंद :** तब वास्तविक कुंडलिनी क्या है, अगर यह कुंडलिनी नहीं है? यदि हम यह मान कर चलें कि कोई समग्र जीवन जी रहा है, तो क्या कुंडलिनी जैसा कुछ होता भी है?

**कृष्णमूर्ति :** यदि आप समग्र जीवन जी रहे हैं, तो क्या कुछ और भी है?—यह एक असंभव प्रश्न है। अब आप उस 'यदि' को हटा दें, तो क्या आप समग्र जीवन जी रहे हैं?

**विजय आनंद :** नहीं।

**कृष्णमूर्ति :** इसलिए यह प्रश्न मत पूछिए।

**विजय आनंद :** मैं सिर्फ इस तरह के एक विचार की वैधता के बारे में पूछ रहा था : कुंडलिनी के आधार पर जीने के फल को लेकर।

**कृष्णमूर्ति :** नहीं, सर।

**पुपुल जयकर :** देखिए, मैं एक बिल्कुल अलग ही दृष्टिकोण से प्रश्न कर रही हूँ।

**कृष्णमूर्ति :** एकदम अलग कोण से। समझ रहा हूँ। पूछिए, पुपुलजी, दोबारा प्रश्न रखें आप।

**पुपुल जयकर :** मैंने एक सवाल आपके सामने रखा था, और वह था कि कुंडलिनी, जैसा कि इसे समझा जाता है, कुछ अतींद्रिय ऊर्जाओं को—जो कि शरीर में कुछ खास केन्द्रों में अवस्थित होती हैं—जगाने की प्रक्रिया है, और क्या इन अतींद्रिय ऊर्जाओं को जाग्रत करना संभव है...

**कृष्णमूर्ति :** ...विविध अभ्यासों के ज़रिये ?

**पुपुल जयकर :** ...विविध अभ्यासों के ज़रिये, जैसे-जैसे वे ऊर्जाएँ विविध मनोदैहिक केन्द्रों से गुज़रती हैं, चेतना को रूपांतरित करती जाती हैं, और अंत में जब वे पूरी तरह से निर्मुक्त होती हैं, आप आत्मकेन्द्रित गतिविधि के पार हो जाते हैं। इस पूरी चीज़ का बुनियादी तात्पर्य तो यही होना चाहिए।

**आपा पंत :** 'मेस्कलीन' जैसी नशीली दवा भी यह असर ला सकती है...

**पुपुल जयकर :** मैं कृष्णजी से बस यह पूछ रही हूँ कि क्या कोई ऊर्जा होती है जो जाग्रत होने पर—जाग्रत कराये जाने पर नहीं—इस केन्द्र को पोंछ डालती है।

**कृष्णमूर्ति :** मैं इसे दूसरी तरह से कहूँगा : जब तक आत्मकेन्द्रित गतिविधि थम नहीं जाती, वह अन्य संभव ही नहीं।

**सुनंदा पटवर्धन :** यानी आप कह रहे हैं कि इस तरफ से यह सवाल पूछा ही नहीं जा सकता ?

**अच्युत पटवर्धन :** मैं कहना चाहता हूँ कि हिन्दू, बौद्ध तथा जैन परंपरा में एक भटकाव...

**कृष्णमूर्ति :** सर, सर, परंपराएँ क्या कहती हैं, मैं नहीं जानना चाहता।

**अच्युत पटवर्धन :** नहीं, सर। यह बहुत महत्त्वपूर्ण मसला है, क्योंकि धर्म के नाम पर यह सब चल रहा है, और हठयोग की उस पूरी परंपरा ने यह विश्वास पैदा कर दिया है कि इन केन्द्रों के साथ छेड़छाड़ करके आप स्वयं के साथ कुछ चीज़ों को कर सकते हैं।

**कृष्णमूर्ति :** जी सर, मैं इन बातों से वाकिफ हूँ।

**अच्युत पटवर्धन :** मेरा कहना है कि यह सारा विचार एक गलत विश्वास पर आधारित है।

**पुपुल जयकर :** ठीक है। मैंने जो कुछ भी कहा उसे मैं पोंछ-मिटा देती हूँ।

**अच्युत पटवर्धन :** हमें उसे मिटा ही देना चाहिए।

**पुपुल जयकर :** मुझे एक और प्रश्न पूछने दीजिए। मैं इसकी अपने लिए जाँच-पड़ताल करना पसंद करती, मगर लगता है कि वह मुमकिन नहीं। मनुष्य-मन के उस

क्षेत्र की प्रकृति क्या है जिस पर तैयारी किये जाने की ज़रूरत है? मनुष्य-मन की—जिसमें मस्तिष्क भी शामिल है—क्या प्रकृति है जिसको तैयार किया जाना ज़रूरी है, ताकि वह उसे ग्रहण कर पाए जो कि निस्सीम है? मुझे इसे इस तरह से रखने दीजिए।

**कृष्णमूर्ति :** आप पूछ रही हैं कि वह मिट्टी, वह भूमि क्या है जिसमें वह ऊर्जा घटित हो सके?

**पुपुल जयकर :** जी। हम ऊर्जा की उस रूप में बात नहीं करेंगे। मैं उस भूमि की बात कर रही हूँ जो कि हमारी चेतना की प्रकृति है, जो हमारी अपनी मस्तिष्क-कोशिकाओं की प्रकृति है।

**कृष्णमूर्ति :** क्या आप उसे ग्रहण करने की खातिर, मस्तिष्क की अथवा मन की भूमि को तैयार कर रही हैं?

**पुपुल जयकर :** वह मैं समझ रही हूँ।

**कृष्णमूर्ति :** मेरे प्रश्न का जवाब दीजिए।

**पुपुल जयकर :** मैं आपके प्रश्न को समझ रही हूँ, पर न मैं 'हाँ' कह सकती हूँ और न ही 'नहीं'।

**कृष्णमूर्ति :** तब उस भूमि में उस ऊर्जा के प्रवेश करने से क्यों सरोकार हो? तैयारी कीजिए, उस पर काम कीजिए।

**पुपुल जयकर :** पर कोई क्यों उस भूमि को तैयार करता है?

**कृष्णमूर्ति :** मैं इसे एकदम सरल तरीके से समझाता हूँ। मैं अंतर्विरोध का, द्वंद्व का, विपदा का एक जीवन जी रहा हूँ; मैं पता लगाना चाह रहा हूँ कि क्या इसका अंत हो सकता है—मेरे दुःख का, समस्त मानवीय दुःख का—और क्या करुणा संभव है, और शेष सब। मैं इसकी गहराई में पैठूँगा; मैं किसी और विषय की पड़ताल नहीं करना चाहता।

**सुनंदा पटवर्धन :** इस प्रश्न का पूछना "क्या करुणा के साथ जीने का एक ढंग है?" यह भी उस भूमि की तैयारी ही है, किसी प्रयोजन का होना है। भूमि की, मिट्टी की तैयारी के संबंध में आप यह प्रश्न क्यों उठा रहे हैं।

**कृष्णमूर्ति :** मैंने कभी नहीं कहा, "भूमि को तैयार कीजिए"।

**पुपुल जयकर :** वह मैंने पूछा था।

**कृष्णमूर्ति :** मैं समझ रहा हूँ कि प्रश्न क्या है। मेरा कहना है कि जब तक ज़मीन की तैयारी के पीछे आपका कोई प्रयोजन है कि इसे करने से उस ऊर्जा को ग्रहण कर पाएँगे, आप उसे कभी ग्रहण नहीं कर सकेंगे।

**सुनंदा पटवर्धन :** प्रयोजन, उद्देश्य, होता क्या है? इस पूरे कारागार को देखना और यह पूछना कि क्या इससे बाहर निकलने का कोई रास्ता है—क्या यह भी एक प्रयोजन है? इस तरह से तो हम किसी भी प्रश्न को लेकर फँस जाने वाले हैं।

**कृष्णमूर्ति :** नहीं, नहीं। देखिए, आपने सुना नहीं। मैं यंत्रणा, दुर्दशा, भ्रम-उलझन का जीवन जी रहा हूँ; बुनियादी बात यही है, और क्या इसका अंत हो सकता है?

**सुनंदा पटवर्धन :** यह तो ठीक है।

**कृष्णमूर्ति :** इसमें कोई प्रयोजन नहीं।

**सुनंदा पटवर्धन :** यहाँ कोई प्रयोजन नहीं है, पर आप एक और प्रश्न भी कर रहे हैं।

**कृष्णमूर्ति :** नहीं। मेरा कोई और प्रश्न नहीं है, सिवाय उस प्रश्न के : क्या उस पूरी प्रक्रिया का अंत हो सकता है? केवल तभी मैं उन अन्य प्रश्नों का उत्तर दे सकता हूँ, जिनकी गहन सार्थकता है। वह तो कुछ ऐसा होगा जैसे अपने इस दूषित क्षुद्र जीवन में मुझे कोई अद्भुत खिलौना, कुछ निराला-न्यारा सौंप दिया जाए।

**सुनंदा पटवर्धन :** यह तो नहीं कह सकते कि हमने वह प्रश्न पूछा ही नहीं है।

**कृष्णमूर्ति :** आप प्रश्न क्या पूछ रही हैं?

**सुनंदा पटवर्धन :** आपका कहना है कि एक भिन्न ऊर्जा के संबंध में कोई भी प्रश्न पूछा नहीं जाना चाहिए, क्योंकि वह अभी-भी इसी क्षेत्र में होगा।

**कृष्णमूर्ति :** नहीं, मैं इसे पूछूँगा।

**सुनंदा पटवर्धन :** मैं कैसे पूछूँ?

**पुपुल जयकर :** मैंने इनसे पूछा है।

**कृष्णमूर्ति :** इन्होंने मुझसे यह प्रश्न किया है।

**सुनंदा पटवर्धन :** मुझे लगा, आपने कहा था कि आप इसे पूछ नहीं सकते।

**कृष्णमूर्ति :** मैंने कहा, 'नहीं'।

**पुपुल जयकर :** और मैं पूछना जारी रखूँगी। मैं भले ही आपसे यहाँ न पूछूँ, पर मैं यह प्रश्न पूछती रहूँगी।

**कृष्णमूर्ति :** वह प्रश्न क्या है जो आप पूछ रही हैं?

**पुपुल जयकर :** मैंने अभी-अभी अपना प्रश्न वापिस ले लिया है।

**सुनंदा पटवर्धन :** वह दूसरा प्रश्न।

**पुपुल जयकर :** दूसरा प्रश्न जो मैंने पूछा है, यह है : मनुष्य के मन की उस भूमि की प्रकृति क्या है, जिसे तैयार किया जाना है...

**कृष्णमूर्ति :** ...उस अन्य को ग्रहण करने के लिए?

**पुपुल जयकर :** ...उस अन्य को ग्रहण करने के लिए। आप मुझे कहते हैं कि यह भी एक गलत प्रश्न है। आप कहते हैं कि मैं द्वंद्व में हूँ, मैं दुःख-क्लेश में हूँ, और मुझे दिख रहा है कि द्वंद्व और दुःख-क्लेश का यह जीवन खत्म हो, यह ज़रूरी है।

**कृष्णमूर्ति :** बस उतनी बात है। तब मैं आपसे कहूँगा : यदि इसका अंत नहीं हो पाता, तो उस अन्य की गवेषणा—यह पूछताछ, और यह तहकीकात तथा उस अन्य

को जाग्रत करने की ख्वाहिश, ताकि इसे मिटा डाला जाए—यह एक गलत प्रक्रिया है। ज़ाहिर सी बात है। यह वैसा ही है जैसे आप किसी बाहरी 'एजेंसी' को बुलावा दे रहे हों कि आकर आपके घर को साफ-सुव्यवस्थित कर दे। मेरा कहना है कि घर को साफ-सुव्यवस्थित करने की प्रक्रिया के दौरान, कई सारी चीज़ें हैं जो घटित होने जा रही हैं। आपको अतींद्रिय दृष्टि मिलेगी, तथाकथित सिद्धियाँ हासिल होंगी और बाकी सब होगा। वह सारा कुछ होगा, पर यदि आप इनमें जकड़े जाते हैं तो समझिए कि आप गये; आप और आगे नहीं बढ़ सकते, अगर आप इन सब में फँस गये। यदि आप इनमें जकड़े नहीं जाते हैं, तो पूरा आकाश आपके लिए मुक्त है, खुला है—आकाश, आप समझ रहे हैं? इस ज़मीन की तैयारी होनी है, उसे ग्रहण करने की खातिर नहीं, लेकिन इस मिट्टी को तैयार तो किया जाना है। सही है? चूँकि आप एक अंतर्विरोधी जीवन जी रहे हैं और बाकी सारे मसले, तो तैयारी कीजिए, इस पर काम करिए, इस घर को इतनी पूरी तरह साफ कीजिए कि पलायन का कोई साया तक न रहे। तब हम पूछ सकते हैं, क्या है यह शै, जिसके बारे में ये सभी बात कर रहे हैं? तो मैं वह कर रहा हूँ, मैं इस भूमि को तैयार कर रहा हूँ—बल्कि भूमि को नहीं; मैं तैयारी कर रहा हूँ—नहीं तैयारी भी नहीं—मैं दु:ख के अंत पर, उसके तमाम पहलुओं पर काम कर रहा हूँ। मैं इस पर जी-जान से काम कर रहा हूँ, मैं इसे यूँ ही नहीं छोड़ दे रहा। और तब कोई उधर आता है और कहने लगता है, "देखिए, कुंडलिनी में और विभिन्न चक्रों आदि में वह असाधारण ऊर्जा है।" तो आप इसका क्या उत्तर देने वाले हैं? आप इसी बिंदु पर बात कर रही हैं। आपने वह प्रश्न किया था।

**पुपुल जयकर :** मैंने वह प्रश्न पूछा था।

**कृष्णमूर्ति :** और वह शख्स कहता है, "देखिए मेरे लिए यह बात निबट चुकी है, मैंने इसे समझ लिया है, मैं इस पर काम कर रहा हूँ।"

**पुपुल जयकर :** नहीं। आप देखिए, फर्क यहीं है : मैं कभी नहीं कह पाऊँगी कि मैंने इसे समझ लिया है; मैं केवल यह कह सकती हूँ कि मैं इस पर काम कर रही हूँ।

**कृष्णमूर्ति :** बात बस वही है। मैंने वही कहा था।

**आपा पंत :** जी, आपने यह कहा था।

**कृष्णमूर्ति :** मैंने कहा था। आप कभी नहीं कह सकते, "बात निबट चुकी है।"

**पुपुल जयकर :** मैं कभी नहीं कह पाऊँगी मैंने पूरा कर लिया है। अब क्या? क्या आप यह कह रहे हैं कि यह प्रश्न वैध या सही नहीं है?

**कृष्णमूर्ति :** नहीं। मैं कहता हूँ कि वह वैध है, यदि आप *इस* पर काम कर रहे हैं तो। यदि मैं इस पर काम कर रहा हूँ, और आप आकर कहते हैं कि कुंडलिनी नाम की एक शक्ति होती है, या जैसे भी आप इसे पुकारते हों, तब मैं सुनने को इच्छुक हूँ। लेकिन यदि आप इसे खारिज कर रहे हैं और कह रहे हैं कि पहले आप वह

उपलब्ध करेंगे और फिर यह होगा... ठीक? पर यदि आप कह रहे हैं, ''मैं इसी पर दिन-रात काम कर रहा हूँ, यही मेरा कार्य है, यही मेरा जीवन है'' और आप आकर पूछने लगते हैं, ''और कुंडलिनी के बारे में आपका क्या कहना है?'' तो मैं आपको बहुत स्पष्टता से उत्तर देता हूँ। ठीक?

**आपा पंत :** यह बात ठीक है, पुपुलजी, यह बिल्कुल ठीक है।

**कृष्णमूर्ति :** इन्होंने यह प्रश्न किया है।

**पुपुल जयकर :** यह प्रश्न मैंने किया।

**कृष्णमूर्ति :** हाँ, इसलिए मैं आपको उत्तर दे रहा हूँ। क्या आप इस पर काम कर रहे हैं?

**प्रश्नकर्ता-1 :** जी हाँ, सर।

**कृष्णमूर्ति :** कोई गुरु नहीं, कोई शक्तियाँ नहीं।

**प्रश्नकर्ता-1 :** कोई गुरु नहीं; इस पर काम कर रहे हैं।

**अच्युत पटवर्धन :** मैंने एतराज इस वजह से उठाया था क्योंकि 'हठयोग प्रदीपिका' में कहा गया है कि कुंडलिनी का यह अन्वेषण आपको आपकी खोज में बल प्रदान करने के लिए है।

**कृष्णमूर्ति :** नहीं!

**अच्युत पटवर्धन :** नहीं, वे ऐसा कहते हैं।

**कृष्णमूर्ति :** अच्युतजी, मैं इसी सब में पला-बढ़ा हूँ, और यह एक झूठ है।

**अच्युत पटवर्धन :** मैंने पाया है कि वे किताबें कोई बात कह देती हैं, और बात कहीं-की-कहीं चली जाती है, तोड़-मरोड़ दी जाती है; इन्होंने लोगों को भटका दिया हैं और मैंने वस्तुतः बहुत व्यथा सही है, क्योंकि यह देश नष्ट-भ्रष्ट हो गया है। इस दशा के कारणों में से एक यह है कि धर्म के नाम पर हमने ज़हर फैलाया है, और इसलिए मेरे जैसा व्यक्ति यह कहता है कि हमें बहुत ही चौकस रहना होगा कि हम वह सब दोहराने न लग जाएँ।

**कृष्णमूर्ति :** अच्युतजी, कृपया, ईश्वर के वास्ते। क्या आप घर की साफ-सफाई पर काम कर रहे हैं?

**अच्युत पटवर्धन :** निस्संदेह।

**कृष्णमूर्ति :** यह है पहला प्रश्न। फिर पुपुल आ जाती हैं और कहती हैं—दूसरा प्रश्न—''मैं इस काम में लगी हुई हूँ, और मैं इसे इसी की खातिर कर रही हूँ, किसी अन्य हेतु से नहीं।'' और वह कहती हैं, ''संसार में ये चीज़ें प्रचलित हैं, और मैंने इनके बारे में काफी कुछ सुना है; आपका क्या कहना है?'' बस प्रश्न इतना ही है।

**अच्युत पटवर्धन :** वह पड़ताल वैध है।

**कृष्णमूर्ति :** इसी तक रखें, सर। प्रश्न बस उतना ही है। क्या है वह प्रश्न? क्या

कोई शक्ति, कोई ऊर्जा है, जो यांत्रिक नहीं है, जो अंतहीन है, स्वयं को नया करती रहती है? मेरा कहना है कि है। ठीक? मैं कहता हूँ कि वह है, एकदम, निस्संदेह है। पर ये वह नहीं है जिसे कुंडलिनी कहा जाता है। ज़ाहिर है कि शरीर को संवेदनशील होना होगा। यदि आप इस घर की साफ-सफाई पर काम कर रहे हैं, तो शरीर बहुत संवेदनशील हो जाता है। इस शरीर की अपनी ही बुद्धिमत्ता होती है, वह बुद्धिमानी नहीं जिसके तहत मन शरीर को हुक्म दिया करता है। तब शरीर की अपनी समझ या प्रज्ञा होती है जो किसी भी ऐसी चीज़ को खारिज, नामंजूर कर देती है जो शरीर के लिए उपयुक्त नहीं है। अतएव वह शरीर असाधारण रूप से संवेदनशील बन जाता है। अपनी कामनाओं अथवा किसी माँग-चाहत को लेकर संवेदनशील नहीं, अपितु अपने आप में ही संवेदनशील। तब क्या होता है? देखिए, यदि आप वाकई इसकी तफसील में जाना चाहते हैं, चाहते हैं कि मैं इस बारे में बात करूँ, तो मुझे बल्कि इसमें हिचक होगी। (हँसते हुए) मेरा इस सब से काफी वास्ता रहा है, तो मैं यूँ ही हवा में बात नहीं कर रहा हूँ। जो लोग कहते हैं, उनको कुंडलिनी-जागरण हुआ है—मैं सवालिया निशान लगाता हूँ उस पर, यदि वे इस अन्य पर काम नहीं कर रहे। उन्होंने *इस* पर तो काम नहीं किया है और *उसे* जगा चुके हैं : इसलिए मैं उनकी वैधता पर, उनकी सच्चाई पर सवाल उठा रहा हूँ। मेरा उनसे वैर-विरोध नहीं है, पर उस चीज़ को लेकर सवाल मैं ज़रूर उठा रहा हूँ। कोई व्यक्ति जो मांस खाता हो, ख्याति-प्रचार चाह रहा हो, ये अथवा वो चाह रहा हो, और कहे, ''मेरी कुंडलिनी सक्रिय हो गयी है।'' तो मैं कहता हूँ कि यह बकवास ही है—अपने आप को कहता हूँ। अतः घर को स्वच्छ-निर्मल करना सारा समय ज़रूरी है, इस चीज़ का, या उस चीज़ का अंत करते रहना। तब पुपुल कहती हैं, ''कृपया, क्या हम इस विषय पर चर्चा कर सकते हैं जिसका मुझे लगता है कि अस्तित्व वास्तव में है, वह महज़ सैद्धांतिक, 'थीअरेटिकल' नहीं है। मुझे इसकी झलक मिली है, कुछ एहसास-सा हुआ है इसका, जो कि एक ऐसी ऊर्जा है जिसका कोई अंत ही नहीं है।'' और इस पर 'के' का कहना है, ''हाँ, ऐसा कुछ है, एक ऊर्जा है जो स्वयं को सतत, हर समय नया करती रहती है, जो यंत्रवत्, मशीनी नहीं है, जो कारणरहित है, जिसका न कोई आरंभ है, अतएव न कोई अंत। यह कुछ ऐसा है जैसे कि कोई शाश्वत गतिप्रवाह हो।'' मैं बस इन शब्दों का प्रयोग कर रहा हूँ, इन्हें बदल भी देने वाला हूँ। तो मेरा कहना है कि वैसा कुछ है तो। उस श्रोता के लिए इसका क्या मूल्य है? ठीक?

**पुपुल जयकर :** जी।

**कृष्णमूर्ति :** मैं हाँ कह देता हूँ और आप इसे सुन लेते हैं। मैं अपने आप से कहता हूँ, इसका आपके लिए मूल्य क्या है, अर्थ क्या है? क्या आप इसी में बह-अटक जाएँगे, उस घर की साफ-सफाई तो करेंगे नहीं और इसमें उलझ जाएँगे, कि

हठयोग क्या कहता है, ये, वो, और दस जुदा-जुदा विषय?

**पुपुल जयकर :** क्या इसका तात्पर्य है कि जो व्यक्ति अन्वेषण कर रहा है, उसके लिए इस भूमि की, मिट्टी की तैयारी, जो कि वेदना का, दुःख का अंत करना है, वही वस्तुतः...

**कृष्णमूर्ति :** ... एकमात्र कार्य है जो उसे करना है।

**पुपुल जयकर :** एकमात्र कार्य।

**कृष्णमूर्ति :** जी। और कुछ नहीं। उन लोगों को देखिए : वे उस घर की साफ-सफाई नहीं कर रहे हैं, उन पर पूरी तरह से सेक्स की खब्त सवार है, या किसी किस्म की और मूढ़ता उन्हें घेरे हुए है, और बातें वे कुंडलिनी की कर रहे हैं। मैं कहता हूँ, माफ कीजिए। सर, यह कुछ ऐसा है, जो सर्वाधिक पावन है, पवित्र है, अतएव आप इसे आमंत्रित नहीं कर सकते। और आप सभी इसे आमंत्रित कर रहे हैं, बुलावा दे रहे हैं।

**विजय आनंद :** लेकिन यदि यह बिना बुलावे के ही आपको ताबे में ले ले तो?

**कृष्णमूर्ति :** आप होते ही नहीं! (हँसी) देखिए सर, घर की साफ-सफाई करने में ज़बरदस्त अनुशासन की दरकार होती है—नियंत्रण, दमन या आज्ञाकारिता का अनुशासन नहीं। यह अपने आप में ही माँग करता है एक ज़बर्दस्त—क्या?

**विजय आनंद :** ऊर्जा की।

**कृष्णमूर्ति :** नहीं।

**पुपुल जयकर :** आत्मकेन्द्रित गतिविधि को समाप्त करने की।

**कृष्णमूर्ति :** जी हाँ। यह उस सब के प्रति ज़बर्दस्त अवधान की, 'अटेन्शन' की माँग करता है। जब आप अपना पूर्ण अवधान, पूरा ध्यान दे रहे होते हैं, तब कुछ ऐसा घटित हो रहा होता है जो पूर्णतया भिन्न प्रकृति का है—एक ऊर्जा। और गौर कीजिए, इसमें कोई दोहराव नहीं है। यह आने-जाने वाली बात नहीं है—ऐसा नहीं है कि यह आ रहा है और फिर जा रहा है—एक दिन यह मुझमें है, और फिर एक महीना यह मेरे साथ नहीं है। और इसमें यह भी निहित है : क्या आप अपने मन को पूरी तरह से रिक्त, खाली रख सकते हैं? आगे बढ़िए। रख सकते हैं आप?

**विजय आनंद :** कुछ समय के लिए, सर।

**कृष्णमूर्ति :** ओह! हाथ दीजिए। (हँसी)

**विजय आनंद :** रिक्तता फिर से भर जाती है।

**कृष्णमूर्ति :** जी नहीं। क्या मन अपने आप को रिक्त रख सकता है? तब वहाँ वह ऊर्जा होती है। आपको इसके लिए कहना तक नहीं पड़ता। वैज्ञानिक कह रहे हैं—डॉ. बोह्म से इस विषय में मेरी बात हुई थी—कि जब अंतराल, 'स्पेस' होता है, यह रिक्त होता है और इसलिए वह ऊर्जा से भरपूर होता है। तो घर की साफ-सफाई करने में, उस घर की समस्त वस्तुओं का समापन करने में—दुःख का, शेष सब

का—क्या मन पूरी तरह से बिना किसी प्रयोजन के, बिना किसी कामना के, पूर्णतः रिक्त, खाली, बिना मशगूल हुए रह सकता है?

**पुपुल जयकर :** मैं आपसे बस एक प्रश्न पूछना चाहूँगी : क्या मनुष्य की चेतना में उत्परिवर्तन, 'म्यूटेशन' मनुष्य की चेतना का संपूर्ण रूपांतरण है? या भूमि को, मिट्टी को तैयार करना ही एकमात्र संभव कर्म है, तथा रूपांतरण, उत्परिवर्तन, ऊर्जा, ये सब उसके बाहर हैं?

**कृष्णमूर्ति :** हाँ। जब यह चल रहा होता है, जब आप इस पर काम कर रहे होते हैं, घर को स्वच्छ-निर्मल रख रहे होते हैं, वे अन्य चीज़ें नैसर्गिक रूप से, सहज ही आ जाया करती हैं। ऐसा नहीं है कि आप भूमि को उस वजह से तैयार कर रहे हैं।

**पुपुल जयकर :** उसके करने में ही...।

**कृष्णमूर्ति :** हाँ। यही ध्यान है।

**पुपुल जयकर :** और उसकी प्रकृति, उसका स्वभाव है मानव मन का रूपांतरण।

**कृष्णमूर्ति :** हाँ। देखिए, जैसा कि आपा साहेब कह रहे थे, हम इस संस्कारबद्धता में क्रमादेशित, 'प्रोग्रैम्ड' हैं। जब उसका रुकना होता है, तभी उसका अंत भी है। जब आप इस कम्प्यूटर से प्लग निकाल देते हैं वह आगे कार्य नहीं कर सकता। इसी तरह से, अगर एक अंत होता है...

**पी.वाई. देशपांडे :** इसमें गति, 'मूवमेंट' शब्द को लेकर कुछ स्पष्टीकरण ज़रूरी है। गति, जो केन्द्र से परिधि की ओर होती है, जो कि एक निरंतरता है, और नवीनीकरण की यह गति—दोनों में एक-सी गति है।

**कृष्णमूर्ति :** नहीं, सर। केन्द्र से परिधि और परिधि से केन्द्र की ओर की वह गति—आप सभी इससे अच्छी तरह वाकिफ हैं—अर्थात, स्वार्थ, वह चाहे एक दिशा में गति कर रहा हो, या किसी अन्य दिशा में, अथवा विविध दिशाओं में गति कर रहा हो, है अभी भी स्वार्थ ही। अब प्रश्न यह है : क्या उस केन्द्र का, जो कि स्वार्थ है, अंत हो सकता है, बजाय इसके कि वह सतत, लगातार जारी रहता चला जाए? क्या उसका अंत हो सकता है? जब उसका अंत हो जाता है, तो समय की कोई गति नहीं रहती; बस सारी बात यही है। यह गति समय की है। वहाँ, वापिस यहाँ, यहाँ से वहाँ, जो कि हम सब करते रहते हैं—इसी को समय कहा जाता है। जब वह गति थमती है, समय थम जाता है। अतः जब स्वार्थ की कोई गतिविधि, कोई हलचल नहीं है, तब एक पूर्णतः भिन्न प्रकार की गति का अस्तित्व होता है।

**विजय आनंद :** यदि समय रुक जाता है, तो आकाश का, 'स्पेस' का भी अंत हो जाता है?

**कृष्णमूर्ति :** 'यदि' नहीं। सर, क्या आपने इस सब में से कुछ करके देखा है? क्या आपने कहा है, "क्या समय रुक सकता है?" आप जानते हैं इसका अर्थ क्या

है? जब तक आपने इसमें से कुछएक को करके न देखा हो, जब तक आप यह नहीं कहते, "मैं पता लगाऊँ कि समय है क्या", यह सब वास्तव में अर्थहीन है। समय कुछ बनते जाने की गतिविधि है, ठीक? "मैं यह हूँ, मुझे वह बनना है" या "यह गलत है, वह होना चाहिए"—यही समय की गति है। इस सब का अंत करना...। पुपुल, क्या मैंने आपके प्रश्न का उत्तर दे दिया है?

**विजय आनंद :** मन को पूरी तरह से रिक्त रखने के विषय में आप कुछ कह रहे थे?

**कृष्णमूर्ति :** आप क्यों चाहते हैं कि मन रिक्त हो? आपका मन इस समय व्यस्त है। है कि नहीं?

**विजय आनंद :** जी।

**कृष्णमूर्ति :** किसी-न-किसी चीज़ में मशगूल, किसी 'डाइनमो' की तरह हरदम घूमता जा रहा है, बस घूमता जा रहा है। क्या आप इसे रोक सकते हैं? क्या यह मस्तिष्क स्वयं इस गतिवेग, इस 'मोमेन्टम' की व्यर्थता को महसूस कर सकता है और कह सकता है, "हाँ, बस बहुत हो गया?" क्या आप ऐसा कर सकते हैं?

**विजय आनंद :** क्या समझ लेना ही केन्द्र का विसर्जित हो जाना है? मेरा मतलब है, क्या केन्द्र विलीन हो जाता है?

**कृष्णमूर्ति :** मैंने कहा कि चेतना है इसकी अपनी अंतर्वस्तु, जो भी सामग्री इसमें है, अंतर्वस्तु : चिन्ता करना, भय, दुःख तथा वह सब कुछ। इस सारी अंतर्वस्तु से ही चेतना निर्मित होती है। अब, क्या इसे उस अंतर्वस्तु से रिक्त किया जा सकता है? और जब ऐसा हो, यह मन रिक्त होता है।

**विजय आनंद :** निरंतरता से रिक्त।

**कृष्णमूर्ति :** नहीं। रिक्त।

**विजय आनंद :** अंतर्वस्तुओं से रिक्त, हाँ। लेकिन क्या इसमें विचार की गति का सातत्य बना रहता है?

**कृष्णमूर्ति :** नहीं। जब किसी चीज़ का अंत हो जाता है, कोई सातत्य नहीं रहता।

**प्रश्नकर्ता-1 :** कुछ और जारी रहेगा।

**कृष्णमूर्ति :** नहीं, नहीं! आप हमेशा कुछ और चाहा करते हैं। जब चेतना अपनी अंतर्वस्तु से रिक्त होती है, आपकी चेतना, जैसी कि आप इसे जानते हैं, नहीं होती है। बस, यही है।

**विजय आनंद :** चेतना, जैसी कि मैं इसे जानता हूँ।

**कृष्णमूर्ति :** क्या है आपकी चेतना, सर?

**विजय आनंद :** जो भी मैं जानता हूँ।

**कृष्णमूर्ति :** वह क्या है जो आप जानते हैं?

**विजय आनंद :** बस, जो कुछ भी भीतर है, यह अंतर्वस्तु।

**कृष्णमूर्ति :** सहज रहें, सर। क्या है जो आप जानते हैं?

**विजय आनंद :** जो कुछ भी मुझे सिखाया गया है, जिससे भी मैं संस्कारित रहा हूँ।

**कृष्णमूर्ति :** हाँ। दु:ख-क्लेश, वह सारा कुछ आपकी चेतना का हिस्सा है। क्या इस सब से रिक्त होना संभव है? आसक्त न होना, किसी पहचान का हिस्सा न बनना, कोई निष्कर्ष न कायम करना, कोई भय न होना, दु:ख का अंत, वगैरह। क्या आप यह कर सकते हैं?

**विजय आनंद :** मैं कोशिश करता रहा हूँ।

**कृष्णमूर्ति :** जानता हूँ। आप कोशिश नहीं कर सकते। या तो आप यह कर रहे हैं, या आप जानते हैं कि आपने यह नहीं किया है।

**विजय आनंद :** मैं इसे समझ रहा हूँ।

**कृष्णमूर्ति :** नहीं! क्या आप इसे कर रहे हैं?

**विजय आनंद :** मैं इसे कर रहा हूँ, हाँ।

**कृष्णमूर्ति :** जिसका मतलब हुआ भय का अंत करना।

**विजय आनंद :** हाँ।

**कृष्णमूर्ति :** जिसका मतलब है : क्या आप भय का अंत कर रहे हैं, या भय अभी-भी कहीं दुबका है?

**विजय आनंद :** यह कहीं दुबका हुआ है।

**कृष्णमूर्ति :** इसलिए उसे खींच निकालिए। बाहर लाइए उसे, देखिए उसको, उसका अवलोकन कीजिए, उसे बढ़ने दीजिए, खिलने दीजिए, और वह स्वयं ही समाप्त हो जाएगा। किसी भी फूल की तरह, यदि आप उसे बगीचे में खिलने देते हैं, तो वह खिलता है और एक वक्फे के लिए बना रहता है, और तब मुरझाकर बिखर जाता है। उसी प्रकार से, क्या आप भय के साथ वही कर सकते हैं?

**विजय आनंद :** हर बार जब भय आता है तो मैं देखता हूँ।

**कृष्णमूर्ति :** आह, हर बार। और तब क्या?

**विजय आनंद :** यह गायब हो जाता है।

**कृष्णमूर्ति :** बिल्कुल। जिस क्षण आप इसे देखते हैं, यह गायब हो जाता है।

**विजय आनंद :** लुप्त हो जाता है।

**कृष्णमूर्ति :** और फिर लौट आता है।

**विजय आनंद :** वो तो है, पर बात यह है कि भय के अलग-अलग पहलू हुआ करते हैं।

**कृष्णमूर्ति :** हाँ, यकीनन, पर भय की जड़ तो ज़ाहिर ही है। वह मूल, वह जड़ केवल एक है। भय की कई शाखाएँ हैं, पर जड़ इसकी एक ही है। तो क्या आप इसे निर्मूल कर सकते हैं। क्या यह मन उस जड़ को उखाड़ डाल सकता है और कह सकता है कि 'खत्म'? और दुःख और बाकी हर शै के साथ भी वही कुछ। और इस सबके अंत में यदि आप में प्रेम और करुणा नहीं है, तो आप को सारा कुछ फिर से शुरू करना होगा, क्योंकि आप की नौका छूट गयी, आप अवसर चूक गये। कहीं कुछ गड़बड़ी हो गयी। यदि प्रेम और करुणा नहीं हैं, तो आप बस अँधेरे में सीटी बजाते हुए निडरता का स्वाँग करते रह सकते हैं। और उन तमाम लोगों में प्रेम और करुणा है ही नहीं। तो, मन को रिक्त करना अर्थात चेतना को इसकी अंतर्वस्तु से—जो कि भय तथा शेष सब है—रिक्त करना है। करिए इसे। जिसका अर्थ है, आपको विचार की प्रत्येक हलचल के प्रति सजग होना होगा, एक भी विचार को न चूकते हुए।

**विजय आनंद :** फिर एक और प्रश्न है। आप रिक्तता के क्षणों को महसूस करते हैं, वे क्षण जब मन थम गया होता है, और तब फिर से वही चीज़ शुरू हो जाती है, वह प्रक्रिया जारी रहती है। यह प्रक्रिया क्या है? क्या इसका अर्थ यह है कि अभी आपने उस पूरी चीज़ को समझा नहीं है?

**कृष्णमूर्ति :** यकीनन।

**विजय आनंद :** या आपने पूरी तरह से रिक्त नहीं किया है।

**कृष्णमूर्ति :** हाँ।

**विजय आनंद :** परंतु ये क्षण घटित होते हैं और विस्तीर्ण होते जाते हैं? रिक्तता अनुभूत करने के उन क्षणों में, मन रुक जाता है, और आप उन क्षणों को महसूस करते हैं, और तब विचार की प्रक्रिया शुरू हो जाती है, और आप इसमें फिर से लौट चुके होते हैं।

**कृष्णमूर्ति :** रिक्तता के उन क्षणों को भूल जाएँ और इसे जारी रखें।

**विजय आनंद :** अच्छा।

**कृष्णमूर्ति :** अगर आप कहते हैं, "ऐसा है, मैं तो उस रिक्तता में वापस लौटना पसंद करूँगा," तो आप बस स्मृति में जी रहे होते हैं।

**विजय आनंद :** ठीक है।

**कृष्णमूर्ति :** ऐसा नहीं, सर, मैं कोई विधि स्थापित नहीं कर रहा हूँ, मैं बस सुझाव दे रहा हूँ।

**विजय आनंद :** हमें बस आश्वस्ति ही चाहिए। हम आश्वस्त होना चाहते हैं कि हम सही प्रक्रिया से गुज़र रहे हैं।

**कृष्णमूर्ति :** मैं आपको सबसे छोटी, सबसे सीधी राह बताऊँ; आप जानना

चाहेंगे? ये है सिर्फ अवलोकन करना और फिर वहीं समाप्ति। मतलब कि, अवलोकन करना, देखना, ताकि कोई अवलोकनकर्ता, देखने वाला न हो, बगैर उस अतीत के अवलोकन करना। केवल तभी आप भय की उस सकलता को, पूरेपन को देख पाते हैं, और वह खत्म हो जाता है। यह अपरोक्ष, सीधा-सीधा है, अगर आप इसे कर पाएँ तो।

*मुंबई में संवाद, 19 जनवरी, 1977*

# 8

## भय की जड़

*आप कह रहे हैं कि आप कुछएक डरों का सामना प्रज्ञापूर्वक कर पाते हैं; मुझे इसमें शक है। प्रज्ञा का आगमन ही तब होता है जब भय नहीं है।*

**पुपुल जयकर :** कृष्णजी, कल की वार्ता में आपने कहा था कि भय का सामना करने पर और भय का अंत होने पर ज़ाहिर होने वाली सबसे बड़ी सुरक्षा प्रज्ञा है। वास्तविक समस्या यह है कि संकट की घड़ी में, जब अचेतन से भय की बाढ़ आपको लपेटे में लेती है, तब उस वक्त प्रज्ञा कहाँ होती है, प्रज्ञा के लिए जगह ही कहाँ होती है? आपने कहा है कि जो कुछ भी प्रज्ञा के आड़े आता है, वह उस सब के निषेध की माँग करती है, वह ध्यान से सुनने और देखने की माँग करती है। परंतु जब हमारा अस्तित्व ही इस अपार भय से बाढ़ग्रस्त हो, ऐसा भय जो अकारण हो या शायद उसका कारण हो भी, पर जो उस अवस्था में सूझ-बूझ के बाहर हो, तब वहाँ प्रज्ञा होती ही कहाँ है? तो कोई उन डरों से कैसे पेश आए, क्योंकि वे डर आदिम होते हैं, डर के प्रारंभिक प्रारूप, जो मानव चित्त के मूल में पड़े हुए होते हैं? और उनमें से एक डर है स्व का विनाश।

**प्रश्न-1 :** या स्व की अर्थहीनता।

**पुपुल जयकर :** उससे तो हम निपट सकते हैं, पर न होने के भय से नहीं।

**कृष्णमूर्ति :** कल हमने चर्चा की थी, ठीक? न होने-बनने को लेकर।

**पुपुल जयकर :** और वह वास्तव में भय की ही संरचना है।

**कृष्णमूर्ति :** आपका सवाल क्या है? किस विषय पर हम साथ में चर्चा या खोजबीन कर रहे हैं?

**पुपुल जयकर :** हम भय के साथ कैसे पेश आएँ? आपने अभी-भी इसका जवाब नहीं दिया है। आपने कहा है कि प्रज्ञा ही चरम सुरक्षा है। बात सही है, पर जब भय आपको घेर लेता है उस वक्त प्रज्ञा कहाँ होती है?

**कृष्णमूर्ति :** आप कह रही हैं कि भय की उस विराट लहर के क्षण में, प्रज्ञा मौजूद नहीं होती है। हमें भय की उस लहर से उस क्षण कैसे पेश आना है? क्या यही प्रश्न है?

**पुपुल जयकर :** जी हाँ।

**कृष्णमूर्ति :** इस पर चर्चा करिए।

**सुनंदा पटवर्धन :** यह समझ आता है कि भय एक पेड़ की शाखाओं की तरह है। उन तमाम बातों को आप जानते हैं जिनका डर है, और एक-एक कर उनसे निपटने पर आप जानने लगते हैं कि आपको भय क्यों है, पर आप भय से मुक्त नहीं हो जाते हैं। तो, बिना शाखाओं में उलझे, भय को देखने का वह कौन-सा तरीका है?

**कृष्णमूर्ति :** ओह, नहीं, आप चालाकी कर रही हैं, बहुत। 'के' ने पूछा, कि क्या हम पत्तियों की, शाखाओं की छँटाई भर करते हैं या हम उसकी जड़ तक जा पहुँचते हैं?

**सुनंदा पटवर्धन :** भय की हर एक शाखा की जड़?

**कृष्णमूर्ति :** नहीं, भय की जड़। जो ये तमाम विविध छोटी शाखाएँ या वे विशाल शाखाएँ फैलती चली जाती हैं, तने को विस्तार देती हैं—भय की जड़, उसका मूल, उसकी अंतिम गहराई।

**सुनंदा पटवर्धन :** कभी-कभी, हम किसी एक के ज़रिये उस तक पहुँचते हैं।

**कृष्णमूर्ति :** आइए, पता लगाते हैं।

**पुपुल जयकर :** हो सकता है कि आप किसी एक के ज़रिये, भय की जड़ तक पहुँच पाएँ और इससे यह एहसास होने लगे कि आप मुक्त हो गये हैं, परंतु कितने ही सारे भय होते हैं जिनके प्रति आप पूरी तरह से अचेत हैं, जिनसे आप बेखबर हैं।

**कृष्णमूर्ति :** समझ रहा हूँ। तो आप कह रही हैं : चेतन और अचेतन भय होते हैं, और वे अचेतन भय किन्हीं क्षणों में अत्यधिक तीव्र, उग्र हो जाते हैं और उन क्षणों में प्रज्ञा सक्रिय नहीं होती है। कोई कैसे सामना करे अचेतन मन के उन भयावह, बेकाबू भयों का? क्या यही है प्रश्न?

**पुपुल जयकर :** हाँ। ऐसा लगता है कि यह एक स्थूल, भौतिक रूप ले लेता है। इसकी दैहिकता ही है जो आपको अभिभूत कर डालती है।

**कृष्णमूर्ति :** जी हाँ, वह आपको जैविक व स्नायुतंत्र के स्तर पर विचलित कर देती है। मैं समझ रहा हूँ। चलिए, इसकी छानबीन करें। उन्होंने कल कहा था कि चेतन या अचेतन, गहरे डरों का वजूद तब होता है जब असुरक्षा होती है, जब गहन अनिश्चितता रहती है, जब अकेलेपन का एक एहसास होता है, जब आप दूसरों द्वारा पूरी तरह से परित्यक्त महसूस करते हैं, एक अलगाव महसूस करते हैं, न होने का एक भाव होता है, बिल्कुल निस्सहाय महसूस कर रहे होते हैं; इन सबके चलते गहरे डर छिड़ जाते हैं, और ऐसे क्षणों में जब गहरे डर उभर कर आते हैं, उस क्षण ज़ाहिर

है कि प्रज्ञा मौजूद नहीं होती। और हम पूछ रहे हैं : हम उस तरह के बेकाबू डर की तरंगों से जिन्हें हमने न ही बुलाया है और न ही जिन्हें संचालित कर सकते हैं, कैसे निपटें? क्या यही है प्रश्न? जी हाँ।

**पुपुल जयकर :** बिल्कुल। जितना भी हमें लगे कि हम जाने-पहचाने भयों का सामना कर पाएँ हैं, अचेतन स्तर पर तो हम पूरी तरह से झकझोर दिये जाते हैं।

**कृष्णमूर्ति :** जी हाँ, जी हाँ। यही हम कह रहे हैं, कैसे आप इससे निबटें? मेरे ख्याल से चेतन स्तर पर तो हम कमोबेश निपट पाते हैं। भौतिक, चेतन मन के भय, रोज के भय से तो हम निपट लेते हैं।

**पुपुल जयकर :** और उसे एक तरफ कर देते हैं।

**कृष्णमूर्ति :** उसमें हम न उलझें। या आप जानते हैं कि आप उससे कैसे दो-चार होंगे, यानी कि प्रज्ञा का हल्का-सा स्पर्श उससे निपट लेता है। ठीक।

**पुपुल जयकर :** आप उसे खुलने-खिलने दे सकते हैं।

**कृष्णमूर्ति :** खुलने दें और, उसके इस प्रस्फुटन में ही, प्रज्ञा मौजूद है। जी। अब आप अन्य भयों से कैसे निबटेंगे? अचेतन मन—इस वक्त हम इस शब्द का प्रयोग करेंगे—क्यों ये भय को पालता है, इन्हें आश्रय देता है? या क्या अचेतन मन इन्हें निमंत्रण देता है? क्या वह उन्हें पकड़े रखता है? या फिर, क्या वे भय अचेतन की पारंपरिक गहराइयों में जी रहे होते हैं? या फिर, क्या यह ऐसा कुछ है जो वातावरण से संग्रहीत होता है? तीन बातें हैं, हैं न? वह इन भयों को पकड़े क्यों रहता है? और क्या वे नैसर्गिक हैं, अंतर्जात हैं? अंतर्जात जैसा कुछ होता नहीं है, पर हम इस शब्द का प्रयोग कर लेंगे। क्या वंशानुक्रम से प्राप्त भय मनुष्य के अचेतन मन का हिस्सा होते हैं; क्या वे मनुष्य के प्रजातीय, परंपरागत इतिहास का हिस्सा हैं?

**पुपुल जयकर :** विरासत में मिले 'जीन्स'।

**कृष्णमूर्ति :** हाँ, अब उनसे कैसे निपटेंगे?

**पुपुल जयकर :** आपने एक तीसरी किस्म का भी ज़िक्र किया—आसपास के माहौल से आत्मसात् किए गये भय।

**कृष्णमूर्ति :** सबसे पहले तो हम पहली किस्म को देखें—अचेतन उन्हें सँजोता-पकड़ता ही क्यों है? हम अचेतन को, या चेतन के गहरे तलों को, क्यों भय का भंडार या भय का अवशेष मानते हैं? क्यों? अचेतन में ये भय रहते ही क्यों हैं? जिस संस्कृति में हम जीते हैं क्या वह हम पर इन्हें थोपती है? क्या चेतन मन, चूँकि भयों के साथ निपट नहीं पाता है, इसलिए उसे और गहरे तलों में दबा देता है और वे वहाँ रह जाते हैं? या क्या मन अपनी सारी अंतर्वस्तु के साथ, किसी भी समस्या को सुलझा नहीं पाया है और नहीं सुलझा पाने का भय है उसे? हम छानबीन कर रहे हैं; मैं पता लगाना चाह रहा हूँ कि अचेतन का क्या कोई महत्त्व है भी? आपका कहना

था कि भय की लहर उठती है; पर वह तो हमेशा ही है और संकट की घड़ी में आप बस उसके प्रति सचेत हो जाते हैं।

**सुनंदा पटवर्धन :** सर, भय हमारी चेतना में है। आप क्यों कह रहे हैं कि चेतन में है या अचेतन में? चेतना में ही भय है।

**कृष्णमूर्ति :** पहली बात यह है, चेतना अपनी अंतर्वस्तु से बनी हुई है। बिना उस अंतर्वस्तु के चेतना का अस्तित्व है ही नहीं। उन अंतर्वस्तुओं में से एक है यह मूल भय। और चेतन मन उसे कभी निरस्त नहीं करता; वह वहीं है, पर यह कभी नहीं कहता है कि, ''मुझे इससे पेश आना ही होगा।'' और संकट के क्षणों में, चेतना का वह हिस्सा जाग उठता है, वह भयभीत है। है कि नहीं? वह हमेशा मौजूद रहता है।

**पुपुल जयकर :** जी, मैं सहमत हूँ, पर मुझे नहीं लगता कि यह इतना सरल है।

**कृष्णमूर्ति :** नहीं, नहीं, थोड़ा देखें। मैं नहीं कह रहा हूँ कि यह इतना सरल है। इसे देखें।

**पुपुल जयकर :** यहाँ दोनों ही हैं : बाहरी वातावरण का प्रभाव और भीतर का भय...

**कृष्णमूर्ति :** ...न होने का।

**पुपुल जयकर :** न होने का।

**कृष्णमूर्ति :** जी, बिल्कुल।

**पुपुल जयकर :** अन्य भयों को देखा है पर ये तो साकार हो जाया करते हैं।

**कृष्णमूर्ति :** यह हमेशा मौजूद है।

**पुपुल जयकर :** जी, हमेशा मौजूद है।

**कृष्णमूर्ति :** इस बिन्दु को हम स्पष्ट कर लें। क्या यह हमेशा ही है? या यह हमारी सांस्कृतिक विरासत का हिस्सा है?

**पुपुल जयकर :** आप इसे अलग कर रहे हैं, पर मुझे नहीं लगता कि ऐसा करना सही है? आप इनमें कैसे भेद कर रहे हैं? वे हमेशा मौजूद हैं, और वे हमारी सांस्कृतिक विरासत का हिस्सा हैं।

**कृष्णमूर्ति :** मैं पूछ रहा हूँ, क्या ऐसा है?

**पुपुल जयकर :** पर क्या इन दोनों में कोई फर्क है?

**कृष्णमूर्ति :** हाँ, है। हम ऐसी एक संस्कृति में भी जन्म ले सकते हैं जो भय को जगह नहीं देती हो।

**पुपुल जयकर :** ऐसी कोई संस्कृति है ही नहीं।

**कृष्णमूर्ति :** यकीनन, ऐसी कोई संस्कृति नहीं है। मैं स्वयं से पूछ रहा हूँ : क्या भय संस्कृति का एक हिस्सा है? या यह मनुष्य में अंतर्निहित है जैसे कि जानवरों में होता है, जैसे हर एक जीव में रहता है—यह एहसास, न होने का, नष्ट हो जाने का?

**पुपुल जयकर :** यह आत्मरक्षण की नैसर्गिक वृत्ति है जो भय का रूप ले लेती है।

**कृष्णमूर्ति :** मैं समझ रहा हूँ।

**पुपुल जयकर :** परंतु यह उस तरह नहीं है जैसे यह शरीर, जिसे मैं जानती हूँ।

**कृष्णमूर्ति :** नहीं, नहीं, मैं समझ रहा हूँ। स्व की संरचना ही, सारा ढाँचा ही, 'न होने' से भयभीत है। यह भय हर प्राणी में मौजूद रहता है : एक छोटी-सी चींटी भी न होने से डरती है। यह भाव हर छोटे-बड़े प्राणी में होता है। इसलिए फिर हम कहते हैं कि यह मौजूद है, यह मानव अस्तित्व का हिस्सा है। और संकट के समय हम असाधारण रूप से इसके प्रति सजग हो जाते हैं। और हमारा प्रश्न है, ''उस क्षण जब भय का हिलोरा आता है, तब उस वक्त आप कैसे इससे पेश आएँगे?'' क्या यही है प्रश्न?

**पुपुल जयकर :** हाँ।

**कृष्णमूर्ति :** आप संकट का इंतज़ार ही क्यों करते हैं? मैं केवल प्रश्न कर रहा हूँ; यह नहीं कह रहा हूँ कि हमें करना चाहिए या नहीं।

**पुपुल जयकर :** क्योंकि आप इसका आह्वान तो नहीं कर सकते।

**कृष्णमूर्ति :** ठहरिए। ऐसा नहीं लगता मुझे।

**पुपुल जयकर :** कोई इसे कैसे बुलावा दे? यह तो एक बहुत ही तीव्र संवेदन है।

**कृष्णमूर्ति :** हम पता लगाने की कोशिश कर रहे हैं। हम कहते हैं कि यह सदा हमारे भीतर रहता है, यह मनुष्य के रूप में हमारी संरचना का एक हिस्सा है—शारीरिक, मनोवैज्ञानिक; सारा ढाँचा भयभीत है। यह मौजूद है सबसे महीन जंतु में, सूक्ष्मतम कोशिका में। ठीक? हम क्यों संकट का इंतज़ार करते हैं, जो तब इसे बाहर आने दे? यह कितना बेतुका है, इसे इस तरह स्वीकार कर लेना। मैं पूछता हूँ, इससे निपटने के लिए मुझे संकट या चुनौती क्यों चाहिए?

**पुपुल जयकर :** क्योंकि अन्यथा यह अस्तित्व में नहीं है।

**कृष्णमूर्ति :** नहीं!

**सुनंदा पटवर्धन :** आप कैसे कह रही हैं कि यह अस्तित्व में नहीं है?

**पुपुल जयकर :** क्योंकि यह एकदम ज़ाहिर नहीं है।

**सुनंदा पटवर्धन :** इसे मैं महसूस करती हूँ, जब किसी खास चीज़ के संबंध में भय उठता है।

**पुपुल जयकर :** उन भयों से कैसे निपटना है, मुझे पता है।

**सुनंदा पटवर्धन :** आप केवल जानते ही हैं। यदि आप उनसे निपटते हैं तो बात अलग होगी।

**पुपुल जयकर :** उनसे निपटना हम जानते हैं। उदाहरण के लिए मृत्यु का भय लीजिए : हम सामना करते हैं। देखिए, सर, मैं बोल रही हूँ...

**कृष्णमूर्ति :** ...अपने ही प्रत्यक्ष अनुभव से। आगे बढ़िए।

**पुपुल जयकर :** मेरा कहना है कि इस भय का आमना-सामना प्रज्ञा के साथ करना संभव है। बाकी डरों का भी प्रज्ञा के साथ सामना करना संभव है।

**कृष्णमूर्ति :** पुपुल, एक मिनट रुकिए, ज़रा धीरे चलें। आप कह रही हैं कि आप इन डरों का सामना प्रज्ञा के साथ कर सकती हैं।

**पुपुल जयकर :** यही बात मैं स्पष्ट करना चाहती हूँ। शायद जिसे मैं 'प्रज्ञा के साथ' कह रही हूँ वह नहीं....

**कृष्णमूर्ति :** उस पर मुझे संदेह है। मुझे संदेह है कि आप इन डरों का सामना प्रज्ञा के साथ कर सकती हैं। मुझे नहीं लगता कि भय का पहले निवारण किये बगैर आपमें प्रज्ञा संभव होगी। आप कह रही हैं कि आप कुछएक डरों का सामना प्रज्ञापूर्वक कर पाती हैं; मुझे इसमें शक है। प्रज्ञा का आगमन ही तब होता है जब भय न हो। प्रज्ञा प्रकाश है और भय अंधकार। जब अंधकार विदा हो जाए, तब प्रकाश तो है ही। आप अंधकार से प्रकाश के ज़रिये नहीं निपट सकते। प्रकाश का अस्तित्व तभी होता है जब अंधकार नहीं है।

**सुनंदा पटवर्धन :** प्रकाश से आप अंधकार हटा नहीं सकते हैं?

**पुपुल जयकर :** तब वहाँ पर सामना करने के लिए कोई अंधकार ही नहीं होता।

**कृष्णमूर्ति :** बिल्कुल! सरल रहिए। इसीलिए जब आप कहते हैं कि आप भय का सामना प्रज्ञा के साथ कर पाते हैं तो मैं उस पर पूरी तरह प्रश्नचिह्न लगा रहा हूँ। मैं कहता हूँ कि आप नहीं कर सकते। आप तर्कसंगति बिठा सकते हैं, आप उसके स्वभाव को देख सकते हैं, उससे बच सकते हैं, उससे परे जा सकते हैं, पर वह प्रज्ञा नहीं है।

**पुपुल जयकर :** मेरा कहना होगा कि उभरते हुए भय के प्रति सजगता में प्रज्ञा निहित है, उससे मुँह न मोड़ने में, और उसके विसर्जन में। पर आप कह रहे हैं कि भय उठेगा ही नहीं।

**नंदिनी मेहता :** मुझे लगता है कि हम उसे कभी उभरने ही नहीं देते।

**कृष्णमूर्ति :** यही मेरा कहना है।

**सुनंदा पटवर्धन :** नहीं। भय तो उठता है। हमें भय की जानकारी तो मिलती है, पर वह दोबारा लौट आता है।

**नंदिनी मेहता :** वह आता तो है, पर हम उसके साथ संघर्ष करने लगते हैं। हम उसे खुलने-खिलने नहीं देते हैं, तो वह उभर नहीं पाता है।

**एस. बालसुंदरम् :** क्या आप यह कहेंगे कि किसी एक भय को सच में विसर्जित करना समस्त भय को मिटाना है?

**कृष्णमूर्ति :** नहीं सर, नहीं। अब देखिए, मैं तो संकट के प्रति उठती अपनी पूरी प्रतिक्रिया को, प्रत्युत्तर को, जो भय के रूप में उठता है, उस सारे मसले पर मैं

सवालिया निशान लगा रहा हूँ। भय को उभारने के लिए संकट ज़रूरी है, ऐसा प्रतीत होता है, ठीक? वह तो मौजूद है। तब आप को संकट क्यों चाहिए, आपको चुनौती भरी स्थिति चाहिए ही क्यों, जब वह पहले से ही है? उसे उभारने के लिए आपको संकट की आवश्यकता क्यों पड़ती है?

**पुपुल जयकर :** मुझे संकट की आवश्यकता नहीं है।

**कृष्णमूर्ति :** संकट आता है और भय जग जाता है। एक संकट आता है और तब इसका जगना होता है।

**नंदिनी मेहता :** आप किसे संकट मानते हैं? एक शब्द, एक विचार भी संकट पैदा कर सकता है।

**कृष्णमूर्ति :** मेरा कहने का मतलब यही है—एक शब्द, एक हाव-भाव, एक हलचल, कुछ भी। वही है संकट, यही मेरा मतलब है। संकट वह नहीं जब मेरा बेटा मर जाता है; मेरा संकेत इसकी ओर नहीं है। एक शब्द, एक हाव-भाव, एक विचार—ये सभी चुनौतियाँ हैं।

**नंदिनी मेहता :** आप कुछ सुन लेते हैं....

**कृष्णमूर्ति :** हाँ, वह सब शामिल है। वह चीज़, आप कहते हैं, कि उसे बाहर निकाल ले आती है। मेरा प्रश्न है, आप क्यों उसकी प्रतीक्षा करते हैं?

**नंदिनी मेहता :** तो हम किससे निपटें?

**कृष्णमूर्ति :** हम जाँच-पड़ताल कर रहे हैं। आप जानते हैं यह शब्द 'इनवैस्टिगेट', इसका अर्थ क्या है? 'पता लगाते हुए आगे बढ़ना'। इसलिए आप पता लगा रहे हैं, खोज निकाल रहे हैं, आप यह नहीं कह रहे हैं कि यह क्यों ऐसा है, वैसा है। आप बस इसका पीछा कर रहे हैं। मैं पूछ रहा हूँ, "मैं क्यों एक संकट की प्रतीक्षा में रहता हूँ—एक शब्द, एक भाव, एक विचार, एक नज़र, एक फुसफुसाहट?" इनमें से कोई भी चीज़ एक चुनौती है।

**नंदिनी मेहता :** नहीं, मैं उसे नहीं ढूँढ़ रही होती हूँ। केवल एक ही आभास है कि मैं सुन्न हो गयी हूँ।

**कृष्णमूर्ति :** तो अब जब ऐसा होता है तो आप सुन्न हो जाते हैं। ऐसा क्यों? इसीलिए, आपके लिए वह संकट आवश्यक हो जाता है।

**नंदिनी मेहता :** नहीं, मैं ऐसा नहीं कह रही हूँ। मैं तो केवल उसके संपर्क में ही आती हूँ।

**कृष्णमूर्ति :** आप असली बिंदु को चूक रही हैं। चुनौती सामने होने के पहले ही क्यों नहीं आप उसके संपर्क में आ सकते?

**पुपुल जयकर :** हम पूछ रहे हैं : हम इसे कैसे कर सकते हैं?

**कृष्णमूर्ति :** मैं यही कर रहा हूँ, इसकी गहराई में जा रहा हूँ। मेरे प्रश्न को

सुनिए, आप मेरे प्रश्न को नहीं सुन रहे हैं। आप कहते हैं कि एक संकट, एक छोटा-सा संकट भी इसे जगा देता है। एक नज़र, एक शब्द, एक भाव, एक फुसफुसाहट, एक विचार, एक अक्षर—हम सभी कुछ शामिल कर लेते हैं। एक चुनौती ही है जो इसे जगाती है। मैं पूछ रहा हूँ, बगैर चुनौती के यह उजागर क्यों नहीं हो सकता? यदि यह मौजूद है, तो उजागर होना चाहिए। वह निष्क्रिय तो नहीं है। या क्या वह निष्क्रिय पड़ा हुआ है? और यदि निष्क्रिय है, तो वह क्यों निष्क्रिय है? क्या चेतन मन उसके जग जाने से डरता है? इसीलिए उसने उसे सुला दिया है और उसे देखने से भी इन्कार करता है? (आप पता लगा रहे हैं, एहतियात से बढ़िए, हम एक रॉकेट भेज रहे हैं, उस रॉकेट के पीछे-पीछे जा रहे हैं) क्या चेतन मन ने ऐसा किया है? क्या वह उसे देखने भर से भी डरता है और इसलिए कहता है, ''भगवान के लिए, चुप रहो?'' या फिर वह मौजूद है, जाग्रत है और चेतन मन उसे खिलने नहीं दे रहा है, उभरने नहीं दे रहा है? अर्थात, यदि आप इसे मानव अस्तित्व का हिस्सा मान बैठें।

**पुपुल जयकर :** बाहरी अनुभवों के द्वारा उत्तेजित होने के सिवाय उसका अपना निजी अस्तित्व कुछ और नहीं है।

**कृष्णमूर्ति :** तो आपका कहना है कि बिना उद्दीपन के यह कुछ नहीं है।

**पुपुल जयकर :** कुछ नहीं है, मेरे लिए नहीं।

**कृष्णमूर्ति :** मैं यह मानने को तैयार नहीं। 'मेरे लिए', यह उक्ति मुझे स्वीकार नहीं। यदि आपके लिए ऐसा है तो मेरे लिए भी ऐसा ही होना चाहिए, क्योंकि मैं भी एक मानव प्राणी हूँ।

**पुपुल जयकर :** बाहरी या अंदरूनी उद्दीपन—भीतरी जो कि विचार है, और बाहरी जो कि कोई घटना है।

**कृष्णमूर्ति :** मैं इन्हें बाहरी या भीतरी में विभाजित नहीं करता हूँ—यह सब एक ही गति है।

**पुपुल जयकर :** इसलिए मैंने कहा कि इसके अलावा इसका कोई अस्तित्व नहीं।

**कृष्णमूर्ति :** आप दिशा बदल रही हैं पुपुल। माफ करें।

**पुपुल जयकर :** नहीं सर, आप देखिए। आप कह रहे हैं, ''आप क्यों नहीं देखते हैं, क्यों सामना नहीं करते हैं?''

**कृष्णमूर्ति :** नहीं, मैं यह नहीं कह रहा हूँ।

**पुपुल जयकर :** आपने ऐसा ही कहा था। आपने प्रश्न किया ''आप क्यों नहीं संकट से पेश आते?''

**सुनंदा पटवर्धन :** आप संकट की प्रतीक्षा क्यों करते हैं?

**कृष्णमूर्ति :** यह तो दूसरी ही बात है। आप निष्कर्ष निकालने में लग गये हैं, मैं नहीं। कृपया हम फिर से आरंभ करें। मैं खुद से कहता हूँ, ''इस भय को उभरने

देने के लिए क्या मुझे किसी संकट का इंतजार करना होगा?" बस यही है मेरा प्रश्न। यदि वह है तो उसे बाहर निकलना होगा। या यदि वह निष्क्रिय है तो वह निष्क्रिय क्यों है? उसे किसने सुला दिया है?

**नंदिनी मेहता :** ज़ाहिर है कि किसने उसे सुला दिया है।

**कृष्णमूर्ति :** क्या चेतन मन ने सुलाया है? तब वह क्यों उसे सुला देता है? क्योंकि वह उसे सुलझा नहीं पा रहा है। चेतन मन की ज़रूरत है कि उसे सुलझाए, और ऐसा न कर पाने पर उसे सुला देता है, दबोच देता है, दबा देता है—जो भी शब्द इस्तेमाल करना चाहें कर लीजिए। और संकट के समय में चेतन मन उद्विग्न हो जाता है, और तब यह बाहर निकल आता है। ठीक? तो मैं स्वयं से पूछता हूँ, "चेतन मन उसे क्यों दबाना चाहता है, ऐसा करने का उसको क्या हक है?" इसे क्यों ऐसा करना चाहिए? क्योंकि यह उसे संबोधित नहीं कर पाता?

**सुनंदा पटवर्धन :** चेतन मन का यंत्र है : तर्क-विश्लेषण करना, पहचानना, जो कि उससे पेश आने के, बर्ताव के लिहाज़ से काफी नहीं है।

**कृष्णमूर्ति :** वह उसके बस की बात नहीं। क्योंकि ज़रूरत है इसके लिए सरलता की, तर्क-विश्लेषण की नहीं। वह सामना नहीं कर पाता, इसलिए उसे सुला देता है और कहता है, "मैं इससे बचना चाहूँगा, इसकी तरफ नहीं देखूँगा।"

**नंदिनी मेहता :** और संकट में यह फूट पड़ता है।

**कृष्णमूर्ति :** यह फूट पड़ता है। परंतु मैं कहता हूँ, "देखिए तो कि आप क्या कर रहे हैं? उसे जगाने के लिए आप एक संकट का इंतज़ार कर रहे हैं।" और चेतन मन तो हर समय संकट से दूर भागता रहता है। बहुत ही चालाक है यह। देखिए इसे। यह बहुत चतुर है—पलायन करते हुए सपनों में, तर्कों को बाँधते हुए, यह भागता रहता है। हम इस खेल में उस्ताद हैं। इसलिए मैं स्वयं से कहता हूँ, "यदि वह मौजूद है तो वह जाग्रत है, सक्रिय है।" यह नहीं कि उसे सुला दिया गया है। जो चीज़ अंतर्निहित है, जो हमारी विरासत में शामिल है, उसे आप सुला नहीं सकते। चेतन मन सोच लेता है कि उसने इस चीज़ को सुला दिया है; और इसी कारण चेतन मन विचलित हो जाता है, जब कोई संकट आ पड़ता है। इसलिए इस चीज़ के साथ एक अलग तरह से दो-चार हों; बस मेरा कहना यही है। क्या यह सब सही नहीं है? मेरा असली भय है 'न होने का', अस्तित्व में न रह जाने का, अनिश्चितता के प्रति ज़बरदस्त भय का एक भाव, नहीं होने का डर, मृत्यु का डर। मन क्यों नहीं इन चीज़ों को बाहर निकाल लाता और क्यों नहीं उसके साथ यात्रा करता? वह क्यों किसी संकट की प्रतीक्षा करता रहता है?

**नंदिनी मेहता :** मैं करती हूँ, थोड़ा-थोड़ा मैं करती हूँ।

**कृष्णमूर्ति :** नहीं, मैं 'थोड़ा-थोड़ा' की बात नहीं कर रहा हूँ। वह बहुत ही

बेतुकी, बेमतलब की बात है, ऐसी सारी बातों का क्या मतलब; यह सब खेल बन गया है। क्या आप आलसी हैं, और इसीलिए उसकी गहराइयों तक जाने के लिए आपके पास उतनी ऊर्जा नहीं है? क्या मैं जो कह रहा हूँ वह बेमानी है? क्या यह तर्कयुक्त नहीं है?

**पुपुल जयकर :** यह अतार्किक नहीं है, परंतु मैं यह देखने की कोशिश कर रही हूँ कि क्या यह सही है?

**कृष्णमूर्ति :** मैं भी यह देखने की कोशिश कर रहा हूँ कि यह सही है कि नहीं। हम कहते हैं कि हर जीवित प्राणी में नहीं होने का भय, प्राण-रक्षा का भय रहता है। यह हमारे ज़हन में है, खून में है, हर एक कोशिका में निहित है। हमारा पूरा अस्तित्व ही वह है—'नहीं होने' से भयग्रस्त, मृत्यु से भयभीत, मार दिए जाने से भयभीत; यह सब रहता है। तो यह भय हमारा एक हिस्सा है, हमारी मानसिक, जैविक संरचना का एक हिस्सा है। और मैं स्वयं से पूछता हूँ, "किसी भी तरह के संकट की आवश्यकता क्यों पड़ती है—भले ही चुनौती छोटी सी हो या विकराल? वह संकट क्यों इतना महत्त्वपूर्ण बन जाता है?" चुनौती की ज़रूरत ही क्यों पड़ती है। मैं चुनौती के आगे रहना चाहता हूँ, उसके पीछे-पीछे नहीं।

**पुपुल जयकर :** मैं केवल सुन रही हूँ क्योंकि आप जो कुछ कह रहे हैं उसमें मैं शामिल नहीं हो पाऊँगी।

**कृष्णमूर्ति :** आप क्या कह रही हैं? क्यों नहीं शामिल हो सकतीं आप? मैं मरने वाला हूँ, और जब मुझे पहले से ही पता है कि मेरी मृत्यु होने वाली है, तो मैं मृत्यु के आगे हो जाता हूँ।

**पुपुल जयकर :** जी।

**कृष्णमूर्ति :** धीरे से आगे बढ़ें। मैं मरने वाला हूँ, और अब मैं इसके आगे हूँ बौद्धिक, तार्किक स्तर पर। मैंने उसे तार्किक और बौद्धिक स्तर पर समझ-बूझ लिया है; और इसलिए मैं ऐसा मान कर चलता हूँ कि जैसे मैं इसके आगे-आगे हूँ, मेरा मन-मस्तिष्क मृत्यु के बहुत आगे जा चुका है। पर यह आगे नहीं होता है; यह केवल मेरे विचार में ही बहुत आगे गया होता है।

**सुनंदा पटवर्धन :** जी हाँ, विचार में ही।

**कृष्णमूर्ति :** जो कि बहुत ज़्यादा दूर नहीं है।

**पुपुल जयकर :** हम इसके यथार्थ को ले कर चलें।

**कृष्णमूर्ति :** मैं यथार्थ को ही ले रहा हूँ।

**पुपुल जयकर :** व्यक्ति मृत्यु का सामना करता है, और वह उसके एक कदम आगे है, और आगे बढ़ता है। अचानक, जिस वक्त यह संकट नहीं है, यह चीज़ एक नाग की तरह फन उठाती है, और तब हमें बोध होता है कि हम उसके आगे नहीं थे।

**कृष्णमूर्ति :** मैं समझ रहा हूँ इसे। परंतु यह तो किसी चुनौती का परिणाम है, भले ही वह कल घटित हुई या एक साल पहले या अब, इस पल।

**पुपुल जयकर :** तो प्रश्न है : किस यंत्र से, किस ऊर्जा से, किस आयाम से कोई देख रहा होता है और उसे क्या दिखता है?

**कृष्णमूर्ति :** मुझे दो बातों पर स्पष्ट होना है : कि यह हमारी संरचना का हिस्सा है, विरासत का।

**पुपुल जयकर :** बात मस्तिष्क की कोशिकाओं की है...

**कृष्णमूर्ति :** बेशक। मस्तिष्क की कोशिकाएँ, हर छोटी से छोटी चीज़, जैविक रूप से, मनोवैज्ञानिक रूप से भयभीत रहती है, नहीं होने के डर से। और विचार कहता है, ''मैं उसकी ओर नहीं देखूँगा।'' और जब चुनौती आ खड़ी हो जाती है, उस वक्त विचार अनुपस्थित होता है।

**पुपुल जयकर :** ''विचार कहता है कि उसकी ओर उसे देखना नहीं है,'' इससे आपका क्या आशय है?

**कृष्णमूर्ति :** क्योंकि मैं इस चीज़ को देख नहीं सकता हूँ। विचार उसे तर्कबद्ध कर सकता है, वह इसकी हामी भर सकता है, वह इसे प्रक्षेपित कर सकता है, कार्य-कारण में बद्ध कर सकता है, या वह चतुराई के साथ विश्लेषण कर सकता है, परंतु...

**पुपुल जयकर :** जो उपकरण इसे राँध-पका रहा है, खुद कैसे इस चीज़ को महसूस कर सकता है?

**कृष्णमूर्ति :** मैं बता रहा हूँ। मैं आपसे पूछ रहा हूँ, ''यह मन किसी चुनौती का इंतज़ार करता ही क्यों है? क्या यह ज़रूरी है?'' यदि आप कहते हैं कि यह ज़रूरी है तो आप इसका इंतज़ार कर रहे होते हैं।

**पुपुल जयकर :** यदि मैं कहूँ कि यह ज़रूरी नहीं है...

**कृष्णमूर्ति :** नहीं, मैं यह नहीं कह रहा कि नहीं है। मैं तो आपसे पूछ रहा हूँ। आप ही ने ऐसा कहा था।

**पुपुल जयकर :** मैं कहती हूँ कि मैं नहीं जानती हूँ। मैं केवल यह जान रही हूँ कि चुनौती आती है और भय उठता है।

**कृष्णमूर्ति :** नहीं, नहीं। चुनौती भय को जगाती है। हम इसी को लेकर चलें। और मैं पूछता हूँ, आप क्यों किसी चुनौती का इंतज़ार करते हैं इसे सक्रिय करने के लिए?

**पुपुल जयकर :** आपके प्रश्न में विरोधाभास है।

**कृष्णमूर्ति :** नहीं, ऐसा नहीं है।

**पुपुल जयकर :** क्योंकि तब आपका सवाल होता, ''यदि आप चुनौती का इंतज़ार नहीं कर रहे हैं, तो क्या आप चुनौती को बुलावा देते हैं?''

**कृष्णमूर्ति :** नहीं, मैं तो पूरी तरह से चुनौती के विपक्ष में हूँ। आप मेरी बात को नहीं समझ रहे हैं।

**पुपुल जयकर :** फिर आप भय के संपर्क में कैसे आते हैं?

**कृष्णमूर्ति :** मैं अभी बतलाता हूँ। मेरा मन-मस्तिष्क किसी भी हालत में चुनौती को स्वीकार नहीं करता। जिसका मतलब है कि जाग्रत होने के लिए चुनौती की आवश्यकता है, ठीक? मैं निद्रा की अवस्था में हूँ और मुझे जगाने के लिए चुनौती आवश्यक है; यही है इसका मतलब। और मैं कहता हूँ कि यह कथन ही गलत है।

**पुपुल जयकर :** लेकिन आप आवश्यक शब्द क्यों प्रयोग कर रहे हैं?

**कृष्णमूर्ति :** वरना आप सोते ही रह जाएँगे।

**पुपुल जयकर :** नहीं, सर। मैं नहीं यह कहती कि मुझे जगाने के लिए चुनौती की आवश्यकता है।

**कृष्णमूर्ति :** तो आप इसलिए चुनौती को नकारती हैं।

**पुपुल जयकर :** ऐसा भी नहीं है।

**कृष्णमूर्ति :** यानी कि मन जाग्रत है।

**पुपुल जयकर :** वह जाग्रत और सुप्त है, वह दोनों अवस्था में है।

**कृष्णमूर्ति :** क्या है जो सोया हुआ है? चेतन मन? अचेतन मन? क्या कई हिस्से हैं जो सोये हुए हैं और केवल कुछएक जाग्रत हैं?

**पुपुल जयकर :** जब मैं जाग्रत हूँ, मैं जाग्रत हूँ।

**कृष्णमूर्ति :** बस, बात यही है। यदि आप जगी हुई हैं, तब किसी चुनौती की आवश्यकता नहीं है। अब पल भर के लिए रुक जाइए। जैसा कि हमने कहा था, यह जीवन का हिस्सा है—वह, जिसे मरना नहीं चाहिए। वह हर पल जाग्रत रहता है। ठीक? क्या यह हर पल जाग्रत है?

**पुपुल जयकर :** नहीं, हर वक्त नहीं।

**कृष्णमूर्ति :** क्या कहना चाह रही हैं आप? आप उसके प्रति सचेत नहीं हैं, आप उससे संपर्क में नहीं हैं। आप इसके प्रति सजग नहीं हैं, लेकिन वह तो हमेशा आपके आगे-पीछे छुपा रहता है। परंतु आप उसकी तरफ देखते नहीं हैं। वह होता वहीं पर है।

**पुपुल जयकर :** किस चीज़ को देखने की बात है?

**कृष्णमूर्ति :** मैंने कहा कि वह चीज़ आपके आगे-पीछे मौजूद है, दरी के नीचे, उसे उठाइए और देखिए। और तब यह उपमा बेमानी है। वह वहीं पर है; मेरा कहना सिर्फ यही है, वह मौजूद है और जाग्रत है। इसलिए उसे जगाने हेतु किसी भी चुनौती की आवश्यकता नहीं है। उसकी ओर देखिए। मुझे हर समय भय है, न होने का, मृत्यु का, कुछ हासिल नहीं कर पाने का, आप यह सब तो जानते ही हैं। वही है हमारे जीवन का मूल भय, और वह मौजूद है, जाग्रत, हमेशा चौकन्ना, चौकसी करते हुए, खुद को बचाते हुए। वह तो पूरी तरह से जागा हुआ है। कभी पल भर के लिए भी सोता नहीं है।

**पुपुल जयकर :** जी हाँ, इसे तो मैं मानती हूँ।

**कृष्णमूर्ति :** इसलिए, चुनौती की आवश्यकता ही नहीं। क्या करना होगा, कैसे करना होगा—यह सब बाद में आता है। ठीक? सहमति मत दर्शाएँ, कृपा करके।

**पुपुल जयकर :** *वह* तो तथ्य है।

**कृष्णमूर्ति :** इसलिए वह जाग्रत है।

**अच्युत पटवर्धन :** इस सब में क्या आप बेध्यानी का कारक स्वीकार नहीं करते?

**कृष्णमूर्ति :** मैं ध्यान-अवधान की चर्चा नहीं कर रहा। मैंने कहा था कि वह जाग्रत है। वह कमरे में मौजूद एक साँप की तरह है, वह हमेशा वहाँ है। भले ही मैं इधर-उधर कहीं देखूँ, पर है तो वह वहीं। तो चेतन मन का सरोकार रहता है कि वह इसके साथ कैसे पेश आए, और चूँकि वह इससे निबट नहीं पाता, अत: दूर हट जाता है। तब चेतन मन के समक्ष चुनौती खड़ी हो जाती है इसका सामना करने की, एक जीवंत चीज़ का सामना। उसे चुनौती की आवश्यकता ही नहीं है।

**प्रश्नकर्ता-2 :** चेतना तो उसे देख ही लेगी।

**कृष्णमूर्ति :** बिलकुल सही कहा। आखिरकार! आप इसे समझ पा रहे हैं? एक चेतन मन जो उससे हटा ही नहीं, इसे किसी चुनौती की आवश्यकता नहीं। परंतु जो चेतन मन कहता है, ''मैं उसे देख नहीं सकता हूँ, मैं गीता या उपनिषद पढ़ूँगा, मैं दफ्तर जाऊँगा, मैं यह करूँगा, वो करूँगा।'' उसने खुद से ही अपनी आँखों पर पट्टी बाँध ली है। इसलिए वहाँ चुनौती आवश्यक है, इधर नहीं। ठीक? मैं इसमें तर्कसम्मत रहने वाला हूँ। हम परखेंगे कि क्या यह बात सही है।

**नंदिनी मेहता :** वाकई, जब आप इस पर गौर करने लगते हैं, तो यह केवल विचार ही तो है; हम इसमें फँसे हुए हैं। फिर भी हम इस विचार का निरीक्षण नहीं कर पाते हैं। उसकी परछाईं मन में बनी हुई है।

**कृष्णमूर्ति :** गौर करिए। इसका निरीक्षण करिए, उसके साथ-साथ बढ़ते हुए पता लगाइए, कोई निष्कर्ष मत निकालिए। आपने निष्कर्ष पर आने की जल्दबाजी की है, तो मन चुनौती को नकारता है। चेतन मन कहता है, ''अच्छा, तो यह बात है, क्या बेवकूफी है! मैं अब जगने के लिए चुनौतियों का सहारा नहीं लूँगा, मैं जगा हुआ हूँ।'' आप चुनौती को मान्य करते हैं, मैं उसे मान्य नहीं करता। यह मेरा अनुभव नहीं है; यह आपका अपना अनुभव है यदि आप कहते हैं कि ''मैं वैसा नहीं करूँगा''—किसी अधिकारभाव या दावे के तौर पर नहीं—तब अगला प्रश्न है : ''चेतन मन तो इसके प्रति जाग्रत है, इसे न्योता नहीं दे रहा है, *वह* तो 'मौजूद है' पहले से। किसी चीज़ को बुलाने का, निमंत्रित करने का सवाल नहीं है; *वह* पहले से ही है। एक-एक कर कदम बढ़ाइए, किसी भी पल कोई निष्कर्ष मत बनाइए। तो चेतन मन को पता है कि वह मौजूद है, पूरी तरह से जगा हुआ है। तब हम आगे क्या करने वाले हैं?

**पुपुल जयकर :** अब यहीं पर कुछ खटकता है, अधूरापन।

**कृष्णमूर्ति :** ओह, नहीं, नहीं। आप मुख्य बिन्दु से हट रही हैं। यह चेतन मन ही है जो इससे भयभीत है।

**पुपुल जयकर :** पर यही तो है चेतन मन।

**कृष्णमूर्ति :** नहीं, नहीं। ध्यान से इस चीज़ को देखिए। यह चेतन मन ही है जो *उससे* भयभीत है। यह अपने आप में भयभीत नहीं है। एक चींटी भयभीत नहीं होती; यदि वह कुचल दी जाती है, तो कुचल दी जाती है। यह चेतन मन ही है जो कह रहा होता है, ''मैं इस चीज़ से डरता हूँ, न होने से।'' मैं मरता हूँ, दुर्घटना का शिकार होता हूँ, हवाई जहाज़ क्रैश करता है, तब तो मैं इस चीज़ का सामना करता हूँ। मृत्यु के उस क्षण में, मैं कहता हूँ, ''हाँ, अब मैं जानता हूँ कि मरना क्या होता है।'' अत: कोई भय नहीं रहता है। यह चेतन मन ही है अपने सारे विचारों के साथ, जो कहा करता है, ''हे भगवान, मैं मर जाने वाला हूँ, मैं मरना नहीं चाहता हूँ, मुझे मरना नहीं है, मुझे अपने को बचाना है, मैं जीसस की या किसी और की शरण में जाऊँगा। गीता फलानी बात कहती है, इत्यादि...'', वही है जो घबराया हुआ है, *यह* नहीं। चींटी को देखिए, वह कभी भयभीत नहीं होती। क्या आपने कभी एक चींटी को गौर से देखा है। वह कभी नहीं डरती है, क्योंकि डरने के लिए कुछ भी नहीं है। यदि उसे कोई मार दे, तो मर जाती है।

**नंदिनी मेहता :** लेकिर सर, क्या आपने देखा है कि जब आप एक कागज़ का टुकड़ा एक चींटी के सामने रखते हैं, तो कैसे चींटी उससे हटने की कोशिश करती है।

**कृष्णमूर्ति :** बिलकुल। खुद को बचाना चाहती है, पर वह बचने के बारे में सोच नहीं रही होती। तो हम इस चीज़ पर लौट आते हैं कि विचार किसी ऐसी शै के संदर्भ में भय पैदा करता है जो भयभीत नहीं है, जिसका डर से परिचय ही नहीं। यदि यह मेरे जीवन का एक हिस्सा है, तो है क्या वहाँ जिससे भयभीत होना है? यह विचार ही तो है जो कहता है ''मैं मर सकता हूँ, मैं अकेला हूँ, मैं संतुष्ट नहीं हूँ'' आदि, आदि। यानी कि मृत्यु के साथ हर वक्त जीना, इसलिए कोई भय न होना। मर जाइए, मर जाइए—वही है कालरहित शाश्वतता, वही है यथार्थ शाश्वतता। कितना असाधारण है यह तारतम्य, एकदम सही। (अंतराल) देखिए, यदि कोई चीज़ मेरा हिस्सा है, जैसे मेरी नाक, तो मुझे उससे क्यों घबराना है? यदि वो चीज़ मेरा एक अंग है, जैसे मेरी बाँह, मेरी आँख, मेरा मुँह, कुछ भी हो, मुझे क्यों घबराना है? यह केवल विचार ही है जो कह रहा होता है, ''इस नाक को कुछ भिन्न होना चाहिए।'' बाप रे, हम कितने चालाक हैं! पूर्णत: निश्चल होना, जब वह आए! जब वह शै जागी हुई हो, जब भय का वह केंद्रीय मूल जाग्रत हो, मन का पूर्णत: स्थिर होना— *कोई भी* हलचल विचार की ही हलचल है।

**पुपुल जयकर :** क्या आपके साथ कभी ऐसा हुआ है सर?

**कृष्णमूर्ति :** कई बार, बहुत बार। पूरी तरह से प्रशांत, बिना खुद को रोके-सिकोड़े, न उसे स्वीकार करते हुए, न ही उसे नकारते हुए, न तर्कबद्ध करते हुए, न पलायन करते हुए, आस्था, पुनर्जन्म—यह सब कुछ नहीं, किसी तरह की कोई भी हलचल नहीं। कोशिश कीजिए। (अंतराल) हमने इसे सुलझा लिया है, इसे जड़ से पकड़ लिया है, है कि नहीं?

**पुपुल जयकर :** इस सब के बाद, सर, अब कहने के लिए कुछ शेष नहीं रहता है। जब बुद्ध निकल आते हैं और उस बाग में भय के चरम रूपों का सामना करते हैं, वे वर्णन करते हैं : "और तब भय उठा और बुद्ध चलता रहा, बढ़ता रहा, बढ़ता चला।"

**अच्युत पटवर्धन :** परंतु जिस बिन्दु को आज कृष्णजी ने उठाया है वह यह है कि अवधान की, 'अटेन्शन' की अवस्था में आप हमेशा किसी भी चीज़ के चुनौती बनने के आगे ही रहेंगे, क्योंकि *आप ही* वह चुनौती हैं।

**पुपुल जयकर :** जब मन एकदम खामोश है, समग्र रूप से, चुनौती तब है ही नहीं। तब उसका आगमन होता है।

**कृष्णमूर्ति :** जी बिलकुल!

*नई दिल्ली में संवाद, 12 नवंबर, 1972*

# 9

# यह बातूनी मन

*मेरा सरोकार इससे नहीं है कि मेरा मन बड़बड़ करता है या नहीं। महत्त्वपूर्ण है, एक ऐसा मन जो एकदम अडिग-स्थिर है, चट्टान-सा अडिग।*

**मॉरिस फ्रीडमैन :** आज मैं एक बड़े शुष्क मुद्दे पर चर्चा करना चाह रहा था : बातूनी मन की समस्या। वह क्या है जो मन को बातूनी बनाता है? जब हम अपने मन को देखते हैं, हमें दीखता है कि यह हर समय कुछ-न-कुछ बोल रहा होता है, खुद से पागलों की तरह बातें करता रहता है। कभी-कभी इसमें कुछ बातें सार्थक भी होती हैं पर अकसर उसमें कोई अर्थ नहीं होता। और तब भी हर अवसर पर जैसे ही हमारा ध्यान हटने लगता है, इसका बड़बड़ करना प्रारंभ हो जाता है। इसे ऊर्जा मिलती कहाँ से है, और इस बड़बड़ का उद्देश्य क्या है? मन की इसके चलते निरंतर व्यस्तता बनी रहती है, हर समय, आठों पहर, हर क्षण। हर खाली पल में हम देखते हैं कि यह बड़बड़ा रहा है, बतिया रहा है, लगातार।

**पुपुल जयकर :** क्या यही इसकी प्रकृति नहीं है?

**मॉरिस फ्रीडमैन :** यूँ कह देने से तो समस्या हल नहीं होती।

**पुपुल जयकर :** वजूद में रहने के लिए इसे कुछ तो करते रहना ही है।

**मॉरिस फ्रीडमैन :** हम शुरुआत यह कहकर नहीं कर रहे कि 'ऐसा तो होना ही है।' यहाँ 'ही' जैसा कुछ नहीं है; हमने बस सोच लिया है कि ऐसा 'होना ही' है। इतनी ऊर्जा और इतना समय सौंपा जाता है इसे, जिसके चलते इसको हमारे जीवन का एक बड़ा घटक बना दिया गया है।

**कृष्णमूर्ति :** मन बड़बड़ क्यों करता है? इसका उद्देश्य क्या है? क्या यह समय की बरबादी है, ऊर्जा की बरबादी है?

**मॉरिस फ्रीडमैन :** ज़ाहिर-सी बात है कि यह समय और ऊर्जा की बरबादी है। अपने मस्तिष्क को, जैसा कि मैं देखता हूँ, मैं पाता हूँ कि यह बड़बड़ केवल

मस्तिष्क में ही हो रही होती है; यह एक दिमागी हलचल है। लहरें कभी ऊपर कभी नीचे की ओर बहती हैं, पर इस सब की निरर्थकता और उद्देश्यहीनता संताप का विषय है। मस्तिष्क अपनी गतिविधियों से खुद को हरा-थका डालता है। हम देख पाते हैं कि यह अपने मस्तिष्क के लिए थकाऊ है, परंतु यह हलचल रुकती ही नहीं है। यह एक तरह की संवेदनहीन अवस्था है।

**कृष्णमूर्ति :** क्या इसकी चर्चा मददगार होगी?

**पुपुल जयकर :** यदि आप विचार की प्रक्रिया को एक आदिहीन, अंतहीन प्रक्रिया मानते हैं, तब जो कुछ भी उसकी उपज हो, हम क्यों इस बड़बड़ और वह जिसे हम सक्रियता कहते हैं, इन दोनों के बीच फर्क कर रहे हैं?

**मॉरिस फ्रीडमैन :** हमारी सजगता, या तथाकथित सजगता या 'अटेन्शन' इस पर पूरी तरह ज़ाया की जा रही है। हम किसी ऐसी चीज़ के प्रति सजग हैं जो बिल्कुल बेमतलब है। मस्तिष्क का यह मूढ़तापूर्ण क्रियाकलाप हमारा समय, हमारी सजगता, हमारा अवधान, सब इस पर स्वाहा कर देता है। कल्पना कीजिए कि आप एक जड़बुद्धि के साथ कमरे में बंद कर दिये जाते हैं; आप क्या सीख पाएँगे? कुछ समय बाद वहाँ सीखने के लिए कुछ भी नहीं रहता।

**स.बालसुंदरम् :** क्या हम ऐसा कुछ लें जो अधिक व्यापक हो, जिसमें शायद यह सब शामिल हो सके? आधा-अधूरापन क्या है, और क्या है जो इसे झकझोर दे? इसमें मन की बड़बड़ाने की आदत वगैरह सारे मुद्दे शामिल हो जाते हैं।

**कृष्णमूर्ति :** यदि आप इसके लिए तैयार हैं।

**मॉरिस फ्रीडमैन :** अब देखिए, इस विषय को फैलाने में एक बड़ा खतरा है, क्योंकि फिर हम सूत्र-सिद्धांतों में, सामान्यीकरण में खो जाएँगे। क्यों न हम जिस चीज़ की चर्चा कर रहे हैं उसी के साथ टिकें? हम मस्तिष्क को ढेर सारा वक्त देते हैं, और यह मस्तिष्क का एक तरह का अव्यवस्थित क्रियाकलाप है।

**कृष्णमूर्ति :** जी, सर। आपका मन बतियाता रहता है; क्यों?

**मॉरिस फ्रीडमैन :** क्योंकि मैं इसे रोक नहीं पाता हूँ।

**कृष्णमूर्ति :** नहीं, नहीं। क्या यह एक आदत है? क्या यह किसी-न-किसी काम में व्यस्त न रहने का भय है?

**अच्युत पटवर्धन :** यह ऐच्छिक से इतर, मर्ज़ी से अलहदा गतिविधि है।

**मॉरिस फ्रीडमैन :** यह बस एक किस्म की स्वचालित-सी क्रिया लगती है, जैसे मनुष्य के भीतर कुछ बलात् घटित होता हो। यह बस चलती रहती है, इसमें कोई भय वाली बात नहीं है, कुछ भी नहीं है।

**कृष्णमूर्ति :** आप मेरे कहने का तात्पर्य समझ नहीं पाए। मन को, लगता है कि ज़रूरत है किसी-न-किसी चीज़ में व्यस्त रहने की। यह यूँ ही...

**मॉरिस फ्रीडमैन :** ...व्यस्त रहता है।

**कृष्णमूर्ति :** जी हाँ। मन को जैसे कोई-न-कोई व्यस्तता रखनी ही पड़ती है।

**मॉरिस फ्रीडमैन :** मन सारा समय व्यस्त रहता ही है।

**कृष्णमूर्ति :** जी हाँ, मन सारा समय किसी-न-किसी चीज़ में व्यस्त रहता ही है। और यदि यह व्यस्त नहीं है तो खाली महसूस करता है, उसे एक रीतेपन का एहसास होता है, और इसलिए वह कुछ-न-कुछ बड़बड़ाते रहने का सहारा लेता है।

**मॉरिस फ्रीडमैन :** मुझे इसमें संदेह है।

**कृष्णमूर्ति :** मैं यह नहीं कह रहा हूँ कि यह ऐसा करता ही है; मैं केवल सवाल कर रहा हूँ। क्या यह एक आदत है, या यह व्यस्त नहीं रहने पर उभरने वाला भय है?

**मॉरिस फ्रीडमैन :** यह एक आदत है, जड़ पकड़ी हुई एक आदत।

**कृष्णमूर्ति :** क्या यह वाकई आदत है?

**पुपुल जयकर :** एक तो है जिसे हम सार्थक चिन्तन कहते हैं, निर्देशित चिन्तन, चिन्तन जो तर्कयुक्त है, विश्लेषण पर आधारित है, जो विभिन्न समस्याओं का समाधान निकालने हेतु उपयोगी है। तब यह चेतन स्तर पर बड़बड़ नहीं है। अचेतन स्तर पर तो सतत गति चलती रहती है जिसमें मन उत्तर-प्रत्युत्तर देता रहता है, ध्वनियाँ निकालता रहता है बरसों के संग्रहीत ढेरों से, और इसे वह बाहर फेंकता रहता है, और अचानक इस ओर ध्यान जाता है और आप कह उठते हैं, ''मेरा मन बड़बड़ा रहा है।'' हम इन दोनों के बीच फर्क करते हैं, एक जिसे हम सार्थक क्रियाकलाप कहते हैं और दूसरा जिसे बड़बड़ करना कहते हैं। हम इसको अहमियत देते हैं। अब, आप जो कह रहे हैं उस संदर्भ में, क्या यह अहमियत उचित है?

**कृष्णमूर्ति :** क्या आप अपने मन को बड़बड़ करता पाती हैं?

**पुपुल जयकर :** कभी-कभी।

**कृष्णमूर्ति :** यह क्यों बड़बड़ा रहा होता है?

**पुपुल जयकर :** बस बड़बड़ाता है।

**कृष्णमूर्ति :** क्यों?

**पुपुल जयकर :** मुझे नहीं लगता है कि इसके लिए कोई 'क्यों' भी है।

**कृष्णमूर्ति :** वह पता लगाना चाह रहे हैं कि मन क्यों चहचहाता रहता है? क्या इसकी कोई उपयोगिता है? या यह बस ऐसा ही है जैसे पानी बहा चला जा रहा हो, बहा चला जा रहा हो।

**मॉरिस फ्रीडमैन :** यह एक मानसिक रिसाव है।

**कृष्णमूर्ति :** एक ही बात है, जो भी आप इसे कहें; यह नल से बहते पानी की तरह है।

**पुपुल जयकर :** जब यह चहचहाना बहुत ज़्यादा होने लगता है, यह मेरे लिए

एक संकेत है कि मेरा मन अभी जीवंत नहीं है।

**कृष्णमूर्ति :** बड़बड़ाते मन पर आप एतराज़ क्यों कर रहे हैं?

**मॉरिस फ्रीडमैन :** ऊर्जा की बरबादी, समय की बरबादी। एतराज़ बेशक मुनासिब है। सामान्य समझ कहती है, ''यह हो क्या रहा है?''

**कृष्णमूर्ति :** पर इसका मतलब ही क्या है?

**मॉरिस फ्रीडमैन :** मतलब क्या है? बात यह है कि सजगता मदद नहीं करती। सजगता यहाँ ऐसे ही है जैसे आप किसी बेवकूफ को कमरे में छोड़ जाएँ और फिर उसको सुनना ही पड़े। और वह सजगता कहती है, ''रुक जा, तुझे रब का वास्ता, चुप हो जा'' और वह बेवकूफ कहता है, ''हा हा हा!''—दोनों के बीच में कोई संवाद नहीं है।

**पुपुल जयकर :** तथ्य यह है कि हम बीच की स्थिति में हैं, न तो यहाँ हैं, न वहाँ। केवल वह बड़बड़ाना ही नहीं हो रहा, बल्कि उस बड़बड़ाने का भान भी है; 'हम क्यों ऊर्जा बरबाद कर रहे हैं?' यह प्रश्न भी बीच की अवस्था का ही संकेत है।

**मॉरिस फ्रीडमैन :** आप इसे बीच की अवस्था कह सकते हैं, आप कुछ भी नाम दे सकते हैं, पर यह चीज़ तो बनी रहती है। यह मन का एक ऐसा क्रियाकलाप है जिस पर सजगता का असर नहीं होता है।

**कृष्णमूर्ति :** मैं कुछ समय के लिए अवधान, सजगता को अलग रखूँगा। मैं आपसे केवल यह सवाल कर रहा हूँ, ''मन क्यों बोलता रहता है?'' क्या यह एक आदत है? या मन की एक ज़रूरत है कि वह किसी न किसी चीज़ में जुटा ही रहे, और जब वह ऐसी किसी चीज़ में व्यस्त न हो जिस के साथ उसे लगता है कि व्यस्त रहना चाहिए, तो इसे वह बड़बड़ कहता है। व्यस्तता को भी बड़बड़ क्यों नहीं माना जाना चाहिए? मैं अपने घर को लेकर व्यस्त हूँ। आप अपने ईश्वर को लेकर, काम को लेकर व्यस्त हैं, या अपने व्यापार में, अपनी पत्नी में, अपने सेक्स में, अपने बच्चों में, अपनी संपत्ति के साथ व्यस्त हैं। मन को किसी-न-किसी व्यस्तता की दरकार है और जब वह व्यस्त नहीं होता, तो उसे एक खालीपन का एहसास पकड़ सकता है, और इसलिए वह बोलने लगता है। मैं इसमें कोई समस्या नहीं देख रहा। मुझे इसमें कोई बड़ा मुद्दा नहीं दिख रहा है। सिवाय इसके कि आप इस बड़बड़ को बंद करना चाह रहे हों—वह फिर एक अलग मसला है।

**मॉरिस फ्रीडमैन :** यदि यह बकबक परेशान नहीं कर रही है, तो कोई समस्या नहीं है।

**कृष्णमूर्ति :** तो बात यह है। आप इसे रोकना चाहते हैं, आप इस बकबक का अंत करना चाहते हैं। तो प्रश्न यह है, न कि ''क्यों, किसलिए?''

**मॉरिस फ्रीडमैन :** बात वहीं आ जाती है : क्या इस बड़बड़ाने का अंत किया जा सकता है?

**कृष्णमूर्ति :** बस, यही है सारी बात। हम इसे सरल ही रखें। क्या इस बड़बड़ करते रहने वाले मन का अंत हो सकता है? मुझे नहीं पता कि आप बड़बड़ाना किसे मानते हैं।

**मॉरिस फ्रीडमैन :** यह एक शाब्दिक क्रिया-व्यापार है : बस बातें ही बातें।

**कृष्णमूर्ति :** नहीं। जब आप अपने व्यापार-धंधे में व्यस्त होते हैं, वह भी बड़बड़ाना ही है।

**मॉरिस फ्रीडमैन :** नहीं, वह बड़बड़ाना नहीं है। तब यह बात करना है।

**कृष्णमूर्ति :** मैं पता लगाना चाहता हूँ कि आप बड़बड़ करना कहते किसे हैं। मैं खुद से कहता हूँ कि कोई भी व्यस्तता—अपने साथ, अपने ईश्वर के साथ, अपनी पत्नी के साथ, पति के साथ, अपने बच्चों के साथ, पैसा, संपत्ति या ओहदे को लेकर, यह सब कुछ—बड़बड़ाने में ही शुमार है। क्यों हम इन चीज़ों को अलग छोड़ दें और कहें कि इनके अलावा बस वह वाली गतिविधि ही बड़बड़ाना है?

**पुपुल जयकर :** क्योंकि यह असंबद्ध है।

**कृष्णमूर्ति :** यही बात है। इसका आपके क्रियाकलाप से कोई संबंध नहीं है।

**पुपुल जयकर :** इसका मेरे जीवन से कोई संबंध नहीं है, इसकी कोई तर्कसंगति नहीं है।

**कृष्णमूर्ति :** कोई तर्कसंगति नहीं है। यह आपके रोज़ के जीवन से संबंधित नहीं है, इसका आपके रोज़ के जीवन की माँगों से कोई संबंध नहीं है और इसलिए यह बड़बड़ है।

**पुपुल जयकर :** उसे ही हम बड़बड़ करना कहते हैं। इससे हम सब परिचित हैं।

**कृष्णमूर्ति :** मैं परिचित हूँ। हम सभी परिचित हैं इससे।

**पुपुल जयकर :** क्या आप इससे परिचित हैं?

**कृष्णमूर्ति :** शायद नहीं। लेकिन कोई फर्क नहीं पड़ता, मेरी परवाह मत करिए।

**अच्युत पटवर्धन :** हमारी आम सोच का किसी संदर्भ से तालमेल रहता है।

**कृष्णमूर्ति :** जी हाँ।

**अच्युत पटवर्धन :** बड़बड़ करना मन का वह क्रियाकलाप है, जिसका किसी भी संदर्भ से कोई तालमेल नहीं होता है; इसलिए हम इसे निरर्थक, बेवजह कहते हैं।

**कृष्णमूर्ति :** क्या बड़बड़ करना मन को विश्राम देता है?

**अच्युत पटवर्धन :** नहीं।

**कृष्णमूर्ति :** ठहरिए सर, इतनी जल्दी जवाब न दें। आप अपने दैनिक कार्य में व्यस्त रहते हैं—सचेत, तर्कयुक्त, तर्कविहीन, और बाकी सब—और, बड़बड़ करना उस सब से निजात हो सकता है।

**स.बालसुंदरम् :** क्या बड़बड़ करते मन का जाग्रत अवस्था से वही संबंध है जो स्वप्न का है?

**कृष्णमूर्ति :** नहीं, मैं इसे उस तरह से नहीं कहूँगा। मेरी मांसपेशियाँ सारा दिन कसी हुई थीं और अब मैं विश्राम में हूँ; और यह चहचहाना, 'चैटरिंग' एक तरह का विश्राम हो सकता है। वह पूरी तरह से अप्रासंगिक हो सकता है।

**अच्युत पटवर्धन :** पर इससे ऊर्जा का क्षरण होता है।

**कृष्णमूर्ति :** क्या ऐसा है?

**अच्युत पटवर्धन :** जी हाँ। विश्राम का मतलब है ऊर्जा की बरबादी नहीं हो रही। विश्राम में होना वह क्रिया अथवा अक्रिया है जो तब घटित होती है जब आपने अपनी सारी ऊर्जा खर्च कर ली हो और तब आप आराम कर रहे हों। मैं ऐसी किसी स्थिति को विश्राम नहीं कहूँगा, जो अपने आप में ऊर्जा का बह जाना हो।

**कृष्णमूर्ति :** तो बड़बड़ करना, आप कह रहे हैं, ऊर्जा की बरबादी है, और आप उसे विराम देना चाहते हैं।

**अच्युत पटवर्धन :** नहीं, इसे बंद करने की इच्छा की बात नहीं है। कई सारे संप्रदाय हैं जो आपको मंत्रजाप देते हैं, और आपको वह करना होता है। इसके पीछे मंशा यह होती है कि यह मन जो बड़बड़ाने में इतनी ऊर्जा खर्च कर रहा है उसे किसी क्रियाकलाप में लगाना चाहिए, पर वह भी फिर एक यांत्रिक मामला हो जाता है और कोई समस्या हल नहीं करता। अब, आप यह नहीं करते हैं क्योंकि आप देखते हैं कि उस तरह की गतिविधि निष्प्रयोजन है। इस कारण हम यह समझने की दिशा में लौटते हैं कि यह बड़बड़ वजूद में कैसे आती है। हम इसे कतई नहीं समझते। जैसे मैंने कहा था, यह ऐच्छिक से अलहदा है। हमें इसकी कार्यविधि का कोई अंदाज़ा नहीं है।

**कृष्णमूर्ति :** क्या आपका मन बड़बड़ करना बंद कर देगा यदि वह भरा-पूरा है, पूरी तरह से भरा हुआ है? यदि मन पूरी तरह से भरा-पूरा है, तो क्या बड़बड़ाने का वजूद होगा? मैं केवल सवाल उठा रहा हूँ। मैं नहीं कह रहा हूँ कि यह होगा या नहीं होगा। यदि कोई अवकाश, 'स्पेस' नहीं है, *या* यदि पूरा-का-पूरा मन अवकाश से आपूरित है, तब क्या बड़बड़ाना हो रहा होगा? कोई फर्क नहीं पड़ता कि क्या अभिव्यक्ति, कौन-सा शब्द आप प्रयोग करते हैं—अवकाश, भरा-पूरा, पूर्णतः रिक्त या पूरी तरह बिना किसी घिराव-व्यस्तता के। तो क्या मन बड़बड़ करेगा?

**मॉरिस फ्रीडमैन :** हमारा इस तरह का अनुभव नहीं है।

**कृष्णमूर्ति :** नहीं। या, बड़बड़ तब वजूद में आती है जब थोड़ी-सी खाली जगह बची होती है, जो भरी नहीं है? जब कमरा पूरी तरह से भरा है, और कोई खाली जगह नहीं है, तब क्या कोई हलचल होगी, जिसे आप बड़बड़ाना कह रहे हैं? मैं इसे अलग तरह से रखने की कोशिश कर रहा हूँ, कुछ संप्रेषित करने की कोशिश कर रहा हूँ।

**मॉरिस फ्रीडमैन :** यह एक परिकाल्पनिक प्रश्न है। तथ्य यही है कि यह बड़बड़ाना होता रहता है।

**कृष्णमूर्ति :** इस मायने में यह एक परिकाल्पनिक प्रश्न है कि हमारे मन आंशिक रूप से व्यस्त, भरे-भरे रहते हैं, और जो अव्यस्त, अनभरा अंश है, वह बड़बड़ा रहा होता है।

**मॉरिस फ्रीडमैन :** परिभाषा से तो यही लगता है—व्यस्त मन तथा अव्यस्त मन। यदि आप अव्यस्त मन को पहचान दे...

**कृष्णमूर्ति :** नहीं, मैं किसी भी चीज़ को पहचान नहीं दे रहा। मैं बस पूछ रहा हूँ, मैं कुछ कह नहीं रहा हूँ।

**मॉरिस फ्रीडमैन :** मेरा कहना है कि यह सब पुनरुक्ति है, वही बात एक दूसरे तरीके से कह दी गयी है।

**कृष्णमूर्ति :** जी बिलकुल यही है। मैं पता लगाना चाहता हूँ कि मन बड़बड़ क्यों किया करता है। क्या यह एक आदत है?

**मॉरिस फ्रीडमैन :** ऐसा ही कुछ लगता है।

**कृष्णमूर्ति :** ऐसा ही कुछ लगता है। यह आदत उभरी क्यों?

**मॉरिस फ्रीडमैन :** बल्कि ऐसा है कि हम ही इस पर आपत्ति किया करते हैं। वजह इसकी कोई नहीं है।

**कृष्णमूर्ति :** मुझे इस बड़बड़ से परेशानी नहीं है; आप क्यों इस पर एतराज़ करते हैं?

**मॉरिस फ्रीडमैन :** क्योंकि यह ऊर्जा की इस कदर ज़बरदस्त बरबादी है।

**कृष्णमूर्ति :** मैं निश्चित नहीं हूँ, मुझे यह पक्का नहीं है कि यह बरबादी है।

**मॉरिस फ्रीडमैन :** चूँकि आप पहुँच के पार हैं, आप हमारी प्रजाति के हैं ही नहीं।

**कृष्णमूर्ति :** छोड़िए। (हँसते हुए)

**मॉरिस फ्रीडमैन :** सुनिए तो; यदि आप इसे अपने अनुभव से नहीं जानते हैं तो यह किसी दूसरे ग्रह से आए अजनबी से बात करने जैसा हो जाता है।

**कृष्णमूर्ति :** देखिए, सर, क्या यह एक आदत है? यदि यह एक आदत ही है, तो यह आदत खत्म कैसे हो?

**मॉरिस फ्रीडमैन :** बात बस यही है।

**कृष्णमूर्ति :** बस यही है, जिससे आपका सरोकार है। एक आदत, कोई भी आदत—सिगरेट या शराब पीना, ज़रूरत से ज़्यादा खाना—कैसे छूटे?

**मॉरिस फ्रीडमैन :** वह तो आमतौर पर शिद्दत से देखने पर छूट जाती है।

**कृष्णमूर्ति :** क्या शिद्दत से देखने पर बड़बड़ करना भी खत्म हो जाएगा?

**मॉरिस फ्रीडमैन :** नहीं होता। यही तो अचरज है। इसीलिए इस मुद्दे को मैंने उठाया।

**कृष्णमूर्ति :** मुझे नहीं लगता कि नहीं होता।

**मॉरिस फ्रीडमैन :** मैंने तो ढेरों आँसू बहाये कई बार, पर इसका अंत नहीं हुआ।

**कृष्णमूर्ति :** ठहरिए, सर। मुझे लग नहीं रहा है कि ऐसा नहीं होता है। यदि मैं बारीकी से अवलोकन करता हूँ सिगरेट फूँकने की आदत का, शिद्दत से ध्यान देता हूँ उसकी पूरी प्रक्रिया पर, तो वह बिखर जाती है, छूट जाती है। तो यह आदत क्यों नहीं छूट सकती?

**मॉरिस फ्रीडमैन :** क्योंकि यह स्वचालित, 'ऑटोमैटिक' है; सिगरेट फूँकना स्वचालित नहीं होता है।

**कृष्णमूर्ति :** यह स्वचालित है नहीं। यह स्वचालित बन गयी है।

**मॉरिस फ्रीडमैन :** हम इसकी शुरुआत की बात न उठाएँ। शुरुआत नहीं हुआ करती। मैं मन के बड़बड़ करने की कोई शुरुआत नहीं खोज पा रहा हूँ; और यह बड़े अजीब ढंग से स्वचालित है। यह मस्तिष्क का करीब-करीब एक स्वतंत्र कंपन है, और मैं इसके सामने बेबस हूँ। मैं बस यह देखता हूँ कि मस्तिष्क में कंपन हो रहा है, वह बस कलरव करता जा रहा है और मैं उसमें कुछ नहीं कर सकता।

**कृष्णमूर्ति :** सारा कुछ अनैच्छिक। जी हाँ, इस बात को हम सभी ने स्वीकारा है।

**पुपुल जयकर :** सारी पद्धतियाँ मन के बड़बड़ाते रहने की इस ऊपरी गति के साथ जूझती हैं, और कुछ भी शुरू करने से पहले ही वे कहते हैं कि सबसे पहले तो इसे खत्म होना चाहिए।

**मॉरिस फ्रीडमैन :** हम कहते हैं सब कुछ सहायक है—एकाग्र होना, मंत्रों को दोहराना, कुछ हद तक एकरूपता, एकतानता ले आना। देखिए, यह बड़बड़ एकतान नहीं होती है; एक घटना के तौर पर ज़रूर यह एकरस है, पर इसकी विषयवस्तु लगातार बदलती रहती है।

**कृष्णमूर्ति :** जी हाँ, इसकी विषयवस्तु बदलती रहती है। यह काफी रोचक है।

**मॉरिस फ्रीडमैन :** कभी यह उबाऊ होती है, तो कभी रोचक।

**पुपुल जयकर :** यह एकदम असंबद्ध, बगैर किसी तारतम्य के होती है।

**मॉरिस फ्रीडमैन :** कभी-कभी कोई बड़ी अजीब किस्म की वृत्ति हमें प्रभाव में लपेट लेती है।

**कृष्णमूर्ति :** जी बिलकुल, बिलकुल।

**पुपुल जयकर :** परंतु बुनियादी प्रश्न तो यह है कि जब तक सोचने की प्रक्रिया चेतना को भरे रखती है, और वही हमारी चेतना का मुख्य क्रियाकलाप होती है, जब तक हमारे भीतर निर्देशित चिंतन और बड़बड़ चला करते हैं, मुझे नहीं लगता कि एक को बनाए रखकर दूसरे से छुटकारा पाना संभव भी है।

**अच्युत पटवर्धन :** इस चीज़ के प्रति एक दूसरा नज़रिया भी है—हमारा मन अलग-अलग स्तरों पर काम कर रहा होता है, और उसका बड़बड़ाना वह गति है

जिसमें ये सभी तल आपस में गड्डमड्ड हो जाते हैं।

**पुपुल जयकर :** मुझे ऐसा नहीं लगता है, मुझे नहीं लगता कि वे तल आपस में गड्डमड्ड हो जाते हैं। विचार की चेतन गति वह है जब विचारक विचार के बल पर एक आधार गढ़ता है और वहाँ से तर्क और दलील के सहारे समाधान ढूँढ़ने लगता है। तर्कशून्यता के क्षेत्र में, इस बड़बड़ में, कई चीज़ें हो रही होती हैं जो यह तर्कशील मन समझ नहीं पाता है। मैं यह सोच रही थी कि क्या ये दोनों एक दूसरे के पूरक या प्रतिरूप नहीं हैं और क्या एक के बिना दूसरे का अस्तित्व संभव है।

**स. बालसुंदरम् :** हम बड़बड़ का विरोध करते हैं, पर ज़ाहिर है कि हमें निर्देशित व्यस्तता पर कोई एतराज़ नहीं।

**पुपुल जयकर :** यही तो मैं कह रही हूँ। सवाल यहाँ 'एतराज़' का नहीं है। मेरा कहना है जब तक एक मौजूद है तब तक दूसरे ने भी होना ही है।

**अच्युत पटवर्धन :** मुझे शक है।

**पुपुल जयकर :** चलिए इस पर चर्चा करते हैं। मैं सोच रही हूँ कि यह कहीं उस दूसरे का ही अक्स तो नहीं?

**स.बालसुंदरम् :** यह मन निर्देशित व्यस्तता को जानता है। ज़ाहिर तौर पर यह बड़बड़ को, अनिर्देशित बड़बड़ की स्थिति को भी जानता है। क्या ऐसा मन अवकाश को अथवा रिक्तता को भी जानता है?

**पुपुल जयकर :** उसे यूँ नहीं कहिए।

**स.बालसुंदरम् :** नहीं। क्योंकि कृष्णजी ने अवकाश, 'स्पेस' की बात उठाई थी।

**कृष्णमूर्ति :** आगे कहिए, मैं बस इसे समझने-टटोलने की कोशिश कर रहा था।

**पुपुल जयकर :** तो इसे उस तरह से न रखें। अगर एक का वजूद है तो दूसरे का भी होगा। इसकी मैं छानबीन करना चाहूँगी।

**अच्युत पटवर्धन :** मैं इस पर सवाल उठा रहा हूँ, क्योंकि मेरा कहना है कि किसी व्यक्ति के लिए किसी एक दिशा-निर्देशित कार्य को निपुणता से कर पाना संभव है। वह हुई निर्देशित गतिविधि। और अब आप यह कह रही हैं कि जो व्यक्ति निर्देशित गतिविधि करने में सक्षम है, उसमें सारा समय बड़बड़ करने की यह सनक भी होगी।

**पुपुल जयकर :** नहीं, मैंने यह नहीं कहा। निर्देशित गतिविधि से अभिप्राय सिर्फ तकनीकी कार्यों से संबंधित गतिविधि से ही नहीं है, पूरी मनोवैज्ञानिक गतिविधि का क्षेत्र भी निर्देशित हुआ करता है। जब तक वह मनोवैज्ञानिक, भावनात्मक गतिविधि निर्देशित की जा रही हो, यह दूसरी हलचल भी बनी रहती है।

**पी.वाई. देशपांडे :** मेरे ख्याल से मन एक आईने की तरह कार्य करता है, यह हमारी सारी गतिविधियों को प्रतिबिंबित करता है, भौतिक और मनोवैज्ञानिक दोनों को ही, अतीत एवं वर्तमान सभी को, जो हमारी चेतना की गहराइयों में मौजूद हैं। जब

तक हम इस ओर तवज्जो नहीं देते, हमारा यह बड़बड़ाना जारी रहेगा।

**कृष्णमूर्ति :** आप इसे कैसे रोकेंगे? उनकी रुचि इसी प्रश्न में है।

**पुपुल जयकर :** अच्युतजी का कहना है कि कार्य के स्तर पर और मनोवैज्ञानिक स्तर पर भी निर्देशित चिंतन की एक अवस्था हो सकती है, बगैर इस बड़बड़ के।

**अच्युत पटवर्धन :** नहीं। मैं यह कह रहा हूँ कि यह एक गतिविधि है; मुझे मालूम है यह शुरू कैसे होती है, मुझे इसका स्रोत मालूम है, और इसका खत्म होना मालूम है।

**पुपुल जयकर :** यदि यह एक निर्देशित गतिविधि है, तो क्या मुझे वाकई में उसका स्रोत मालूम है?

**अच्युत पटवर्धन :** इसी तरह से तो केन्द्र खुद को कायम रखता है; वही तो है केन्द्र।

**पुपुल जयकर :** यही अनुमान मेरा होता है जब मैं इसकी खोजबीन करना, इसकी जड़ कहाँ है यह पता लगाना चाहती हूँ, पर न तो मैं वह जड़ देख पाती हूँ न ही इसका स्रोत।

**पी.वाई. देशपांडे :** हम मन के सहज स्वाभाविक प्रवाह को दो में बाँट रहे हैं एक बड़बड़ाना, और दूसरा जो बड़बड़ाना नहीं है। ऐसा क्यों करना चाहिए हमें?

**कृष्णमूर्ति :** वे कहते हैं कि बड़बड़ करना ऊर्जा की बरबादी है।

**पी.वाई. देशपांडे :** हम ऐसा क्यों कहें; हम यह कैसे जानते हैं?

**कृष्णमूर्ति :** हाँ, बिल्कुल। हम जान सकते हैं कि यह किस कदर विवेकहीन, अतार्किक, बेतरतीब है; आप वह सब जानते ही हैं।

**पी.वाई. देशपांडे :** पर क्या हम यह नहीं जानते हैं कि तमाम तर्क-विवेक के प्रयास आखिर में सिफर साबित होते हैं? दोनों ही समान रूप से सही या गलत हैं; चयन क्यों?

**मॉरिस फ्रीडमैन :** मेरे हिसाब से मन की दो तरह की गतिविधियाँ होती हैं : इरादतन, और गैर-इरादतन। जो इरादतन है, उससे मेरा कोई झगड़ा नहीं है। मेरा झगड़ा है गैर-इरादतन, मंशा के बगैर होने वाली हलचल से।

**कृष्णमूर्ति :** यही हमने कहा था। इसे आप दसियों अलग तरीकों से कह सकते हैं।

**मॉरिस फ्रीडमैन :** क्या हम उस मंशा के बगैर होने वाली हलचल से छुटकारा पा सकते हैं?

**कृष्णमूर्ति :** बस केवल इसी से है इनका सरोकार। वह पूछते हैं, "क्या मैं इस बड़बड़ को रोक सकता हूँ?" पूर्ण विराम। आप इस दिशा में आगे कैसे बढ़ेंगे?

**मॉरिस फ्रीडमैन :** मैं निहायत बेवकूफाना ढंग से बढ़ता हूँ; मैं कोई किताब उठा लेता हूँ या संगीत सुनने लगता हूँ—बाहरी मदद।

**कृष्णमूर्ति :** नहीं, वह तो फिर भटक जाना होगा। मैं ऐसा नहीं करूँगा। मैं किसी और दिशा में नहीं भागूँगा इस बड़बड़ को रोकने की खातिर, और मैं इसे रोक देना चाहता हूँ क्योंकि मैं देख रहा हूँ कि यह एक तर्कहीन प्रवाह है विचारों का, जिनका कोई अर्थ नहीं है। ठीक? अब, इसका अंत कैसे हो?

**मॉरिस फ्रीडमैन :** मैं बस यह कर सकता हूँ कि इस प्रश्न पर गौर करूँ।

**कृष्णमूर्ति :** पर वह सिलसिला फिर लौट आएगा।

**मॉरिस फ्रीडमैन :** जितने वक्त मैं इस प्रश्न को देख रहा होता हूँ, वह बड़बड़ थम जाया करती है।

**कृष्णमूर्ति :** पर वह फिर बाद में लौट आती है, इसलिए मैं इसे रोकना चाहता हूँ...

**मॉरिस फ्रीडमैन :** ...हमेशा के लिए।

**कृष्णमूर्ति :** हमेशा के लिए। अब, मुझे यह कैसे करना होगा? तो एक निर्देशित, इरादतन गतिविधि के साथ व्यस्त होने की बजाय मैं अब इस बड़बड़ को खत्म करने को लेकर व्यस्त हो जाता हूँ।

**स.बालसुंदरम् :** सर, मुझे धन को लेकर, किसी और चीज़ को लेकर व्यस्त रहने में कोई आपत्ति नहीं होती।

**कृष्णमूर्ति :** यही बात है।

**स.बालसुंदरम् :** सौ जुदा-जुदा चीज़ों को लेकर। मैं कहता हूँ वह सब ठीक है। पर मेरा कहना है, "यह धन्य मन बकबक क्यों किया करता है? इस चीज़ को मैं रोकना चाहता हूँ।"

**कृष्णमूर्ति :** मैंने इस प्रश्न को शुरुआत में ही रखा था। मैं चाहता हूँ इस बकबक को बंद करना, और मैं यह देखता हूँ कि यह ऊर्जा की बरबादी है। मुझे क्या करना होगा? मैं इसे हमेशा के लिए कैसे बंद करूँ?

**मॉरिस फ्रीडमैन :** यह तो मुझे कतई मालूम नहीं है कि किसी भी चीज़ को हमेशा के लिए कैसे बंद करना होता है।

**कृष्णमूर्ति :** ठीक है। फिलहाल, एकाध दिन के लिए—जैसे आप इसे कहना चाहें। कैसे मुझे इसे रोकना है? इसका अंत कैसे होगा?

**पुपुल जयकर :** मुझे लगता है कि जब तक आप मन की किसी भी प्रक्रिया को देख रहे हैं, चाहे वो निर्देशित हो या अनिर्देशित हो, आप फँसे हुए हैं। मुझे नहीं लगता आप मन के बड़बड़ाने में कोई सुधार ला सकते हैं। मुझे नहीं लगता है कि इस पर कोई भी काम, इसका कोई उपाय किया जा सकता है।

**कृष्णमूर्ति :** आपको इस बड़बड़ाने पर आपत्ति क्यों है? आप कहते हैं कि आप ऊर्जा बरबाद कर रहे हैं, पर वह तो आप दस अलग दिशाओं में भी कर रहे हैं।

**पुपुल जयकर :** कल, आपके यहाँ एक अमूर्त चित्रकला होगी, या कविता

होगी या संगीत होगा, जो पूरी तरह से अनमेल, असंबद्ध होगा।

**कृष्णमूर्ति :** जानता हूँ।

**पुपुल जयकर :** यदि आप अब से बीस, तीस साल पहले के ज़माने में होते, तो इसमें कोई मायने नहीं रहे होते। पर यदि आप इसे एक अलग ही तरह से सुनें...

**कृष्णमूर्ति :** परंतु अब भी इसके कोई मायने नहीं हैं।

**पुपुल जयकर :** यानी इस पूरी चीज़ का कोई अर्थ नहीं है।

**अच्युत पटवर्धन :** यह तो अति सरलीकरण हो गया।

**कृष्णमूर्ति :** सर, मुझे तो अपने मन के बड़बड़ करने पर कोई एतराज़ नहीं। इसमें जो थोड़ी-बहुत ऊर्जा बरबाद हो रही है उसमें मुझे कोई दिक्कत नहीं है, क्योंकि मैं तो कितनी ही अन्य दिशाओं में ऊर्जा बरबाद कर रहा हूँ। तो मैं क्यों इस बड़बड़ करने पर आपत्ति करूँ?

**मॉरिस फ्रीडमैन :** उस अन्य दिशा के लिए मेरी सम्मति है।

**कृष्णमूर्ति :** तो आपको वास्तव में एक खास तरह की ऊर्जा के क्षरण होने से असहमति है। पर मेरा एतराज़ किसी भी दिशा में ऊर्जा की बरबादी को लेकर है।

**मॉरिस फ्रीडमैन :** यह एक संदेहास्पद बिंदु है : ऊर्जा की बरबादी क्या है और क्या नहीं है?

**कृष्णमूर्ति :** इसी पर हम आ रहे हैं।

**मॉरिस फ्रीडमैन :** क्या साँस लेना ऊर्जा की बरबादी है? साँस लेना तो लगातार चलता ही रहता है।

**पुपुल जयकर :** क्या बड़बड़ करना ऊर्जा की बरबादी है, या मन का यह कहना, "मैं नहीं चाहता कि यह बड़बड़ाया करे"?

**कृष्णमूर्ति :** मैंने यह पूछा था, यह पूछा था।

**अच्युत पटवर्धन :** मैं यह भी सुनिश्चित करना चाहूँगा कि हम एक बहुत ही जटिल समस्या से, इन सरल जवाबों को देकर, बच तो नहीं रहे हैं।

**पुपुल जयकर :** मैं यह नहीं कह रही कि हमने इस समस्या को सुलझा लिया है।

**अच्युत पटवर्धन :** नहीं, मैं बस इसे सुनिश्चित करना चाह रहा था।

**पुपुल जयकर :** इसे दो तरह से देखा जा सकता है। एक तो यह कहना कि मैंने समस्या को सुलझा लिया है। मैं ऐसा कुछ नहीं कह रही हूँ, क्योंकि समस्या तो काफी व्यापक है। परंतु इस पूरी विचार प्रक्रिया के फलस्वरूप, जो कि मस्तिष्क की कोशिकाओं में शब्द-रचना का आधार है, हम क्यों निर्देशित और अनिर्देशित में फर्क कर रहे हैं।

**कृष्णमूर्ति :** मुझे एतराज़ नहीं है।

**पुपुल जयकर :** मेरा कहना बस यही है।

**कृष्णमूर्ति :** फ्रीडमैन को एतराज़ है।

**मॉरिस फ्रीडमैन :** शायद आपका अनुभव वही न हो जैसा कि मेरा है। अपनी कहूँ तो जब भी मेरा मन इस बड़बड़ की अवस्था में होता है, तब मुझे तो बड़ी व्यग्रता होती है।

**कृष्णमूर्ति :** व्यग्रता, जी हाँ। बेचैनी।

**मॉरिस फ्रीडमैन :** नहीं, बेचैनी भर नहीं। करीब-करीब विषाद ही कहिए।

**पुपुल जयकर :** मैं इसे काफी कुछ जानती हूँ। हम खुद को बेवकूफ नहीं बनाएँ। हम सभी इसे जानते हैं।

**मॉरिस फ्रीडमैन :** हम सब इसे जानते हैं। जैसे कि दिमाग ठिकाने पर नहीं रहा हो...

**कृष्णमूर्ति :** मैं यह समझ नहीं पा रहा, सर।

**मॉरिस फ्रीडमैन :** दिमाग ठिकाने पर नहीं रहता। मुझमें बस यह बड़बड़ चलती रहती है, और मैं करवटें बदलता रहता हूँ, पर बड़बड़ लगातार जारी रहती है, और यह मुझे पकड़ती अनायास ही है।

**कृष्णमूर्ति :** सर, हम एक समय में एक ही चीज़ पर टिके रहें। आप कहते हैं कि यह ऊर्जा की बरबादी है। हम कितने ही तरीकों से ऊर्जा बरबाद कर रहे हैं। आप क्यों इस पर एतराज़ करते हैं?

**मॉरिस फ्रीडमैन :** यह सबसे अरुचिकर बरबादी है ऊर्जा की।

**कृष्णमूर्ति :** तो हम फिर लौट आते हैं। हम इसे तर्कसंगत रखना चाहेंगे—आप ऊर्जा की अरुचिकर बरबादी नहीं चाहते हैं, पर यह अगर रुचिकर हो, आपको मंजूर होगी।

**मॉरिस फ्रीडमैन :** बेशक।

**कृष्णमूर्ति :** तो आपका एतराज़ ऊर्जा की ऐसी बरबादी पर है जो अरुचिकर है।

**अच्युत पटवर्धन :** यह भी है, कि जहाँ भी कहीं जाना-पहचाना प्रयोजन होता है, परिचित उद्देश्य होता है, मैं ऊर्जा की बरबादी की उन दिशाओं का जिम्मा ले लेता हूँ, क्योंकि कम से कम यहाँ मैं अपने प्रयोजन को समझने की हालत में होता हूँ और यह देख पाता हूँ कि कैसे उस दिशा में ऊर्जा बरबाद हो रही है। परंतु जब मैं प्रयोजन तक नहीं जान पाता, तब मुझे समझ नहीं आता कि मैं इसके साथ कैसे निपटूँ।

**कृष्णमूर्ति :** अब, यह तो एक ही बात को दस अलग तरीकों से दोहराना हुआ। मुझे समझ में नहीं आ रहा कि आप क्यों इसे एक समस्या बना रहे हैं?

**पुपुल जयकर :** जब मेरे मन में एक बड़ी समस्या होती है, और मेरा मन उसके बारे में सोच-विचार कर रहा होता है, यह भले ही तर्कसंगत और एक निर्देशित ढंग से हो रहा हो, मेरा मन उस समस्या से पूरा भरा होता है, मैं उस समस्या से भरी होती हूँ। तब मेरा मन बड़बड़ाहट से भरा होता है।

**कृष्णमूर्ति :** देखिए, मैं इस समस्या को अलग नज़रों से देखूँगा। मेरा सरोकार

इससे नहीं है कि मेरा मन बड़बड़ करता है या नहीं। चाहे इसकी गति निर्देशित हो या अनिर्देशित हो, इरादतन हो या गैर-इरादतन हो, महत्त्वपूर्ण है एक ऐसा मन जो एकदम अडिग-स्थिर है, चट्टान-सा अडिग। और तब यह समस्या रहती ही नहीं—ठीक है, उसे बड़बड़ाने दें। और यह ऐसे ही है जैसे...

**मॉरिस फ्रीडमैन :** ...समुद्र, जो लहरों से विचलित नहीं होता है।

**कृष्णमूर्ति :** जी हाँ, एक कदम पीछे रहता है।

**पुपुल जयकर :** क्या आप मन में, शब्द-रचना के रूप में सोचते हैं, या आप सजग होते हैं और आपका बोलना होता है? मैं जानना चाहूँगी।

**कृष्णमूर्ति :** ठहरिए, उस प्रश्न को पकड़े रहिए। मैं इस प्रश्न को एक अलग नज़रिये से देख-समझ रहा हूँ, कुछ अलग ही ढंग से। यदि मन पूरी तरह से चट्टान सरीखा अटल-अडिग है, तब किसी के इस पर पानी उछालने पर, या किसी पंछी के इसके ऊपर से गुज़रने पर, या किसी पंछी के इस पर गंदगी कर देने पर—आप वह सब हटा-झाड़ देते हैं। असल बात *वह* है, न कि यह।

**मॉरिस फ्रीडमैन :** मैं अपने मन को सतही स्तर पर ही जानता हूँ; वह गहरा है कि नहीं, मैं नहीं जानता हूँ।

**कृष्णमूर्ति :** मैं समझ रहा हूँ, सर। मैंने कहा कि मैं इससे इस ढंग से पेश आता। मैं यह नहीं कह रहा कि आपको भी इसी ढंग से पेश आना चाहिए। यदि मेरे सामने ऐसी समस्या हो, तो मेरा रवैया कुछ यूँ होगा, मैं पता लगाऊँगा कि क्या मेरा मन चट्टान सरीखा अटल है, स्थिर है। और एक छोटी-सी लहर, हल्की-सी बारिश, थोड़ी-सी हलचल से फर्क नहीं पड़ता। पर आपका इसको लेकर जो नज़रिया है—मैं यह नहीं कह रहा कि आप गलत हैं और मैं सही—उसमें ऊर्जा की बरबादी को, अतर्क्य बरबादी, गैर-इरादतन बरबादी को रोकने का मुद्दा अहम है। और मेरा कहना है मंशा के बगैर या मंशा से, यह बरबादी तो सारा समय आपके चहुँओर हो ही रही है। तो, मेरे लिए, यह समस्या एकदम सीधी-साफ है : क्या यह मन पूर्णरूपेण अडिग-स्थिर है?

**मॉरिस फ्रीडमैन :** किसी पिछले जन्म से मुझे यह वरदान मिला हुआ है कि जब भी मैं 'ओम्' का उच्चारण करता हूँ, मन थम जाता है।

**कृष्णमूर्ति :** ठीक है।

**मॉरिस फ्रीडमैन :** क्या मुझे 'ओम्' दोहराते रहना होगा?

**कृष्णमूर्ति :** हाँ, यदि आप चाहें तो। ऐसा है, वे बचकानी चीज़ें हैं, वह सारा कुछ।

**मॉरिस फ्रीडमैन :** मैं जान रहा हूँ कि वह एकदम मूढ़ता है, पर मैं करूँ क्या? इसे कैसे रोकूँ?

**कृष्णमूर्ति :** मैं आपको बतला रहा हूँ। मैं इससे बिलकुल अलग ढंग से पेश आता। मुझे पता है कि मन चहचहाता है, मुझे पता है कि कई सारी दिशाओं में, मंशा से, मंशा के

बगैर, चेतन रूप से, अचेतन स्तर पर, ऊर्जा की बरबादी हो रही है। मैं कहता हूँ इसे छोड़ दें, रहने दें, इससे बहुत ज़्यादा परेशान न हों, इसे एक भिन्न प्रकार से, अलग ढंग से देखें।

**मॉरिस फ्रीडमैन :** यानी कि, गोता लगाएँ, लहरों के तले गोता लगा दें।

**कृष्णमूर्ति :** गोता लगा दें, तल की चट्टान तक जा पहुँचें।

**मॉरिस फ्रीडमैन :** जी हाँ, उन चट्टानों को छू लें, समुद्र की तलहटी पर पहुँच जाएँ। व्हेल की तरह जा बैठें, गहराइयों में जा पहुँचें और वहाँ बैठ जाएँ।

**पुपुल जयकर :** मैं आपसे एक प्रश्न पूछना चाहती हूँ...

**कृष्णमूर्ति :** ...जो अलहदा है।

**पुपुल जयकर :** इससे संबंधित है।

**कृष्णमूर्ति :** पूछिए। मुझे नहीं पता कि संबंधित है।

**पुपुल जयकर :** क्या आपका मन...

**कृष्णमूर्ति :** किसका मन?

**पुपुल जयकर :** आपका मन।

**कृष्णमूर्ति :** ओह, हे प्रभु!

**पुपुल जयकर :** ...क्या यह विचार के तहत कार्य करता भी है, विचार और शब्द-निर्माण के तहत जिनकी मन में आवाजाही हो रही हो?

**कृष्णमूर्ति :** नहीं।

**पुपुल जयकर :** क्या आपका मस्तिष्क शब्दों को बुनता चला जाता है, जो कि यह बतियाता हुआ मन है।

**मॉरिस फ्रीडमैन :** मैं आपको जैसे देख पा रहा हूँ, एक शरीर के नाते, मैं देखता हूँ कि यहाँ पर एक आदमी है जो पूर्णतया शून्य है। उसे पता नहीं होता कि वह आगे क्या कहने वाला है, पर वह कुछ कहता है और वह अर्थपूर्ण होता है, बस प्रकट होता चला जाता है। लेकिन बेचारा आदमी, यदि आप उससे पूछें कि उसका अगला वाक्य क्या होगा, तो उसे मालूम नहीं।

**कृष्णमूर्ति :** मैं सहमत हूँ।

**पुपुल जयकर :** तो आपकी चेतना वस्तुतः शून्य है।

**मॉरिस फ्रीडमैन :** ये केवल खुद को देखते रहते हैं, देखते रहते हैं, बस यही, मुझे तो ऐसा ही लगता है।

**कृष्णमूर्ति :** ये बात हमें बहुत दूर तक नहीं ले जाने वाली।

**पुपुल जयकर :** यह हमें एक संकेत देती है।

**कृष्णमूर्ति :** बात दूर तक नहीं ले जाएगी, इसे छोड़ दीजिए। किसी और विषय को लीजिए—आधा-अधूरापन, 'मीडिऑक्रिटी'।

**स.बालसुंदरम् :** आप उस मुद्दे को दो अलग स्थितियों से देख रहे हैं। एक :

आप कह रहे हैं, "देखिए, इस विखंडन को, देखिए कि क्या होता है।" और तब आप अचानक छलांग लगाते हैं और कहते हैं, "छोड़ दीजिए उसे। क्या ऐसा कोई मन है जो अविचल हो, जो विचलित हो ही न सके? क्या ऐसी कोई स्थिति है?"

**कृष्णमूर्ति :** हाँ, मैं कहूँगा कि हाँ।

**स.बालसुंदरम् :** आप कहते हैं कि आप इस चीज़ को देखें, और फिर आप उसे छोड़ देते हैं, और पूछते हैं, "क्या एक अलग ढंग है?"

**कृष्णमूर्ति :** मुझे नहीं लगता कि मन के बोलते रहने की समस्या इससे अलहदा किसी ढंग से निबटाई जा सकती है।

**स.बालसुंदरम् :** दोनों के बीच क्या संबंध है?

**कृष्णमूर्ति :** मुझे नहीं लगता कि कोई संबंध है।

**स.बालसुंदरम् :** इन दो ढंगों के, तरीकों के बीच क्या संबंध है? इन दोनों का संबंध नहीं। आप कहते हैं, "इस विखंडन को देखिए, अपनी बड़बड़ को, अपने चहचहाने को, ऊर्जा की इस बरबादी को देखिए," और तब आप पूछ लेते हैं, "क्या एक ऐसी स्थिति है?"

**कृष्णमूर्ति :** हाँ। मन चहचहा रहा है, और हमने आधे घंटे इस पर चर्चा की है, अलग-अलग बिंदुओं को लेकर इस बारे में बात की है।

**स.बालसुंदरम् :** तो भी मन इससे विखंडित तौर पर ही पेश आता है।

**कृष्णमूर्ति :** जी हाँ, विखंडित, और समस्या को सुलझाने की चाह लिए, कि देखने से यह हल हो जाएगी। और मैं इस सब को सुनता हूँ और कहता हूँ कि इससे तो कोई जवाब नहीं मिलता, इससे पूरी तस्वीर साफ नहीं होती लगती। इसीलिए मैं ठहर जाता हूँ, सुनता हूँ, देखता हूँ और तब कहता हूँ, "बाखुदा, एक अलहदा नज़रिया भी है।" शायद। मन इतना अस्थिर है कि इसमें गहन स्थिरता की गहरी जड़ें नहीं हैं, इसलिए यह बतियाता रहता है। सो, यह बात हो सकती है। आप देख पा रहे हैं?' 'जो है' के अवलोकन से, उसे देखने की बात से मैंने छलांग नहीं ली है। छलांग लेने जैसा प्रतीत होता है, लेकिन मैंने इसे देखा है, इस पर गौर किया है। इस सुबह मैंने कहा कि यह मुद्दा हमारे सामने है तो...

**स.बालसुंदरम् :** आपने छलांग नहीं ली। हम स्वयं में उस खंड पर काम कर रहे थे।

**कृष्णमूर्ति :** बात यही है।

**स.बालसुंदरम् :** जब कि आपने अचानक से पूरी विषय-वस्तु को समेट लिया।

**कृष्णमूर्ति :** जी हाँ, मैं ऐसा ही महसूस करता हूँ। ऐसा है, मैं तो इससे उसी ढंग से पेश आता। यदि मेरा मन बड़बड़ कर रहा होता, तो मैं कहता, "हाँ, यह बड़बड़ा रहा है, मैं जानता हूँ कि यह ऊर्जा की बरबादी है" और यही सारा कुछ। मैं इसे देख

रहा होता, और एक कुछ और ही पहलू इसमें उजागर होता—यह कि मेरा मन ज़रा भी स्थिर-अडोल नहीं है। तो मैं इस बड़बड़ाहट की बजाय *उसकी* पड़ताल करता।

**स.बालसुंदरम् :** क्या वह माँग... ?

**कृष्णमूर्ति :** वह माँग ही इसे सृजित करती है। नहीं, नहीं, मुझे सावधानी बरतनी होगी। बल्कि मैं 'माँग' शब्द का भी प्रयोग नहीं करूँगा। माफ कीजिएगा, मैंने जो कुछ कहा उसे मैं रद्द कर रहा हूँ।

**स.बालसुंदरम् :** यह कुछ ऐसा है जैसे आपके पास एक पात्र हो पारे से भरा हुआ, और आप उसे फैला दें, तो उसकी बूँदें हर दिशा में बिखर जाती हैं। कभी-कभी ऐसा लगता है कि हमारी भी ऐसी ही दशा है।

**पुपुल जयकर :** जब आपने मन के आधारस्तंभ होने की बात की थी, स्थिरता का स्तंभ, मौन, गहनता, अनंत गहनता, तो आपने कहा कि यदि मन बड़बड़ कर रहा हो, तो आप *उसका* अनुशीलन करेंगे।

**कृष्णमूर्ति :** ठीक। वही मेरा सरोकार होगा, न कि अपनी बड़बड़ से।

**पुपुल जयकर :** उससे आपका सरोकार होगा। अब, आप उस बारे में क्या करेंगे ?

**कृष्णमूर्ति :** जी। उस पर चर्चा कर लेते हैं।

**स.बालसुंदरम् :** सर, आप तो इससे तत्क्षण निबट लेते। कैसे निबटते आप इससे ?

**पुपुल जयकर :** आप यह करते कैसे हैं ? ऐसा नहीं है कि आपकी कोई समस्याएँ ही नहीं होंगी; आपके पास समस्याएँ तो होती ही होंगी।

**कृष्णमूर्ति :** बड़बड़ करने को लेकर ?

**पुपुल जयकर :** नहीं, बड़बड़ तो नहीं, लेकिन अन्य समस्याएँ। वह सब एक ही चीज़ से तो उभरता है।

**कृष्णमूर्ति :** ठहरिए। हम बड़बड़ को ही लें।

**मॉरिस फ्रीडमैन :** प्रश्न यह है : बड़बड़ के स्तर से कहीं गहरे तल में गोताखोरी की जानकारी से क्या मेरी समस्या हल हो जाएगी ?

**कृष्णमूर्ति :** ओह, नहीं। गोताखोरी नहीं। आप कहीं और भटक गये, भटक गये।

**मॉरिस फ्रीडमैन :** तब फिर ?

**कृष्णमूर्ति :** यह बड़बड़ तब चलती है, जब मन पूरी तरह से स्थिर न हो।

**मॉरिस फ्रीडमैन :** इसमें तो कोई शक नहीं।

**कृष्णमूर्ति :** इसीलिए मैं बड़बड़ को लेकर नहीं उलझने वाला हूँ।

**मॉरिस फ्रीडमैन :** उससे तो पहले से जारी बड़बड़ और बढ़ जाएगी।

**कृष्णमूर्ति :** नहीं, नहीं।

**मॉरिस फ्रीडमैन :** मन अब निश्चलता के विषय में बड़बड़ाना शुरू कर देता है।

**कृष्णमूर्ति :** नहीं, नहीं। मैं देख रहा हूँ कि जब तक मन स्थिर-अडिग नहीं है,

बड़बड़ ने तो चलना ही है। तो मैं इस बड़बड़ को लेकर चिंतित नहीं हो रहा हूँ। मैं यह पता लगाने जा रहा हूँ कि जो मन पूरी तरह से जड़ों में थिर है, अडिग स्थित है, उसका स्पर्श, उसका एहसास क्या है, उसकी गुणवत्ता क्या है। बस उतना ही है। मैं बड़बड़ के मसले से दूर चला गया हूँ।

**मॉरिस फ्रीडमैन :** आप 'जो है' से 'जो नहीं है' की ओर चले गये हैं।

**कृष्णमूर्ति :** जी नहीं। मैं 'जो नहीं है' की ओर नहीं गया हूँ। मैं जानता हूँ कि मेरा मन बड़बड़ करता है। मैं जानता हूँ कि वह असंगत, अनैच्छिक, गैर-इरादतन बरबादी है ऊर्जा की। और मैं यह भी जानता हूँ कि मैं कई तरीकों से ऊर्जा को बिखेर-छितरा रहा हूँ। उस सारी बरबाद ऊर्जा को एकत्रित करना असंभव है। जैसा कि बालसुन्दरम् ने कहा था, मैं पारा, 'मर्क्यरी' बिखरा देता हूँ और उसकी सैकड़ों बूँदें सारे स्थल पर छितरा गयी हैं; मैं उन्हें इकट्ठी करने में नहीं जुट सकता क्योंकि वह समय की एक अलहदा बरबादी हो जाएगी। तो मैं कहता हूँ कि हो सकता है कोई और ढंग हो, जो कि यह है : यह मन, थिर न होने की वजह से, बड़बड़ाया करता है। तो अब मेरा अन्वेषण, मेरी तहकीकात होगी : इस थिरता की, स्थित होने की प्रकृति एवं संरचना क्या है?

**मॉरिस फ्रीडमैन :** यह थिरता अभी भी शाब्दिक ही है।

**कृष्णमूर्ति :** मैं नहीं जानता, नहीं मालूम।

**मॉरिस फ्रीडमैन :** मैं 'थिरता' शब्द सुनता हूँ।

**कृष्णमूर्ति :** मैं वह सब समझ रहा हूँ। मुझे मालूम नहीं है। मैं अन्वेषण करने वाला हूँ, इस तक आने, इसका पता लगाने वाला हूँ।

**मॉरिस फ्रीडमैन :** शाब्दिक तौर पर यह बेचैनी का विपरीत है। पूर्ण विराम। यदि मेरा मन बड़बड़ कर रहा है, तो यह उसका विपरीत है।

**कृष्णमूर्ति :** मुझे नहीं लगता कि यह उसका विपरीत है।

**मॉरिस फ्रीडमैन :** तब मैं वहीं से शुरू करता हूँ।

**कृष्णमूर्ति :** ठीक। आप कहते हैं कि थिरता बेचैनी का विपरीत है। और मेरा कहना है कि थिरता बेचैनी का विपरीत नहीं है, क्योंकि कोई भी विपरीत अपने विपरीत को समोये हुए रहता है; अतएव यह कोई विपरीत नहीं है।

**मॉरिस फ्रीडमैन :** ठीक है। यह बेचैनी से पलायन है।

**कृष्णमूर्ति :** यह पलायन नहीं है। शुरुआत मैंने बड़बड़ के मसले से की, और इसमें ऊर्जा की बरबादी को मैं देखता हूँ, और मैं यह भी देखता हूँ कि ऊर्जा और कितने सारे तरीकों से बरबाद हो रही है। मैं उन तमाम बरबादियों को, खंडों को इकट्ठा करके उन्हें संपूर्ण नहीं बना सकता हूँ। तो मैं उस समस्या को छोड़ देता हूँ। मैं कहता हूँ, "हाँ, मुझे पता है, मैं इसे समझ रहा हूँ।" हो सकता है यह बड़बड़ चलती ही रहे और विभिन्न दिशाओं में बरबादी होती ही जाए, जब तक कि यह मन चट्टान-सा

अडिग नहीं है। यह एक शाब्दिक कथन नहीं है, यह एक समझ है उस अवस्था की, जो अस्तित्व में आयी है जब उस तहकीकात को हमने छोड़ ही दिया कि बरबाद ऊर्जा को इकट्ठा कैसे करें। तो यह बस कोई शाब्दिक कथन नहीं है—बिखरे हुए पारे के संबंध में उस कथन से यह कुछ भिन्न नहीं है।

**मॉरिस फ्रीडमैन :** और मैं रुकता हूँ। मुझे यह अपव्यय, यह बरबादी रोकनी होगी, वरना मैं केवल शब्द के तल पर रह जाता हूँ।

**कृष्णमूर्ति :** मेरा सरोकार ऊर्जा की उस बरबादी से नहीं है।

**मॉरिस फ्रीडमैन :** तो मैं फिर पूरी तरह से केवल इस समझ के तल पर हूँ कि जब मन की चट्टान-सी थिर अवस्था होगी, तब यह अपव्यय नहीं होगा।

**कृष्णमूर्ति :** नहीं, नहीं, नहीं।

**स.बालसुंदरम् :** हमेशा यह समस्या रहती है कि कुछ भी निषेधात्मक, 'नेगटिव' हो, मन द्वारा विध्यात्मक में, 'पॉज़िटिव' में तब्दील कर लिया जाता है। यह निषेधात्मक प्राकृतिक, सहज रूप से विधायकता में रूपांतरित नहीं होता।

**कृष्णमूर्ति :** मुझे पता नहीं, मैं उस चीज़ को लेकर परेशान नहीं हूँ, पर ये हैं।

**पुपुल जयकर :** पर आप यह भी कह रहे हैं कि इससे आपका सरोकार होगा।

**स.बालसुंदरम् :** मुझे ऐसा लगता है : जब वह कहते हैं कि निषेधात्मक ही विधायक है, 'पॉज़िटिव' है, निषेधात्मक अवलोकन तत्क्षण विधायक हो जाता है। निषेधात्मक, इस प्रक्रिया से होकर गुज़रता है।

**कृष्णमूर्ति :** अर्थात अब मेरा अवधान, 'अटेन्शन' एक अलहदा दिशा में निर्दिष्ट है। बजाय इस ओर निर्दिष्ट होने के कि किस तरह से उस बरबादी को रोका जाए, यह अब इस समझ की तरफ मुखातिब है कि थिर होना क्या होता है।

**स.बालसुंदरम् :** पर यह एक मानसिक निर्देशन नहीं है।

**कृष्णमूर्ति :** नहीं, यकीनन नहीं।

**स.बालसुंदरम् :** यह कोई शाब्दिक, मानसिक या सोचा-विचारा निर्देशन नहीं है।

**कृष्णमूर्ति :** मुझे लगता है यह वास्तव में बहुत महत्त्वपूर्ण है : एक थिर-अडिग मन की प्रकृति क्या है? क्या हम इस पर चर्चा कर सकते हैं? मेरे विचार से यह अच्छा रहेगा। उस स्थिर मन का शाब्दिक वर्णन नहीं।

**मॉरिस फ्रीडमैन :** क्या आप क्षणिक अडिगता की बात कर रहे हैं या स्थायी अडिगता की।

**कृष्णमूर्ति :** ओह, नहीं, नहीं। देखिए, मुझे यह 'स्थायी' शब्द ही पसंद नहीं।

**मॉरिस फ्रीडमैन :** क्या यह मेहमान है या मेज़बान?

**कृष्णमूर्ति :** ओह, हे भगवान, नहीं। (हँसते हुए)

**पुपुल जयकर :** एक थिर मन की प्रकृति क्या है?

**कृष्णमूर्ति :** क्या आप नहीं जानते हैं?

**मॉरिस फ्रीडमैन :** आपकी अनुकंपा से हम सब इसे जानते हैं। मुझे इसका स्वाद मिला है।

**कृष्णमूर्ति :** नहीं, मुझे इससे बाहर रखें।

**पुपुल जयकर :** मैं वैसा बोल सकती हूँ, लेकिन तो भी इससे मन की बड़बड़ तो नहीं रुकती।

**कृष्णमूर्ति :** देखिए, इन्होंने कहा कि सागर बहुत गहरा है, और नीचे गहराई में बहुत थिर, बहुत शांत है; ऊपर-ऊपर थोड़ी लहरें, या एक ज्वार, या उधर से गुज़रती हुई हवाएँ—परवाह न करें। और अगर आप परवाह करने लगे, तो वहीं-के-वहीं रह जाएँगे।

**पुपुल जयकर :** जब आप खुद को वहीं-का-वहीं पाते हैं, तब केवल एक ही चीज़ है करने की : यह देखना कि आप वहीं हैं।

**कृष्णमूर्ति :** या आप पाएँ कि आप वहीं हैं। और आप उसे देखते हैं और उससे आगे बढ़ जाते हैं। इसमें हम बहुत झमेला न खड़ा करें। जैसे ही आप इसे देखते हैं, जैसे बालसुन्दरम् ने इंगित किया था, जब आप इसे देखते हैं नकार तुरंत निश्चयात्मक में, 'पाज़िटिव' में बदल जाता है; जो मिथ्या था, वह तत्क्षण सत्य बन जाता है। बस यही है।

**मॉरिस फ्रीडमैन :** कृष्णजी, कल्पना कीजिए कि आपमें सिगरेट पीने की आदत है। क्या आप उसे बस यूँ ही त्याग देते, या उसके साथ संघर्ष करते?

**कृष्णमूर्ति :** नहीं, मैं संघर्ष नहीं करूँगा।

**मॉरिस फ्रीडमैन :** आप जी भरकर सिगरेट फूँकते?

**कृष्णमूर्ति :** नहीं, मैं जी भरकर नहीं फूँकता। सबसे पहली बात, डॉक्टर ने मुझे बताया है कि "यह आपके लिए बहुत बुरा है, आपको फेफड़े का कैंसर हो जाएगा, यह आदत छोड़ दें।" शरीर को निकोटीन की आदत पड़ गयी है; वह एक मसला है। वह तो संघर्ष करेगा, उसकी माँग करेगा। परंतु मन ने कह दिया है, "बस और नहीं।" चूँकि डॉक्टर ने कहा है मत लीजिए, मैंने उनकी बात को सुना है, इसलिए वह चीज़ खत्म हो गयी है। अतः अब मैं शरीर से कहता हूँ, "मुझे पता है कि तुम संघर्ष करने वाले हो, मैं इसे देखने जा रहा हूँ। मैंने तुम्हें इस मूर्खतापूर्ण आदत से विषाक्त कर दिया है, अब हम देखेंगे कि किस तरह इस विष की निकासी हो।" मैं उस चीज़ से लड़ने नहीं जा रहा।

**मॉरिस फ्रीडमैन :** क्योंकि आपके मन का कोई भी अंश सिगरेट पीने के सुख की कामना नहीं कर रहा।

**कृष्णमूर्ति :** नहीं। मेरे मन का कोई भी अंश ऐसा नहीं है जिसने पूर्णतः न सुना हो।

**मॉरिस फ्रीडमैन :** पर जिस चीज़ की वजह से आपमें सिगरेट पीने की पसंदगी जगी थी वह तो मज़बूत है।

**कृष्णमूर्ति :** मेरी मूर्खतापूर्ण आदत की वजह से।

**मॉरिस फ्रीडमैन :** वह पसंदगी तो मौजूद है। सिगरेट पीने का यह मज़ा तो एक सजीव शै है; यह कोई मर चुकी चीज़ नहीं है।

**कृष्णमूर्ति :** नहीं। वह मज़ा तो तत्क्षण खत्म हो गया जब डॉक्टर ने 'ना' बोल दिया।

**मॉरिस फ्रीडमैन :** तब तो आप जन्मजात ही भिन्न मनुष्य हुए।

**कृष्णमूर्ति :** मैं इसे उसी ढंग से करता हूँ।

**मॉरिस फ्रीडमैन :** हाँ, परंतु हमारी अवस्था वैसी नहीं है।

**पुपुल जयकर :** सिगरेट पीना या ऐसी किसी और आदत को लेकर ठीक ऐसा हो सकता है। पर बड़बड़ करते मन का किस्सा ही अलग है।

**कृष्णमूर्ति :** जानता हूँ। यह बात इन्होंने उठाई थी। हम उस बड़बड़ करते रहने के मुद्दे से निबट चुके हैं, हम उसमें फिर वापस न लौटें। इन्होंने पूछा था, "आप सिगरेट पीने की आदत के साथ कैसे पेश आते, अगर आपमें वह आदत होती?" अगर मेरी ऐसी आदत होती, और यदि मैं एक विज्ञापन पढ़ता कि सिगरेट पीना खतरनाक है, कि यह फेफड़ों पर असर करता है, और इससे आपको कैंसर का रोग हो सकता है, उतना काफी होता। पर आप कहते हैं कि ऐसा नहीं है। मैं कहता हूँ कि वह आदत चली गयी।

**मॉरिस फ्रीडमैन :** चूँकि आप में आत्मरक्षण की एक मज़बूत मूल प्रवृत्ति, 'इंस्टिंक्ट' है, आप वैसे हैं।

**कृष्णमूर्ति :** मेरे विचार से, यही एकमात्र ढंग है।

**मॉरिस फ्रीडमैन :** मुबारक हो। (हँसी)

**कृष्णमूर्ति :** आखिरकार, आप बिना पकाए खाना और वह सब लेते हैं; वह आत्मरक्षण ही है।

**मॉरिस फ्रीडमैन :** आप डर के मारे उस प्रकार नहीं बरत रहे होते?

**कृष्णमूर्ति :** नहीं, मैं डर के मारे नहीं बरत रहा होता। मुझे दिखता है कि यह एक खतरनाक चीज़ है, बात खत्म हो जाती है। मैं देख लेता हूँ कि राष्ट्रवाद एक खतरनाक मामला है, बस बात खत्म।

**मॉरिस फ्रीडमैन :** आप तो आगामी मनुष्यता की बानगी हैं, इस वक्त मौजूद मनुष्यता की नहीं।

**प्रश्नकर्ता :** क्या यह देखना ही वह थिर-अडिग स्थिति है, चट्टान सरीखी स्थिति?

**कृष्णमूर्ति :** जी हाँ, देखना ही वह चट्टान है। या सुनना।

*मुंबई में संवाद, 22 जनवरी, 1973*

# 10

# अव्यवस्था, निद्रा और स्वप्न

*तो सद्‌गुण मन की वह अवस्था है, जिसमें मन को अपने सद्‌गुणी होने का गुमान नहीं है। अतः इसमें सारे अभ्यास, सभी साधनाएँ धराशायी हो जाती हैं।*

**पुपुल जयकर :** सर, क्या हम चेतना के स्वभाव और उसके तत्त्वों के विषय पर चर्चा कर सकते हैं? इस पर हम चर्चा तो पहले भी कई बार कर चुके हैं, फिर भी एक पूरी समझ नहीं बन पायी है कि इसका संबंध मस्तिष्क की कोशिकाओं और बाल्यग्रंथि, 'थाइमस' के साथ क्या है, और क्या हम चेतना के पारंपरिक, शास्त्रानुमोदित दृष्टिकोण को देखें और उसकी छानबीन करें।

**कृष्णमूर्ति :** चेतना के विषय में परंपरावादी दृष्टिकोण क्या रहा है?

**पी.वाई. देशपांडे :** वेदांत में, अद्वैत की दृष्टि से, यानी अ-द्वैतवाद के अनुसार, अज्ञान को कालातीत या आदि-अंतहीन या संस्कारबद्ध चेतना परिभाषित किया गया है। और जब तक इससे कोई मुक्त नहीं होता, सत्य का बोध संभव नहीं।

**अच्युत पटवर्धन :** परंतु चेतना से उनका क्या अभिप्राय है? क्या आप उसका खुलासा कर सकते हैं?

**प्रश्नकर्ता-1 :** वेदांत में, चेतना ही वास्तविक 'स्व' है, तात्पर्य यह कि मनुष्य चेतना ही है। अपनी स्मृति के कारण, उसने एक मानस विकसित कर लिया है, जिसे चित्त कहा जाता है। और जब वह इस चित्त के माध्यम से, मन की मदद से कर्म करता है, वह भौतिक जगत में कर्म कर रहा होता है और इसी में खींच लिया जाता है। यदि वह इसे हटा देता है तो वह चेतना भर रह जाता है और सत्य को प्राप्त कर लेता है।

**मॉरिस फ्रीडमैन :** बौद्धों के अनुसार, अवस्थाओं का एक सिलसिला भर ही होता है, और उस सिलसिले से पैदा होने वाला धुँधलापन ही चेतना है। चेतना जैसा कुछ होता नहीं है; बस कई चेतन अवस्थाएँ होती हैं, और ये क्षणिक होती हैं और ये

केवल उभरा करती हैं। चेतना का एक क्षण उभरता है, लुप्त हो जाता है। अगला क्षण आता है, लुप्त हो जाता है। परंतु ये अवस्थाएँ स्मृति छोड़ जाती हैं और वही धुँधलापन ले आता है, जिससे आपको चेतना की निरंतरता का आभास होता है।

**कृष्णमूर्ति :** क्या हम इन सभी मसलों के बारे में जो भी परंपरागत नज़रिया है, धारणाबद्ध नज़रिया है, उसे फिलहाल भूल सकते हैं? असल में, चेतना है क्या?

**सुनंदा पटवर्धन :** आपने अक्सर कहा है कि चेतना की अंतर्वस्तु ही चेतना है।

**कृष्णमूर्ति :** जी हाँ। क्या आप समझ गये हैं इसे? चेतना की अंतर्वस्तु ही चेतना है।

**सुनंदा पटवर्धन :** यदि हम चेतना की अंतर्वस्तु पर नज़र डालें, तो हम चेतना के प्रति हमेशा किसी परिस्थिति के संदर्भ में ही सजग हो पाते हैं। जैसे कि, एक गृहिणी की चेतना को लीजिए, वह सीमित है। यदि आप किसी अन्य व्यक्ति की चेतना को लेते हैं, हो सकता है उसकी चेतना ज़्यादा व्यापक हो, परंतु वह फैलाव मात्र क्षेत्रीय है, गुणात्मक रूप से भिन्न नहीं है। उसी तरह से, समय की भाषा में, अट्टीला से स्टालिन और निक्सन के समय के दौरान, मनुष्य की चेतना में कोई बदलाव नज़र नहीं आता...

**कृष्णमूर्ति :** ...आमूल रूप से

**सुनंदा पटवर्धन :** ...आमूल रूप से। सो, देशकाल के स्तर पर कहें तो, ऐसा लगता है कि चेतना...

**कृष्णमूर्ति :** ...स्थैतिक, गतिरहित है।

**सुनंदा पटवर्धन :** फिर एक और कारक है, जागने के समय की आपकी चेतना भी चेतना का एक हिस्सा ही है। स्वप्न आता है और आप कहते हैं कि आपको स्वप्न आया था। आप स्वप्न को पहचान पाते हैं, स्वप्न को याद रख लेते हैं, और यह भी चेतना का ही हिस्सा है जो कहता है, "मैंने स्वप्न देखा था।" एक गहन निद्रावस्था भी होती है जिस अवस्था में कोई परेशानी नहीं होती है। हम उस गहन निद्रा से बाहर आते हैं, और कहते हैं अच्छी नींद हुई। अब, उस चेतना की गहन निद्रावस्था की जो भी स्मृति है वह भी चेतना का ही हिस्सा है। फिर हमारे आधुनिक वैज्ञानिक युग का नज़रिया है—चेतन और अचेतन। यह सब भी समस्त चेतना में शामिल है। हम देखते हैं कि कोई भी गति किसी भी दिशा में सीमित ही होती है; कितना भी उसका फैलाव क्यों न हो, वह फिर भी चेतना के दायरे में ही है। वेदांतियों की मान्यता यह लगती है कि एक संस्कारमुक्त, अनछुई, अदूषित चेतना मनुष्य में अंतर्निहित है, और स्मृति, तथा विचार का उठना, इसे बाधित कर देते हैं। यदि आप उठते हुए विचार के प्रति सजग हों, तो विचार उसी में लीन हो जाता है और फिर जो रह जाता है वह केवल चेतना ही है जो कि अस्पर्शित, अनछुई है। हम जानना चाहते हैं कि हम जिस घेरे में गति कर रहे हैं, क्या इससे भिन्न भी कोई गुणधर्म है?

**अच्युत पटवर्धन :** वेदांत या किसी भी अन्य दृष्टिकोण की अपने निजी अनुभव, ज्ञान या समझ के लिए कोई प्रासंगिकता नहीं हो सकती। यह मात्र अटकलबाजी हो जाती है, इसलिए इसको तो हमें छोड़ ही देना होगा।

**सुनंदा पटवर्धन :** यह मत कहिए कि हमें इसको छोड़ ही देना होगा।

**अच्युत पटवर्धन :** मेरे लिए तो यह मान्य नहीं है। जो कुछ भी मेरे अनुभव में नहीं आया है, उसे मैं फिलहाल छोड़ ही देता हूँ। मुझे यह कहना ही होगा कि मैं इसके बारे में कुछ नहीं जानता हूँ। मुझे दृढ़ होकर कहना होगा कि मैं किसी भी सुनी-सुनाई बात को स्वीकार नहीं करूँगा। भले ही तकनीक ने एक गृहिणी की चेतना को संयुक्त राष्ट्र के स्तर पर संकटों से जूझ रहे व्यक्ति की चेतना से जोड़ दिया हो, पर कोई खास गुणात्मक फर्क तो नहीं दिखता। लगता है कि इसकी अंतर्वस्तु अहं के जमाजोड़ तक ही सीमित है। अब, क्या इसके परे भी कुछ है? प्रश्न यही है, और हम केवल इसे ही पूछेंगे।

**सुनंदा पटवर्धन :** ये तीनों अवस्थाएँ गहन निद्रावस्था में भी सम्मिलित हैं। क्या आपको निद्रा में चेतना का ख्याल रहता है? वे कोई ऐसी हस्ती खड़ी करते लगते हैं जो इन तीनों अवस्थाओं से परे है, अनछुई है। क्या मैंने सही कहा?

**अच्युत पटवर्धन :** मैं कहूँगा कि हमें वह दिखाई नहीं दे रही।

**मॉरिस फ्रीडमैन :** चेतना कैसे चेतना से परे किसी चीज़ को जान सकती है? हम चेतना से परे किसी चीज़ को जानना चाहते हैं। उसे कैसे जाना जा सकता है?

**अच्युत पटवर्धन :** मुझे नहीं मालूम। मैं यह देखता हूँ और पूछता हूँ : क्या बस यही है?

**सुनंदा पटवर्धन :** हमें चेतना के स्वभाव को समग्रता में देखने की ज़रूरत है।

**मॉरिस फ्रीडमैन :** मन के परे, चेतना के परे वाली ये सारी बातें...

**कृष्णमूर्ति :** नहीं सर। वैज्ञानिक कह रहे हैं—यही सुनंदा कहने की कोशिश कर रही हैं—चेतना की पूर्ण गतिविधि में यह सब शामिल है : निद्रा, गहन निद्रा, गृहिणी में, तकनीकी क्षेत्र में—यह सब उस चेतना के अंतर्गत ही है, फैलाव में हो या गहराई में। आप ज्ञान का संवर्धन सतही स्तर पर किए चले जा सकते हैं। और वैज्ञानिकों का प्रश्न है—उन्होंने मुझसे पहले भी यह प्रश्न किया है; यह पहली बार नहीं है—क्या ऐसा कोई मन है जो संस्कारबद्ध न हो? बात यह नहीं कि वे ऐसा कुछ मान रहे हैं कि होता है या नहीं; वे बस सवाल उठा रहे हैं, कि क्या ऐसा कुछ है? और इसी को लेकर यह छानबीन है, ठीक?

**मॉरिस फ्रीडमैन :** यह एक अलग प्रश्न है।

**कृष्णमूर्ति :** यही है प्रश्न, सर। केवल यही एक प्रश्न है। शुरुआत करते हैं, चलिए। द्वैत क्या है? क्या द्वैत होता भी है?

**पी.वाई.देशपांडे :** बिल्कुल होता है।

**कृष्णमूर्ति :** ठहरिए, मैं इस पर सवाल उठाना चाहूँगा। मैं कुछ नहीं जानता हूँ—न वेदांत, न अद्वैत, न विज्ञान, कुछ नहीं। हम शुरू करेंगे दूसरों के अनुमानों को एक तरफ रखकर, जो सुनी-सुनाई बातों पर आधारित हैं; उस सबको पूरी तरह से दरकिनार कर दीजिए। क्या द्वैत वाकई होता है? वैसे तो स्त्री-पुरुष, उजाला-अँधेरा, छोटा-लंबा बिल्कुल हैं। इन तथ्यों के क्षेत्र को छोड़ दें, तो क्या कोई और द्वैत है? मैं जानना चाह रहा हूँ कि क्या मनोवैज्ञानिक द्वैत भी होता है। बाहरी दुनिया में स्पष्टत: द्वैत है; छोटा पेड़, ऊँचा पेड़, विभिन्न रंग, विभिन्न वस्तुएँ इत्यादि। सिर्फ *जो है* विद्यमान है और चूँकि हम *जो है* उसका समाधान नहीं कर पाते, तो हम *जो होना चाहिए* उसे रच लेते हैं। तो इस तरह से देखें तो द्वैत है। उस विचार से, उस तथ्य से, *जो है* से हटकर, हम अमूर्तन कर डालते हैं किसी आदर्श के, *जो होना चाहिए* के तौर पर, अरस्तू की पूर्णता की धारणा इत्यादि। लेकिन वजूद तो केवल *जो है* का है।

**पी.वाई. देशपांडे :** वे कहते हैं कि *जो है* ही द्वैत है।

**कृष्णमूर्ति :** मैं केवल *जो है* उसे ही जानता हूँ, *जो होना चाहिए* उसे नहीं।

**पुपुल जयकर :** *जो है,* मेरे लिए तो द्वैत है।

**कृष्णमूर्ति :** नहीं। हम द्वैत के आदी हो गये हैं, हम द्वैत में शिक्षित हुए हैं, हम मनोवैज्ञानिक स्तर पर भी दुई में ही जीते हैं।

**सुनंदा पटवर्धन :** वहाँ भी शुरुआत द्वैत से होती है। हो सकता है वह संस्कारों की वजह से हो या किन्हीं अन्य कारणों से।

**कृष्णमूर्ति :** यह एक तथ्य है। इसी की मैं पहले छानबीन करना चाहूँगा—जीवन के प्रति द्वैतात्मक रवैया जो हमने अपना लिया है, क्या इसकी वजह यही है कि मन, जो है उसे परख नहीं पाया है?

**सुनंदा पटवर्धन :** आप जिस *जो है* की बात कर रहे हैं, उसकी प्रकृति क्या है?

**कृष्णमूर्ति :** यही मैं पता लगाना चाह रहा हूँ। यदि मैं *जो है* को समझ पाता हूँ तो द्वैत होना ही क्यों चाहिए?

**सुनंदा पटवर्धन :** *जो है* को हम किस माध्यम से, किस उपकरण द्वारा समझ सकते हैं?

**कृष्णमूर्ति :** यह प्रश्न ही गलत है।

**स. बालसुंदरम् :** क्या समस्या इसलिए उठती है, क्योंकि *जो है* के साथ कोई संपर्क नहीं है?

**कृष्णमूर्ति :** यही मैं पता लगाना चाहता हूँ।

**स.बालसुंदरम् :** द्वैत के प्रतिपादन में *जो है* के साथ संपर्क करीब-करीब नदारद है।

**कृष्णमूर्ति :** मुझे इसे दूसरे ढंग से पेश करने दीजिए। द्वैत है क्या? क्या द्वैत मापन है?

**पुपुल जयकर :** द्वैत 'मैं' का वह एहसास है जो उसे 'आप' से अलग करता है।

**कृष्णमूर्ति :** ठीक है। 'मैं' और 'मैं नहीं' का भेद ही द्वैत के मूल में है। तो अब यह 'मैं' क्या है, जो कहता है, 'आप भिन्न हैं'? यह 'मैं' क्या है?

**पुपुल जयकर :** आप यह सवाल जब पूछते हैं और मैं इस 'मैं' की गतिविधियों का अवलोकन करने लगती हूँ, तो मुझे यह इतना वास्तविक या तथ्यपरक नहीं लगता जितनी कि एक कुर्सी या मेज या एक शरीर। अपने आप में इसका कोई वजूद नहीं है।

**कृष्णमूर्ति :** क्या मैं कुछ कह सकता हूँ जो हो सकता है, सुनने में अटपटा लगे। मेरे लिए द्वैत जैसा कुछ नहीं है। स्त्री-पुरुष, अँधेरा-उजाला—हम इस स्तर के द्वैत की बात नहीं कर रहे हैं। द्वैत है 'मैं' और 'मैं नहीं' के रूप में, 'मैं' और 'आप' के बीच का वक्फा, 'मैं' के रूप में केन्द्र और 'आप' के रूप में केन्द्र। 'मैं' के रूप में केन्द्र 'आप' के रूप में केन्द्र को देखता है, और इस 'मैं' और इस 'आप' में एक दूरी है। यह दूरी बढ़ाई या घटाई जा सकती है। यही प्रक्रिया चेतना है, ठीक? मैं स्पष्ट होना चाहता हूँ, इसमें सहमति का इज़हार नहीं चाहिए।

**पुपुल जयकर :** यह रोज़ के जीवन की चेतना है।

**कृष्णमूर्ति :** सही है।

**स.बालसुंदरम् :** यह दूरी चेतना को घेरे में बाँधती है।

**कृष्णमूर्ति :** जी हाँ, दूरी ही चेतना है।

**पी.वाई.देशपांडे :** दूरी चेतना में है।

**कृष्णमूर्ति :** नहीं, नहीं। हम और आप बैठे हैं, इसमें भौतिक दूरी है। फिर वह दूरी है जो मन रचता है, जो 'मैं' और 'आप' की है। 'मैं' और 'आप' और यह दूरी ही चेतना है।

**पी.वाई.देशपांडे :** आप भौतिक और मनौवैज्ञानिक में फर्क करते हैं।

**कृष्णमूर्ति :** नहीं, फिलहाल नहीं करना चाहता हूँ।

**सुनंदा पटवर्धन :** अगर पूछा जाए, "यह 'मैं' क्या है?" यह एक ठोस हस्ती तो नहीं है।

**कृष्णमूर्ति :** नहीं, 'मैं' कौन है इसकी छानबीन मैं नहीं कर रहा हूँ।

**सुनंदा पटवर्धन :** हमने शुरुआत की थी द्वैत से, 'मैं' और 'मैं नहीं' से। फिर उन्होंने जगह की बात कही, एक केन्द्र 'मैं' और उस दूसरे केन्द्र के बीच।

**कृष्णमूर्ति :** इस केन्द्र और दूसरे केन्द्र के बीच की जगह, इस केन्द्र और दूसरे केन्द्र के बीच की गति—फैलाव में या गहराई में, घटा-बढ़ा के—सब कुछ चेतना ही है।

**पुपुल जयकर :** बस इतना ही है?

**कृष्णमूर्ति :** मैं बस शुरुआत कर रहा हूँ।

**अच्युत पटवर्धन :** आपने दो केन्द्रों की तरफ इंगित किया—यह केन्द्र जब

दूसरे केन्द्र के सामने आता है...

**कृष्णमूर्ति :** केवल यही एक केन्द्र है। दूसरा केन्द्र तो इस केन्द्र की कल्पना है।

**अच्युत पटवर्धन :** मैं यह नहीं कह रहा हूँ। मैं कह रहा हूँ कि दूसरे केन्द्र के बगैर भी दूरी आती है।

**कृष्णमूर्ति :** अगर मेरा कोई केन्द्र नहीं है तो दूसरा कोई केन्द्र भी नहीं है। अब मैं द्वैत के इस पूरे ढाँचे पर सवाल उठाना चाहता हूँ। मैं इसे स्वीकार नहीं करता। हमने इसे स्वीकार कर लिया है; हमारे दर्शन, हमारे मापदंड, सब कुछ इस 'मैं' और 'मैं नहीं' पर आधारित हैं और सारा उलझाव इसी से उठता है। 'मैं' ही एकमात्र केन्द्र है; वहाँ से 'मैं नहीं' खड़ा हो जाता है, और 'मैं' और 'मैं नहीं' के बीच संबंध में, चूँकि ये दोनों बँटे हुए हैं, द्वंद्व अवश्यंभावी है। तो, केवल यही एक केन्द्र है, जिससे दूसरा केन्द्र, 'आप' उठ खड़ा होता है। मेरे विचार से यह बात काफी स्पष्ट है, कम से कम मेरे लिए तो है। इसे स्वीकार मत करिए।

**मॉरिस फ्रीडमैन :** यह केन्द्र कैसे उपजता है?

**कृष्णमूर्ति :** चूँकि मेरा यह केन्द्र मौजूद है, तो मैं दूसरे को रच लेता हूँ।

**मॉरिस फ्रीडमैन :** नहीं। आपका केन्द्र।

**कृष्णमूर्ति :** मैं उस पर भी आऊँगा, मैं अभी उसका जवाब नहीं देना चाहता। और प्रश्न है निद्रा का। जागने की अवस्था में, यह केन्द्र दूसरे केन्द्र को रचता है। इसमें, संबंध की पूरी समस्या उठती है, और इसलिए द्वैत भी आ जाता है—द्वंद्व, द्वैत से पार पाना, और फिर संघर्ष इत्यादि। यह केन्द्र ही है जो इस सब की रचना करता है।

**प्रश्नकर्ता-2 :** यह केन्द्र 'स्व' का अंश है।

**कृष्णमूर्ति :** यह अभी स्पष्ट हो जाएगा। केन्द्र क्या है इसकी परिभाषा में अभी न जाएँ। तो मुझे यह दिखता है कि चूँकि जागने की अवस्था में एक केन्द्र है, तो संबंध भी विभाजित होंगे ही। यह विभाजन ही स्थान है, समय है, और जहाँ विभाजन के रूप में यह देशकाल है, वहाँ द्वंद्व अपरिहार्य है। यह बात स्पष्ट है, मेरे लिए तो है। मैं इसे आप पर नहीं थोप रहा हूँ। तो मैं देख पाता हूँ कि जागने की अवस्था में यह हमेशा चलता रहता है—सामंजस्य बिठाना, तुलना, हिंसा, नकल, यही सब कुछ। और यह केन्द्र सोने जाता है, और नींद में भी इस विभाजन को बरकरार रखता है।

**पुपुल जयकर :** केन्द्र ही यह विभाजन है।

**कृष्णमूर्ति :** इसलिए यह इसे बनाये रखता है।

**स.व.सुंदरम् :** जब आप कहते हैं कि यह केन्द्र सोने जाता है, इससे आपका क्या तात्पर्य है?

**कृष्णमूर्ति :** मैं भौतिक रूप से सोने जाता हूँ, आँखें मूँद कर सो जाता हूँ।

**स.व.सुंदरम् :** शारीरिक रूप से हाँ, पर क्या यह मनोवैज्ञानिक रूप से सो सकता है?

**कृष्णमूर्ति :** वह अवस्था क्या है हम उसे नहीं जानते हैं। हम तहकीकात करने जा रहे हैं।

**सुनंदा पटवर्धन :** जाग्रत चेतना में हम उस व्यक्ति को देखते हैं जो इस अनुभव से गुज़र रहा है।

**कृष्णमूर्ति :** अनुभवकर्ता ही यह केन्द्र है। यह केन्द्र स्मृति है, यह केन्द्र जानकारी है, यह केन्द्र हमेशा अतीत है। वह भविष्य में अपने को प्रक्षेपित कर सकता है परंतु इसकी जड़ें तब भी अतीत में ही हैं।

**पी.वाई.देशपांडे :** केन्द्र महसूस करता है कि यह वर्तमान है। मैं अतीत या भविष्य नहीं जानता।

**कृष्णमूर्ति :** पर वही केन्द्र है।

**पी.वाई.देशपांडे :** मैं एक केन्द्र हूँ, मुझे अतीत या भविष्य का नहीं मालूम।

**कृष्णमूर्ति :** नहीं, नहीं। आप कभी नहीं कहेंगे कि आप अतीत को नहीं जानते। यदि आपका कोई केन्द्र है तो आप कभी नहीं कह सकते कि आप अतीत को नहीं जानते।

**अच्युत पटवर्धन :** आप अतीत भी हैं और वर्तमान भी।

**पी.वाई.देशपांडे :** जहाँ तक मेरी पहचान की बात है, भूत या भविष्य केवल संचयन है; मेरा उससे कोई संबंध नहीं है। मैं यह वर्तमान हूँ।

**अच्युत पटवर्धन :** आप अतीत की उपज हैं। आप अपने अतीत की हर शै के वारिस हैं।

**पी.वाई.देशपांडे :** यह तो एक परिकल्पना है।

**अच्युत पटवर्धन :** यह परिकल्पना नहीं है।

**पी.वाई.देशपांडे :** नहीं, यह एक परिकल्पना है। मैं क्यों अतीत को स्वीकार करूँ। मुझे नहीं पता।

**कृष्णमूर्ति :** सर, आप जिस भाषा में बोल रहे हैं, अंग्रेज़ी, यह अतीत का ही परिणाम है।

**पी.वाई.देशपांडे :** यह एक विचार है, कल्पना है। मुझे अतीत का कुछ पता नहीं है। भविष्य का भी नहीं कुछ पता, यह मेरी स्थिति है।

**कृष्णमूर्ति :** एक मिनट, सर। आप अंग्रेज़ी में बोल रहे हैं।

**पी.वाई.देशपांडे :** हाँ।

**कृष्णमूर्ति :** यह एक सहवृद्धि है, साथ में उग आना।

**पी.वाई.देशपांडे :** हाँ।

**कृष्णमूर्ति :** वह केन्द्र क्या है जो उगता-बढ़ता है?

**पी.वाई.देशपांडे :** मैं इसे 'मैं' कहता हूँ, पर मुझे नहीं मालूम।

**कृष्णमूर्ति :** बस बात यही है।

**पी.वाई.देशपांडे :** इस केन्द्र को मैं 'मैं' कहता हूँ।

**कृष्णमूर्ति :** तो यह केन्द्र जिसने संचित किया है यह 'मैं' है। यह केन्द्र कौन है जो संचय करता रहता है। बिना संचय के क्या कोई केन्द्र होगा?—भाषा, ज्ञान, अनुभव; मुझे आपने कल देखा था, कल भी देखेंगे, अगर कुछ हो नहीं गया तो। क्या यह केन्द्र, इसने जो भी इकट्ठा किया है उससे भिन्न है?

**पी.वाई.देशपांडे :** मैं इसका जवाब नहीं दे सकता।

**मॉरिस फ्रीडमैन :** चेतना बिना संचय के होती है क्या?

**कृष्णमूर्ति :** हमने कहा था कि चेतना की अंतर्वस्तु ही चेतना है। अगर कोई संचय नहीं है तो चेतना भी नहीं है।

**मॉरिस फ्रीडमैन :** आपने यह नहीं कहा था।

**कृष्णमूर्ति :** मैंने यह कहा था।

**सुनंदा पटवर्धन :** हमने इसी से शुरुआत की थी।

**कृष्णमूर्ति :** इसी से शुरुआत की थी।

**मॉरिस फ्रीडमैन :** चेतना की अंतर्वस्तु ही चेतना है। यानी कि अंतर्वस्तु नहीं हो, तो चेतना भी नहीं है।

**कृष्णमूर्ति :** यही मतलब है इसका।

**मॉरिस फ्रीडमैन :** यानी कि कोई अ-द्वैत चेतना होती ही नहीं है।

**कृष्णमूर्ति :** नहीं, न। यह तो अनुमान हुआ। हमने जिससे शुरुआत की थी उसी के साथ टिके रहिए। चेतना अपनी अंतर्वस्तु है। यह अंतर्वस्तु ही चेतना है। यह एक निश्चित तथ्य है।

**मॉरिस फ्रीडमैन :** ठीक है, स्वीकार है।

**अच्युत पटवर्धन :** किसी भी समय, 'मैं' इस चेतना के समग्र क्षेत्र को अपने बोध के दृष्टिविस्तार में लाने में अक्षम रहता है। मैं उस पूरे क्षेत्र को नहीं देख पाता हूँ।

**कृष्णमूर्ति :** क्योंकि यहाँ एक केन्द्र है। जहाँ पर केन्द्र है, वहाँ विखंडन है।

**पुपुल जयकर :** तो सोच की प्रक्रिया के—जो कि खंडित है—माध्यम से ही यह 'मैं' कार्यशील रहता है।

**कृष्णमूर्ति :** बस यही बात है।

**अच्युत पटवर्धन :** मैंने सोचा था कि चेतना की अंतर्वस्तु को मेरे बोध के क्षेत्र के अंतर्गत ही होना चाहिए।

**पुपुल जयकर :** ऐसा क्यों होना चाहिए? ऐसा नहीं है। यदि वह मेरे बोध का हिस्सा होता कि चेतना की सारी अंतर्वस्तु ही चेतना है और इसके अलावा और कुछ नहीं है, तो मैं इस चेतना के साथ संतुष्ट रहती। हकीकत यह है कि मैं आपके सामने बैठी हूँ और कहती हूँ, 'मुझे मार्ग दिखाइए'। आप भले ही दोहराएँ कि जैसे ही हम

रास्ता पूछते हैं, हम कभी रास्ता जान ही नहीं पाएँगे, परंतु हम फिर भी आपसे पूछते हैं, 'मार्ग दिखाइए'।

**सुनंदा पटवर्धन :** पुपुल, पहली बात आपने यह उठाई थी कि यदि हम किसी भी चीज़ पर प्रतिक्रिया करते हैं तो वह खंडित जवाब ही होता है; हम पूरी चेतना से जवाब नहीं दे रहे होते हैं। अब, यही बात है जो स्पष्ट नहीं है हमें।

**कृष्णमूर्ति :** इस पर ही हम खोजबीन कर रहे हैं, यही बात मैं कह रहा हूँ। जब तक केन्द्र है, विखंडन अनिवार्य है, और यह विखंडन है : 'मैं' और 'आप', और इस रिश्ते में जो द्वंद्व है।

**सुनंदा पटवर्धन :** क्या यह केन्द्र और चेतना एक ही हैं, या इनकी संपूर्ण चेतना के एक खंड के रूप में प्रतीति होती है।

**कृष्णमूर्ति :** यह केन्द्र ही चेतना की अंतर्वस्तु है।

**सुनंदा पटवर्धन :** वहाँ से आने वाला कोई भी उत्तर विखंडित ही होगा।

**कृष्णमूर्ति :** हाँ, बिल्कुल। चेतना की अंतर्वस्तु ही चेतना है, यह अटूट तथ्य है। केन्द्र ही खंडों को बनाता है। केन्द्र इन खंडों से तब अवगत होता है जब ये खंड विचलित होते हैं या जब सक्रिय होते हैं; अन्यथा यह अन्य खंडों के प्रति सचेत नहीं रहता। यह केन्द्र ही खंडों का द्रष्टा है। केन्द्र खुद को खंडों से अलग कर लेता है। केन्द्र खुद का उन खंडों से तादात्म्य नहीं करता। इस तरह से द्रष्टा और दृश्य, विचार और विचारक, अनुभवकर्ता और अनुभव-क्षेत्र हमेशा बने रहते हैं। तो केन्द्र खंडों का रचयिता है, और केन्द्र इन खंडों को समेटने की और इनके परे जाने की कोशिश करता है। इन खंडों में से एक निद्रा है। और इन्हीं में से एक और खंड जागे रहना है। जागे रहने की अवस्था में, अव्यवस्था रहती है। द्वंद्व ही यह अव्यवस्था है। निद्रावस्था में, मस्तिष्क की कोशिकाएँ व्यवस्था लाने की कोशिश करती हैं, क्योंकि अव्यवस्था में वे सुचारु रूप से काम नहीं कर पाती हैं।

**अच्युत पटवर्धन :** हमारे अनुभव के दायरे में इस वक्तव्य का कोई महत्त्व नहीं होगा।

**कृष्णमूर्ति :** ज़ाहिर सी बात है। पर मैं आपको अभी स्पष्ट कर दूँगा कि यह कैसे काम करता है। मुझे यकीन है कि आपके साथ ऐसा होता है। पहले देखिए, मैं कह क्या रहा हूँ। केन्द्र ही विखंडन का स्रोत है और इसलिए अव्यवस्था का भी। जागने की अवस्था के दौरान, जैसा कि हम संबंधों में देखते हैं, अंतर्विरोध रहते हैं, अशांति है, झगड़े, 'आप' और 'आप नहीं', यह सब कुछ सतही स्तर पर और गहराई में भी होता रहता है। मस्तिष्क व्यवस्था की माँग करता है; यह एक तथ्य है। जैसे, बच्चे को लें, उसके लिए व्यवस्था आवश्यक है। व्यवस्था ही सुरक्षा है। आप यह सब समझ रहे हैं न?

**अच्युत पटवर्धन :** जी।

**कृष्णमूर्ति :** फिर आप निद्रा में जाते हैं। मस्तिष्क को व्यवस्था चाहिए, और इसलिए वह समेटने का कार्य करता है। आप सोने के पूर्व, दिनभर का हिसाब लेते हैं, है कि नहीं? या आप बस नींद में लुढ़क जाते हैं? आप जाँच-परख करते हैं : आप कहते हैं, "मुझे ऐसा करना चाहिए था, मुझे ऐसा कहना चाहिए था।" भले ही आप ऐसा सोने से पहले न करें; हो सकता है आप यह दिन में ही कर लेते हों। मतलब यह कि आप व्यवस्था बिठाने की कोशिश तो करते हैं। तो जागने के दौरान जो वक्त है उसमें यह केन्द्र अव्यवस्था रचता है, और नींद पुनः उसी अव्यवस्था की निरंतरता है। यह स्पष्ट है। ठीक?

**अच्युत पटवर्धन :** हमें नहीं पता।

**कृष्णमूर्ति :** धीरज रखें, मैं इसे दिखला रहा हूँ। यदि आप में व्यवस्था होती, पूर्ण व्यवस्था होती दिन भर के दौरान—व्यवस्था इस अर्थ में, जो बिना दबाव के, बिना दमन इत्यादि के, सहज हो—तो मस्तिष्क पूरी तरह से सुरक्षित महसूस करता, क्योंकि व्यवस्था ही सुरक्षा है। ठीक?

**मॉरिस फ्रीडमैन :** तो क्या निद्रा की आवश्यकता ही नहीं होती फिर?

**कृष्णमूर्ति :** नहीं, मैं सपनों की बात कर रहा हूँ। सपने क्या हैं?

**सुनंदा पटवर्धन :** जब आप कहते हैं कि मस्तिष्क व्यवस्था लाने की कोशिश करता है, तो क्या यह द्वैतात्मक प्रक्रिया है? क्या यह अ-द्वैतात्मक प्रक्रिया है? कौन करता है इसे?

**कृष्णमूर्ति :** मस्तिष्क की कोशिकाएँ व्यवस्था की माँग करती हैं, वरना वे कार्य नहीं कर पाती हैं। इसमें कोई द्वैतात्मक प्रक्रिया नहीं है।

**सुनंदा पटवर्धन :** तो मस्तिष्क की कोशिकाएँ इस केन्द्र से भिन्न हैं?

**कृष्णमूर्ति :** बिल्कुल, बिल्कुल। दिन के दौरान अव्यवस्था रहती है, क्योंकि यह केन्द्र वहाँ है। यह केन्द्र ही विखंडन का कारण है। विखंडन है, इसका उसे खंडों से ही पता लगता है। वह सभी खंडों के प्रति सचेत नहीं है; इसीलिए इसमें कोई व्यवस्था नहीं है। और इसी वजह से यह अव्यवस्था में रहता है; यह अव्यवस्था ही है। भले ही यह कहता रहे, "मुझे व्यवस्था का अनुभव करना है," जी वह अव्यवस्था में ही रहा होता है, उलझन में। यह अव्यवस्था उत्पन्न करने के अलावा कुछ और कर नहीं सकता, क्योंकि यह केवल विखंडन की हालत में ही कार्य कर रहा होता है। ठीक?

**अच्युत पटवर्धन :** जी हाँ। ऐसा ही है।

**कृष्णमूर्ति :** अब, मस्तिष्क की कोशिकाओं को व्यवस्था चाहिए, नहीं तो वे असंतुलित, विनाशक बन जाती हैं; यह एक तथ्य है। मस्तिष्क की कोशिकाएँ हमेशा व्यवस्था की माँग करती हैं, और केन्द्र जो है वह हमेशा विखंडन ही रचता रहता है। देखिए कि हो क्या रहा है।

**प्रश्नकर्ता-1 :** आपने शब्द प्रयोग किया है *मस्तिष्क की कोशिकाएँ*। क्या इनका रूप भौतिक है?

**कृष्णमूर्ति :** बिल्कुल, कोशिकाएँ भौतिक होती हैं।

**प्रश्नकर्ता-1 :** तब, मस्तिष्क की यह कोशिका खुद तो असंतुलित, 'न्यूरोटिक' नहीं हो जाती।

**कृष्णमूर्ति :** मुझे इसमें बहुत आहिस्ता बढ़ना होगा। देखिए इस शारीरिक संरचना में क्या घटित हुआ है। मस्तिष्क की कोशिकाओं को व्यवस्था चाहिए; यह व्यवस्था नहीं आ पाती जब केन्द्र मौजूद होता है, क्योंकि यह केन्द्र सतत विभाजन, द्वंद्व, विनाश इत्यादि बुनता रहता है जो कि सुरक्षा का, व्यवस्था का निषेध है। कोई द्वैत नहीं है यहाँ। यह प्रक्रिया चलती रहती है, और मस्तिष्क कहता है "देखिए, मुझे व्यवस्था चाहिए।" यह तो द्वैत नहीं हुआ।

**अच्युत पटवर्धन :** ये दोनों स्वाधीन, भिन्न प्रक्रियाएँ हैं।

**कृष्णमूर्ति :** यह द्वैत नहीं है। नहीं। मैं इन्हें स्वाधीन भी नहीं कहूँगा।

**पुपुल जयकर :** मुझे लगता है हम कहीं और, दूर जा रहे हैं उस बिंदु से जो ठोस हो, जिसे हम छू सकें।

**कृष्णमूर्ति :** यह स्पर्शगम्य, ठोस है।

**पुपुल जयकर :** यह ठोस यथार्थ नहीं है।

**कृष्णमूर्ति :** ठोस यथार्थ नहीं है इससे अभिप्राय क्या है आपका?

**पुपुल जयकर :** मस्तिष्क की कोशिकाओं का व्यवस्था की तलाश करना, यह ठोस यथार्थ नहीं है, हकीकी नहीं है।

**कृष्णमूर्ति :** अभी एक मिनट में स्पष्ट हो जाएगा। ज़रा आहिस्ता चलें।

**सुनंदा पटवर्धन :** यह संपूर्ण भौतिक जगत, उथल-पुथल के बावजूद एक व्यवस्था में रहता है। इस ब्रह्मांड की प्रकृति ही है व्यवस्था बनाए रखना। तो हो सकता है यह कोशिका की प्रकृति हो।

**पुपुल जयकर :** विज्ञान ने समय को एक बिल्कुल ही नये अर्थ में खोजा है, पर यह हमारे लिए असल दृश्य नहीं है। मस्तिष्क की कोशिकाओं को व्यवस्था चाहिए, यह भी हमारे लिए असल दृश्य नहीं है।

**कृष्णमूर्ति :** मैं निश्चित नहीं हूँ जब आप कहते हैं कि इसे व्यवस्था नहीं चाहिए।

**पुपुल जयकर :** हो सकता है इसे चाहिए। तथ्य से तथ्य की ओर जाने की बजाय...

**कृष्णमूर्ति :** मैं सिर्फ तथ्य से तथ्य की ओर ही बढ़ रहा हूँ। आपने कहा है, और हम दोनों इस बात को देख पा रहे हैं : जहाँ केन्द्र है वहाँ द्वंद्व को होना ही है, वहाँ विखंडन होगा ही, वहाँ हर तरह का विभाजन 'आप' और 'मैं' के बीच ज़रूर

होगा। यह केन्द्र ही इस विभाजन को रच रहा है। ठीक। आप कैसे जानते हैं?

**पुपुल जयकर :** क्योंकि मैंने स्वयं में इसका अवलोकन किया है।

**कृष्णमूर्ति :** शाब्दिक तौर पर, या तथ्यतः?

**पुपुल जयकर :** तथ्यतः।

**कृष्णमूर्ति :** अब रुकिए। यह केन्द्र खंडों का निर्माता है। यह केन्द्र वह खंड ही है। यह पूरा क्षेत्र ही, जैसा कि हमने अभी कहा, अव्यवस्था है। इस अव्यवस्था के प्रति आप कैसे सजग हैं?

**पुपुल जयकर :** क्योंकि मैंने इसे देखा है। एक विचार आकर किसी और विचार पर हुक्म चलाने लगता है।

**कृष्णमूर्ति :** नहीं। मेरा प्रश्न कुछ और है; माफ करें आप उसका जवाब नहीं दे रही हैं। मैं आपसे पूछ रहा हूँ, "आप उस अव्यवस्था के प्रति कैसे सजग हैं?" क्या वह सजगता उस अव्यवस्था से भिन्न है? यदि ऐसा है, तब तो यह केन्द्र सजग है कि अव्यवस्था है; इसलिए यह अब भी अव्यवस्था ही है।

**सुनंदा पटवर्धन :** क्या और भी कुछ है?

**कृष्णमूर्ति :** पूछने की बजाय, इसे देखिए भर। मैं बस यही कह रहा हूँ।

**सुनंदा पटवर्धन :** मैं इसे देख रही हूँ।

**कृष्णमूर्ति :** आप इसे देखते हैं, यानी, जब यह केन्द्र सजग होता है कि यह अव्यवस्था है, तब वह केन्द्र खुद, व्यवस्था और अव्यवस्था के विभाजन का द्वैत रच लेता है। तो आप अव्यवस्था का अवलोकन कैसे करते हैं—इस केन्द्र के ज़रिये या इस केन्द्र के बिना? यदि अवलोकन उस केन्द्र के साथ किया जा रहा है, तब विभाजन है; यदि यह उस केन्द्र का अवलोकन नहीं है, तो केवल अव्यवस्था ही है।

**पुपुल जयकर :** केवल?

**कृष्णमूर्ति :** अव्यवस्था।

**पुपुल जयकर :** या व्यवस्था?

**कृष्णमूर्ति :** रुकिए। जब यह केन्द्र सजग होता है कि यह अव्यवस्था है, तब विभाजन है, और यही विभाजन अव्यवस्था का सार है। जब सजग केन्द्र नहीं हो रहा, वह है ही नहीं, तब क्या घटित होता है?

**पुपुल जयकर :** तब न केन्द्र है, न अव्यवस्था।

**कृष्णमूर्ति :** इसलिए क्या घटित हुआ है? कोई अव्यवस्था नहीं है; यह एक तथ्य है। इसी की माँग मस्तिष्क की कोशिकाएँ करती हैं।

**पुपुल जयकर :** जब आप *उसे* ले आते हैं, तो आप इसे हटा रहे होते हैं। उसे न ही लाएँ।

**कृष्णमूर्ति :** ठीक है। लेकिन यह बात बहुत ही महत्त्वपूर्ण है।

**पुपुल जयकर :** इस वक्त उसकी ज़रूरत नहीं है। उसे रहने देते हैं।

**कृष्णमूर्ति :** यहीं ठहरिए। मुझे कुछ साफ दिखाई दे रहा है—कि यह केन्द्र देशकाल को, समय और अंतराल को रचता है। जहाँ समय है, और आकाश, 'स्पेस' है, वहाँ संबंध में विभाजन, और इसलिए संबंध में अव्यवस्था अवश्यंभावी है। संबंध में अव्यवस्था होने पर, यह केन्द्र अन्य अव्यवस्थाएँ रचता है क्योंकि इसकी प्रकृति, इसका स्वभाव यही है। अव्यवस्था न केवल संबंधों में है, सोच, कर्म और विचार, 'आइडिया' में भी यह अव्यवस्था है।

**पुपुल जयकर :** तथ्य क्या है? व्यवस्था का प्रत्यक्ष बोध या....

**कृष्णमूर्ति :** आप सजग केवल अव्यवस्था के प्रति होते हैं। कृपया शांत होकर सुनें। मैं खुद भी इसे भीतर से टटोल रहा हूँ। मैं देखता हूँ कि यह केन्द्र ही अव्यवस्था का स्रोत है, यह चाहे जहाँ गति करे—संबंध में, विचार में, कर्म में, बोध में। बोधकर्ता है और बोध का विषय है, ठीक? तो जहाँ भी यह केन्द्र सक्रिय है, गति कर रहा है, कार्यरत है, जिधर भी इसका गतिवेग बना हुआ है, वहाँ विभाजन, द्वंद्व और बाकी तमाम चीज़ों का होना ही होना है। जहाँ केन्द्र है, वहाँ अव्यवस्था है। अव्यवस्था ही केन्द्र है। आप इसके प्रति सजग कैसे हैं? क्या यह केन्द्र सजग होता है अव्यवस्था के प्रति, या बस अव्यवस्था ही है? यदि अव्यवस्था के प्रति सजग होने के लिए कोई केन्द्र मौजूद नहीं है, तो पूर्ण व्यवस्था विद्यमान है। तब ये खंड रहते नहीं, इनका अंत हो जाता है। ज़ाहिर है, क्योंकि कोई केन्द्र है ही नहीं जो उन खंडों को रच रहा हो।

**पुपुल जयकर :** उस अर्थ में, जिस पल उस खंड का अस्तित्व है, वास्तविकता वह खंड ही है।

**कृष्णमूर्ति :** बिल्कुल, बिल्कुल।

**पुपुल जयकर :** जब खंडों का अंत हो जाता है, वह वास्तविकता एक अ-तथ्य है।

**कृष्णमूर्ति :** आप इसे कैसे भी कह लें।

**पुपुल जयकर :** अतः कोई विभाजन नहीं है। आप फिर वेदांत के...

**कृष्णमूर्ति :** उस क्षेत्र में प्रवेश करने से मैं इनकार करता हूँ।

**पुपुल जयकर :** इसे मैं व्यक्त कर रही हूँ।

**कृष्णमूर्ति :** नहीं, मेरे ख्याल से वह एक परिकल्पना, एक सूत्र-सिद्धांत है।

**अच्युत पटवर्धन :** नहीं, सर। जब आपने उस स्थिति की बात की, उसमें इस बात तक कि यह 'मैं' ही अव्यवस्था का स्रोत और केन्द्र है या केन्द्र ही अव्यवस्था है, उतना मेरे लिए तथ्य है। फिर जब आप कहते हैं कि यदि अव्यवस्था को देख रहा कोई केन्द्र ही नहीं है...

**कृष्णमूर्ति :** नहीं, मैंने पूछा, "अव्यवस्था को, 'डिसॉर्डर' को देख कौन रहा है?"

**अच्युत पटवर्धन :** हाँ, यह देख पा रहा हूँ।

**कृष्णमूर्ति :** तो उस व्यवस्था की, 'ऑर्डर' की चेतना नहीं है।

**अच्युत पटवर्धन :** यही मैं कह रहा हूँ। यह बहुत महत्त्वपूर्ण है।

**कृष्णमूर्ति :** वही बात मैं कह रहा हूँ। और यही व्यवस्था का सौंदर्य है।

**पुपुल जयकर :** आपके लिए वास्तविकता शब्द क्या मायने रखता है?

**कृष्णमूर्ति :** कुछ नहीं।

**पुपुल जयकर :** 'कुछ नहीं' से आपका क्या अभिप्राय है? मैं इस कुछ नहीं अभिव्यक्ति की पड़ताल करना चाहूँगी।

**कृष्णमूर्ति :** जब यह *कुछ* है, तो यह वास्तविकता नहीं है।

**अच्युत पटवर्धन :** यह तो ये कहना हुआ कि संज्ञान का, जानने का क्षेत्र ही अवास्तविकता का क्षेत्र है।

**कृष्णमूर्ति :** नहीं, नहीं, सावधान रहिए। इसे छोड़ दीजिए फिलहाल। चलिए हम अब स्वप्नों के प्रश्न को लेते हैं क्योंकि ज़ाहिरा तौर पर यह हमारे जीवन के खंडों में से एक है। स्वप्न क्या हैं? स्वप्नों का साँचा क्या है? उनका आना कैसे होता है?

**राधिका हर्सबर्गर :** वे आते हैं जब इच्छा की पूर्ति नहीं हुई हो।

**कृष्णमूर्ति :** तो आप कह रही हैं कि दिन के दौरान मैंने कुछ चाहा, पर उस इच्छा की पूर्ति नहीं हुई, उसका निपटारा नहीं हुआ, वह कार्यान्वित नहीं हुई, इसलिए वह इच्छा जारी रहती है।

**राधिका हर्सबर्गर :** मैं उस इच्छा को साकार होते हुए देखती हूँ।

**कृष्णमूर्ति :** नहीं, दिन के दौरान मैं कुछ चाहता हूँ। यदि वह इच्छा पूरी हो जाती है, तो बात खत्म। यदि पूरी नहीं होती है, तो इच्छा बनी रहती है।

**पुपुल जयकर :** हम उतनी दूर क्यों जाएँ? जैसे विचार एक अंतहीन प्रक्रिया है, मस्तिष्क की कोशिकाओं से निःसृत होती हुई, जो आरंभरहित समय से जारी है; उसी प्रकार, जब मन पूरी तरह से निद्रा में होता है...

**कृष्णमूर्ति :** ...बहुत शांत।

**पुपुल जयकर :** ...यह बस उसी संचालन का एक दूसरा रूप है।

**कृष्णमूर्ति :** एकदम वही। यानी कि दिन की गतिविधि बनी रहती है; बस। यह केन्द्र अव्यवस्था का कारक है और दिन के दौरान अव्यवस्था पैदा करता है, और वह गतिविधि आगे भी जारी रहती है। वही सपना बनती है, प्रतीकों की व्याख्या, वगैरह। यह वही गतिविधि है।

**मॉरिस फ्रीडमैन :** आप कहते रहते हैं कि यह केन्द्र अव्यवस्था का स्रोत है।

**कृष्णमूर्ति :** स्रोत नहीं—वही अव्यवस्था है।

**मॉरिस फ्रीडमैन :** वही अव्यवस्था है। मैं इसे जिस तरह से देख रहा हूँ, 'अहं' का यह एहसास व्यवस्था के लिए उत्कंठित मनुष्य की पुकार है।

**कृष्णमूर्ति :** नहीं!

**मॉरिस फ्रीडमैन :** ज़रा देखिए, अभी ना मत कहिए। यदि अव्यवस्था को रचने वाला कोई नहीं है, तो यह एक प्रदत्त घटक है, कुछ ऐसा जो मौजूद है ही। और मैं इस दुनिया में जी रहा हूँ व्यवस्था की भीख माँगते हुए, व्यवस्था की खोज में, और सारा द्वैत भी पहले से मौजूद द्वैत है, न कि रचित द्वैत।

**कृष्णमूर्ति :** बिल्कुल नहीं। क्षमा करें, ऐसा नहीं है। आप इस पर चर्चा कर सकते हैं।

**मॉरिस फ्रीडमैन :** मैं जब इस संसार में आता हूँ, तो इसे यहाँ मौजूद पाता हूँ।

**अच्युत पटवर्धन :** उस द्वैत को रचता कौन है?

**मॉरिस फ्रीडमैन :** मैं नहीं जानता।

**अच्युत पटवर्धन :** यदि आप गौर करेंगे तो देखेंगे कि आप स्वयं इसे रचते हैं।

**कृष्णमूर्ति :** आपके माता-पिता ने इसे रचा है।

**मॉरिस फ्रीडमैन :** नहीं। मेरे माता-पिता उस द्वैत के बाहर हैं। मुझे द्वैत नहीं चाहिए। मेरा सारा जीवन अद्वैत की खोज रहा है, दोस्ती में, स्नेह में जीने के लिए। यही तलाश...

**कृष्णमूर्ति :** अद्वैत की यह खोज ही द्वैत है।

**मॉरिस फ्रीडमैन :** मुझे पता है कि मैं जो कुछ भी कर रहा हूँ वह किसी व्यवस्था की खातिर है। यह व्यवस्था भ्रांति ज़रूर हो सकती है, अस्थायी, एक क्षुद्र, मामूली-सी व्यवस्था, लेकिन फिर भी मन का ऐसा कोई अंदाज़, ऐसी कोई दशा-दिशा नहीं है जिसमें व्यवस्था का लक्ष्य न हो। खान-पान, निद्रा सभी तो पुनः व्यवस्था लाने का काम करते हैं, जीवन को मुमकिन बनाते हैं, क्योंकि बिना व्यवस्था के जीवन संभव नहीं है। तो अस्तव्यस्तता कुल मिलाकर मेरे ऊपर थोपी गयी है। हर पल मैं इसकी चकरघिन्नी बनता हूँ और हर पल मैं खुद को समेट रहा होता हूँ, और फिर निद्रा और फिर स्वप्न देखना, और खाना, सभी संतुलन को, व्यवस्था को लौटा लाने के जतन का हिस्सा हैं, परंतु हर पल अव्यवस्था मुझ पर थोपी जा रही है। यह मेरा अवलोकन है। यदि आप कहते हैं, ऐसा नहीं है तो फिर मेरे और आपके अवलोकन में भिन्नता है, बस।

**अच्युत पटवर्धन :** चलिए, हम अपने निजी जीवन को देखें। पिछले साठ साल के निजी जीवन को देखने पर, क्या आप कहेंगे कि अव्यवस्था का यह कारक आप पर थोपा गया है, या यह अंदरूनी है?

**मॉरिस फ्रीडमैन :** थोपा गया है।

**अच्युत पटवर्धन :** एकदम शुरुआत से, हर बार जब भी आप मुश्किलों में पड़े, हर बार जब द्वंद्व में रहे, क्या हमेशा कोई और ज़िम्मेदार था उसके लिए, या कि आप खुद?

**मॉरिस फ्रीडमैन :** कोई और नहीं। अस्तव्यस्तता ही।

**अच्युत पटवर्धन :** क्या आप उस सारे कुछ की ज़िम्मेदारी नहीं ले रहे?

**मॉरिस फ्रीडमैन :** किसी चीज़ की नहीं।

**स.बालसुंदरम् :** हम सभी व्यक्ति अपने भीतर और बाहर भी इस केन्द्र के ज़रिये व्यवस्था लाने की कोशिश करते हैं पर बुनियादी तौर पर हम अव्यवस्था ही ले आया करते हैं।

**मॉरिस फ्रीडमैन :** साधन त्रुटिपूर्ण हैं, पर हम व्यवस्था लाने की कोशिश करते हैं।

**अच्युत पटवर्धन :** क्या यह हमें खुद को ही सही मान बैठने की दिशा में नहीं ले जाएगा?

**मॉरिस फ्रीडमैन :** कोई बात नहीं।

**अच्युत पटवर्धन :** नहीं। हम इसे जाँचें-परखें कि इसमें कोई आत्म-छल या भुलावा तो नहीं है?

**स.बालसुंदरम् :** क्या यह साफ नहीं दिखलाता कि केन्द्र के द्वारा व्यवस्था लाने का कोई भी प्रयास, अव्यवस्था ही पैदा करता है?

**मॉरिस फ्रीडमैन :** यह सच है, क्योंकि उन्होंने तरीके गलत चुने। लेकिन व्यवस्था की दरकार तो आदियुगीन है।

**पुपुल जयकर :** पर यही तो कृष्णजी कह रहे हैं : मस्तिष्क की कोशिकाएँ व्यवस्था की माँग करती हैं।

**अच्युत पटवर्धन :** 'स्व' की प्रकृति ही है भ्रम पैदा करना, अपने आप को छलना और स्वयं को उचित ठहराना व अंतहीन समस्याओं में उलझाए रखना।

**मॉरिस फ्रीडमैन :** नहीं।

**अच्युत पटवर्धन :** नहीं?

**मॉरिस फ्रीडमैन :** नहीं।

**प्रश्नकर्ता-1 :** क्या हम एक ठोस उदाहरण ले सकते हैं? मेरा जन्म ही आत्म-संरक्षण की नैसर्गिक प्रवृत्ति के साथ हुआ है। यह नैसर्गिक प्रवृत्ति ही वह केन्द्र है, जिसे कृष्णजी कह रहे हैं कि यह अव्यवस्था का स्रोत है।

**कृष्णमूर्ति :** मैं ऐसा नहीं कहता। नहीं सर, माफ करें। आत्म-संरक्षण तो शरीर की नैसर्गिक प्रवृत्ति है।

**प्रश्नकर्ता-1 :** शरीर की नहीं।

**कृष्णमूर्ति :** तो उसके अलावा क्या है?

**प्रश्नकर्ता-1 :** मन।

**कृष्णमूर्ति :** वही केन्द्र है।

**प्रश्नकर्ता-1 :** यह हमारे भीतर है, यह केन्द्र?

**कृष्णमूर्ति :** बेशक।

**प्रश्नकर्ता-2 :** क्या आत्म-संरक्षण की यह नैसर्गिक प्रवृत्ति ही इस केन्द्र को नहीं रचती?

**कृष्णमूर्ति :** नहीं। शरीर को खुद को बचाना तो होता है, नहीं तो कुछ रहे ही नहीं।

**पुपुल जयकर :** हम कहीं और भटक गये।

**कृष्णमूर्ति :** मैं नहीं भटका। तो दैनिक जीवन की वह हलचल, नींद में भी जारी रहती है। यह वही गति है, और सपने उस गति की अभिव्यक्ति हैं। अब, जब मैं जगता हूँ तो कहता हूँ कि मुझे सपने आये थे। यह तो केवल संप्रेषण का साधन हुआ। सपने यह 'मैं' ही हैं, सपने उस केन्द्र से अलग नहीं हैं जिसने अव्यवस्था की इस गति को रचा है।

**सुनंदा पटवर्धन :** चेतना अपने इस कार्य के प्रति सचेत रही है, जिसे वह शब्दों में व्यक्त कर रही है।

**कृष्णमूर्ति :** शब्दों में व्यक्त कर रही है। बस यही बात है। अगला घटक है गहरी नींद। क्या आपको भान होता है कि आप गहरी नींद में हैं? अगली सुबह आप कह सकते हैं "बहुत ही अच्छी नींद सोये हम", पर आप गहन निद्रा के प्रति सचेत तो नहीं हुआ करते।

**सुनंदा पटवर्धन :** कौन सजग था यह कहने के लिए कि "मैं सोया था?"

**कृष्णमूर्ति :** नहीं, आप कभी नहीं कहते कि "मुझे गहरी नींद आयी थी।"

**सुनंदा पटवर्धन :** मुझे अच्छी नींद आयी।

**कृष्णमूर्ति :** नहीं, आप नहीं कहते, "मुझे बहुत ही गज़ब की गहरी नींद आयी हुई थी।"

**पुपुल जयकर :** आप यह कह सकते हैं कि आपको कोई सपने नहीं आये।

**कृष्णमूर्ति :** बस यही, इतना ही कह सकते हैं आप : "मुझे रात को कोई सपने नहीं आये, रात शांति से, बिना बेचैनी के बीती।"

**मॉरिस फ्रीडमैन :** मेरी मुलाकात ऐसे लोगों से भी हुई है जो कहते हैं, "जब मैं गहरी नींद में होता हूँ, मुझे पूरा भान होता है कि मुझमें कोई विचार नहीं चल रहे, मेरी कोई चेतना नहीं है, लेकिन मैं हूँ।"

**कृष्णमूर्ति :** ये शब्द किसके हैं मुझे नहीं पता। हम यहाँ आपस में चर्चा कर रहे हैं। तो कोई इतना ही कह सकता है कि "मुझे बगैर सपनों के, बड़ी अच्छी नींद आयी।" आप उस अवस्था की तहकीकात कैसे करेंगे जो स्वप्नरहित है, वह अवस्था जिसे आप अभी गहरी नींद कह रहे थे? चेतन मन से? या कई सारी परिकल्पनाएँ, 'थिअरीज़' ले आएँगे, मनोवैज्ञानिकों ने, विश्लेषकों ने उसके बारे में क्या-क्या कहा है?

**सुनंदा पटवर्धन :** चेतन रूप से तो नहीं।

**कृष्णमूर्ति :** तो आप यह तहकीकात कैसे करेंगी? इसकी तह में कैसे जाएँगी?

**सुनंदा पटवर्धन :** गहरी नींद को ही खुद को उद्‌घाटित करना होगा; अन्यथा आप जागी चेतना से तो इसका विश्लेषण कर नहीं सकते। किस तरह कोई इसकी तह में जाए?

**कृष्णमूर्ति :** आप इसकी तह में क्यों जाना चाहती हैं?

**सुनंदा पटवर्धन :** क्योंकि मैं जानना चाहती हूँ कि क्या यह वही अवस्था है?

**स.बालसुंदरम् :** सपनों के बगैर जो नींद होती है, उसमें कोई केन्द्र नहीं होता। तत्पश्चात वह केन्द्र फिर से आ जाता है, यह स्मरण करता है कि मुझे बिना सपनों की नींद आयी, और पुनः यह केन्द्र अपना क्रियाकलाप शुरू कर देता है।

**सुनंदा पटवर्धन :** वेदांत का पक्ष तो यही है : सुषुप्ति केन्द्ररहित होती है।

**कृष्णमूर्ति :** हम क्यों न उसी की चर्चा करें जो ज्ञेय है, जिसे जाना जा सकता है?

**पुपुल जयकर :** आपने गहरी नींद की तहकीकात पर बात की। क्या गहरी नींद की तहकीकात करना संभव है?

**पी.वाई.देशपांडे :** मैं केवल एक तथ्य देखता हूँ : गहरी नींद में कोई केन्द्र नहीं होता।

**कृष्णमूर्ति :** आप यह कैसे जानते हैं?

**पी.वाई.देशपांडे :** क्योंकि मैं उसके विषय में कुछ जान नहीं रहा होता।

**मॉरिस फ्रीडमैन :** गहरी नींद का अर्थ है चेतना की बहुत ही मंद प्रखरता; बस इतना ही।

**कृष्णमूर्ति :** चेतना की बहुत मंद प्रखरता; ठीक।

**मॉरिस फ्रीडमैन :** परंतु वह केन्द्र जारी है।

**पुपुल जयकर :** मैंने एक प्रश्न उठाया था, ''क्या गहरी नींद की तहकीकात संभव है?''

**पी.वाई.देशपांडे :** मेरे खयाल से संभव है।

**कृष्णमूर्ति :** सँभलकर, सर। तहकीकात से आपका अभिप्राय क्या है? या तो यह तहकीकात मैं करता हूँ, यह केन्द्र करता है, या फिर यह एक चलती फिल्म देखने के समान है। आप उस दृश्य को, उस चित्र या सिनेमा को देखते हैं; आपने उसके साथ तादात्म्य नहीं किया है, पहचान नहीं जोड़ी है, आप उसका हिस्सा नहीं हैं; आप बस देख रहे हैं, अवलोकन कर रहे हैं, बिना किसी प्रतिक्रिया के।

**सुनंदा पटवर्धन :** वह क्या है जो बिना तादात्म्य के अवलोकन कर रहा है?

**कृष्णमूर्ति :** अवलोकन करने वाला कोई नहीं है, केवल अवलोकन है।

**स.व.सुंदरम :** अवलोकन करने वाला कोई केन्द्र नहीं है। आप उस केन्द्र की मार्फत अवलोकन नहीं कर रहे, बस अवलोकन की क्रिया है।

**कृष्णमूर्ति :** पुपुल का प्रश्न वही है : क्या उस गहरी नींद की तहकीकात संभव है? हम उस शब्द का अर्थ समझते हैं। सचेतन रूप से उसे समझने की बात नहीं है; वह तो असंभव है। क्या यह प्रकट  हो सकता है, क्या इसे उजागर किया जा सकता है, क्या यह अवलोकनीय है, इसे देखा जा सकता है? मेरा कहना है कि हाँ। क्या मैं आपको बिना किसी छवि, बिना किसी प्रतीक, चिह्न या नाम के देख सकता हूँ; मात्र देखना? बिल्कुल संभव है।

**प्रश्नकर्ता-1 :** अवलोकनकर्ता तो है; बिना उस अवलोकनकर्ता के, क्या आप अवलोकन कर सकते हैं?

**कृष्णमूर्ति :** वह अवलोकनकर्ता, वह 'ऑब्ज़र्वर' ही वह केन्द्र है, वही वह अतीत है, वही विभाजनकर्ता है, वह अवलोकनकर्ता ही आपके और मेरे बीच का वह अंतराल, 'स्पेस' है। आप इसके साथ प्रयोग कर सकते हैं : उस चिराग पर उकेरी गयी उस रेखा को देखें। आप बिना उसे नाम दिए, बिना उसे कुछ पुकारे उसका अवलोकन कर सकते हैं, उसे देखें भर। जिस पल आप उसे नाम देते हैं, वह सब शुरू हो जाता है।

**स.व.सुंदरम :** तब वह अवलोकनकर्ता आ जाता है। गहरी निद्रा की वह तहकीकात, जैसा कि आपने कहा था, संभव है। हमने एक कोशिश की है। पर क्या व्यक्ति अगले दिन निचुड़ा हुआ-सा महसूस नहीं करता? क्या इसके लिए बहुत सारी ऊर्जा की दरकार नहीं है?

**पुपुल जयकर :** सर्वप्रथम, आपके पास सही उपकरण होने चाहिए जिससे यह संभव हो। मैं उपकरण शब्द का इस्तेमाल कर रही हूँ, क्योंकि शब्दों का प्रयोग करना है। परंतु हममें सजगता की उस अवस्था का होना ज़रूरी है जहाँ यह संभव हो पाए। अगर सजगता की वह अवस्था नहीं है, तब यह संभव नहीं है। केवल तभी, जब सजगता की वह अवस्था, या जागृति है...

**कृष्णमूर्ति :** देखिए, आपने तुरंत इस सब को संस्कृत की पारिभाषिक शब्दावली में समेट दिया।

**पुपुल जयकर :** नहीं, मैं ऐसा नहीं करना चाहती।

**कृष्णमूर्ति :** मैं इस पूरी चीज़ को बाहर फेंक देना चाहता हूँ, इस तमाम पारंपरिक नज़रिये को। मैं इसके विषय में कुछ नहीं जानता। हम औरों के कहे को दोहराते रहते हैं। मैं औरों की बातों को नहीं दोहराना चाहता, वे शंकर हों, बुद्ध हों, मनोविश्लेषक हों, या मनोवैज्ञानिक हों। जो किसी और ने कहा है हम बस उसे दोहराते रहते हैं, और मेरा कहना है कि वह सत्य नहीं है। तो क्या इस अव्यवस्था का ऐसा अवलोकन हो रहा है जिसमें भान इस केन्द्र को नहीं हो रहा कि अव्यवस्था है? अगर इसका समाधान किया जा सके, तो मैंने इसके समस्त गतिवेग का, 'मोमेन्टम' का समाधान कर लिया है। तब, व्यवस्था क्या है? और हमने कहा कि इस केन्द्र को व्यवस्था का कभी भान

नहीं हो सकता। तब वह अवस्था क्या है? साधुता मन की कौन सी अवस्था है, जो अपने साधुत्व, अपने सद्‌गुणी स्वभाव के प्रति सचेत नहीं है? मनुष्य जिसे पारंपरिक तौर पर सद्‌गुण मानता है वह तो एक अभ्यास है। विनम्रता का अभ्यास कर रहा दंभ, रहता तब भी दंभ ही है। तो वह केन्द्र, जो विनम्रता का अभ्यास नहीं कर रहा, हम कह सकते हैं कि कुछ अलग है। वह केन्द्र जिसे एहसास है कि वह विनम्रता साध रहा है वह गुरूर ही तो है। तब सदाचार, सद्‌गुण क्या है? ऐसी अवस्था जिसमें सदाचारी *होने* का भान नहीं है। यदि इस केन्द्र को भान है कि उसमें विनम्रता है, तो वह विनम्रता नहीं है। तो सद्‌गुण मन की वह अवस्था है, जिसमें मन को अपने सद्‌गुणी होने का गुमान नहीं है। अतः इसमें सारे अभ्यास, सभी साधनाएँ धराशायी हो जाती हैं। मैं उस सब को निरस्त कर देना चाहता हूँ।

**मॉरिस फ्रीडमैन :** आपने एक वार्ता में यह बात इस तरह रखी थी : सद्‌गुण है यह देख पाना, कि बेहतर बन जाने की हर ख्वाहिश अव्यवस्था है।

**कृष्णमूर्ति :** मेरे ख्याल से ऐसा ही है। अव्यवस्था को देखना ही—किसी केन्द्र से नहीं—व्यवस्था है। उस व्यवस्था को लेकर आप सचेत, 'कॉन्शस' नहीं हो सकते। यदि आप उसके संदर्भ में सचेत हैं, तो वह अव्यवस्था ही है। और इसीलिए वह सद्‌गुण क्या हुआ जिसका आप सब अभ्यास पर अभ्यास किए जा रहे हैं? उसके कोई मायने नहीं हैं। और यदि प्रेम है, क्या आप उस प्रेम को लेकर 'कॉन्शस' हो सकते हैं? क्या यह केन्द्र कह सकता है, "मैं प्रेम करता हूँ"?

*मुंबई में संवाद, 24 जनवरी, 1973*

# 11

# विषाद और दुःख की प्रकृति

*मृत्यु, जन्म की तरह ही एक अद्भुत, असाधारण घटना है। और उसे देखना, उसका अवलोकन करना, विचार के रूप में चेतना की दखलंदाज़ी के बगैर।*

**पुपुल जयकर :** सर, कल आपने दुःख पर चर्चा की थी। हम सभी विषाद और दुःख को जानते हैं। क्या हम विषाद, 'डिस्पेअर' के मूल तक, उसकी जड़ तक जा सकते हैं?

**कृष्णमूर्ति :** पुपुल जयकर कह रही हैं : क्या हम विषाद के संबंध में चर्चा, संवाद कर सकते हैं? उनका कहना है, हम दुःख से वाकिफ हैं और हम विषाद की घनी गहराइयों से भी परिचित हैं। क्या हम इस पर चर्चा कर सकते हैं?

**पुपुल जयकर :** यह हमारे जीवन का एक बहुत ही वास्तविक हिस्सा है। एक अर्थ में तो दुःख की जड़ ही विषाद की भी जड़ है; शायद इनकी प्रकृति एक ही होगी।

**कृष्णमूर्ति :** विषाद है क्या? मैंने कभी इसे महसूस नहीं किया, इसलिए कृपया मुझे बताइए यह है क्या। विषाद से आपका क्या आशय है?

**पुपुल जयकर :** सब कुछ व्यर्थ होने का एक एहसास।

**कृष्णमूर्ति :** क्या वाकई यही है—संपूर्ण निरर्थकता का भाव? मुझे इसमें संदेह है। यह ठीक वही नहीं है।

**पुपुल जयकर :** आप समझ नहीं पाते कि आप करें तो करें क्या।

**कृष्णमूर्ति :** क्या करना है, यह नहीं जान पाना—क्या आप इसे विषाद कहेंगे? वह तो शायद दुविधा-उलझन हुई, नहीं?

**राधा बर्नियर :** तात्पर्य और सार्थकता की पूरी तरह से अनुपस्थिति—यही है इसका आशय।

**प्रश्नकर्ता-1 :** मेरे ख्याल से यह शब्द पूरी नाउम्मीदी के भाव को दर्शाता है।

**फ्रिट्ज़ विलहेल्म :** मैं कहने वाला था कि यह 'आशा को पक्षाघात हो जाने की अवस्था' है।

**पुपुल जयकर :** विषाद का, एक अर्थ में, आशा से कोई संबंध है ही नहीं।

**प्रश्नकर्ता-2 :** आपको पता नहीं होता कि मदद के लिए किस तरफ मुड़ें।

**कृष्णमूर्ति :** मुझे नहीं लगता कि वह विषाद की स्थिति है। और भी कुछ बताइए। क्या यह दु:ख से संबंधित है? क्या यह आत्मदया का अंतिम छोर है? यह वक्तव्य नहीं है, मैं बस प्रश्न कर रहा हूँ।

**पुपुल जयकर :** यदि यह आत्मदया है, तो हम इसके आयाम को सीमित कर रहे हैं।

**कृष्णमूर्ति :** हम अन्वेषण कर रहे हैं। क्या दु:ख विषाद से और गहरी आत्मदया के भाव से जुड़ा है जो बाहर निकलने की कोई राह नहीं खोज पा रहा?

**पुपुल जयकर :** मुझे लगता है कि यह उसके आयाम को सीमित कर देता है।

**कृष्णमूर्ति :** सीमित तो है, पर हम इसे विस्तार देंगे, अधिक व्यापक बनाएँगे। तो विषाद क्या है? क्या आप यह कहेंगे कि यह अंधी गली, आगे और कुछ न कर पाने की हद तक पहुँच जाना है?

**प्रश्नकर्ता-1 :** आगे कोई दिशा नज़र न आना, उस स्थिति तक पहुँच जाना कि इससे ज़्यादा और कुछ नहीं किया जा सकता?

**कृष्णमूर्ति :** नहीं, यह तो विषाद नहीं, या कि है? यदि किसी स्थिति में कोई रास्ता नहीं सूझता, तो आप कहीं और नज़र डालते हैं, लेकिन उसका तात्पर्य विषाद नहीं हुआ।

**फ्रिट्स विल्हेल्म :** मेरे खयाल से वह माँ जिसके बच्चे की मृत्यु हो गयी है, वह विषाद में है, हताश।

**कृष्णमूर्ति :** शायद नहीं। मैं उसे 'हताश' नहीं कहूँगा। चलिए देखते हैं। क्या इसका दु:ख से कोई रिश्ता है?

**पुपुल जयकर :** क्या हम विषाद को नहीं जानते हैं?

**कृष्णमूर्ति :** मुझे नहीं पता। मैं पूछ रहा हूँ, बताइए।

**पुपुल जयकर :** मैं कह सकती हूँ कि मैंने विषाद को जाना है।

**फ्रिट्स विल्हेल्म :** इसका थोड़ा और वर्णन करेंगी आप?

**कृष्णमूर्ति :** मैं इस पर विस्तार से चर्चा करना चाहूँगा, क्योंकि मुझे नहीं पता कि विषाद में होना क्या होता है। माफ कीजिएगा, हो सकता है यह नकचढ़ापन हो।

**पुपुल जयकर :** मैं आपसे कह रही हूँ : विषाद यानी पूरी तरह से, कुल व्यर्थता की अनुभूति।

**कृष्णमूर्ति :** व्यर्थता नहीं, यदि मैं सुझाव दे सकूँ तो, व्यर्थता की बजाय कोई अधिक सार्थक शब्द प्रयोग करें। आशा का अंत, खोज का अंत, संबंध का अंत।

**पुपुल जयकर :** यह महसूस करना जैसे सब कुछ आपके सिर पर गिरा जा रहा हो।

**कृष्णमूर्ति :** ओह, मुझे नहीं पता। क्या कोई और जानता है कि विषाद क्या है?

**सुनंदा पटवर्धन :** अंधी गली, आगे राह ही न होना।

**कृष्णमूर्ति :** यह विषाद नहीं। नहीं, अंधी गली विषाद की अवस्था नहीं है।

**राधिका हर्सबर्गर :** कैसी भी इच्छाशक्ति, संवेग या भावना से रहित होना।

**कृष्णमूर्ति :** क्या वह आपके लिए विषाद है?

**अच्युत पटवर्धन :** एक ऐसा एहसास जैसे शरीर की मौत से पहले ही आपके भीतर कुछ मर चुका है।

**कृष्णमूर्ति :** शरीर की मौत से पहले ही आपके भीतर कुछ मर चुका है—क्या यह विषाद है?

**अच्युत पटवर्धन :** क्योंकि इसमें निरंतरता का टूट जाना निहित है।

**स.बालसुंदरम् :** आपने प्रश्न किया था, "क्या इसका दुःख के साथ कोई संबंध है?" मुझे लगता है यह दुःख की सबसे घनी गहराई में है, दुःख के तल में है।

**कृष्णमूर्ति :** आपके कहने का आशय है कि आपने कभी विषाद को जाना ही नहीं? क्या आप कभी विषाद के अनुभव से गुज़रे हैं?

**टी. के. परचुरे :** यह आशा की धुर विपरीत अवस्था लगती है—आशाहीनता।

**कृष्णमूर्ति :** नहीं सर, क्या आप जानते हैं विषाद क्या है? क्या आप मुझे बता सकते हैं कि यह क्या है?

**टी.के.परचुरे :** नाकामयाबी के दौरों से उपजती मनोदशा।

**कृष्णमूर्ति :** नाकामयाबी? नहीं। आप इसे बहुत ही ज्यादा तुच्छ बना रहे हैं। मेरे ख्याल से विषाद एक बड़ा-सा कैनवस है। मैंने कुछ लोगों से इस बारे में चर्चा की है, जिनका विषाद से गुज़रना हुआ है। मैं उन लोगों को जानता हूँ जो मुझसे मिलने आये, इत्यादि, वह अप्रासंगिक है। वे विषाद की स्थिति में हैं—क्या मतलब हुआ इसका? ज़ाहिर है कि आप में से किसी ने विषाद को नहीं जाना है। क्या आप जानते हैं कि विषाद में चले जाना क्या है? आप जानती हैं?

**राधा बर्नियर :** नहीं, मुझे नहीं लगता कि मैं जानती हूँ।

**कृष्णमूर्ति :** उसी पर मैं प्रश्न उठाना चाहता हूँ।

**राधा बर्नियर :** दुःख क्या होता है मैं जानती हूँ, पर विषाद, 'डिस्पेअर' क्या है यह नहीं जानती।

**कृष्णमूर्ति :** जब हम विषाद की बात करते हैं, तो क्या यह कुछ ऐसा है जो अथाह गहरा है, या यह बस अपनी हदों का आखिरी छोर है?

**पुपुल जयकर :** मैं कहूँगी कि मैं विषाद को जानती हूँ।

**कृष्णमूर्ति :** अब, इसके बारे में मुझे थोड़ा कुछ बतलाइए।

**टी.के.परचुरे :** क्या यह एक अंधकार है?

**कृष्णमूर्ति :** नहीं, सर। जो व्यक्ति दुःख-पीड़ा से गुज़र रहा होता है वही भलीभाँति जानता है उस हालत को, वह बात को घुमा-फिराकर नहीं कहता। वह कहता है, "मैंने दुःख भोगा है, मैं जानता हूँ मेरा बेटा मर गया है, और इसमें अलग पड़ जाने का, खो बैठने का डरावना एहसास है, आत्मदया का भाव है इसमें, एक दारुण तूफान है यह, एक आपदा।" क्या आप कहेंगे कि विषाद एक आपदा है।

**जॉन कोट्स :** जी, मुझे ऐसा लगता है।

**कृष्णमूर्ति :** ओह, नहीं। मैं बस सवाल उठा रहा हूँ, अभी मेरे साथ सहमति न जताएँ। यह तो साफ है कि आप में से, एक या दो को छोड़कर, कोई विषाद में नहीं।

**राधा बर्नियर :** क्या यह दुःख-पीड़ा से पलायन का एक रूप है?

**कृष्णमूर्ति :** मुझे लगता है कि हम इसे पकड़ पा रहे हैं। मैं मर रहा हूँ; मेरा बेटा देख रहा है कि वह इसे रोक नहीं सकता। और मैं अपने बेटे की तरफ ध्यान नहीं दे रहा। विषाद की अवस्था में, क्या ईर्ष्या शामिल है? क्या यह मालकियत को खो देने का एहसास है? आप पर मेरी मालकियत है तथा मैं किसी और को नहीं खोज रहा कि उसके अधीन हो जाऊँ या उसका मालिक बनूँ। आप मेरे हैं, और आप ही अचानक पीछे हट जाते हैं, एक दीवार खड़ी कर लेते हैं इसके खिलाफ। क्या वह स्थिति विषाद का हिस्सा है? मैं सिर्फ पूछ रहा हूँ।

**पुपुल जयकर :** आपको नहीं लग रहा कि विषाद वास्तविक है?

**कृष्णमूर्ति :** मैं इसके वास्तविक या अवास्तविक होने की बात नहीं कर रहा हूँ, मेरा प्रश्न सिर्फ यह है कि विषाद, 'डिस्पेअर' होता क्या है? शब्दकोश में इसका अर्थ क्या है?

**फ्रिट्स विल्हेल्म :** मेरे ख्याल से 'कोई आशा न होना', इस शब्द की मूल धातु आशा से संबद्ध है।

**कृष्णमूर्ति :** मैं बहुत सुनिश्चित नहीं हूँ। हम पता लगाएँगे। अगर उस आम लफ्ज़ को लेकर चलें जिसे आप और मैं इस्तेमाल करते हैं, तो क्या आप इसके मानी जानते हैं? क्या यह भय का गहरा भाव है?

**जॉन कोट्स :** मैं इसे भय का एक गहरा भाव कहूँगा।

**पुपुल जयकर :** जब आप अपने भीतर गहराइयों में उतरते हैं, अपने...

**कृष्णमूर्ति :** ...अपने मर्म तक।

**पुपुल जयकर :** ...अपने मर्म तक, तो क्या आपको लगता है कि विषाद और भय के बीच भेद करना संभव होगा?

**कृष्णमूर्ति :** लेकिन आप विषाद, 'डिस्पेअर' शब्द का प्रयोग करते क्यों हैं? (शब्दकोश से पढ़ते हुए) 'डेस्पेर' फ्रेंच शब्द और 'देस्पेरारे' लैटिन में। असहाय होना, कोई आशा न होना। 'स्पेरारे'-आशा रखना। ठीक है, इसे छोड़ते हैं।

**पुपुल जयकर :** मुझे नहीं लगता मैं जो संप्रेषित करने की कोशिश कर रही हूँ, वह इसमें आता है।

**कृष्णमूर्ति :** आप जो संप्रेषित करने की कोशिश कर रही हैं, वह क्या है?

**पुपुल जयकर :** मेरा कहना है कि जब आप अतल में गिरते हैं, तब भय, दु:ख और विषाद के बीच अंतर करना बहुत ही मुश्किल हो जाता है।

**कृष्णमूर्ति :** क्या मैं आपसे यह पूछ सकता हूँ—निजी स्तर पर नहीं कह रहा—क्या आप का कभी अपने भीतर उस सबसे निचले तल तक जाना हुआ है? और जब आप के साथ यह हो, तो क्या वह विषाद है?

**पुपुल जयकर :** जब आप यह प्रश्न करते हैं, तो उसका कोई भी संभावित उत्तर नहीं है। कोई कैसे जान सकता है कि उसके भीतर की गहराई कहाँ तक है?

**कृष्णमूर्ति :** क्या यह आशाहीनता का भाव है? या यह इसकी अपेक्षा बहुत, बहुत अधिक है?

**पुपुल जयकर :** यह बहुत, बहुत अधिक है क्योंकि अन्यथा आपको आशा रहेगी—वह दूसरा छोर।

**कृष्णमूर्ति :** इसीलिए यह कुछ ऐसा है जो आशा से कहीं अधिक सूचक है। वह एहसास क्या है या वह स्थिति क्या है, जब कोई पूरी तरह, निपट विषाद में होता है? क्या तब ऐसा है कि किसी भी तरह की कोई हलचल नहीं होती, और चूँकि कोई हलचल है ही नहीं, क्या आप इसे विषाद कहेंगे?

**पुपुल जयकर :** आप इसका दु:ख से अंतर किस तरह करेंगे?

**कृष्णमूर्ति :** देखिए, मैं अपने बेटे को बहुत प्यार करता था, और वो अब तबाह हो रहा है। और मैं कुछ नहीं कर पा रहा। मैं उससे बात भी नहीं कर पा रहा, उससे मेरा कोई संपर्क-संवाद नहीं हो पा रहा, मैं उस तक जा नहीं सकता, उसे छू नहीं सकता। क्या यह अवस्था विषाद की होगी? मैंने अपने बेटे से बहुत प्यार किया। वह एकदम बिगड़ चुका है और मैं उसके समीप, उसके भीतर पहुँच नहीं पा रहा हूँ, उससे मेरा कोई स्पर्श नहीं रह गया है, उसकी भावनाओं को नहीं छू पा रहा हूँ और मैं पूरी शिद्दत से वह सब करना चाहता हूँ पर जानता हूँ कि वह होने वाला नहीं है। आह, यही है विषाद, 'डिस्पेअर' शब्द जो व्युत्पत्ति के मुताबिक, मेरे ख्याल से, 'हताश' से जुड़ा है। क्या इसी को आप विषाद की अवस्था कहेंगे? तो मैं उसे छू नहीं पा रहा, कोई उस तक पहुँच नहीं पा रहा, क्योंकि वह इस कदर गुम हो चुका है। मुझे लगता है यही विषाद का भाव है।

**टी.के.परचुरे :** विषाद में एहसासों को पूरी तरह से छोड़ बैठने का अभिप्राय है।

**कृष्णमूर्ति :** नहीं, यह वैसा नहीं है। यदि मैं एहसास छोड़ बैठता हूँ तो कहता हूँ, "ठीक है, वह जहन्नुम में जाए, भाड़ में जाए।" तब तो मसला खत्म है।

**फ्रिट्स विल्हेल्म :** बल्कि इसके उलट आमतौर पर हम कहते हैं, "मैं बेतहाशा कुछ चाहता हूँ" जैसे कि आपने उस बेटे के संबंध में कहा; इसमें यह प्रक्षेपण, यह मनसूबा निहित है कि मैं कुछ चाह रहा हूँ।

**पुपुल जयकर :** उसमें दिशा की ओर बढ़ने की तत्परता रहती है। इसमें किसी भी दिशा की ओर बढ़ने की कोई तत्परता नहीं है।

**फ्रिट्स विल्हेल्म :** तब शायद 'डिस्पेअर' सटीक शब्द नहीं है।

**स.बालसुंदरम् :** यह ऊर्जा का अवरुद्ध हो जाना भी है। किसी चीज़ के लिए लालायित होने की बात नहीं है। विषाद वह अवस्था है, जिसमें आप अपनी ऊर्जा के अधोबिंदु, निम्नतम तल को छू लेते हैं।

**कृष्णमूर्ति :** क्या वही विषाद है?

**पुपुल जयकर :** देखिए, इसीलिए मैं कह रही थी कि जब आप किसी भी भावना के भीतर इतनी गहराई में डूबते हैं, तब कोई फर्क नहीं रह जाता है दुःख और डर के बीच; एक तरह से सब एकसार हो जाता है, ये विलग नहीं रह जाते हैं। आप दुःख को विषाद से विलग नहीं कर सकते हैं। मुझे नहीं लगता कि गहरे में, मूल में ऐसा कोई भेद वैध होगा।

**सुनंदा पटवर्धन :** पुपुल जी, जब आपने शुरुआत की थी तब आप विषाद और दुःख के बीच भेद कर रही थीं।

**पुपुल जयकर :** जैसे-जैसे मैं आगे बढ़ रही हूँ, मुझे पता लग रहा है कि जब आप वाकई गहराई में उतरते हैं, तो विषाद और दुःख के बीच कोई भेद होता ही नहीं है।

**राधा बर्नियर :** तो आप दरअसल पूछ रही हैं, दुःख की जड़ क्या है?

**पुपुल जयकर :** ये सारी चीज़ें एक ही हैं।

**कृष्णमूर्ति :** क्या आपका सवाल यह है : दुःख की जड़ क्या है?

**पुपुल जयकर :** नहीं, दुःख और विषाद के बीच बँटवारा मुझे संभव नहीं लग रहा।

**जॉन कोट्स :** मुझे लगता है कि विषाद में *कुछ नहीं है* का एहसास भी शामिल है।

**पुपुल जयकर :** दुःख के साथ भी ऐसा ही है।

**जॉन कोट्स :** मुझे ऐसा नहीं लगता।

**फ्रिट्स विल्हेल्म :** मेरा मतलब है, इस शब्द का मूल 'आशा' से जुड़ा है।

**पुपुल जयकर :** शायद। लेकिन जब आप एक अवस्था का वर्णन कर रहे होते हैं, तो शब्दकोशीय अर्थ शायद वहाँ नहीं जँचे। शब्द की बात नहीं है, उस वस्तु की बात है।

**फ्रिट्स विल्हेल्म :** जी। लेकिन शब्द के धातुरूप का महत्त्व है।

**पुपुल जयकर :** उसका कोई अर्थ नहीं है। हो सकता है कोई शब्द किसी एहसास को पूरी तरह से न व्यक्त कर पाए। सर, कुछ लोग विषाद की अवस्था में आपके पास तो आए होंगे।

**कृष्णमूर्ति :** हाँ। मैं कोई 'कन्फेशन' पादरी नहीं हूँ।

**पुपुल जयकर :** नहीं, पर मेरा कहना है कि कुछ लोग दुःख, गहन कष्ट-पीड़ा की अवस्था में, 'कुछ नहीं' के एहसास के साथ आपके पास ज़रूर आए होंगे।

**कृष्णमूर्ति :** क्या हम यह कह रहे हैं कि विषाद दुःख से जुड़ा है, यानी हर रिश्ते से इनकार?

**पुपुल जयकर :** जी, एक सकल व्यथा।

**कृष्णमूर्ति :** जी हाँ, सकल व्यथा। क्या आप इसे ऐसे कहेंगे—संपूर्ण अलगाव का कुल एहसास?

**पुपुल जयकर :** जी।

**कृष्णमूर्ति :** जिसका अर्थ हुआ किसी भी चीज़ के साथ संपर्क या संबंध का कोई ज़रिया नहीं। हम इसके एहसास की पड़ताल कर रहे हैं।

**पुपुल जयकर :** हम इस एहसास से वाकिफ हैं।

**कृष्णमूर्ति :** इसी पर तो मैं प्रश्नचिह्न लगा रहा हूँ। क्या यह दुःख से जुड़ा है, अलगाव से, एक मुकम्मल सूनेपन के एहसास से कि सारे रास्ते बंद हैं? क्या ऐसा है?

**जॉन कोट्स :** इसमें अंतिमता का बोध है, यह आपकी समस्त आशा का, समूची अपेक्षा का अंत है, या उस किस्म का ही कुछ।

**कृष्णमूर्ति :** क्या व्यक्ति उस दशा तक पहुँचा है? क्या आप—निजी तौर पर आप नहीं—पर क्या कोई भी उस बिन्दु तक पहुँचा है? अंधकार में घिरी आत्मा, जैसा ईसाई मानते हैं।

**फ्रिट्स विल्हेल्म :** आत्मा की अँधेरी रात।

**कृष्णमूर्ति :** आत्मा की अँधेरी रात। क्या आप इसे यूँ कहेंगे? क्या वही विषाद है? ओह, वह तो विषाद से कहीं अधिक प्रबल है।

**पुपुल जयकर :** आप मुझे यह नहीं बता सकते कि मैं इस स्तर पर या उस स्तर पर या किसी और स्तर पर हूँ।

**कृष्णमूर्ति :** बिल्कुल, यकीनन नहीं।

**पुपुल जयकर :** इसका अभिप्राय क्या हुआ फिर?

**कृष्णमूर्ति :** क्या हम इस तरह शुरू करें? पहले हम दुःख शब्द का प्रयोग करें, उस शब्द की गहराई, उस शब्द का अर्थ लें। इससे शुरुआत करें। हम सब इसे जानते हैं, हर कोई जानता है, ठीक?

**पुपुल जयकर :** अलग-अलग मात्रा में।

**कृष्णमूर्ति :** किसी-न-किसी स्तर पर, कमोबेश, परन्तु हम जानते हैं कि यह क्या होता है? शोक, निराशा का, कोई-भी-रास्ता-नहीं-बचे होने का एहसास। क्या यह विषाद को जन्म देता है?

**पुपुल जयकर :** वह विषाद ही है।

**कृष्णमूर्ति :** मैं उसे विषाद नहीं कहूँगा।

**पुपुल जयकर :** क्यों, सर?

**कृष्णमूर्ति :** हम धीमे-धीमे चलेंगे, आइए इसे महसूस करें। मेरा बेटा मर गया है, और यही है जिसे मैं दुःख कह रहा हूँ। मैं उसे खो चुका हूँ, मैं उसे फिर कभी देख नहीं पाऊँगा। मैंने उसके साथ जीवन बिताया है, साथ-साथ हम खेले-कूदे हैं। सब कुछ विदा हो गया, और अचानक, रातों-रात मुझे यह एहसास हुआ कि मैं किस कदर अकेला पड़ गया हूँ। अकेलेपन की एक घनी अनुभूति का भाव है यह। मेरा मतलब किसी साथी के न होने से नहीं है—वह तो तुच्छ मसला है—पर एक संबंधशून्य अवस्था : किसी से भी किसी भी तरह का संबंध, नाता-रिश्ता न होने का गहरा भान, जो कि अकेलापन है। क्या आप कहेंगे कि यह वही है?

**पुपुल जयकर :** यह वही है।

**कृष्णमूर्ति :** तो फिर, क्या वह अकेलापन ही विषाद है?

**पुपुल जयकर :** देखिए सर, आप किसी शब्द का इस्तेमाल किसी दशा के अनुरूप करते हैं, किसी दशा के वर्णन के लिए।

**कृष्णमूर्ति :** मैंने उस दशा का वर्णन किया है।

**पुपुल जयकर :** नहीं, आप इस्तेमाल कर सकते हैं...

**कृष्णमूर्ति :** ...दस अलग-अलग शब्दों को, पर फर्क नहीं पड़ता।

**पुपुल जयकर :** आप दुःख शब्द का इस्तेमाल कर सकते हैं।

**कृष्णमूर्ति :** हाँ।

**पुपुल जयकर :** या आप उसे विषाद कह सकते हैं।

**कृष्णमूर्ति :** हाँ।

**पुपुल जयकर :** पर वह दशा तो वही रहेगी।

**कृष्णमूर्ति :** ठीक है। तो कैसे इससे बाहर निकलें—ऐसा आप कह रही हैं? इसके साथ क्या करें?

**पुपुल जयकर :** नहीं। आपने पूरी तरह से दुःख के साथ ठहरने की बात कही थी। कल हुई वार्ता में आपने कहा था दुःख की गहराई ही संपूर्ण ऊर्जा का योग है।

**कृष्णमूर्ति :** जी।

**पुपुल जयकर :** तो, इसकी प्रकृति भी वही होनी चाहिए।

**कृष्णमूर्ति :** हाँ। मैं समझ रहा हूँ कि आप क्या कह रही हैं, क्या कहना चाह रही हैं। कल शाम, 'के' ने कहा कि दुःख, समस्त ऊर्जा का सारतत्त्व है, समस्त ऊर्जा का सार है। सारतत्त्व—समस्त ऊर्जा वहाँ केंद्रित है। मेरे ख्याल से वह सही है। आप सहमत हैं?

**पुपुल जयकर :** आपने खुद कह दिया है।

**कृष्णमूर्ति :** मैंने कहा। क्या वह एक तथ्य है? क्या वह एक यथार्थ है या कि एक धारणा है?

**पुपुल जयकर :** आज सुबह अचानक मुझे ऐसा कुछ महसूस हुआ जिसे मैं विषाद कहूँगी। अब इसे देखिए सर। यह सहसा मुझमें अपनी सकलता में, पूरी तरह से मौजूद था और अब जो भी प्रश्न मैं पूछूँ, जो भी वक्तव्य मैं दूँ, वह मुझे उससे दूर ले जाएगा।

**कृष्णमूर्ति :** मुझे लग रहा है कि मैं इसे कुछ समझ पा रहा हूँ। देखिए, मेरे बेटे का देहांत हो गया है, और मैं यह महसूस कर रहा हूँ कि इस मृत्यु में, उस अनुपस्थिति में क्या-क्या निहित है। मैं और खुलासे में नहीं जाऊँगा, वह सब तो ज़ाहिर ही है। और यह एक ऐसा तथ्य है जिसे कभी बदला नहीं जा सकता है, एक तथ्य जो मेरे द्वारा बदला नहीं जा सकता, चाहे जितना मैं इसे नापसंद करूँ। उस यथार्थ तथ्य को मानने से इनकार कर देना—क्या यही है विषाद? मैं मान लेता हूँ, मैं सर्वथा, पूरी तरह से स्वीकार कर लेता हूँ कि मेरे बेटे की मौत हो चुकी है। मैं इस बारे में कुछ नहीं कर सकता। चला गया! मैं इस तथ्य के साथ ठहर जाता हूँ। मैं इसे विषाद या दुःख नहीं कहता, इसे कोई भी नाम नहीं देता। मैं इस असलियत, इस तथ्य के साथ रह जाता हूँ कि वह चल बसा है। क्या आप इसे विषाद कहेंगे? या आप किसी भी शब्द का प्रयोग नहीं करेंगे?

**जॉन कोट्स :** क्या किसी अपरिवर्तनीय तथ्य से दूर हटने का यत्न ही विषाद है?

**कृष्णमूर्ति :** यह एक अटल तथ्य है। क्या आप इस तथ्य के साथ ठहर सकते हैं, इससे दूर ले जाने वाली किसी भी गति के बगैर?

**पुपुल जयकर :** क्या यह दुःख या यह विषाद भी ऐसा ही एक अटल तथ्य नहीं है?

**कृष्णमूर्ति :** मैं यह मानने को तैयार नहीं कि वह एक अटल तथ्य है। मेरे बेटे का मरना बेशक अब न बदली जा सकने वाली घटना है, वह चल बसा है, जलाया जा चुका है।

**पुपुल जयकर :** दुःख भी अपरिवर्तनीय है, उसे बदला नहीं जा सकता।

**कृष्णमूर्ति :** नहीं, नहीं, नहीं। इसे हम देखें, इत्मीनान से, गौर से। मुझे अपने बेटे से प्रेम था। (मैं प्रेम शब्द का इस्तेमाल कर रहा हूँ, जिस अर्थ में मैं इसे बरतता रहा हूँ।) मुझे उससे प्रेम था और अचानक वह चल बसा। परिणाम यह है कि ऊर्जा का एक ज़बर्दस्त एहसास है जिसे मैंने दुःख में अनूदित कर लिया है। मैंने दुःख शब्द का प्रयोग किया है इस तथ्य को सूचित करने के लिए कि अचानक किसी भी चीज़ में अब कोई अर्थ नहीं रहा। केवल वह तथ्य ही शेष है। वह विषाद नहीं है।

**पुपुल जयकर :** आपने 'डिस्पेअर'—विषाद—शब्द का प्रयोग किया है; मैं इसके तात्पर्य पर गौर कर रही हूँ।

**कृष्णमूर्ति :** ठीक है, अब इससे हम थोड़ा हटें। मैं यह देखना चाहता हूँ कि वस्तुतः क्या घटित होता है जब ऐसी एक प्रबल आपदा, एक चरम स्थिति आ जाती है, और मन यह महसूस कर लेता है कि किसी भी तरह का पलायन व्यर्थ होगा, और वह इस तथ्य के साथ *किसी भी* हलचल के बगैर ठहर जाता है। वह तथ्य अटल है। क्या ऐसा हो सकता है कि मैं, यह मन उस अटल तथ्य के साथ बना रहे, उससे दूर न हटे? इसे हम एकदम, कतई सरल रखें। मैं क्रोध में हूँ, आगबबूला हूँ, क्योंकि मैंने अपनी सारी ज़िंदगी लुटा दी किसी शै के लिए, और मुझे पता चलता है कि मुझे धोखा दिया गया है, मेरे साथ विश्वासघात हुआ है, और मैं आगबबूला हो उठता हूँ। वह सारा-का-सारा आवेश, वह क्रोध, ऊर्जा ही है। मैंने उसे किसी कृत्य में परिणत नहीं किया है, उसके साथ कोई छेड़छाड़ नहीं की है। यह फिर आपकी सारी ऊर्जा का इकट्ठा होना ही है, जो क्रोध के उस आवेश के रूप में व्यक्त हो रही है। अब, क्या मैं क्रोध के उस आवेश के साथ ठहर सकता हूँ? बिना उसका किसी हरकत में तरजुमा किए, बिना कोई वार किए, सही-गलत ठहराए बगैर, बस उसे थामे रहना—क्या यह मुमकिन है? तब क्या होता है? वह विषाद नहीं है, मैं उसे विषाद की संज्ञा तक नहीं दूँगा। बस यह क्रोध की अनुभूति है। मेरे ख्याल से अच्युतजी इसे समझ रहे हैं।

**अच्युत पटवर्धन :** जी हाँ, सर।

**कृष्णमूर्ति :** क्योंकि उस दिन ऐसा ही कुछ हुआ था। ठहरिए, उसकी सफाई मत दीजिए। क्या आप उसके साथ ठहर सके? बिना यह कहे, "बड़ा अफसोस कि मुझमें करुणा बिल्कुल नहीं है, मुझे बहुत अफसोस है कि ऐसा कुछ हो गया।" तब क्या होता है?

**अच्युत पटवर्धन :** मैंने उसके साथ ठहरने की भी कोशिश की।

**कृष्णमूर्ति :** फिर?

**अच्युत पटवर्धन :** क्या आप इसे अवसाद की अवस्था कहेंगे?

**कृष्णमूर्ति :** ओह, नहीं, नहीं। वह तो एक प्रतिक्रिया है। मैं इसके साथ रहता हूँ, यह मुझे बतलाएगी। मैं इसे अवसाद नहीं कहने जा रहा; उसका तो मतलब होगा कि मैं उससे छेड़छाड़ कर रहा हूँ, उसे कार्यरूप दे रहा हूँ।

**अच्युत पटवर्धन :** मैं कह रहा हूँ कि अवसाद, 'डिप्रेशन' एक संक्रमण है, एक ज्वर। वह ज्वर उस संक्रमण का लक्षण भर है। उस ढंग से मैंने स्वयं को उस क्रोधित दशा में देखा है, उसके साथ कुछ भी करने का प्रयास किए बगैर।

**कृष्णमूर्ति :** नहीं, मेरा मतलब यह नहीं कि *आपने* इसे देखा। मैं वह क्रोध ही हूँ।

**अच्युत पटवर्धन :** हाँ, मैं ही वह हूँ।

**कृष्णमूर्ति :** वह कुल क्रोधावेश और उस आवेश की कुल ऊर्जा हूँ मैं।

**अच्युत पटवर्धन :** ऊर्जा नहीं है, एक कर्म है, 'एक्शन' है। और साथ ही पूरी तरह से हताश होने का एक एहसास भी है।

**कृष्णमूर्ति :** नहीं। मुझे लगता है पुपुलजी जो कह रही हैं उसे मैं समझ पा रहा हूँ, यानी कि मुझे यह महसूस होने लगा है कि मैं अपने ही बनाये हुए जाल में फँस गया हूँ, और मैं हिल नहीं पा रहा हूँ, मैं सुन्न हो गया हूँ। क्या वह विषाद की अवस्था होगी।

**जॉन कोट्स :** हम एक तस्वीर पर नज़र डालें। एक महिला जो तैरना नहीं जानती, वह समुद्र तट पर है और उसका बेटा डूब रहा है, वह जानती है कि उसे बचाया जा सकता है, पर ये वह खुद नहीं कर सकती। यह स्थिति, मेरे ख्याल से, पूर्ण विषाद के उस एहसास को जन्म देती है।

**फ्रिट्स विल्हेल्म :** क्या इसमें खुद पर क्रोध का एक अंश भी मौजूद है?

**कृष्णमूर्ति :** मुझे लगता है कि हम कहीं से हट रहे हैं। अब हम विषाद के अर्थ का, दुःख के अर्थ का, उस सब के तात्पर्य का कई तरह से वर्णन कर रहे हैं।

**अच्युत पटवर्धन :** आपने जो स्थिति पेश की थी वह कुछ दूसरी ही है। फर्क यह है कि क्रोध तो किसी दूसरे के व्यवहार पर एक प्रतिक्रिया है। यहाँ अपनी ही परिस्थिति पर एक प्रतिक्रिया है, और इसमें विषाद कहीं अधिक प्रामाणिक है पहले वाली स्थिति की अपेक्षा।

**कृष्णमूर्ति :** जी। यह एक प्रतिक्रिया नहीं है बल्कि अपनी खुद की अपर्याप्तता का भान है, और पर्याप्त न होने का, पूरे न उतरने का यह भाव—सतही तल पर नहीं, बल्कि अपनी पूरी गहराई में—ही विषाद है। क्या ऐसा कह सकते हैं?

**फिट्स विल्हेल्म :** उस एहसास के अलावा क्या इसमें कुछ और नहीं है? मुझे नहीं लगता कि वाकई इस अपर्याप्तता का कोई भान हो रहा होता है, क्योंकि उस अवस्था में पहले से ही इस अपर्याप्तता को न मानने की नीयत निहित है।

**पुपुल जयकर :** आपको कैसे पता?

**सुनंदा पटवर्धन :** यदि उसका भान नहीं है, तो कोई अपर्याप्तता भी नहीं है।

**पुपुल जयकर :** या तो आप इसे महसूस करते हैं या महसूस नहीं करते हैं। यह ऐसी कोई चीज़ नहीं है, जिसे मैं बतला सकूँ।

**कृष्णमूर्ति :** देखिए, फ्रिट्स, पूछ सकूँ तो, मेरा प्रश्न है कि क्या आपके अनुभव में कभी पूरी तरह से अपर्याप्त होने का एहसास आया है?

**फ्रिट्स विल्हेल्म :** मुझे याद नहीं। नहीं मालूम।

**कृष्णमूर्ति :** लेकिन मैं आपके पास आता हूँ और कहता हूँ "मैंने इस नाकाफीपन को पूरी तरह से महसूस किया है, मेरी मदद कीजिए, इसे समझना है मुझे, यह मुझमें खौल रहा है।" मैं इस चीज़ को लेकर परेशान हूँ। आप कैसे इससे निपटेंगे? कैसे

आप इससे परे जाने में मेरी मदद करेंगे?

**फ्रिट्स विल्हेल्म :** मेरे अनुभव में ऐसा कुछ आया तो है जो इससे काफी मिलता-जुलता है। मैं देख पाता हूँ कि जीवन में ज़्यादातर चीज़ें ऐसी हैं जिन्हें समझने में मैं असमर्थ हूँ, और मैं यह भी देखता हूँ कि मेरा मस्तिष्क वह सब समझ पाने के हिसाब से पूरी तरह नाकाफी है। और इस नाकाफीपन का मुझे एहसास है।

**कृष्णमूर्ति :** नहीं, मेरा मतलब वह नहीं था। मैं वहाँ पड़ोस में मलिन बस्ती, 'स्लम' के उन बच्चों को देखता हूँ; मैं कुछ कर नहीं सकता हूँ। उस दिन वार्ता के बाद जब मैं उधर से जा रहा था तो एक लड़के ने कहा, "मुझे कुछ दीजिए।" मैंने कहा, "मेरे पास और कुछ नहीं है, मेरा यह रूमाल ले लो", और उसने मेरा वह रूमाल ले लिया।

**फ्रिट्स विल्हेल्म :** यह वो एहसास नहीं है।

**कृष्णमूर्ति :** नहीं, वह अपर्याप्तता नहीं है। तो मैं महसूस करता हूँ कि मैं अपर्याप्त हूँ, इसका मुझे भान है। और तब मैं इसे कई सारी चीज़ों से भरने की कोशिश करता हूँ। मैं जानता हूँ कि मैं इसे भर रहा हूँ, और इसे भरते हुए मैं यह देख पाता हूँ कि यह अब भी खाली ही है; अभी भी वह अपर्याप्तता बनी ही हुई है। मैं उस बिंदु पर आ जाता हूँ जहाँ मैं यह देख पा रहा हूँ कि मैं चाहे जो करूँ, इस नाकाफीपन को कभी मिटाया नहीं जा सकता, पाटा नहीं जा सकता। यह है असली दु:ख अथवा विषाद, यह एहसास कि 'हे भगवान!'; पुपुल जी, क्या यह वही है?

**पुपुल जयकर :** कुछ स्थितियाँ ऐसी होती हैं जो आपको नि:शब्द छोड़ देती हैं।

**कृष्णमूर्ति :** जी। देखिए, मैं कुछ समझना चाहता हूँ। मेरे बेटे की मृत्यु हो गयी है। मैं न केवल हताश हूँ, बल्कि एक गहरे सदमे में हूँ, कुछ खो बैठने का गहरा एहसास, जिसे मैं दु:ख कहता हूँ—फिलहाल हम इसी शब्द का प्रयोग करें। मेरी स्वत: प्रवृत्त प्रतिक्रिया तो यह है कि इस भाव से परे भाग जाऊँ, इसकी कोई व्याख्या कर लूँ, इसके साथ कुछ करूँ। अब मुझे उस सब की व्यर्थता का एहसास होता है और मैं इसके साथ कुछ नहीं करता। मैं इसे दु:ख नहीं कहूँगा, मैं इसे विषाद भी नहीं कहूँगा, क्रोध भी नहीं कहूँगा, बल्कि मैं यह देख पा रहा हूँ कि वह तथ्य ही एकमात्र शै है, इसके अलावा और कुछ है ही नहीं। बाकी सारा कुछ अ-तथ्य है। तब फिर क्या होता है? इसी तक मैं आना चाहता हूँ। यदि आप कहते हैं कि यह विषाद है, तो मैं उस शब्द का प्रयोग कर लूँगा। यदि आप उस भाव के साथ बने रहते हैं, बिना उस पर कोई नाम चस्पा करते अतएव उसे पहचानते हुए, उस किस्म की तमाम प्रक्रिया के बगैर, उसके साथ ठहरे रहते हैं विचार की किसी भी हलचल के बिना, पूरी तरह से उसी के साथ रहे चले आते हैं, तब क्या घटित होता है? इस पर चर्चा करना सार्थक होगा।

**राधा बर्नियर :** यह बहुत ही कठिन है क्योंकि विचार कहता है, "इसके साथ

बने रहिए'', और वह भी विचार ही तो है।

**कृष्णमूर्ति :** ओह, नहीं। तब वह सब एक खेल हो जाता है, एक बौद्धिक खेल। वह तो पूरी तरह से बेमानी है।

**राधा बर्नियर :** जी हाँ, बिल्कुल।

**कृष्णमूर्ति :** देखिए, यह वस्तुतः बहुत दिलचस्प है। आप इसे जुदा-जुदा तरीकों से कह लीजिए—क्रोध, आक्रोश। मैं शादीशुदा हूँ; मेरी बीवी कतई बेवकूफ है। मैं उसे पसंद करता हूँ, पर वो इस कदर...अब यह एक बहुत बड़ी ज़िम्मेदारी है जिसको लेकर मुझमें गहरा विषाद घिर आता है। यह वही चीज़ है, है कि नहीं? यह उसी तरह से है कि मेरा एक अटल तथ्य से सामना होता है, और मैं उसे हटाने की एक बेचैन लालसा के साथ आगे बढ़ता हूँ, जिस किसी भी कारण से, जो भी उद्देश्य हो—प्रेम, स्नेह, उदारता। मैं उस चीज़ से संघर्ष करता हूँ, परंतु उस तथ्य को बदला नहीं जा सकता। वह तो जो है सो है, या मैं जो हूँ सो हूँ। इस तथ्य का क्या मैं किसी आशा, किसी विषाद के भाव के बगैर, बिना उस सारे शाब्दिक ढाँचे के, सामना कर सकता हूँ, और इतना भर कह सकता हूँ, ''हाँ, वह बेवकूफ है, और मैं इस बारे में कुछ नहीं कर सकता''? मेरे विचार से कुछ अनायास, विस्फोट सरीखा कर्म घटित हो सकता है, अगर मैं वहीं, उसी चीज़ के साथ ठहर पाऊँ तो।

**अच्युत पटवर्धन :** इससे पहले, एक तरह के शुद्धीकरण की, साफ-सफाई की ज़रूरत है।

**कृष्णमूर्ति :** मैं शुद्धीकरण नहीं कहूँगा।

**अच्युत पटवर्धन :** हृदय के, मेरा कहना है, कुछ तो शुद्धीकरण की दरकार है।

**कृष्णमूर्ति :** मैं इसे शुद्धीकरण नहीं कहता। एकदम नहीं।

**अच्युत पटवर्धन :** जो भी आप इसे कहें, सर।

**कृष्णमूर्ति :** ऐसा है, अच्युतजी, आप जानते ही हैं दुःख क्या होता है?

**अच्युत पटवर्धन :** जी हाँ।

**कृष्णमूर्ति :** जानते हैं न?

**अच्युत पटवर्धन :** जी हाँ।

**कृष्णमूर्ति :** आप जानते हैं कि यह क्या है। बिना किसी भी हलचल के क्या आप उसके साथ बने रह सकते हैं? और तब होता क्या है, जब कोई हलचल, कोई गति नहीं है। हाँ, यह स्पष्ट हो रहा है। मेरा बेटा जब मर चुका होता है, तो वह एक अटल, कभी बदला न जा सकने वाला तथ्य है। और मैं जब उसके साथ ठहर गया हूँ और यह ठहर जाना भी एक अटल, अटूट तथ्य है, तब इन दोनों तथ्यों का मिलना होता है।

**पुपुल जयकर :** दुःख या विषाद की गहनता का एहसास क्या किसी ज्ञात प्रतीत हो रहे कारण के बिना जाग सकता है?

**कृष्णमूर्ति :** हाँ, मैं इसे भली-भाँति समझ रहा हूँ। आगे बढ़िए।

**पुपुल जयकर :** कुछ होता नहीं है प्रतिक्रिया करने को, कोई घटना नहीं हुई है जिस पर प्रतिक्रिया करें।

**कृष्णमूर्ति :** जी हाँ। विश्लेषण की कोई प्रक्रिया संभव नहीं है। समझ रहा हूँ।

**पुपुल जयकर :** विश्लेषण की कोई प्रक्रिया संभव नहीं है। एक अर्थ में, विचार यहाँ स्तंभित हो जाता है।

**कृष्णमूर्ति :** हाँ, यही बात है। इसी पर मैं आना चाह रहा था। वह बदला न जा सकने वाला तथ्य, वह अचल तथ्य कि मेरा बेटा चल बसा है; और यह भी कि मैंने इससे पलायन नहीं किया, जो कि एक और तथ्य है। तब होता क्या है?

**पुपुल जयकर :** जैसा कि मैंने कहा, विचार निश्चल होता है, शांत, किसी संकल्प की वजह से नहीं।

**कृष्णमूर्ति :** मैं समझ रहा हूँ, समझ रहा हूँ।

**पुपुल जयकर :** अब, इसके बाद कहने के लिए क्या है?

**कृष्णमूर्ति :** यही तो मैं पता लगाना चाह रहा हूँ। कुछ घटित होना चाहिए।

**जॉन कोट्स :** क्या कोई ऐसा विधान, 'लॉ' है जिससे हमारा नावाकिफ रहना इन दोनों तथ्यों की मौजूदगी रोक रहा है?

**कृष्णमूर्ति :** मेरा सवाल यह है कि क्या ये तथ्य दो हैं या तथ्य केवल एक ही है। यह तथ्य है कि मेरा बेटा मर गया है। और यह तथ्य कि मुझे उससे पलायन नहीं करना है—वह तो तथ्य नहीं है; वह बस एक विचार है, और इसलिए वह तथ्य नहीं। अत: तथ्य केवल एक ही है, ठीक? मेरा बेटा चल बसा है। यह संपूर्ण, अचल तथ्य है, असलियत है। और मैं खुद से कहता हूँ कि मुझे पलायन नहीं करना है, कि मुझे इसे पूरी तरह से जीना-मिलना होगा। और मैं कहता हूँ कि यह एक तथ्य है। मैं इसी पर सवाल उठा रहा हूँ कि क्या यह एक तथ्य है। यह एक विचार है, एक धारणा है, तथ्य नहीं है। यह उस तथ्य सरीखा नहीं है जैसे कि मेरे बेटे की मृत्यु, उसका गुज़रना। तथ्य केवल एक ही है। जब आप उस तथ्य को अपने से अलग करते हैं और कहते हैं, ''मुझे पूरे अवधान के साथ इससे मिलना चाहिए'', यह अतथ्य है। तथ्य तो वह अन्य है।

**सुनंदा पटवर्धन :** लेकिन मेरी वह हलचल तो एक तथ्य हुई न?

**कृष्णमूर्ति :** वह एक तथ्य है या विचार है?

**सुनंदा पटवर्धन :** उसके साथ ठहरना न चाहना, अपितु क्रोध की उस ऊर्जा या ठेस की उस ऊर्जा से दूर हट जाना—क्या वह एक तथ्य नहीं है?

**कृष्णमूर्ति :** हाँ, बिल्कुल है। याद है हमने उस दिन इस पर बात की थी : एक वायवीय, एक हवाई ख्याल, वह भी तथ्य हो सकता है। मेरा विश्वास है कि मैं ईसा हूँ, यह एक तथ्य है, उसी तरह से जैसे कि यह तथ्य कि मैं एक भला आदमी हूँ; ये

दोनों तथ्य हैं। दोनों को विचार ने उपजाया है, बस बात इतनी है। दुःख विचार से नहीं, बल्कि किसी असलियत से उपजता है, जिसे मैंने दुःख में अनूदित कर लिया है।

**सुनंदा पटवर्धन :** दुःख विचार से नहीं उपजता?

**कृष्णमूर्ति :** क्या यह विचार से आता है? इस पर आहिस्ता से गौर करें। जैसा कि मैंने कहा था, यह एक संवाद है, एक चर्चा। अगर मैं कुछ कहता हूँ तो आप ज़रूर उसकी धज्जियाँ उड़ाएँ।

**राधा बर्नियर :** जब मेरा बेटा मर जाता है, तब यह विचार द्वारा नहीं उपजा है।

**कृष्णमूर्ति :** नहीं, वह एक तथ्य है।

**राधा बर्नियर :** वह एक तथ्य है।

**सुनंदा पटवर्धन :** यानी कि दुःख दो अलग-अलग प्रकार के होते हैं।

**कृष्णमूर्ति :** नहीं! मेरे बेटे की मृत्यु हो गयी है वह एक तथ्य है। और वह तथ्य उसके साथ मेरे संबंध, उसके तईं मेरी प्रतिबद्धता, उसके प्रति मेरी आसक्ति, मेरी चाहत आदि को उद्घाटित करता है, जो सब अ-तथ्य हैं, तथ्य नहीं हैं।

**पुपुल जयकर :** वह दूसरे चरण में होता है। जब मेरे बेटे की मृत्यु होती है...

**कृष्णमूर्ति :** ...तब सिर्फ एक ही चीज़ होती है। मैं बस यही कह रहा हूँ। मेरा बेटा चल बसा है, और मैं दुःख में हूँ। मैं दुःख में हूँ यह एक तथ्य है। मैं रोता हूँ, यह तथ्य है। मेरी आँखों में आँसू हैं, यह तथ्य है।

**फ्रिट्स विल्हेल्म :** और तब मैं उस तथ्य से दूर हट रहा होता हूँ यदि मैं अपने संबंध की—जिसका अब वजूद नहीं है—गवेषणा की कोशिश में लग जाता हूँ।

**पुपुल जयकर :** सच में यदि आपका बेटा मर गया है, तो क्या उस क्षण मन वहाँ से हट सकता है?

**कृष्णमूर्ति :** नहीं, उस क्षण तो वह स्तंभित, गतिहीन हो जाता है।

**पुपुल जयकर :** पूरी तरह से।

**कृष्णमूर्ति :** पूरी तरह से सुन्न।

**पुपुल जयकर :** वही वो क्षण है, सर।

**कृष्णमूर्ति :** नहीं, नहीं। मेरा बेटा मर गया है और मैं बिल्कुल स्तंभित हूँ; मानसिक और शारीरिक दोनों तरह से। मैं एक सदमे की अवस्था में हूँ। वह सदमा घटने लगता है।

**पुपुल जयकर :** एक अर्थ में, उस अवस्था की तीव्रता ने खुद को छितरा दिया होता है।

**कृष्णमूर्ति :** नहीं। वह धक्का, वह सदमा उस तथ्य का एहसास नहीं है। वह तो जिस्मानी धक्का है। जैसे किसी ने मेरे सिर पर प्रहार किया हो।

**पुपुल जयकर :** उस समय धक्का लगता है।

**कृष्णमूर्ति :** बात यही है। फालिज-सा मार जाता है, कुछ दिनों के लिए, कुछ घंटों के लिए, कुछ क्षणों के लिए। जब वह धक्का लगता है, मेरी चेतना काम नहीं कर रही होती; वह सुन्न हो जाती है।

**पुपुल जयकर :** कुछ तो काम कर रहा होता है।

**कृष्णमूर्ति :** नहीं। सिर्फ आँसू, और कुछ नहीं। बस एक गतिशून्यता।

**पुपुल जयकर :** हम उसे आँसू कह देते हैं।

**कृष्णमूर्ति :** वह एक अवस्था है, पर वह कोई स्थायी अवस्था नहीं है। यह एक अनित्य, गुज़र जाने वाली स्थिति है, जिससे मैं बाहर आ जाने वाला हूँ।

**पुपुल जयकर :** हाँ। परंतु जिस क्षण मैं उससे बाहर आने लगता हूँ, गति होने लगती है...

**कृष्णमूर्ति :** वह धक्का गुज़र चुका होता है। तब उस हकीकत से मेरा सामना होता है।

**पुपुल जयकर :** सर, आप उस हकीकत का सामना कैसे करते हैं? मैं आपसे जानना चाहती हूँ।

**कृष्णमूर्ति :** मेरे भाई या बहन की मृत्यु हो जाती है, और उस क्षण—वह क्षण कुछ दिनों का भी हो सकता है—यह एक ज़बरदस्त मनोदैहिक धक्का होता है। मन में कोई हरकत, चेतना की कोई गतिविधि नहीं हो रही होती; यह फालिज जैसी अवस्था होती है।

**पुपुल जयकर :** यह दुःख है, दुःख की ऊर्जा।

**कृष्णमूर्ति :** तो यह मेरे लिए असहनीय रही है। हाँ, यही बात है। वह ऊर्जा बहुत ही अधिक प्रबल रही है।

**पुपुल जयकर :** आपने अभी कुछ कहा—वह ऊर्जा बहुत ही प्रबल रही है।

**कृष्णमूर्ति :** बात यही है।

**पुपुल जयकर :** इससे दूर हटने की कोई भी गति इस ऊर्जा को नष्ट करने लगती है।

**कृष्णमूर्ति :** लेकिन मनोदैहिक तौर पर शरीर उसी सदमे की अवस्था में नहीं बना रह सकता।

**पुपुल जयकर :** तब वह दुःख का सामना कैसे करता है?

**कृष्णमूर्ति :** मैं उसी बात पर आ रहा हूँ। यह ऐसा ही है जैसे किसी को फालिज मार गया हो और मैं उसे कुछ बोलने को कहूँ; वह नहीं बोल सकता।

**पुपुल जयकर :** तब?

**कृष्णमूर्ति :** जब वह धक्का, वह सदमा चला जाता है, एक दिन में, हफ्ते में, महीने में, जितना भी समय लगे, तब क्या होता है? इसी पर मैं आ रहा हूँ। क्या घटित

होता है, जब सदमे का असर न रह गया हो? आप इस तथ्य के प्रति जागने लगते हैं कि आपका बेटा मर चुका है। तथ्य! तब विचार शुरू हो जाता है, विचार की पूरी हलचल शुरू हो जाती है।

**फ्रिट्ज़ विल्हेल्म :** क्या आप इस अभिज्ञान के प्रति नहीं जाग उठते कि आपका बेटा मर चुका है, बजाय उस विचार के प्रति जागने के।

**कृष्णमूर्ति :** नहीं, नहीं, नहीं। मेरा भाई मर चुका है, और यह मेरे लिए एक ज़बरदस्त धक्का है। मैं मूर्छित हो जाता हूँ, रोता हूँ, मेरी सारी मनोदैहिक गति को फालिज़-सा मार जाता है। क्या आप इससे परिचित नहीं हैं?

**मिसेज़ कोट्स :** वह धक्का एक तरह का निश्चेतक, 'एनिस्थेटिक' है।

**कृष्णमूर्ति :** जी, हाँ। एक निश्चेतक जो मुझे उस घटना से मिला। और मैं उससे बाहर निकलता हूँ; शारीरिक और मानसिक दोनों तलों पर मैं उससे बाहर आ जाता हूँ। तब मुझे एहसास होता है कि दुःख मौजूद है। मैं रोने लगता हूँ। उस क्षण मैं नहीं रोया, तब वह बहुत तीव्र था। बाद में मैं रोने लगता हूँ, मेरा शरीर प्रतिक्रिया करने लगता है, वह सारा कुछ असहनीय होता जाता है।

**मिसेज़ कोट्स :** आप उसका सामना करना चाहते हैं।

**कृष्णमूर्ति :** मैं अभी वहाँ तक नहीं आया हूँ। तो, तब क्या होता है? जब आप उस सदमे से बाहर आते हैं, आपको एहसास होता है कि वह तो जा चुका। आप आँसू बहाते हैं, कहते हैं, "काश मैंने ठीक से व्यवहार किया होता, काश मैंने आखिरी पलों में वे निष्ठुर शब्द नहीं कहे होते" और बाकी सब। तब आप उससे पलायन करना शुरू करते हैं : "मैं अपने भाई से पितृलोक में या अगले जन्म में मिलना चाहूँगा!" या ऐसा ही कुछ और। मैं कह रहा हूँ कि यदि आप पलायन नहीं करते, और उस तथ्य को इस तरह नहीं देखते जैसे कि वह आपसे अलग हो—अवलोकन करने वाला, 'ऑब्ज़र्वर' ही अवलोकन का विषय, 'ऑब्ज़र्व्ड' है। क्षमा कीजिए, फिर से उस बहुप्रयुक्त कथन पर लौट आने के लिए।

**पुपुल जयकर :** इस पूरे विषय का मर्म है धक्का लगने की वह आरंभिक अवस्था।

**कृष्णमूर्ति :** मुझे नहीं लगता।

**पुपुल जयकर :** हाँ, सर।

**कृष्णमूर्ति :** आप इसमें थोड़ा-सा और जाएँ। यह एक ऐसा धक्का है जिसे शरीर और मानस बर्दाश्त नहीं कर पाते, और फालिज-सी स्थिति में आ जाते हैं।

**पुपुल जयकर :** लेकिन ऊर्जा तो है, वह विद्यमान है।

**कृष्णमूर्ति :** वह बहुत ही प्रबल है, बेहद प्रबल।

**पुपुल जयकर :** पर ऊर्जा का अवलोकन केवल वहीं संभव है।

**कृष्णमूर्ति :** नहीं। जैसा कि श्रीमती कोट्स ने कहा, किसी ने मुझे निश्चेतक,

'ऐनस्थीसिया' दे दिया है। यह एक तथ्य है।

**पुपुल जयकर :** मृत्यु की घड़ी ही ऐसी है जिसमें इसका पूर्ण एहसास होता है। तत्पश्चात वह क्षीण होता जाता है।

**कृष्णमूर्ति :** नहीं। क्या आप यह बात इस तरह रखेंगी? कुछ समय के लिए हम मृत्यु की चर्चा रहने दें। एक बेइंतहा खूबसूरत दृश्य आपके सामने है, ऐसा अद्भुत कि वह आपको स्तब्ध कर देता है। ठीक? यह एक किस्म की 'स्तंभित' अवस्था हुई।

**पुपुल जयकर :** परंतु है वह भी एक संपूर्ण अवस्था ही।

**कृष्णमूर्ति :** ज़रा ठहरें। *वहाँ* यह फालिज-सी अवस्था वह मनोहारी दृश्य है जिसने आपको बेखुद, गैरहाज़िर कर दिया है, और हमने कहा कि मन की वह अवस्था, जब आप वहाँ नहीं होते, वही सौन्दर्य है। जब मृत्यु होती है, वह ज़बरदस्त धक्का, हर शै को गैरहाज़िर कर देता है। यह वही बात नहीं है जो किसी पर्वत के संग, उस अनुपम दृश्य के संग आपमें घटित होती है। ये दोनों पूरे तौर पर जुदा हैं।

**पुपुल जयकर :** यह मन की स्थिति पर निर्भर करता है।

**कृष्णमूर्ति :** जी, बिल्कुल। यह उस संबंध की स्थिति पर निर्भर करता है...

**पुपुल जयकर :** ...और मृत्यु के वस्तुतः घटित होते वक्त मन जिस स्थिति में होता है उस पर भी।

**कृष्णमूर्ति :** और उस भाई की मनःस्थिति पर भी। तो हम किस पर चर्चा कर रहे हैं? हम यह संवाद किस विषय पर कर रहे हैं?

**पुपुल जयकर :** हम यह पता लगाने का जतन कर रहे हैं कि विषाद या दुःख अथवा मृत्यु की इस उच्चतम ऊर्जा लब्धि, 'क्वोशंट' में, वह कीमिया, वह 'ऐल्कमी' क्या है, जो इस ऊर्जा को, जो प्रतीयमान रूप से विनाशक और पीड़ाप्रद है, उस अवस्था में रूपांतरित कर देती है जिसे आप प्रगाढ़ता, 'पैशन' कहा करते हैं। यदि आप दुःख या विषाद के चलते खुद को नष्ट होने देते हैं, जंग लगने देते हैं...

**कृष्णमूर्ति :** बिल्कुल यही बात है।

**अच्युत पटवर्धन :** इसी को मैं शुद्धीकरण, 'पर्गेशन' कह रहा था।

**कृष्णमूर्ति :** फर्क नहीं पड़ता, सर।

**पुपुल जयकर :** यदि आप इसे होने देते हैं, जो कि एक कुदरती प्रक्रिया है...

**कृष्णमूर्ति :** हाँ, यह एक कुदरती प्रक्रिया है।

**पुपुल जयकर :** और आप इसमें एक और तत्त्व ले आये हैं। आप कह रहे हैं कि एक कीमिया है जो इसे रूपांतरित कर देती है।

**कृष्णमूर्ति :** जब ऊर्जा को शब्दों के ज़रिये बिखेरा नहीं जाता है, जब किसी बड़ी घटना से लगे धक्के की ऊर्जा को, उस ऊर्जा को—जिसका कोई प्रयोजन, कोई हेतु नहीं है—छितराया-नष्ट किया नहीं जाता है, तब उसकी एक अलग ही अर्थवत्ता होती है।

**पुपुल जयकर :** यह चेतना में उसे थामे रखना...

**कृष्णमूर्ति :** यह चेतना में नहीं है।

**पुपुल जयकर :** पर उसको थामे रखना—ऐसा आपने कहा है।

**कृष्णमूर्ति :** मैंने कहा है। थामे रखना यानी उससे परे नहीं हटना।

**पुपुल जयकर :** यह चेतना के भीतर नहीं है?

**कृष्णमूर्ति :** नहीं, यह चेतना के अंतर्गत नहीं है। बाखुदा! अगर आप इसे चेतना में थामे रखते हैं, तो यह सोच का ही हिस्सा है। आपकी चेतना सोच से ही तो निर्मित है।

**सुनंदा पटवर्धन :** यह चेतना में उभरी है।

**कृष्णमूर्ति :** नहीं, नहीं। आप समझी नहीं।

**सुनंदा पटवर्धन :** तो यह क्या है?

**कृष्णमूर्ति :** थामे रखें इसे, इससे दूर न भागें, इसके साथ बने रहें।

**पुपुल जयकर :** वह हस्ती क्या है जो वहाँ से हटती नहीं?

**कृष्णमूर्ति :** कोई हस्ती है ही नहीं।

**पुपुल जयकर :** तब वह है क्या जो...

**कृष्णमूर्ति :** वह हस्ती वजूद में आती है जब तथ्य से हटना होता है।

**पुपुल जयकर :** यह हस्ती अपने आप को समाप्त कैसे करती है? यह बहुत महत्त्वपूर्ण है।

**कृष्णमूर्ति :** मैं सहमत हूँ, सहमत हूँ। यह बहुत दिलचस्प है। एक धक्का लगता है, और फिर उस धक्के से दुःख आता है। वह शब्द दुःख ही एक विचलन है, दूर हट जाना है। ये जो पलायन हैं, सारे विचलन हैं, तथ्य से दूर ले जाते हैं। अब, उस तथ्य के साथ पूरी तरह से बने रहना, ठहरना, यानी कि विचार की गतिविधि के किसी भी तरह के हस्तक्षेप का न होना; इसलिए आप इसे सचेत तौर पर नहीं थामे हुए होते।

**फ्रिट्स विल्हेल्म :** आप कह रहे हैं कि एक बोध होता है।

**कृष्णमूर्ति :** नहीं। मैं इसे फिर से कहता हूँ। चेतना विचार द्वारा रची-बनी है। (हमने इस पर उकता जाने की हद तक चर्चा की है।) यही अंतर्वस्तु विचार को निर्मित करती है। वह घटना, मेरे बेटे की मृत्यु की घटना विचार नहीं है, परंतु जब मैं इसे विचार में ले आता हूँ तो यह अब उस चेतना के भीतर-भीतर ही है। इसलिए इसके साथ बने रहना, इसे थामे रखना, इसे चेतना में ले आना नहीं है। निश्चित ही! यह बहुत महत्त्वपूर्ण है। मुझे कुछ स्पष्ट हुआ है।

**पुपुल जयकर :** क्या उस ऊर्जा की वह प्रबलता ही है जो विचार को पूरी तरह से मौन कर देती है?

**कृष्णमूर्ति :** जी, ऐसा कह लें, जिस तरीके से आप कहना चाहें। विचार इसे स्पर्श नहीं कर सकता है, पर हमारी संस्कारबद्धता, हमारी परंपरा, हमारी शिक्षा यही है

कि उसे ज़रूर छेड़ना है, बदलना है, तर्कयुक्त करना है, पलायन करना है इससे, और यह सब चेतना का ही क्रियाकलाप है। मैं इस पर टिका हूँ। बात मुझे समझ में आ गयी है। यह बहुत दिलचस्प है। मुझे याद नहीं कब मेरे भाई की मृत्यु हुई थी। पर जैसा कि मुझे औरों ने बताया है, वह एक धक्के की, सदमे की अवधि थी। जब वह (के.) उससे बाहर आया, वह उस होनी के साथ बना रहा; वह डॉ. बेसन्ट के पास नहीं गया, न उसने मदद माँगी। पुनर्जन्म वगैरह कुछ नहीं; वह बस ठहरा रहा, उसके साथ हो लिया। तो अब मैं देख पा रहा हूँ कि वह कैसे हुआ था। अब मैं व्यापक रूप से, आम बात कर रहा हूँ। जब वह सदमा गुज़र जाता है, तब आप इस तथ्य से दो चार होते हैं कि एक ज़बरदस्त घटना घटी है। मृत्यु—मेरी या आपकी नहीं—घटित हुई है, जो कि एक असाधारण घटना है। मृत्यु, जन्म की तरह ही एक अद्भुत, असाधारण घटना है। और उसे देखना, उसका अवलोकन करना, विचार के रूप में चेतना के इसमें प्रवेश के बगैर—बात यही है, मैं समझ गया हूँ; तो क्या आप वह कर सकते हैं?

**फ्रिट्स विल्हेल्म :** यदि आप ऐसा नहीं कर सकते हैं, तो आप अचेतन संस्कारबद्धता में फँस जाते हैं।

**कृष्णमूर्ति :** जी। यदि आप ऐसा नहीं करते हैं तो फिर से वह सारा कारोबार शुरू हो जाता है।

**फ्रिट्स विल्हेल्म :** मैं तथ्य से उत्पन्न होती ऊर्जा के उस अतिरेक को देख रहा था; अब वह तथ्य चाहे एक पर्वत हो, या मेरे भाई की मृत्यु, ऊर्जा तो वही है। लेकिन एक मामले में उस पर प्रतिक्रिया, क्या हम ऐसा कहें, समुचित है। दूसरे मामले में मैं उस प्रतिक्रिया को दुःख कह रहा हूँ।

**कृष्णमूर्ति :** सँभालकर, सँभालकर। दोनों ही बाहरी घटनाएँ हैं, पर्वत भी एक आघात है, और मृत्यु भी आघात है। एक ने—उस पर्वत ने—मुझे अनुपस्थित कर दिया, इसलिए तब कोई चेतना नहीं है; जब वह पर्वत विद्यमान है, तो मैं वहाँ नहीं हूँ। दूसरी स्थिति भी मिलती-जुलती ही है : उस आघात ने चेतना को निकाल बाहर किया।

**प्रश्नकर्ता-1 :** क्या उस आघात ने दोनों ही हालतों में यही किया है—चेतना को निकाल बाहर करना।

**कृष्णमूर्ति :** दोनों में ही।

**सुनंदा पटवर्धन :** 'मैं' का एहसास दोनों में ही गैरहाज़िर है।

**प्रश्नकर्ता-2 :** आपको कब पता चलता है कि यह अब बहुत हो गया।

**कृष्णमूर्ति :** मैं उसी पर आ रहा हूँ। बात जब मेरे भाई की है तो वह एक संकट, एक 'क्राइसिस' है। वह पर्वत मेरा भाई नहीं है; उसके साथ मैं खेलता रह सकता हूँ। वहाँ, बात सीधे-सीधे मुझसे जुड़ी है। यह तआल्लुक है 'मैं' और दुःख का। पर दोनों आघात की वही स्थिति उपजा रहे हैं। बहुत दिलचस्प है।

**पुपुल जयकर :** आपने कहा था दुःख विचार से नहीं जन्मा है। मैं इसे और समझना चाहूँगी।

**कृष्णमूर्ति :** हाँ। दुःख विचार से नहीं जन्मा है। ठहरिए। उसका ('के' का) कुछ आशय रहा होगा। तो मुझे पता लगाना होगा कि वह आशय सही है या गलत। दुःख विचार से जन्म नहीं लेता, क्या ऐसा है? इस बारे में आपका क्या कहना है?

**पुपुल जयकर :** मैं कहूँगी 'हाँ'।

**कृष्णमूर्ति :** आप सहमत हैं?

**पुपुल जयकर :** जी हाँ।

**कृष्णमूर्ति :** क्यों?

**पुपुल जयकर :** क्योंकि जब दुःख मौजूद हो तब विचार नहीं होता। जब दुःख की गहनता होती है, विचार नहीं टिकता।

**कृष्णमूर्ति :** ज़रा धीरे। दुःख विचार की संतति नहीं है। आप ऐसा कह रही हैं, यही बात उन्होंने भी कही। क्यों? यह शब्द दुःख विचार ही है। कोई शब्द वह वस्तु नहीं हुआ करता, तो दुःख की भावना वह शब्द नहीं है। जब शब्द का इस्तेमाल करते हैं, तो वह भावना, वह अवस्था विचार बन जाया करती है।

**प्रश्नकर्ता-4 :** दुःख की वह अवस्था होती है सदमे के उपरांत, विचार से पूर्व। हम उस स्थिति के विषय में चर्चा कर रहे हैं जब एक धक्का लगा होता है, आप अवाक् रह जाते हैं। उस ऊर्जा की अभिगम्यता, चेतना में लौट आना ही दुःख है।

**कृष्णमूर्ति :** उसे दुःख की संज्ञा मैंने दे दी है।

**प्रश्नकर्ता-4 :** अभी नहीं। एक वापसी हुई है दुःख की उस अवस्था में।

**कृष्णमूर्ति :** नहीं। वह धक्का, वह सदमा लगता है, तब उस 'शॉक' से दूर हटना होता है। समझ रहे हैं?

**प्रश्नकर्ता-4 :** समझ रहा हूँ।

**कृष्णमूर्ति :** वह शब्द वह वस्तु नहीं है। अगर शब्द नहीं है, तो विचार नहीं है। सुनिए, मुझे कुछ समझ में आ रहा है। बहुत दिलचस्प है।

**पुपुल जयकर :** आप सही कह रहे हैं, पर मैं दुःख शब्द का प्रयोग कर रही हूँ। आप उस शब्द को परे फेंक सकते हैं, पर मैं तो इसे इस्तेमाल कर रही हूँ। कई सारी भावनाएँ होती हैं।

**कृष्णमूर्ति :** तो उसी एक शब्द को रखें।

**पुपुल जयकर :** दुःख कुछ ऐसी शै है कि यदि आप उस शब्द को हटा भी दें तो...

**कृष्णमूर्ति :** ...वह मौजूद रहता है। बेशक, बेशक। तो क्या यह संभव है कि उसे कोई नाम न दें। जैसे ही आप उसे शब्द देते हैं, आप उसे चेतना के घेरे में ले आते हैं।

**सुनंदा पटवर्धन :** नामांकन से पहले, क्या वह दशा चेतना का हिस्सा नहीं होती है?

**कृष्णमूर्ति :** यहाँ *पहले* से आपका तात्पर्य क्या है?

**सुनंदा पटवर्धन :** इससे पहले कि नामांकन किया जाए, क्या *जो है* उस चेतना का हिस्सा है अथवा नहीं? जिस क्षण आप उसे दुःख की संज्ञा दे देते हैं, उसका एहसास कुछ अलग ही हो जाता है।

**कृष्णमूर्ति :** मैं सुस्पष्ट होना चाहता हूँ कि हम एक-दूसरे को समझ पा रहे हैं। हमने कहा कि चेतना होती है उसकी अपनी अंतर्वस्तु, जो कुछ भी इसमें मौजूद है, वह। इसकी इन अंतर्वस्तुओं को, 'कंटेंट्स' को विचार ने जोड़ा-सँजोया है। यह पूरी-की-पूरी चेतना, प्रच्छन्न भी, वह सारा कुछ विचार ने ही वहाँ साथ रखा है। एक घटना घटती है, जिसका ऊर्जा-बल, वह धक्का, पल भर, या दिनों, महीनों, अथवा अमुक अवधि के लिए उस चेतना को उधर से हटा ही देता है। फिर जब उस चीज़ का, उस घटना का असर उतरने लगता है, आप उसे कोई नाम देना आरंभ करते हैं। तब आप उस चीज़ को चेतना के भीतर ले आते हैं। पर वह चीज़ *तब* चेतना में नहीं होती, जब वह घटना घट रही हो तब।

**फ्रिट्स विल्हेल्म :** वह चीज़ जब आप उसे नाम नहीं देते हैं—वह है क्या?

**कृष्णमूर्ति :** जब आप उसे नाम नहीं देते हैं, तो वह है क्या? वह सकल ऊर्जा है।

**फ्रिट्स विल्हेल्म :** तब हम उसे दुःख क्यों कहते हैं?

**कृष्णमूर्ति :** क्योंकि मुझे उसको दुःख कह देने का अभ्यास हो गया है।

**सुनंदा पटवर्धन :** क्योंकि चेतना में दुःख समवेत है।

**कृष्णमूर्ति :** बिल्कुल।

**फ्रिट्स विल्हेल्म :** परंतु जब मैं उस ऊर्जा को दुःख का नाम देता हूँ, मेरा इससे कुछ आशय होता है, तब यह विचार होती है।

**कृष्णमूर्ति :** नहीं, नहीं।

**पुपुल जयकर :** निश्चित ही एक अंतर है। केवल दुःख शब्द के इस्तेमाल से, बिना उन उलझावों के...

**कृष्णमूर्ति :** बस, बात यही है। उसी से सारे तार जुड़े हैं।

**पुपुल जयकर :** मैं यह कह रही हूँ : दुःख में, सारभूत रूप से, प्रेम की गुणवत्ता है।

**कृष्णमूर्ति :** उत्कटता, 'पैशन'!

**पुपुल जयकर :** आप पैशन शब्द इस्तेमाल करते हैं।

**कृष्णमूर्ति :** शब्द अपने आप में...

**पुपुल जयकर :** शब्द को हटा दें। यह तब भी वहाँ है। शब्द इसे नहीं रचता है।

**कृष्णमूर्ति :** दुःख के लिए अंग्रेजी शब्द 'सॉरो' का मूल पैशन में है।

**पुपुल जयकर :** वह शब्द उसे नहीं रचता है।

**कृष्णमूर्ति :** नहीं, पर हम सावधानी बरतें। जैसे कि भय है।

**पुपुल जयकर :** भय एक अलहदा बात है।

**कृष्णमूर्ति :** ठहरें। क्या भय शब्द ने 'भय' पैदा किया है? क्या एक ऐसा भय होता है जो शब्द के बगैर है? तब यदि यह नहीं है, कोई शब्द है ही नहीं, तब वहाँ क्या है?

**राधा बर्नियर :** लेकिन दुःख, भय, क्रोध, यह सब कुछ तो 'मैं' ही है, है न? और यह 'मैं' विचार ही है।

**कृष्णमूर्ति :** यकीनन। आप जानते हैं कि मृत्यु क्या होती है। आपको कभी कोई सदमा, धक्का लगा है, नहीं?

**राधा बर्नियर :** जी हाँ।

**कृष्णमूर्ति :** उस सदमे में क्या हुआ था? कुछ नहीं।

**स.बालसुंदरम् :** कुछ नहीं।

**कृष्णमूर्ति :** जब आप उससे बाहर निकल आयीं तो क्या हुआ?

**राधा बर्नियर :** उसे नाम दे दिया जाता है।

**कृष्णमूर्ति :** नहीं। असल में क्या हुआ था? उसे नाम देना आरंभ न करें। वास्तव में क्या हुआ? यह बहुत सीधी-सी बात है। आपको मालूम है कि असल में क्या हुआ था; आप रोते हैं, आपको कुछ खो देने का एहसास होता है, कुछ कट के अलग हो जाने का एहसास, वह दोस्ती, वह संग-साथ, आदि, सब कुछ यकायक अवरुद्ध, बंद हो जाता है।

**राधा बर्नियर :** जी।

**कृष्णमूर्ति :** उस बंद हो जाने को, उस एहसास को, उस सब को ही आप दुःख कहते हैं।

**राधा बर्नियर :** जी हाँ।

**कृष्णमूर्ति :** अब, क्या आप इसे बिना शब्द के देख सकते हैं? जिस क्षण आप उस शब्द का इस्तेमाल करते हैं, आप इस चीज़ को अपने जाने-पहचाने क्षेत्र में ला चुके होते हैं।

*मद्रास में संवाद, 20 दिसंबर, 1976*

# 12

# भय और ठेस को स्मृति में दर्ज़ करने की प्रक्रिया का अंत

*क्या उस शब्द ने भय को पैदा किया है? बिना उस शब्द के, क्या भय नाम की इस चीज़ का अस्तित्व होगा? शब्द ही तो दर्ज़ करने की, अंकन की प्रक्रिया है।*

**पुपुल जयकर :** कृष्णजी, कल की वार्ता में आपने क्रोध, भय या किसी भी अन्य तीव्र भावना की गुणवत्ता को, चेतना में बिना शब्द के थामे रखने, उसके साथ रहने के संबंध में कुछ कहा था। क्या हम इसकी छानबीन कर सकते हैं? क्योंकि, चाहे ठेस हो, भय हो या क्रोध, या कोई भी अन्य अंधकार वाला तत्त्व—इसे पोंछ डालना तभी संभव है जब आप जो कह रहे हैं, यथार्थ में घटित हो। अब, क्या हम इसमें पैठ सकते हैं, यह जानने के लिए कि यह संभव है भी कि नहीं, और यह कि इन शब्दों के पीछे, जैसे कि भय, क्रोध में जो उत्कटता या प्रबल भावना निहित है, क्या इन्हें चेतना में बिना शब्द के थामा जा सकता है या नहीं? क्या हम इसकी जाँच-पड़ताल कर सकते हैं?

**कृष्णमूर्ति :** क्या आप इनका प्रश्न समझ गये? इनका सवाल है—यदि मेरे कहने में गलती हो तो ज़रूर सुधारें—"शब्द दिये बिना एक भावना, क्रोध, या जो भी हो, उसे थामे रखना, उसके साथ ठहरना, क्या होता है? उस मन की अवस्था या उस मन की गुणवत्ता क्या होगी, जो बिना शब्द के, बिना किसी और हलचल के, सिर्फ *जो है* की गति के साथ रह सकता है?" क्या यही है प्रश्न?

**पुपुल जयकर :** जी हाँ। और बिना शब्द के, क्या कुछ होता है?

**फ्रिट्स विल्हेल्म :** अगर भय शब्द नहीं हो तो क्या भय फिर भी होगा? आपने कल यह प्रश्न उठाया था। शरीर में या अपने पूरे वजूद में वह ऊर्जा, वह संवेदना क्या है जो उस वक्त महसूस होती है, जब उसे कोई नाम नहीं दिया जाए?

**कृष्णमूर्ति :** हाँ, यही प्रश्न वह भी पूछ रही हैं।

**अच्युत पटवर्धन :** जिस तरह से हमारा मस्तिष्क कार्य करता है, हमारे लिए स्पष्टता का अर्थ है नामांकन, क्योंकि हम सुनिश्चित रूप से जानना चाहते हैं कि हम क्या महसूस कर रहे हैं; हम किसी भी तरह का कोई छलावा नहीं चाहते हैं। और जब भी हम किसी भावना, तीव्र उत्कट भावना या विचलन की छानबीन करना चाहते हैं, उसे पूरी तरह से समझने के पहले ही, हम उसे निरपवाद रूप से किसी नाम में बाँध देते हैं। तो नामांकित करना हमारे लिए स्पष्टता का माध्यम और उलझन का कारण दोनों हैं।

**कृष्णमूर्ति :** सर, क्या हम आहिस्ता शुरू करें? क्या शब्द अलग है तथ्य से, *जो है* से? क्या यह शब्द दरवाज़ा उस दरवाज़े नाम की चीज़ से भिन्न है? यह दरवाज़ा यहाँ है। मैं *दरवाज़ा* शब्द द्वारा उस असलियत को ज़ाहिर नहीं कर रहा। अतः यह शब्द वह वस्तु नहीं है।

**सुनंदा पटवर्धन :** तब प्रश्न यह उठता है : क्या आप कभी यथार्थ को सूचित कर सकते हैं?

**कृष्णमूर्ति :** हम इसका पता लगाने वाले हैं।

**राधा बर्नियर :** "दरवाज़ा शब्द दरवाज़ा नहीं है" और "क्या यह शब्द भय, भय है"—क्या इन दोनों में कोई फर्क है? ये दोनों अलग मालूम होते हैं।

**कृष्णमूर्ति :** आपको एतराज़ न हो तो हम इसमें धीरे से बढ़ेंगे। यह शब्द दरवाज़ा यथार्थ नहीं है। यह नाम 'के', यथार्थ नहीं है। रूप यथार्थ नहीं है। अतः शब्द वह चीज़ नहीं है। *दरवाज़ा* शब्द—यह शब्द—उसके यथार्थ से भिन्न है। हम क्या कहना चाह रहे हैं? हम पता लगाने की कोशिश कर रहे हैं कि भय शब्द यथार्थ से भिन्न है या नहीं। यह एक मुद्दा है। क्या शब्द यथार्थ का सूचक होता है, और शब्द के बगैर क्या यथार्थ है भी?

**सुनंदा पटवर्धन :** यही है प्रश्न।

**कृष्णमूर्ति :** यही है प्रश्न, है न?

**सुनंदा पटवर्धन :** बगैर उस शब्द के भय क्या चीज़ है?

**कृष्णमूर्ति :** मैं अपने लिए इस बात को सुस्पष्ट करना चाहता हूँ। भय शब्द है। क्या यह शब्द यथार्थ से हटकर कुछ अलग है, उससे, जो कि वह भाव है, वह भावना है? और इस शब्द के बगैर, क्या उस भावना का अस्तित्व है भी? इसी मुद्दे पर हम अभी टिकेंगे। ठीक?

**राधा बर्नियर :** शब्द ही वह विचार है। शब्द ही विचार है।

**कृष्णमूर्ति :** शब्द ही विचार है। शब्द, प्रतीक, चित्र...

**राधा बर्नियर :** ...छवि...

**कृष्णमूर्ति :** हाँ, छवि।

**राधा बर्नियर :** यह सब एक ही चीज़ है।

**कृष्णमूर्ति :** तो शब्द ही वह माध्यम है जिसके ज़रिये विचार खुद को व्यक्त करता है। बगैर शब्द के, क्या विचार स्वयं को व्यक्त कर सकता है? बेशक कर सकता है। एक मुद्रा, एक नज़र, सिर हिलाना, ऐसा कुछ भी। तो बिना शब्द के विचार कुछ हद तक व्यक्त कर सकता है। जब आप कोई बेहद जटिल, पेचीदा बात विचार के ज़रिये अभिव्यक्त करना चाहते हैं, तब शब्द ज़रूरी होता है। परंतु शब्द वास्तविक विचार नहीं है, वास्तविक अवस्था नहीं है, यथार्थ या जो भी आप उसे कहना चाहें। मैं इन शब्दों का प्रयोग कर सकता हूँ : "मैं तुम्हें प्यार करता हूँ;" वह भावना खुद वह शब्द नहीं है, लेकिन उस भावना को उस शब्द के माध्यम से व्यक्त किया गया है। और शब्द अधिकांश लोगों के लिए ऐसी व्यापकता से महत्त्वपूर्ण हो गया है कि हम उसकी उस गहनतर गहराई से संपर्क खो बैठते हैं।

**अच्युत पटवर्धन :** मेरी एक दिक्कत है। हम इंद्रियों के द्वारा महसूस करते हैं। नामांकन के साथ ही वह प्रक्रिया समाप्त हो जाती है। यहाँ से एक तीसरी प्रक्रिया शुरू हो जाती है—नामबद्ध होने के साथ ही मस्तिष्क में कई जटिलताएँ उभरने लगती हैं। अब मैं यह सब घटित होते देखता हूँ और कहता हूँ, काश मैं शब्द को मिटा पाता। तब मैं शब्द को मिटा डालता हूँ। पर नाम को मिटा देने पर भी मैंने दरअसल उस भावना को तो नहीं मिटाया होता।

**कृष्णमूर्ति :** मुझे ऐसा नहीं लगता।

**अच्युत पटवर्धन :** मैंने यह पाया है कि नामांकित नहीं करने से उलझन, 'कन्फ्यूजन' दूर नहीं हो जाता, वह तो बढ़ जाता है।

**कृष्णमूर्ति :** हम उलझन शब्द का प्रयोग न ही करें, हम वहाँ अभी नहीं पहुँचे हैं।

**अच्युत पटवर्धन :** ठीक है।

**कृष्णमूर्ति :** हम भय शब्द को ही लेकर चलेंगे। पुपुलजी पूछ रही हैं : "शब्द के बगैर, मन की वह अवस्था या मन की वह गुणवत्ता क्या है; जब शब्द वह चीज़ नहीं है और जब शब्द ने उस भावना को जगाया नहीं है, तब उस मन की गुणवत्ता क्या होगी जो बिना किसी भी गतिविधि के उस भावना के साथ रह सके?" ठीक? यही आप कहना चाह रही हैं।

**पुपुल जयकर :** जी हाँ।

**राधा बर्नियर :** पर हम सवाल उठा रहे हैं कि बिना शब्द के क्या वह भावना उठती भी है?

**कृष्णमूर्ति :** बात बस यही है।

**पुपुल जयकर :** यदि मैं ऐसा कह सकूँ, चेतना में बहुत सारी चीज़ें हैं जो शब्द के आने से पहले ही उठती हैं।

**राधा बर्नियर :** आदिम भय। पर क्या यह शब्द के बिना जारी रह सकता है?

**पुपुल जयकर :** मैं उसके जारी रहने की बात नहीं कर रही हूँ। और भी कई चीज़ें हैं, जैसे सौम्यता, अथवा आह्लाद।

**कृष्णमूर्ति :** क्या आप बगैर शब्द के अवलोकन कर सकते हैं? क्या आप मेरा अवलोकन कर सकते हैं, मुझे, इस रूपाकार को, नाम को, इस क्षण के लिए, शब्द के बगैर देख सकते हैं?

**पुपुल जयकर :** हाँ।

**कृष्णमूर्ति :** तो आप ऐसा कर सकते हैं, ठीक? तब आप सिर्फ रूप को देख रहे होते हैं। आपने उस 'के.' शब्द को हटा दिया है और आप रूप को देख रहे हैं।

**पुपुल जयकर :** आप *देख रहे* हैं। मैं यह नहीं कहूँगी कि आप रूप को देख रहे होते हैं।

**कृष्णमूर्ति :** तब आप किस चीज़ को देख रहे हैं?

**पुपुल जयकर :** जैसे ही आप कहते हैं, "मैं रूपाकार को देख रहा हूँ," वहाँ नामांकन होना ही है।

**कृष्णमूर्ति :** नहीं, नहीं, नहीं।

**पुपुल जयकर :** कृपया सुनिए, सर। जब मैं कहती हूँ केवल 'अवलोकन हो रहा है,' तब रूप उस पूरी अवलोकन की गतिविधि का अंश होता है। मैं केवल आपको ही नहीं देख रही, मैं *देख रही* हूँ।

**कृष्णमूर्ति :** नहीं, मैंने पूछा था, क्या आप 'के.' शब्द को हटा सकते हो। बस इतना ही। बेशक आप एक रूपाकार को देख रही हैं।

**पुपुल जयकर :** जी, मैं रूपाकार को देख रही हूँ।

**कृष्णमूर्ति :** हम क्या कहना चाह रहे हैं? सरलता से देखें। मैं भयभीत हूँ, भय है। सबसे पहले मैं पता लगाना चाहता हूँ कि क्या शब्द ने भय को पैदा किया है? क्या शब्द ने भय को रचा है? वह शब्द उस चीज़ की पहचान बन गया है जिसे मैं भय कहता रहा हूँ; क्योंकि वह भय बरसों से चला आ रहा है, और मैंने उसे इस शब्द के ज़रिये जाना-पहचाना है। दस साल पहले मैं भयभीत था। वह भय उस शब्द के ज़रिये मेरे मस्तिष्क में अंकित है। उस शब्द के साथ भय जुड़ गया है। वह आज फिर घटित होता है, और तुरंत पहचानने की प्रक्रिया शुरू हो जाती है, जो कि वह शब्द है, इत्यादि। तो इस तरह से वह शब्द मुझे यह एहसास देता है कि मैंने इसे पहले भी अनुभव किया है। इस तरह से वह शब्द उस एहसास को बढ़ावा देता आया है, उसे स्थिर-स्थायी बनाता आया है।

**पुपुल जयकर :** यह उस एहसास को कायम रखता है।

**कृष्णमूर्ति :** वह इसे पकड़कर रखता है। शब्द, पहचान के ज़रिये, स्मृति इत्यादि के ज़रिये उस चीज़ को पकड़े रखता है। अब मेरा सवाल है कि क्या बिना शब्द के

भी, जो कि एक पहचान की प्रक्रिया है, भय संभव है? देखिए, इस पर गौर करें। आप भयभीत हैं, आप कैसे जान रहे हैं कि आप भयभीत हैं?

**फ्रिट्स विल्हेल्म :** नामांकन के ज़रिये।

**कृष्णमूर्ति :** नहीं, आप कैसे इसे जानते हैं?

**फ्रिट्स विल्हेल्म :** मैं पहले भी भयभीत रहा हूँ, तो इस भावना को मैं जानता हूँ। तो अब वह जब दोबारा आती है, मैं पहचान लेता हूँ।

**कृष्णमूर्ति :** यदि आप इसे नहीं पहचान रहे होते हैं, जो कि एक शाब्दिक प्रक्रिया है, तब यह अवस्था क्या है?

**फ्रिट्स विल्हेल्म :** तब भय तो नहीं होगा।

**कृष्णमूर्ति :** ठहरिए सर, इतनी जल्दी नहीं।

**फ्रिट्स विल्हेल्म :** शरीर में ऊर्जा है।

**कृष्णमूर्ति :** नहीं, नहीं। ऊर्जा शब्द का इस्तेमाल मत करिए वरना हम किसी और दिशा में चले जाएँगे। मुझे डर लगता है, मैंने नामांकन के ज़रिये इसे पहचान लिया है। नामांकन से मैंने उसे एक विशेष जगह दे दी है और मस्तिष्क उसे याद रख लेता है, दर्ज़ कर लेता है और पकड़कर रखता है। यदि कोई पहचान प्रक्रिया नहीं होती—शाब्दिक गति, ऐसा ही कुछ—तब क्या भय होता?

**पुपुल जयकर :** एक हलचल, उथल-पुथल है।

**कृष्णमूर्ति :** मैं भय शब्द का प्रयोग कर रहा हूँ। उसे ही लें। 'भय' शब्द का अर्थ क्या है?

**पुपुल जयकर :** यदि मैं कहूँ तो, भय ऐसी कोई सरल चीज़ नहीं है कि आप यह कह सकें कि यदि नाम नहीं दीजिएगा तो वह नदारद होगी।

**कृष्णमूर्ति :** मैं यह नहीं कह रहा, अभी तो नहीं। बेशक, इसमें बहुत सारे जटिल पहलू भी शामिल हैं।

**पुपुल जयकर :** यह एक बड़ी शै है।

**कृष्णमूर्ति :** इसमें काफी कुछ शामिल है।

**राधिका हर्सबर्गर :** दैहिक एहसास भी शामिल हैं।

**सुनंदा पटवर्धन :** यही बात मैं भी कह रही हूँ : नामांकन से पहले ही देह के स्तर पर भी कुछ होता है।

**फ्रिट्स विल्हेल्म :** परंतु यह विपरीत दिशा में भी हो सकता है कि यह शब्द भय कोई दैहिक बदलाव ले आए।

**पुपुल जयकर :** यह एक तरीका, भय का एक रूप है, लेकिन कहीं अधिक गहरे भय भी होते हैं।

**सुनंदा पटवर्धन :** यदि हम इस स्थापना को मान लेते हैं कि शब्द भय को पैदा

करता है, तो इसका मतलब यह हुआ कि भय की कोई अंतर्वस्तु है ही नहीं।

**कृष्णमूर्ति :** मैं यह नहीं कह रहा, मैं पूछ रहा हूँ। पहचानने की एक प्रक्रिया है। यदि पहचानने की यह प्रक्रिया हो ही नहीं—यदि ऐसा किंचित् भी संभव है तो—तब भय क्या है? मैं यह नहीं कह रहा हूँ कि भय का अस्तित्व नहीं है; मैं एक प्रश्न रख रहा हूँ। यदि दर्ज़ करना तथा 'रेकॉर्डिंग', तात्पर्य यह कि स्मृति का सक्रिय होना—कोई भी प्रक्रिया नहीं हो, तब भी भय नाम की शै है क्या?

**फ्रिट्स विल्हेल्म :** यह एक हलचल है।

**कृष्णमूर्ति :** नहीं।

**पुपुल जयकर :** मैं कई अन्य शब्दों का इस्तेमाल कर सकती हूँ।

**कृष्णमूर्ति :** फिर भी बात वही होगी।

**पुपुल जयकर :** मैं इसे 'अंधकार' कह सकती हूँ।

**कृष्णमूर्ति :** हाँ, जो फिर से पहचान-प्रक्रिया ही है।

**पुपुल जयकर :** तो इसीलिए मेरा कहना है कि भय शब्द को हटा दें और पूछें, क्या शेष बचता है? किसी भी शब्द का मैं इस्तेमाल करूँ, निष्पत्ति वही होगी जो भय शब्द में निहित है।

**कृष्णमूर्ति :** नहीं, मैं इसे कुछ अलग ही ढंग से ले रहा हूँ।

**सुनंदा पटवर्धन :** क्या आप 'रेकॉर्डिंग' या स्मृति में अंकित करने और नामांकित करने में फर्क कर रहे हैं?

**कृष्णमूर्ति :** दोनों में एक ही बात है।

**सुनंदा पटवर्धन :** क्या मतलब?

**कृष्णमूर्ति :** आप मेरा अपमान करते हैं; चूँकि मेरी अपनी एक छवि है, आपका कहना मुझे ठेस पहुँचाता है इत्यादि। आप मेरा अपमान करते हैं और वह तुरंत दर्ज़ हो जाता है। मैं पूछ रहा हूँ, जब आप अपमान करते हैं, क्या वह दर्ज़ होना बंद हो सकता है, यानी कि उसे हम अंकित, 'रेकार्ड' ही न करें, क्या यह संभव है?

**सुनंदा पटवर्धन :** मुझे समझ में नहीं आ रहा है। वह तो एक बिल्कुल भिन्न प्रक्रिया है।

**कृष्णमूर्ति :** वह बिल्कुल वही चीज़ है।

**सुनंदा पटवर्धन :** कैसे, सर?

**कृष्णमूर्ति :** मैं दिखलाता हूँ। भय उठता है क्योंकि मेरी बातें खुल कर आपके सामने आ जाएँगी, यानी जो कुछ भी मैंने किया हुआ है। मुझे अतीत से भय है। अतीत दर्ज़ हुआ है, और अतीत की यह घटना फिर से भय को जगा देती है। यह भय दर्ज़ हो गया है। अब मेरा सवाल है : यद्यपि अतीत में यह दर्ज़ हो चुका है, क्या वह नयी भावना, वो जो भी हो, उसे देखना संभव है, बगैर अतीत को सक्रिय किए, और इसे बिल्कुल दर्ज़ न किया जाए?

**राधिका हर्सबर्गर :** इस भावना को 'भय' की संज्ञा देने से पहले ही इसकी पहचान हो जाने का एक एहसास मिल जाता है।

**कृष्णमूर्ति :** ज़रा धीरे से देखें। मैं समझ गया हूँ। मैं आपका अपमान करता हूँ, तब क्या होता है? आप उसे दर्ज़ कर लेते हैं, है न?

**राधिका हर्सबर्गर :** मैं उसे पहचान लेती हूँ।

**कृष्णमूर्ति :** आप उसे पहचान लेते हैं, उसे दर्ज़ कर लेते हैं। मैं आपको बेवकूफ कहता हूँ, और वह तुरंत दर्ज़ हो जाता है। और फिर वह दर्ज़ होना सारा समय सक्रिय रहता है। अब, क्या आप वह दर्ज़ करना रोक सकते हैं, जब आपको कोई बेवकूफ कहे? और चाहे वह दर्ज़ हो भी जाए, अगर आप उसे रोक न सके हों, तो भी, जब कोई नया अपमान हो, क्या ऐसा हो सकता है कि आप उसे कतई दर्ज़ न करें? दो प्रक्रियाएँ हैं इसमें, है कि नहीं? पहले आप दर्ज़ करते हैं। फिर मैं कहता हूँ: "रुकें; भले ही वह दर्ज़ हो चुका है, जब कभी आगे मैं आपको बेवकूफ कहूँ तो उस सिलसिले को आप सक्रिय होने न दें।" क्या आप इनमें फर्क देख पा रहे हैं?

**राधिका हर्सबर्गर :** परंतु जब मैं उसे दर्ज़ करती हूँ, पहचान लेती हूँ शुरू में ही, वैसे ही उसकी गति शुरू हो जाती है।

**कृष्णमूर्ति :** इसीलिए उस गतिवेग को रोक दीजिए। क्या उस गतिवेग को रोका जा सकता है? चलिए इसे और भी सरल शब्दों में व्यक्त करते हैं। आपको ठेस पहुँची है, है कि नहीं? सरल रहिए, हम सरल ही रखेंगे। आप को बचपन से ही ठेस पहुँची है कई कारणों से, और यह मस्तिष्क की गहराइयों में दर्ज़ हो गया है। नैसर्गिक प्रतिक्रिया होती है कि और ठेस न लगे। तो आप दीवार बनाने लगते हैं, आप खुद को पीछे खींचने लगते हैं। दीवार खड़ा किए बगैर, जानें कि आपमें वह चोट है, उसके प्रति सजग हों, और फिर अगली बार कोई चोट की प्रक्रिया शुरू हो तो उसे दर्ज़ न करें। क्या दिक्कत है?

**फ्रिट्स विल्हेल्म :** दर्ज़ करने से आपका क्या आशय है?

**कृष्णमूर्ति :** दर्ज़ करना यानी जैसे टेप रिकॉर्डर दर्ज़ करता है। मेरा मस्तिष्क एक टेप रिकॉर्डर है; वह हमेशा दर्ज़ करता रहता है—पसंद, नापसंद, सुख, दुःख, दर्द; चालू रहता है, लगातार, हमेशा, हर वक्त। मैं आपको कुछ बुरा कहता हूँ, और मस्तिष्क उसे तुरंत अपने ताबे में ले लेता है, दर्ज़ कर लेता है। अब मैं कहता हूँ, "क्या आप उस दर्ज़ करने की प्रक्रिया को बंद कर सकते हैं? हालांकि वह दर्ज़ हो गया है, आगे से उसे रोकें और अगली बार जब बेइज़्ज़ती होती है, उसे बिल्कुल दर्ज़ न करें।" सबसे पहले तो प्रश्न को सुनिए। क्या यह प्रश्न स्पष्ट है?

**प्रश्नकर्ता-1 :** लेकिन इसका मतलब हुआ कि शब्द को तुरंत कोई छवि नहीं देना।

**कृष्णमूर्ति :** नहीं, नहीं। फिलहाल छवि की बात मत लाइए। वह थोड़ा और जटिल हो जाएगा।

**प्रश्नकर्ता–2 :** क्या यह केवल तभी संभव नहीं है जब अहं मौजूद न हो?

**कृष्णमूर्ति :** इसे जटिल मत बनाइए। मस्तिष्क दर्ज़ कर रहा है। क्या यह दर्ज़ करने की प्रक्रिया कभी रुक भी सकती है, बंद हो सकती है?

**प्रश्नकर्ता–3 :** क्या इसके लिए खूब अवधान, 'अटेन्शन' की आवश्यकता नहीं है?

**कृष्णमूर्ति :** पता लगाइए।

**फ्रिट्स विल्हेल्म :** क्या हम सुस्पष्ट कर सकते हैं कि दर्ज़ करना, 'रजिस्ट्रेशन', इससे हमारा क्या आशय है? क्योंकि जब आप मुझे बेवकूफ कहते हैं, मैं *बेवकूफ* शब्द को पहचान लेता हूँ।

**कृष्णमूर्ति :** और आपकी अपने बारे में जो छवि बनी हुई है वह आहत हो जाती है।

**फ्रिट्स विल्हेल्म :** आप देखिए, यही तो है फर्क। मैं अब भी *बेवकूफ* शब्द को पहचान तो रहा हूँ।

**कृष्णमूर्ति :** लेकिन आप उसे दर्ज़ नहीं करते।

**फ्रिट्स विल्हेल्म :** दर्ज़ नहीं होता?

**कृष्णमूर्ति :** बस, यही बात है।

**फ्रिट्स विल्हेल्म :** उसका निहितार्थ दर्ज़ नहीं होता है।

**कृष्णमूर्ति :** जी हाँ। आप शब्द को पहचान लेते हैं, पर उसे दर्ज़ नहीं करते हैं। मैं इसे बहुत, बहुत सरल रखना चाहता हूँ; तब, मुझे लगता है हम इसे समझ पाएँगे।

**फ्रिट्स विल्हेल्म :** तब, क्या मैं जान रहा होऊँगा, आधे घंटे बाद, कि आपने मुझे आधे घंटे पहले बेवकूफ कहा था?

**कृष्णमूर्ति :** ठहरिए, पहले इसे समझ लें। हमारा मस्तिष्क हर समय दर्ज़ कर रहा होता है। आप मुझे बेवकूफ कहते हैं; यह कई कारणों से दर्ज़ हो जाता है, क्योंकि मैंने अपनी एक छवि बनाई हुई है। यह एक तथ्य है। अगला प्रश्न है : क्या यह दर्ज़ करने की प्रक्रिया बंद हो सकती है? अन्यथा मस्तिष्क हर वक्त दर्ज़ किए जा रहा है, किए जा रहा है। आज़ादी का कोई एहसास तक नहीं इसे।

**पुपुल जयकर :** परंतु मस्तिष्क तो एक जीवंत चीज़ है।

**कृष्णमूर्ति :** हाँ।

**पुपुल जयकर :** उसे तो दर्ज़ करना ही है।

**कृष्णमूर्ति :** मैं जानता हूँ कि उसे दर्ज़ करना ही है।

**पुपुल जयकर :** उन्होंने जो कहा था वह सही है : दर्ज़ करना एक चीज़ है, लेकिन उस गतिवेग को रोक पाना, बंद करना, जो उस दर्ज़ करने की घटना से गति पकड़ता है...

**कृष्णमूर्ति :** मैं यही बात कर रहा हूँ।

**सुनंदा पटवर्धन :** क्या आप दो बात नहीं कर रहे हैं—एक, उसके गतिवेग को रोकना, और दूसरी बात, दर्ज़ करने की उस प्रक्रिया को ही पूरी तरह रोक देना?

**कृष्णमूर्ति :** पहले समझ लें कि मैं क्या कह रहा हूँ। फिर आप प्रश्न कर सकते हैं, इसे स्पष्ट कर सकते हैं।

**पुपुल जयकर :** जब आप कहते हैं "दर्ज़ न करें," क्या इसका अर्थ यह हुआ कि मस्तिष्क की कोशिकाएँ उस छोर पर निष्क्रिय हो जाएँगी?

**कृष्णमूर्ति :** नहीं पुपुल, यह बहुत महत्त्वपूर्ण है, क्योंकि दर्ज़ न करने की संभावना ही अगर न हो, तो यह मस्तिष्क यांत्रिक बन जाता है। ठीक?

**राधिका हर्सबर्गर :** वह बस चलता रहता है सतत, और प्रतिक्रिया करता रहता है।

**कृष्णमूर्ति :** ऐसा ही है।

**अच्युत पटवर्धन :** चूँकि आप भय को ले रहे हैं, इस मुद्दे का बहुत सरलीकरण हो गया है, क्योंकि दरअसल कुछ भी ग्रहण करने की हमारी अवस्था हमारे यह जाने बगैर होती है कि इसमें या तो पसंदगी है या नापसंदगी और भय उसी चक्र का हिस्सा है। अब, यह कुछ ऐसा है जो अतीत से है, तो मुझे जो बोध हो रहा है उससे यह सीधा जुड़ा हुआ नहीं है, पर यह वही है जो बोध कर रहा होता है। तो मेरा सवाल है कि वह जो भय को महसूस करता है, क्या वह, पहचान की इस पूरी प्रक्रिया से किसी तरह से संबंधित है?

**कृष्णमूर्ति :** यह वास्तव में बहुत बड़ा प्रश्न है। जब तक मस्तिष्क निरंतर दर्ज़ किए जा रहा है, जैसा कि यह अब कर रहा है, यह ज्ञात से ज्ञात की ओर बढ़ रहा है, और इसलिए यह बहुत ही सीमित बन जाता है। चूँकि ज्ञात सीमित है, खंडित है, मस्तिष्क भी अत्यधिक सीमित, संकीर्ण हो जाता है। मैं खुद से प्रश्न कर रहा हूँ कि क्या दर्ज़ करने की, 'रजिस्ट्रेशन' की प्रक्रिया थम सकती है। बात बस इतनी है, और कुछ नहीं।

**घनश्याम मेहता :** क्या मस्तिष्क उस प्रश्न का जवाब दे सकता है?

**कृष्णमूर्ति :** मेरे ख्याल से वह सक्षम है, इस अर्थ में कि मस्तिष्क अपनी इस दर्ज़ करने की प्रक्रिया के प्रति सजग हो सकता है। आप मुझे बेवकूफ कहते हैं और वह प्रक्रिया गति में आ जाती है। या कोई कहता है, "क्या बढ़िया व्यक्ति हैं आप!" और बस बात दर्ज़ होने लगती है। दोनों में कोई फर्क नहीं—चाहे आप बेवकूफ कहें या प्रशंसा करें, दर्ज़ करने की प्रक्रिया बनी हुई है। क्या इसे बंद किया जा सकता है?

**पुपुल जयकर :** सर, मैं कुछ कहना चाहूँगी। कुछ किस्म के भय होते हैं जिनके साथ इस तरह पेश आया जा सकता है। परंतु भय तो मनुष्य की चीख...

**कृष्णमूर्ति :** ...हज़ारों वर्षों से रही है, मैं जान रहा हूँ।

**पुपुल जयकर :** और वह चीख, वह क्रंदन *हम* ही हैं।

**कृष्णमूर्ति :** जानता हूँ। बात यही है। हज़ारों वर्षों का वह क्रंदन ही भय है। मैं कहता हूँ यह हमारी संस्कारबद्धता है, यही है दर्ज़ करने की प्रक्रिया, यही होता भी आ रहा है हज़ारों सालों से, सदी-दर-सदी भय का दर्ज़ किया जाना। और मैं कह रहा हूँ, ''कृपया, एक मिनट के लिए रुक जाइए, पता लगाइए कि क्या इस दर्ज़ किये जाने की प्रक्रिया का अंत है भी कि नहीं।'' मैं यह नहीं कह रहा हूँ कि यह संभव है या नहीं; पता लगाइए।

**फ्रिट्स विल्हेल्म :** जब आप कहते हैं, ''कल साढ़े नौ बजे हम मिलेंगे,'' मैं इसे दर्ज़ करता हूँ।

**कृष्णमूर्ति :** जी, बिल्कुल।

**फ्रिट्स विल्हेल्म :** मुझे दर्ज़ करना ही है।

**कृष्णमूर्ति :** बिल्कुल।

**फ्रिट्स विल्हेल्म :** जब आप कहते हैं, ''तुम बेवकूफ हो,'' तब कुछ तो होना होगा। मुझे दर्ज़ करने की प्रक्रिया का खतरा दिखना चाहिए, इसे निरस्त कर देना चाहिए। एक सजगता की दरकार है जो मुझे कहे...

**कृष्णमूर्ति :** सर, वह सब भूल जाइए। आप प्रश्न को देखिए। (मैं 'जवाब को' नहीं कह रहा।) मस्तिष्क हजारों सालों से दर्ज़ करता चला आ रहा है और इसलिए वह मशीनी बन गया है। मैं पूछता हूँ, 'क्या यह मशीनी प्रक्रिया खत्म हो सकती है?' बस इतना ही है। यदि इसका अंत नहीं किया जा सकता तो वह मस्तिष्क मात्र एक मशीन बन जाता है, जो कि वह बन गया है। यह परंपरा का हिस्सा है, दोहराव का हिस्सा है, ''मुझे डर लग रहा है'' जैसे कथन उसमें शामिल हैं; हजारों वर्षों से दर्ज़ करने की यह सतत प्रक्रिया ज़िंदा है। मैं एक सहज प्रश्न पूछ रहा हूँ, जिसमें बहुत गंभीरता है, यह है : क्या यह प्रक्रिया रुक सकती है? यदि नहीं तो मनुष्य कभी मुक्त नहीं हो सकता।

**टी.के.परचुरे :** मस्तिष्क दर्ज़ करता ही क्यों है?

**कृष्णमूर्ति :** सुरक्षा के लिए, बचाव के लिए, सुनिश्चितता के लिए; मस्तिष्क को एक तरह से सुरक्षा का भाव देने के लिए यह अंकन स्मृति में सँजो लिया जाता है।

**पुपुल जयकर :** क्या यह मस्तिष्क स्वयं को निर्मित नहीं करता रहता, यह विकसित होता है...

**कृष्णमूर्ति :** बेशक। इसके विकसित होने में समय निहित है। यह मस्तिष्क उस पुरातन आदिवानर के मस्तिष्क से भिन्न है। यह वाकई अलग है।

**पुपुल जयकर :** दर्ज़ करने की प्रक्रिया के तहत इसका क्रमविकास हुआ है।

**कृष्णमूर्ति :** क्रमविकास हुआ है ज्ञात के ज़रिये, जो दर्ज़ होते रहने की प्रक्रिया

है। ज्ञान के ज़रिये इसका क्रमविकास हुआ है इस बिन्दु तक, और अब यह कहता है, ''मैं पहचान रहा हूँ।''

**पुपुल जयकर :** वह क्या है जो उसके भीतर ही भीतर कहता है, ''बंद करिए''?

**कृष्णमूर्ति :** कोई मुझे चुनौती देता है।

**पुपुल जयकर :** वह तत्त्व क्या है जिस वजह से यह कहता है ''बंद करिए''?

**कृष्णमूर्ति :** आप आते हैं और कहते हैं : ''देखिए, हज़ारों बरसों के दरमियान ज्ञान के जरिये मस्तिष्क का क्रमविकास हुआ है, और अब आप वाकई अपने उस बड़े पुराने आदिवानर से भिन्न हैं। जब तक आप इस तरह से कार्य करते रहेंगे, आप एक खंडित जीवन व्यतीत कर रहे होंगे, क्योंकि ज्ञान आंशिक, खंडित होता है। और जो कुछ भी आप मस्तिष्क की उस खंडित अवस्था से करेंगे वह अधूरा ही होगा। इसीलिए दुःख, दर्द, पीड़ा आदि का वजूद है।'' अतः मैं पूछता हूँ, इस व्याख्या के अंत में : क्या यह दर्ज़ करना, अतीत की यह गतिविधि, इसका अंत हो सकता है? मैं इसे और भी सरल बना दे रहा हूँ। हजारों सालों से जारी यह गतिविधि क्या थम सकती है?

**टी.के.परचुरे :** दर्ज़ करने की प्रक्रिया शुरू होती है असुरक्षा की भावना की वजह से।

**कृष्णमूर्ति :** सुरक्षा, आवश्यक सुरक्षा...

**टी.के.परचुरे :** यदि मैं यह प्रश्न पूछूँ : क्या यह प्रक्रिया थम सकती है? तो यह पूछना भी फिर से मुझे असुरक्षा का वही भाव देता है।

**कृष्णमूर्ति :** नहीं, नहीं।

**पुपुल जयकर :** अब मैं पूछ रही हूँ : इसे सुनने की गुणवत्ता में ही क्या ऐसा कुछ है...

**कृष्णमूर्ति :** हाँ, है। बात यही है, यही बात है।

**पुपुल जयकर :** ...जिसे केवल सुनने से ही उस प्रक्रिया का अंत हो जाता है और जिससे मस्तिष्क की कोशिकाएँ मौन, शांत हो जाती हैं?

**कृष्णमूर्ति :** यही, यही है मेरा कहना। आप मेरी ज़िन्दगी में इत्तेफाक से आए हैं और आपने इस ओर इशारा किया है कि मेरे मस्तिष्क का विकास हुआ है उस दर्ज़ होने की प्रक्रिया के ज़रिये, ज्ञान के ज़रिये, अनुभव के ज़रिये, और यह ज्ञान, यह अनुभव आपके पास जितना भी हो, मूलतः सीमित ही है। और जो भी कार्य मस्तिष्क की उस सीमित अवस्था से उपजता है वह विखंडित ही होगा; इसलिए द्वंद्व, पीड़ा और बाकी सब का होना ही है। तो आप कहते हैं, ''देखिए, पता लगाइए, बहस मत कीजिए, क्योंकि आप अंतहीन बहस किये जा सकते हैं। पता लगाइए कि क्या वह गतिवेग, जिसका परिमाण व गहराई ज़बर्दस्त है, जो कि ऊर्जा के एक प्रचंड प्रवाह सरीखा है, जो कि ज्ञान है, थम सकता है।'' बस, यही बात है।

**प्रश्नकर्ता-3 :** टेपरेकॉर्डर के दर्ज़ करते रहने की उपमा का अक्सर ज़िक्र हुआ है, और यह निरंतर ध्वन्यंकन करता रहता है और स्वतः नहीं रुक सकता; इसे किसी और को ही बंद करना पड़ता है।

**कृष्णमूर्ति :** जी हाँ, यदि कोई उसका प्लग निकाल दे, तो वह बंद हो जाता है।

**प्रश्नकर्ता-3 :** परंतु, क्या मस्तिष्क खुद को बंद कर सकता है?

**कृष्णमूर्ति :** हम पता लगाने जा रहे हैं। पहले प्रश्न का सामना करें, मेरा नुक्ता वही है। पहले प्रश्न को सुनें।

**सुनंदा पटवर्धन :** क्या मेरी समस्त चेतना मात्र 'रजिस्ट्रेशन' ही है? क्या मेरी समस्त चेतना में केवल दर्ज़ करना ही हो रहा है।

**कृष्णमूर्ति :** बिल्कुल।

**अच्युत पटवर्धन :** तो वह क्या है जो अंकन की, दर्ज़ करने की इस क्रिया को देखता है। क्या है जो उस अंकन को होते हुए देखता है, या उसे नहीं होने देता है? क्योंकि मैं मौन से भी परिचित हूँ।

**कृष्णमूर्ति :** ओह, आप दो कोलाहलों के बीच के मौन से परिचित हैं।

**सुनंदा पटवर्धन :** जी हाँ। परंतु जिस मौन को मैं अनुभव करती हूँ, क्या वह भी एक अंकन ही है?

**कृष्णमूर्ति :** ज़ाहिर है।

**सुनंदा पटवर्धन :** आप उसे अंकन नहीं कह सकते।

**कृष्णमूर्ति :** जब तक अंकन की, दर्ज़ करने की प्रक्रिया जारी है, वह यांत्रिक है।

**सुनंदा पटवर्धन :** जी, यह बात ठीक है।

**कृष्णमूर्ति :** क्या ऐसा भी मौन होता है जो यांत्रिक या मशीनी नहीं है? जिसका मतलब कि आपने इस बारे में सोचा-विचारा नहीं है, आपने इसे उकसाया नहीं है, आपने उसे पैदा नहीं किया है या उसको बनाया नहीं है। जब तक आप वैसा करते हैं, वह मौन, महज़ यंत्रवत्, मशीनी ही है।

**सुनंदा पटवर्धन :** निश्चित ही, कभी-कभी हम उस अ-यंत्रवत्, गैर-मशीनी मौन को जानते तो हैं।

**कृष्णमूर्ति :** ओह, कभी-कभी नहीं।

**सुनंदा पटवर्धन :** यदि आप इसे नहीं गिनते...

**कृष्णमूर्ति :** मैं इसे नहीं गिनता।

**राजेश दलाल :** क्या एक अयांत्रिक मौन का हो पाना मुमकिन है?

**कृष्णमूर्ति :** ओह, उसमें मुझे दिलचस्पी नहीं है। मैं तो एक बिल्कुल ही अलग बात पूछ रहा हूँ। आप उसका 'मौन' कहकर जवाब नहीं दे सकते। मैं कह रहा हूँ कि अतीत की यह गति, हमारी संस्कारबद्धता, समस्त चेतना, यह अतीत है। इसमें कुछ भी

नया नहीं है। भविष्य की चेतना जैसा कुछ नहीं है। समस्त चेतना अतीत ही है—दर्ज़ किया हुआ, स्मृति में बसाया हुआ, एकत्रित किया हुआ—अनुभव, ज्ञान, भय, सुख और यही कुछ; अतीत की समस्त गति वही है। और कोई आकर कहता है, "मैं जो कुछ कह रहा हूँ उसे सुनिए, मेरे दोस्त। यही वह गतिवेग, वह बहाव है, हम सब इसे जानते हैं। पता लगाइए कि क्या इसे थामा जा सकता है; अन्यथा यह गतिवेग जो कि विखंडित गतिविधि है, आपकी बाकी बची उजाड़ ज़िंदगी भर जारी रहने वाला है।"

**राधा बर्नियर :** इस प्रश्न का उत्तर नहीं दिया जा सकता। जो भी उत्तर होगा वह अतीत से ही होगा।

**कृष्णमूर्ति :** मैं पता लगाने वाला हूँ।

**घनश्याम मेहता :** लेकिन, उसके लिए मन को मन के परे जाना होगा।

**कृष्णमूर्ति :** नहीं सर, आप इतनी जल्दी इसमें यकीन मत करिए। पता लगाइए कि आप इसे बंद कर सकते हैं कि नहीं। इसीलिए मैं पूछ रहा हूँ, जब मैं आपको बेवकूफ कहूँगा तो क्या आप उसे *सुनेंगे*? जब मैं आपको बेवकूफ कहता हूँ, क्या यह रेला आपको अपने साथ बहा ले जाता है? या आप रुक जाएँगे, और अतीत की किसी भी हलचल के बिना आप सुनेंगे?

**घनश्याम मेहता :** मुझे लगता है यह गतिवेग तभी रुक पाएगा जब हम उसमें कुछ और नहीं जोड़ रहे होंगे।

**कृष्णमूर्ति :** नहीं, नहीं! आप ही तो हैं यह गतिवेग, यह 'मोमेन्टम', यह आप ही की चेतना है। 'आप' इस गति से हटकर कुछ अलग नहीं हैं। आप यह पहचान नहीं पा रहे हैं। परंपरा का यह विस्तीर्ण गतिवेग, प्रजातीय पूर्वाग्रह, सामूहिक उत्तेजना, तथाकथित व्यक्तिगत मान्यताएँ इत्यादि—यह एक विशाल नदी है, और कोई आकर कहता है : "देखिए, यदि इसका रुकना नहीं हुआ, तो कोई भविष्य भी नहीं है। भविष्य भी वही बात होगी, थोड़ी-सी बदली हुई, थोड़ा इधर, थोड़ा उधर, पर होगा वही कुछ। तो अगर वर्तमान की यह गति चलती रही तो कोई भविष्य नहीं होगा। आप उसे भले ही भविष्य कह लें, पर कोई भविष्य नहीं है वहाँ।"

**पुपुल जयकर :** अब, आप वहाँ हैं नहीं। और मेरे भीतर अंधकार उठ रहा है। प्रश्न यह उठता है : क्या इस चेतना का, जो उसकी अपनी अंतर्वस्तु ही है, जो कि अंधकार है, इसका...

**कृष्णमूर्ति :** ...अंत हो सकता है?

**पुपुल जयकर :** ...क्या यह चेतना इसे थामे रख सकती है, इसके साथ रह सकती है? आपने शब्द इस्तेमाल किया था 'थामे रखना'।

**कृष्णमूर्ति :** जी हाँ, इसके साथ होना, इसे थाम लेना।

**पुपुल जयकर :** वास्तव में इसका अर्थ क्या है?

**कृष्णमूर्ति :** मेरे विचार में यह काफी सीधा-सरल है। क्या आप का मस्तिष्क इस गतिवेग, इस 'मोमेन्टम' के साथ रह सकता है, या यह केवल एक ख्याल भर है कि यह एक गतिवेग है? ध्यान से सुनें। क्या यह गतिवेग वास्तविक है, या यह एक धारणा, एक विचार मात्र है? यदि यह एक धारणा है, तब आप गतिवेग की उस धारणा को ढोते रह सकते हैं। परंतु यदि यह धारणा नहीं है, निष्कर्ष नहीं है, तब मस्तिष्क इस गतिवेग के सीधे संपर्क में आता है और तब यह कह पाएगा, "ठीक है, मैं इसे देखूँगा।" वह इसे देख रहा है, इसे हिलने नहीं दे रहा।

**पुपुल जयकर :** सर, इसे यदि आप कुछ आगे ले जा सकें।

**कृष्णमूर्ति :** मैं वही कर रहा हूँ। मेरी चेतना, अपनी सारी अंतर्वस्तु सहित, यह चेतना है। यह अंतर्वस्तु ही चेतना को बनाती है। बिना इस अंतर्वस्तु के, चेतना जैसी कि हम इसे जानते हैं, वजूद में नहीं होगी। यह तर्क-आधारित बात है, स्पष्ट है। वह अंतर्वस्तु ही यह विस्तीर्ण हलचल है।

**राजेश दलाल :** होता यह है कि किसी समय विशेष पर यह अंतर्वस्तु, इस गतिवेग शब्द के साथ भीतर आती है, और फिर हम उस शब्द को पकड़ लिया करते हैं।

**कृष्णमूर्ति :** यही बात मैं कह रहा हूँ। क्या यह शब्द है जिसको आप पकड़े हुए हैं, या आप इस विस्तीर्ण गतिविधि का अवलोकन कर रहे हैं, देख रहे हैं इसे? आप ही वह विराट गति हैं। जब हम कहते हैं, "आप ही हैं वह विराट गति", क्या यह एक धारणा है, ख्याल है?

**राजेश दलाल :** नहीं।

**कृष्णमूर्ति :** इसलिए आप वही हैं। अब, कोई इधर आकर कहता है, "पता लगाइए कि उस शै का अंत संभव है अथवा नहीं।" जो कि है उस अतीत का आना, इस वर्तमान से मिलना—एक चुनौती, एक प्रश्न—और उसका वहीं अंत। वरना दुःख-क्लेश का कोई अंत ही नहीं है। मनुष्य हज़ारों-हज़ारों सालों से दुःख-क्लेश झेलता आया है। यह गतिवेग सतत जारी है। आप कह सकते हैं, "जीसस आए और मेरा दुख हर ले गये" और वे सब चीज़ें, परंतु मैं अभी-भी दुःख भोग ही रहा होता हूँ। मैं इसकी व्याख्या कर सकता हूँ—कर्म, पुनर्जन्म—पर फिर भी दुःख-क्लेश है। यह दुःख-क्लेश मानव का एक विराट गतिप्रवाह है। क्या इसका बिना किसी नियंत्रण के अंत हो सकता है? नियंत्रक ही नियंत्रित है, यह विभाजन, इत्यादि। क्या इसका अंत हो सकता है? यदि यह अंत संभव नहीं है, तो स्वतंत्रता नहीं है। तब हमारा कर्म, हमारा 'एक्शन' हमेशा आधा-अधूरा रहेगा, और इसलिए पश्चाताप, दर्द, दुःख-क्लेश और बाकी सब बना रहेगा। यदि आप इस पूरी चीज़ को देख पाते हैं, वास्तव में, यथार्थ में देख पाते हैं, तब...

**प्रश्नकर्ता-3 :** इस तरह की चर्चा में जब मेरे सामने अंकन, 'रजिस्ट्रेशन' जैसा

कुछ चुनौती के रूप में आता है, तब मैं स्पष्टता से देख पाता हूँ; निरंतर बोध में क्या चीज़ आड़े आती है?

**कृष्णमूर्ति :** कोई चीज़ नहीं है जो आड़े आए। यदि मैं आपके प्रश्न को सही समझ पाया हूँ : कौन है जो इसकी रोकथाम करेगा?

**प्रश्नकर्ता-3 :** इस तरह की चर्चा में, अंकन जैसे मुद्दे स्पष्ट हो जाते हैं, पर यहाँ से जाने के बाद, यह चीज़ धुँधली पड़ जाती है : मैं उतना साफ़-साफ़ इसे नहीं देख पाता हूँ।

**कृष्णमूर्ति :** ओह नहीं, नहीं। या तो आप इसे देख पाते हैं या नहीं। यदि आप इस खतरे को देख लेते हैं तो बस बात खत्म। किसी खड़ी चट्टान, किसी कोबरा, किसी साँप या ऐसा ही कुछ देखने की तरह है यह। आप एक बस को आते हुए देखते हैं, आपकी तरफ बढ़ते हुए, आप खतरा देखते हैं और झट से हट जाते हैं। आप यह नहीं कह रहे होते, ''जी, मुझे एक दिन तो दिखाई देता है कि बस आ रही है, पर अगले दिन आती है तो मैं फिर धुँधलके में होता हूँ।''

**राजेश दलाल :** तो क्या हम अपने इस एहसास के विषय में बात कर सकते हैं, जो कहता है कि हम इसे अभी इसी वक्त देख पा रहे हैं?

**कृष्णमूर्ति :** जी हाँ, आप चाहें तो इस प्रश्न को लीजिए।

**राजेश दलाल :** यह एहसास कि हम इस पल अपने आप को देख रहे हैं—वह क्या है?

**कृष्णमूर्ति :** आप वक्ता द्वारा बाध्य किये जा रहे हैं, है न? उससे प्रभावित, निर्देशित हो रहे हैं, आप ठेले जा रहे हैं, और जैसे ही यह ज़ोर-दबाव हट जाता है आप फिर स्वयं में लौट आते हैं।

**राजेश दलाल :** मैं यह तथ्य देख पा रहा हूँ कि भय है, मैं प्रतिक्रिया कर रहा हूँ।

**पुपुल जयकर :** क्या यह देखना संभव है? जब आप कहते हैं कि आप इस वक्त, वर्तमान में देख रहे हैं, आपको क्या दिखाई पड़ रहा है?

**कृष्णमूर्ति :** पुपुल जी, क्या मैं आपसे कुछ पूछ सकता हूँ? मैं आपको बेवकूफ कहता हूँ, क्या इसे दर्ज़ करना ज़रूरी है आपके लिए?

**पुपुल जयकर :** मैं बतलाती हूँ, सर।

**कृष्णमूर्ति :** ठहरिए, मैं आपसे पूछ रहा हूँ। अभी आप अपने जवाब पर मत आइए। मैं आपसे एक बहुत ही साधारण प्रश्न पूछ रहा हूँ : आपको बेवकूफ कहा जा रहा है, आपको उसे दर्ज़ क्यों करना चाहिए?

**पुपुल जयकर :** मैं सिर्फ इतने भर का उत्तर नहीं दे सकती कि क्यों उसे दर्ज़ करना होता है। आप देखिए, यहाँ प्रश्न यह है कि क्या मेरे आँख-कान दोनों उस शब्द 'बेवकूफ' की ओर बहाव में हैं। यदि वे निश्चल हैं और सुनना हो रहा है, तो

कुछ दर्ज़ नहीं हो रहा है। सुनना हो रहा है, लेकिन कोई अंकन, 'रजिस्ट्रेशन' नहीं है।

**कृष्णमूर्ति :** तो आप क्या कह रही हैं?

**पुपुल जयकर :** यही कि इस हलचल का अवलोकन नहीं हो पाता। जब यह चर्चा चल रही थी, मैं देख रही थी और मेरे सामने यह सवाल था कि "तुम बेवकूफ हो" इस तथ्य को दर्ज़ करने का क्या तात्पर्य है। निश्चित रूप से यदि मेरा सुनना उस शब्द पर केंद्रित है, जो आपकी तरफ से आ रहा है, तो मैं दर्ज़ करती हूँ। बाहर की ओर जाती वह गति ही इसे वापस फेंकती है, लेकिन अगर ये आँख-कान सुन रहे हैं और देख रहे हैं पर स्थिर हैं, तब वे इसे ग्रहण कर लेते हैं, बिना किसी अंकन के।

**कृष्णमूर्ति :** तो आपका कहना है कि सुनने में यदि एक खामोशी मौजूद है तो कोई अंकन नहीं होता। परंतु हममें से अधिकांश शांत नहीं हैं। मेरा मुद्दा वह नहीं है।

**पुपुल जयकर :** हम आपके उस प्रश्न का जवाब नहीं दे सकते : क्यों हमें दर्ज़ करना चाहिए?

**कृष्णमूर्ति :** नहीं, नहीं। मैं एक बहुत ही अलग प्रश्न रख रहा हूँ। कोई आपको बेवकूफ कहता है। उसे बिलकुल दर्ज़ करिए ही नहीं!

**पुपुल जयकर :** पर यह एक ऐसी प्रक्रिया नहीं है जिसे मैं दर्ज़ कर भी सकती हूँ या नहीं भी। आप विकल्प देने की कोशिश कर रहे हैं, जिस तरह से प्रश्न रख रहे हैं। ऐसा लग रहा है मानो दर्ज़ करना या नहीं करना, दोनों संभावनाएँ मौजूद हों।

**कृष्णमूर्ति :** नहीं, हम तो हमेशा ही दर्ज़ करते रहते हैं।

**पुपुल जयकर :** तो दर्ज़ होना कभी बंद नहीं होता है।

**कृष्णमूर्ति :** हर समय जारी रहता है।

**पुपुल जयकर :** जब तक मेरी इंद्रियाँ बाहर की ओर जाती रहेंगी, दर्ज़ होता रहेगा।

**कृष्णमूर्ति :** जब आप कहते हैं 'जब तक' इसका मतलब है अभी ऐसा नहीं हो रहा।

**पुपुल जयकर :** नहीं, यह तो एक स्पष्टीकरण है। इसीलिए मैंने कहा कि मुझे यह बात महसूस हुई, जब मैं आपको सुन रही थी—उस वक्त मेरे सुनने में स्थिरता थी, एक अंतर्दृष्टि हुई।

**कृष्णमूर्ति :** आप जवाब नहीं दे रही हैं।

**प्रश्नकर्त्ता-4 :** आपने एक प्रश्न पूछा था : क्या आप दर्ज़ करना बंद कर सकते हैं? इस वक्त हम इससे जुड़े खतरे से उतने परिचित नहीं हैं।

**कृष्णमूर्ति :** यानी कि आप कोबरा के खतरे से संस्कारित हैं, ठीक? अतः जब तक आप दर्ज़ नहीं करने हेतु संस्कारित हैं, आप दर्ज़ नहीं करेंगे। मैं संस्कारबद्ध हूँ सदियों से कि कोबरा एक खतरनाक जीव है, सो मैं उस संस्कारबद्धता के अनुसार तत्क्षण प्रतिक्रिया करता हूँ जब मैं एक कोबरा के सामने आता हूँ। और आप यह कह

रहे हैं कि यदि मैं इस गतिवेग के रुकने में संस्कारित हो जाऊँ तो यह खत्म हो जाता है। तो आप संस्कारबद्धता पर निर्भर कर रहे हैं।

**प्रश्नकर्ता-2 :** दर्ज़ करने और प्रतिरोध के बीच क्या कोई संबंध है?

**कृष्णमूर्ति :** मैं प्रतिरोध कर सकता हूँ, पर कहा-सुना दर्ज़ तो हो चुका होता है। आपका मुझे बेवकूफ कहना, इसका मैं प्रतिरोध कर सकता हूँ, इससे अपना मुँह फेर सकता हूँ, पर दर्ज़ होने की प्रक्रिया तो हो चुकी होती है।

**प्रश्नकर्ता-3 :** यदि हम दर्ज़ होने की प्रक्रिया पर मनन जारी न रखें, तो क्या दर्ज़ होना बंद हो जाएगा?

**कृष्णमूर्ति :** मैं समझ नहीं पाया।

**प्रश्नकर्ता-3 :** मुझे समझ नहीं आ रहा कि हमेशा दर्ज़ नहीं करना कैसे संभव है। शायद इस अंकन पर मेरा मनन ही वह बिंदु है जहाँ वह वेग है।

**कृष्णमूर्ति :** मैं समझ रहा हूँ। मुझे नहीं पता कैसे इन प्रश्नों का जवाब दिया जाना चाहिए। मैं पता लगाना चाहता हूँ कि अतीत के इस विशाल फैलाव का अंत किया जा सकता है कि नहीं; मेरा प्रश्न केवल यही है। या क्या उसे अनंत समय के लिए बने ही रहना है?

**पुपुल जयकर :** आप कुछ भी स्वीकार नहीं करेंगे। आप कोई भी वक्तव्य नहीं स्वीकार करेंगे। इसीलिए मस्तिष्क की कोशिकाओं को समाप्त होना ही होगा।

**कृष्णमूर्ति :** मैं आपसे पूछ रहा हूँ, क्या इसका अंत हो सकता है? यदि नहीं, तो आप जानते ही हैं कि यह क्या है।

**पुपुल जयकर :** तो इससे हम मस्तिष्क की कोशिकाओं की ओर बढ़ें, जो असल में दर्ज़ कर रही हैं।

**कृष्णमूर्ति :** तो मस्तिष्क की कोशिकाएँ दर्ज़ कर रही हैं। मस्तिष्क की ये कोशिकाएँ अत्यधिक संस्कारबद्ध हैं, क्योंकि वे जान गयी हैं कि जब तक वे ज़िन्दा हैं, यह गतिवेग, यह 'मोमेन्टम' ही उनकी एकमात्र सुरक्षा है। तो इस गतिवेग में मस्तिष्क ने अपनी सुरक्षा ढूँढ़ ली है।

**पुपुल जयकर :** और उनकी केवल एक ही गतिविधि है। एक ही गतिविधि, और वह गति...

**कृष्णमूर्ति :** ...अतीत की है।

**पुपुल जयकर :** ...अतीत इसे छूता हुआ...

**कृष्णमूर्ति :** ...आगे बढ़ता हुआ।

**पुपुल जयकर :** ...और-और आगे बढ़ता हुआ।

**कृष्णमूर्ति :** हाँ, ऐसा ही है—अतीत का वर्तमान से मिलना, आगे बढ़ना, फेरबदल; हम यह देख चुके हैं। मस्तिष्क इससे संस्कारबद्ध है, क्योंकि उसने उसमें सुरक्षा पा

ली है। वह देखता है कि जब तक यह धारा बनी रहती है, यह सबसे बढ़िया सुरक्षित जगह है। अब, इन कोशिकाओं को कैसे दिखलाया जाए कि वह सबसे खतरनाक गतिविधि है? यही वह गतिवेग है जिसमें मस्तिष्क ने ज़बरदस्त सुरक्षा पाई है। इस अतीत में मस्तिष्क ने अपनी कुशलता पा रखी है। और, अब मस्तिष्क का इस गतिवेग के खतरे की तरफ ध्यान आकर्षित करना ही असली काम है। जैसे ही वह इस खतरे को देख लेगा, वह हट जाएगा।

**टी.के.परचुरे :** क्या एक भयभीत मन ऐसा प्रश्न पूछ सकता है?

**कृष्णमूर्ति :** मैं सवाल कर रहा हूँ। मैं सवाल कर रहा हूँ : ''क्या आप देख पाते हैं इस गतिवेग के खतरे को, जिसमें अतीत वर्तमान से जुड़ता है, उससे थोड़ा-मोड़ा कुछ सीखता है, खुद में फेरबदल करता है और जारी रहता है। क्या आप इस गतिविधि के खतरे को देख पा रहे हैं, हकीकत में जो खतरा है, किसी काल्पनिक-शाब्दिक स्तर पर नहीं, वरन् वास्तव में जो खतरा है?'' यदि आप इसे नहीं देख पाते हैं तो आपके ये सारे सवाल उठेंगे। लेकिन यदि आप खतरा देख पाते हैं, तो मस्तिष्क कह उठता है, ''बाखुदा! मैं वैसा नहीं कर सकता।'' आप समझ रहे हैं जो मैं कह रहा हूँ?

**पुपुल जयकर :** आप इसे करते कैसे हैं?

**कृष्णमूर्ति :** मैं इस वक्त यही तो कर रहा हूँ। हे प्रभु!

**पुपुल जयकर :** क्या आपकी मस्तिष्क की कोशिकाएँ यह कर रही हैं?

**कृष्णमूर्ति :** क्या? 'मेरे मस्तिष्क की कोशिकाओं' से क्या आशय है आपका?

**पुपुल जयकर :** क्या आपकी मस्तिष्क की कोशिकाएँ कह रही हैं कि यह गति...

**कृष्णमूर्ति :** ...खतरनाक है? मेरा मस्तिष्क आपको यह खतरा सूचित करने के लिए इन शब्दों को इस्तेमाल कर रहा है, पर इसे उसमें कोई खतरा नहीं है। इसने खतरा देख लिया है और उसे गिरा दिया है। आप मेरे मस्तिष्क को बीच में ला रहे हैं; मेरा मस्तिष्क भाड़ में जाए। माफ करिएगा। (हँसते हुए) क्या आप उस कोबरा के खतरे को देख पा रहे हैं? जब आप खतरा देख लेते हैं आप उससे बचते हैं। आप बचते हैं, क्योंकि आप साँप के खतरे के प्रति सदियों से संस्कारबद्ध हैं। तो आपकी प्रतिक्रियाएँ आपकी संस्कारबद्धताओं के अनुरूप होती हैं, जो कि तत्क्षण कर्म है। मस्तिष्क इसे बनाये रखने के लिए संस्कारबद्ध है, क्योंकि इसमें उसकी पूरी सुरक्षा है, ऐसा वह सोचता है। वर्तमान से मिलना, उससे सीखना, कुछ फेरबदल करना और गतिमान् रहना—परंतु जिस क्षण मस्तिष्क कहता है, ''मैं केवल इसी गतिविधि को जानता हूँ जो सुरक्षा देती है, तो मैं इसी में रहने वाला हूँ।'' परंतु जिस क्षण मस्तिष्क को यह बोध होता है कि यह एक बहुत ही खतरनाक चीज़ है, वह इससे बाहर होता है।

**प्रश्नकर्ता-1 :** पर मस्तिष्क को यह महसूस करना होगा कि जब ऐसा असल में हो रहा होता है, जब आप कोबरा को देख रहे होते हैं...

**कृष्णमूर्ति :** क्या आपका कभी कोबरा से आमना-सामना हुआ है?

**प्रश्नकर्ता-1 :** जी, हाँ।

**कृष्णमूर्ति :** क्या हुआ तब? आपने तुरंत कुछ किया।

**प्रश्नकर्ता-1 :** मुझे उस पल भय का एहसास हुआ।

**कृष्णमूर्ति :** हाँ, आपने प्रतिक्रिया की, अपनी संस्कारबद्धता के अनुसार।

**प्रश्नकर्ता-1 :** ठीक।

**कृष्णमूर्ति :** और अभी आप कुछ करते हैं, अपनी संस्कारबद्धता के अनुरूप, इस गतिवेग में।

**प्रश्नकर्ता-1 :** सही में।

**कृष्णमूर्ति :** दोनों ही संस्कारित कर्म हैं। वहाँ, कोबरा के साथ, उसने खतरे को महसूस किया। यहाँ, उसने इस गतिवेग के खतरे को महसूस नहीं किया क्योंकि वह कहता है "मैं जानता हूँ, मेरे ज्ञान में सुरक्षा है।" लेकिन जब वह इस खतरे को देख लेता है, तब वह अपनी संस्कारबद्धता के तल से कर्म नहीं करेगा, वह उसके बाहर निकल चुका होगा।

**राधा बर्नियर :** दिक्कत है इसे देख पाना अपनी पूरी...

**कृष्णमूर्ति :** करिए इसे, करिए इसे! देखिए, हम अपनी संस्कारबद्धताओं के अनुसार कर्म करते हैं। उस कोबरा के प्रति आप अपनी संस्कारबद्धता के अनुसार कर्म करते हैं, अतीत की अपनी संस्कारबद्धता के हिसाब से। तो आपकी संस्कारबद्धता का प्रत्युत्तर, इनाम या दंड पर आधारित है। यही होते हैं आपके उद्देश्य : इनाम या दंड, इनाम की या दंड की सारी जटिलताएँ। अब कोई आता है और कहता है : 'देखिए, पलभर के लिए रुक जाइए, सिर्फ सुनिए, बहस मत कीजिए, लड़ाई मत कीजिए, न ही हाँ या ना कहिए; केवल सुनिए। क्या यह गतिविधि थम सकती है, क्योंकि यह सबसे खतरनाक गतिविधि है? चूँकि मस्तिष्क यांत्रिक बन जाता है, वह अलगाव, द्वंद्व, युद्ध और ऐसी ही अन्य घटनाओं का कारण बनता है। और क्या आप इस सब का खतरा देख रहे हैं? यदि आप नहीं देख रहे हैं, तो आइए हम इस संबंध में बातचीत करें जब तक आप खतरा देख नहीं लेते। आखिरकार, हमारे नरवानर पुरखों ने कहा है, "साँप से सावधान रहिए, मेरी माँ को उसने काटा था और वह मर गयी थी। तो आप बच कर रहिए।" और यह कथन हमें सौंपा गया है और यही बात इधर भी है, इस गतिवेग में। तो क्या आप इस खतरे के भयानक रूप को देख सकते हैं? जैसे आप राष्ट्रवाद के भयानक खतरे को जब देखते हैं, बात खत्म हो जाती है, आप तब बहस चर्चा नहीं कर रहे होते हैं। यह एक खतरनाक चीज़ है। यदि मैं किसी गुरु, लीडर, विचार अथवा इस या उसका अनुसरण करने में खतरा देख पाता हूँ, तो बात खत्म हो जाती है, मैं इससे बाहर निकल आता हूँ। दिक्कत यह है कि हम इतने अधिक संस्कारबद्ध हैं कि हम सुनते ही नहीं हैं।

**प्रश्नकर्ता-1 :** एक बच्चे का उदाहरण लीजिए जिसके पास कोई ज्ञान नहीं होता...

**कृष्णमूर्ति :** हाँ जी, उसके पास यह सभी कुछ है, सर। (हँसते हुए) वह पहले से ही भयभीत है।

**प्रश्नकर्ता-4 :** पहले से ही भयभीत है?

**कृष्णमूर्ति :** ''यह खिलौना मेरा है, आपका नहीं।''

**प्रश्नकर्ता-1 :** नहीं, मैं एक बहुत छोटे बच्चे की बात कर रहा हूँ।

**कृष्णमूर्ति :** वहाँ भी। आप अपने बच्चों को तो जानते ही हैं।

**राजेश दलाल :** आपने कहा कि यह बहाव खतरनाक है। होता क्या है कि हम कहते हैं, ''यह इस बहाव के वास्ते खतरनाक है'' बजाय इसके कि 'यह बहाव, यह गतिवेग खतरनाक है।'

**कृष्णमूर्ति :** यह गतिवेग, यह बहाव अपने आप में एक खतरा है।

**राजेश दलाल :** हम इसको लेकर अभी स्पष्ट नहीं हैं। मैं इस बहाव के खतरे को उतना वास्तविक नहीं देख पा रहा हूँ जैसा कि आप देख रहे हैं।

**कृष्णमूर्ति :** क्यों सर?

**राजेश दलाल :** ऐसा अंशतः तो इसलिए है कि मैंने इस बहाव को कभी उतनी देर तक नहीं देखा कि इसका खतरा दिख जाए।

**कृष्णमूर्ति :** क्या आप इस गतिवेग के वर्णन के साथ जी रहे हैं या उस गतिवेग के साथ जी रहे हैं। क्या यह गतिवेग आपसे अलग है?

**राजेश दलाल :** नहीं।

**कृष्णमूर्ति :** तो आप ही हैं यह गतिवेग। तो आप स्वयं को ही देख रहे होते हैं।

**राजेश दलाल :** बात सही है, पर यह अक्सर तो नहीं होता।

**कृष्णमूर्ति :** ओह, ओह। ये भद्दे शब्द हैं-अक्सर और निरंतर। क्या आप सजग हैं, बिना किसी चयन के, कि आप ही यह गतिवेग, यह बहाव हैं? 'कभी-कभी' नहीं। यह एक तथ्य है। आप यह नहीं कह सकते कि ''वह खाई मैं कभी-कभार ही देख पाता हूँ।'' तो, यदि वह शब्द वह वस्तु नहीं है, तब वह शब्द ये भय नहीं है। परंतु क्या उस शब्द ने ही इस भय को रचा है? तो यदि शब्द हो ही नहीं, तो क्या मैं इसे भय का नाम दूँगा?

**राजेश दलाल :** नहीं।

**कृष्णमूर्ति :** बहुत जल्दी जवाब मत दीजिए। पता लगाइए, धीरे से देखिए। शब्द वह चीज़ नहीं है। यह दरवाज़ा, यह वास्तविकता शब्द नहीं है। यह स्पष्ट है। भय वह शब्द नहीं है, हम कहते हैं। परंतु क्या शब्द ने भय को पैदा किया है? बिना उस शब्द के, क्या भय नाम की इस चीज़ का अस्तित्व होगा? वह शब्द ही दर्ज़ करने की, अंकन की प्रक्रिया है। यह जो उभर रही है, यह तो एकदम से कोई नयी

शै है। यह जो नया है इसे मस्तिष्क अस्वीकार करता है, क्योंकि यह नयी ही बात है; तो यह तुरंत कहता है, "यह भय है।" मस्तिष्क के गतिवेग को थामे रखना, और इंतजार करना, देखना, उस भावना के वास्तविक क्षण में हस्तक्षेप करती विचार की उस गतिविधि के मध्य अंतराल देना—यह तभी हो सकता है जब आप इस तथ्य में बहुत गहरे पैठते हैं कि कोई शब्द वह वस्तु नहीं हुआ करता। वह शब्द वह भय नहीं है। क्या उस भय का बिना उस शब्द के कोई वजूद है? तुरंत आपने वह गतिवेग, वह बहाव रोक दिया होता है।

**प्रश्नकर्ता-3 :** एक बच्चा अनजाने में अपना हाथ शायद जला ले, और उसके बाद से वह आग से डरा रहता है।

**कृष्णमूर्ति :** जी बिल्कुल।

**प्रश्नकर्ता-3 :** परंतु वह वास्तविक कर्म भय से पहले घटित हुआ, और वह उस शब्द *भय* को जानता भी नहीं है।

**कृष्णमूर्ति :** यकीनन नहीं जानता। पर हम यही तो कह रहे हैं : अनुभव, अंकन, ज्ञान, ये हमेशा वर्तमान को कब्जे में ले लिया करते हैं।

**पुपुल जयकर :** आपका कहने का तात्पर्य है कि यह नाम देने की प्रक्रिया ही है, जो उदित होती सहृदयता के लक्षण और उभरती नफरत के लक्षण, इन दोनों के बीच फर्क डाल देती है?

**कृष्णमूर्ति :** नहीं, नहीं। चलिए हम नफरत को लें। वह कैसे उठती है? आपने कुछ किया है, कुछ कहा है जो मुझे चोट पहुँचाता है, मेरी अपनी छवि को, और उस छवि से नफरत उगने लगती है। क्या प्रेम एक छवि है?

**राजेश दलाल :** जब शब्द प्रवेश करता है तब वहाँ चाहे सहृदयता हो या कुछ और, तब सब कुछ इस 'मैं' का हिस्सा होता है।

**कृष्णमूर्ति :** बेशक।

**राजेश दलाल :** इसलिए इस अर्थ में उनके बीच कोई फर्क नहीं है।

**अच्युत पटवर्धन :** इसलिए मेरा सुझाव था कि नफरत या सहृदयता का उदाहरण लेने की बजाय हम कुछ ऐसा लेते हैं जो अशाब्दिक हो, कुछ ऐसा जो अशब्दीकृत हो, स्थगित, जो कोई प्रवृत्ति हो—आकर्षण-विकर्षण। अब आकर्षण-विकर्षण की मिट्टी ऐसी होती है, जहाँ सहृदयता तथा नफरत पनपती है। मैं केवल उस भूमि के प्रति सचेत हूँ। वे भाव अभी न तो नफरत, और न सहृदयता के रूप में व्यक्त हुए हैं। और मैं पूछता हूँ हमारी इस चर्चा के संदर्भ में, कि क्या उस गतिवेग को उस बिंदु पर थामे रखा जा सकता है, जहाँ पर वह भूमि अभी आकर्षण-विकर्षण के बीच बँटी नहीं है।

**कृष्णमूर्ति :** जी, मैं समझ रहा हूँ। तो आपका प्रश्न क्या है?

**पुपुल जयकर :** बात यह है कि असल जीवन में व्यक्ति में ये सब भाव उठते

रहते हैं—क्रोध के, सहृदयता के। हम सहृदयता जैसे विशाल शब्दों में न ही जाएँ।

**कृष्णमूर्ति :** जब आप सौम्य होते हैं, जब सहृदयता का वह भाव होता है, आप उस समय शब्दीकरण, नामांकन अथवा इस या उस प्रक्रिया से होकर नहीं गुज़र रहे होते। वह कुछ ऐसा है जो हिसाबी-किताबी नहीं है, जो संस्कारित नहीं है।

**पुपुल जयकर :** मैं इसे नहीं मानूँगी। हम क्रोध और भय शब्दों को लें।

**कृष्णमूर्ति :** वे दोनों एक ही हैं।

**पुपुल जयकर :** क्या दोनों एक ही हैं?

**कृष्णमूर्ति :** जी हाँ। क्रोध जब बना रहता है, कायम रहता है, नफरत में बदल जाता है।

**राधा बर्नियर :** मुझे तो ऐसा लगता है कि ये सारी चीज़ें इस प्रश्न में ही हैं : मुझे कैसे पता कि सहृदयता है?

**कृष्णमूर्ति :** जिस क्षण आप कहते हैं कि "मैं सहृदय हूँ", बात खत्म हो चुकी होती है।

**राधा बर्नियर :** जिस पल मैं जान रही होती हूँ कि मैं *यह* हूँ, वह जो भी हो...

**पुपुल जयकर :** मैं इस जानने के पल को भी नहीं परख रही हूँ। मैं इसके सारतत्त्व में जाना चाहती हूँ। मैंने इस बात से शुरुआत की थी कि कृष्णजी ने बात रखी क्रोध या भय की, बिना नामांकन किये, उसे चेतना में थामे रखने की।

**कृष्णमूर्ति :** क्या आप कभी-भी क्रोध को अपनी चेतना में थाम कर रखते हैं? क्या आप क्रोध को कभी थामे रह सकते हैं, या यह गति ले चुका होता है? यही सवाल मैं आपसे कर रहा हूँ? मैं कह रहा हूँ कि जब क्रोध है, तब उसे थामे रखिए, ठहरे रहिए उसके साथ।

**अच्युत पटवर्धन :** आप उस क्रोध की बात कर रहे हैं जब वह बाहरी असर के तौर पर आया करता है। मैं तब की बात कर रहा हूँ जब यह तत्त्वत: विकर्षण के रूप में उठ रहा होता है।

**कृष्णमूर्ति :** सर, आप अपने विकर्षण और अ-विकर्षण के साथ डटे हुए हैं।

**अच्युत पटवर्धन :** मैं इसके साथ डटा हुआ हूँ, क्योंकि यह अभी क्रोध में परिवर्तित नहीं हुआ है। मौका मिलते ही यह क्रोध में परिवर्तित हो जाएगा।

**कृष्णमूर्ति :** वह विकर्षण...

**अच्युत पटवर्धन :** ...यह उस मिट्टी में है।

**कृष्णमूर्ति :** ...उस मिट्टी में। वह मिट्टी ही वह छवि है।

**अच्युत पटवर्धन :** वह मिट्टी, वह भूमि ही वह गतिवेग, वह बहाव है।

**कृष्णमूर्ति :** वह भूमि ही वह बहाव है, वह छवि ही वह बहाव है। इसी के साथ रहिए, इससे हटिएगा मत। मैंने यह बात कई बार कही है, परेशान हो गया हूँ।

**पुपुल जयकर :** मैं अभी भी उस चीज़ को समझना चाह रही हूँ जो आपने कल रात बताई थी।

**कृष्णमूर्ति :** वह क्या है?

**पुपुल जयकर :** आपने कल रात कहा था, क्या इस भावना की गुणवत्ता को थाम कर रखना, उसके साथ होना, बिना शब्द के, संभव है?

**कृष्णमूर्ति :** हाँ, यही बात है। करके देखिए।

**पुपुल जयकर :** कृपया मैं जो कह रही हूँ उसे सुनिए।

**कृष्णमूर्ति :** बेशक, यह संभव है।

**पुपुल जयकर :** चाहे वो नफरत हो, क्रोध...

**कृष्णमूर्ति :** फर्क नहीं पड़ता है। भय के भाव को थामना, साथ रहना बिना शब्द के, उस भाव के साथ सिर्फ ठहरना। प्रयोग करिए और आप देखेंगे।

**घनश्याम मेहता :** यह कैसे संभव है? जब उसके साथ ठहरते हैं तो अन्य विचार प्रवेश कर जाते हैं।

**कृष्णमूर्ति :** तब आप इसके साथ नहीं रह सकते।

**घनश्याम मेहता :** आप उससे पलायन करने लगते हैं।

**कृष्णमूर्ति :** तब करें पलायन, पलायन ही करें। पलायन के अलावा कुछ और चुनने को है नहीं। तो इस पूरे उपक्रम के प्रति सजग हो जाएँ। लेकिन अगर आप कहने लगें, "मुझे उसके साथ ठहरना ही है", तब यह एक फार्मूला बन जाता है, और आप कहीं के कहीं चले जाते हैं, ठीक?

**पुपुल जयकर :** आप कहना क्या चाह रहे हैं?

**कृष्णमूर्ति :** मैं एक बहुत सीधी-सी बात कह रहा हूँ। जब भय उठे, जिस किसी भी कारण से, उसके साथ बने रहिए, किसी बहाव, किसी 'मोमेन्टम' के बगैर, बिना विचार की किसी भी हलचल के।

**पुपुल जयकर :** तब यह चीज़ क्या होती है?

**कृष्णमूर्ति :** तब यह क्या होती है? तब यह वही शै नहीं रह जाती जिसे मैंने भय के रूप में अतीत के संग जोड़ रखा था।

**पुपुल जयकर :** वह क्या है?

**कृष्णमूर्ति :** मैं कहूँगा कि यह एक ऊर्जा है, बिना किसी हलचल के, थमी हुई। फिर, जब ऊर्जा बिना किसी भी गति के रुकी-थमी है, तब एक विस्फोट होता है; वह चीज़ रूपांतरित हो जाती है।

**पुपुल जयकर :** मैं डर लगने से डर रही हूँ।

**कृष्णमूर्ति :** नहीं, नहीं।

**पुपुल जयकर :** जी हाँ सर, आप जिस विषय में बात कर रहे हैं मुझे उसका सामना करने में भय अनुभव हो रहा है।

**कृष्णमूर्ति :** न करें उसका सामना।

**पुपुल जयकर :** वह तो वास्तव में, मूल रूप से...

**कृष्णमूर्ति :** बिल्कुल, तब सामना न करें।

**घनश्याम मेहता :** तब मैं फिर उसी घेरे में चला आता हूँ जहाँ पर मैं हूँ।

**कृष्णमूर्ति :** ओह, फिर जहाँ पर हैं वहीं रहिए। आप देखिए, हम हर चीज़ के लिए कितने लालची हैं। मैं कहता हूँ मुझे नहीं पता है। जो भी पहल मैं लूँगा, वह गलत होगी। चूँकि मैं अपने आप में ही इस कदर भ्रमित हूँ, मैं जो भी करूँगा वो भी उलझाव ही होगा। तो मैं कहता हूँ, ठीक है। मैं अपने उलझाव के साथ रहूँगा। सिर्फ इसे सुनूँगा। मैं अपनी भ्रम-उलझन के साथ बना रहता हूँ, मैं उससे दूर नहीं हटता। अगर मैं हटता हूँ, तो मैं भ्रमित होता हूँ। जो कुछ भी मैं करूँगा वह भी दिग्भ्रमित ही होगा। क्या आप ऐसा कह पाएँगे, वाकई कह पाएँगे? तब क्या होता है? मैं भ्रमित हूँ, मुझे कुछ पता नहीं है। राजनेता कुछ कहते हैं, वैज्ञानिक कुछ, गुरु कुछ, किताबें कुछ और मैं कुछ। यह उलझन, यह विभ्रम इस कदर भयावह है, किसी दुःस्वप्न सा। और जो कुछ भी आप इस अवस्था, इस ज़मीन से करते हैं, जो भी इस ज़मीन से उगेगा-बढ़ेगा, वह भी भ्रमग्रस्त होगा। क्या आप वाकई इसे देख पा रहे हैं या यह केवल सैद्धांतिक है? दिक्कत हमारी यही है। हमने इसे एक परिकल्पना, 'थिअरी', बना लिया है, एक धारणा : ''मैं भ्रमित हूँ।'' आपका बोलना-बरतना तब उस तरह से नहीं होता जब आपको भूख लगी हुई हो; एक धारणा नहीं बना पाते उसे आप कि ''मुझे भूख लगी है।''

*मद्रास में संवाद, 13 दिसम्बर, 1976*

# 13

## 'मैं' और 'दुःख' का यह अंतहीन धारा-प्रवाह

*...अंतर्विरोध है, संघर्ष है, और वह सब ऊर्जा की बरबादी है। क्या जीवन जीने की ऐसी भी कोई राह है, जो ऊर्जा की बरबादी नहीं है?*

**डेविड शैनबर्ग :** मैं सोच रहा था कि पिछले संवाद[1] में शुरू किये गये विषय को हम क्या और आगे बढ़ा सकते हैं, जहाँ पर कई लोगों ने गतिवेग, 'मोमेन्टम' के प्रश्न को उठाया था। हम उस बिन्दु पर नहीं पहुँच पाये थे जहाँ कि विचारक की रचना के गतिवेग पर चर्चा हो या उस आसक्ति के गतिवेग पर, जो विचारक के साथ यह तादात्म्य पैदा करती है। कल शाम की वार्ता में आप संवेदना, संपर्क, सुख, विचार और इच्छा के पूरे मुद्दे को ले रहे थे, और फिर आपने अचानक यह सवाल उठाकर एक तरह से छलाँग लगाई कि यदि यह सब नहीं होता, तो तब क्या होता? परंतु यह बात मुझे एक किस्म की कल्पना की उड़ान-सी लग रही है। हकीकत तो यह है कि हमारा सामना इस गतिवेग से है, इस हलचल से है। विचारक की निरंतर रचना होते रहने के पीछे जो गतिवेग है, क्या हम उसकी छानबीन कर सकते हैं?

**पुपुल जयकर :** इस मुद्दे की जाँच-पड़ताल के लिए क्या आपको नहीं लगता है कि हमें ऊर्जा के क्षय की, छितराव की समस्या पर चर्चा करना ज़रूरी होगा?

**डेविड शैनबर्ग :** आप क्या कहना चाह रही हैं, मैं समझ नहीं पाया।

**पुपुल जयकर :** ऐसा प्रतीत होता है कि जिस तरह से इस शरीर को एक ऊर्जा गति दिया करती है, उसी तरह से एक तरह की वह ऊर्जा भी है जो सोचने की प्रक्रिया और बदलाव की प्रक्रिया से जुड़ी हुई है। तो क्या हम ऊर्जा पर—जो वह अपने आप में है—गौर करें; एक वह ऊर्जा जो क्षय होती है और एक वह ऊर्जा जो क्षय नहीं होती है, यदि ऐसा कुछ होता है तो?

---

1. छोटे समूह में संवाद, मुंबई, 7 जनवरी, 1977

**डेविड शैनबर्ग :** मुझे नहीं लगता, हमें मालूम है कि ऊर्जा से हमारा क्या अभिप्राय है। मेरे खयाल से मेक्सवेल थे जिन्होंने ऊर्जा शब्द का इस्तेमाल पहली बार किया था। और एक वैज्ञानिक के लिए ऊर्जा शब्द का मतलब होता है 'संबंध'।

**अच्युत पटवर्धन :** जिस अर्थ में हमने ऊर्जा शब्द का प्रयोग इन वार्तालापों में किया है, मेरे विचार से हम अवधान का संदर्भ ले रहे हैं ऊर्जा के एक प्रासंगिक रूप के तौर पर। जब आप कहते हैं, 'ऊर्जा की बरबादी', तब वास्तव में बात यहीं पर आती है कि जब भी हम स्वयं को जानने के संदर्भ में ऊर्जा शब्द का प्रयोग कर रहे होते हैं, मुझे लगता है हमारा आशय अवधान से ही होता है। क्या मैं सही हूँ, या मैं इसे कुछ ज़्यादा ही सरल बना रहा हूँ?

**पुपुल जयकर :** शायद मैं विषय से हट रही हूँ, पर मैं इसे उठा रही हूँ इसलिए कि कृष्णजी ने मद्रास सेमिनार में कुछ बातें रखी थीं। उन्होंने ऐसा कुछ कहा था : "कुंडलिनी के बारे में, मैं आप सभी लोगों से ज़्यादा जानता हूँ, मैं कुंडलिनी के बारे में सब कुछ जानता हूँ।" अब, कुंडलिनी मूल रूप से मानव शरीर में ऊर्जा के एक खास बहाव को जाग्रत करती है, वह ऊर्जा, जो बरबाद नहीं होती है और जो कुछ खास अतीन्द्रिय बिंदुओं से जुड़ी होती है। और मैं कृष्णजी के साथ यह पड़ताल करना चाह रही थी कि उस कथन से उनका क्या आशय था, उनके क्या विचार हैं इस पर कि ऊर्जा की समस्या इस तरह की चर्चाओं में प्रासंगिक है भी कि नहीं, कि ऊर्जा की समस्या की समझ, क्या विचार और विचारक की समस्या की समझ को स्पष्ट करने में मदद करेगी।

**डेविड शैनबर्ग :** मुझे संशय है कि किसी ने ऊर्जा के मनोवैज्ञानिक पहलू पर बहुत बारीकी से विचार किया हो। इसे लेकर काफी गलतफहमियाँ हैं। क्या ऊर्जा ऐसी कोई चीज़ है, जो संबंधों में व्यक्त होती है? यदि ऐसी बात है तो कई सवाल पैदा होते हैं।

**पुपुल जयकर :** क्या भौतिक विज्ञान अब स्वीकार नहीं करता कि एक ऊर्जा इस प्रकार की है जो बरबाद होती है? और क्या वे इस ऊर्जा को खोज पाए हैं जिसमें बरबादी के बीज नहीं हों?

**फ्रिट्स विल्हेल्म :** जहाँ तक मैं जानता हूँ, कोई भी भौतिक वैज्ञानिक यह परिभाषित नहीं कर सकता कि ऊर्जा क्या होती है। भौतिक विज्ञान में यह एक मूल मान्यता है कि वह मौजूद है; आप उसके साथ गणित में खेल सकते हैं। पर हम यह जानते हैं कि जब भी बल, 'फोर्स' की आवश्यकता है, तब ऊर्जा का होना ज़रूरी है। बिना ऊर्जा के बल संभव नहीं, कोई भी कार्य संभव नहीं; अत: ऊर्जा और क्रिया एक दूसरे से अच्छी तरह से जुड़े हुए हैं। हम बल का प्रयोग कर सकते हैं, बल को देख सकते हैं, कार्य होते हुए हम देख सकते हैं, पर हम कभी ऊर्जा को नहीं देख सकते।

**पुपुल जयकर :** 'एन्ट्रोपी' शब्द का क्या अर्थ है?

**फ्रिट्स विल्हेल्म :** 'एन्ट्रोपी' की प्रक्रिया में ऊर्जा बरबाद नहीं हो रही होती है। एक भौतिक वैज्ञानिक होने के नाते आप कह सकते हैं कि आपके पास एक 'ब्लैक बॉक्स' है और उसमें कुछ ऊर्जा रखी हुई है। और, यह ऊर्जा हमेशा संरक्षित बनी रहती है।

**पी.वाई. देशपांडे :** जब एक तरफ गर्म पानी और दूसरी ओर ठंडा पानी दोनों एक ही छेद से जुड़े हैं, तब उन तापमानों में एक समता आ जाती है। यही 'एन्ट्रोपी' की ओर ले जाती है।

**पुपुल जयकर :** परंतु 'एन्ट्रोपी' के विपरीत क्या कोई ऊर्जा प्रवाह नहीं है?

**पी.वाई. देशपांडे :** 'एन्ट्रोपी' के विपरीत ऊर्जा प्रवाह ही जीवन ऊर्जा है। वैज्ञानिक इसे ऐसा ही देखते हैं।

**फ्रिट्स विल्हेल्म :** 'एन्ट्रोपी' के विपरीत घटने वाली प्रक्रियाओं को भौतिक विज्ञान में अभी हाल से पहले जाना नहीं गया था।

**पुपुल जयकर :** उन्हें अब मान्य किया जा रहा है क्योंकि कुंडलिनी का पूरा विचार 'एन्ट्रोपी' के विपरीत ऊर्जा के विचार से जुड़ा है। मैं इसकी छानबीन करना चाहूँगी।

**कृष्णमूर्ति :** वह क्या है?

**पुपुल जयकर :** जो आपने कहा था ...

**कृष्णमूर्ति :** मैंने क्या कहा था छोड़ दीजिए।

**पुपुल जयकर :** नहीं आपने जो कहा था, उसे हम नहीं छोड़ पाएँगे।

**कृष्णमूर्ति :** हम उस पर थोड़ी देर में लौट आएँगे, पर अब हम किस पर चर्चा कर रहे हैं? क्या ऐसी कोई ऊर्जा है जो अंतहीन है, जिसका न कोई आदि है न अंत? और क्या ऐसी कोई ऊर्जा है जो यांत्रिक है, जैसे कि एक मोटर, और जो हमेशा किसी प्रयोजन से जुड़ी होती है? और क्या ऐसी कोई ऊर्जा भी है, जो संबंध में, सभी गतिविधियों में होती है? हम किस बात पर चर्चा कर रहे हैं? मैं पता लगाना चाहूँगा।

**पुपुल जयकर :** सबसे पहले डा. शैनबर्ग ने पूछा, "क्या है वह जो यह गति देता है?"

**कृष्णमूर्ति :** हम उसी पर डटे रहें।

**पुपुल जयकर :** उन्होंने पूछा, "क्या है जो गतिवेग प्रदान करता है? क्या यह विचारक ही है और फिर यही विचारक जारी रहता है?"

**कृष्णमूर्ति :** वह क्या है जो हमारे सारे कार्यों को प्रेरित करता है? वह प्रेरकता, 'ड्राइव', वह बल क्या है? क्या यह यांत्रिक है? या कोई ऐसी भी ऊर्जा है, प्रेरकता है, बल है, गतिवेग है, जिसमें कोई टकराहट नहीं, घर्षण नहीं? क्या हम इसी पर चर्चा कर रहे हैं।

**पुपुल जयकर :** कुंडलिनी ही यह दूसरी किस्म की ऊर्जा है, जिसकी हम बात

कर रहे हैं, जो किसी घर्षण के बिना घटित होती है और जो हमारे शरीर के कतिपय ऊर्जा केन्द्रों से जुड़ी होती है।

**कृष्णमूर्ति :** पुपुलजी, हम इस विषय पर बाद में आएँगे।

**डेविड शैनबर्ग :** कुछ समय के लिए हम काल्पनिक आयामों से से दूर रहें, बस केवल विचार और इच्छा की इस गति के साथ ठहरें। क्या है विचार की, इच्छा की ऊर्जा की, और इस विचारक की रचना का यह गतिप्रवाह? क्या है इस ऊर्जा की गति, जो यांत्रिक बन जाया करती है?

**कृष्णमूर्ति :** आगे बढ़िए, चर्चा कीजिए।

**पी.वाई. देशपांडे :** शायद इनका कहना यह है कि कल आप बात कर रहे थे संवेदन की, विचार की, इच्छा की, इच्छापूर्ति की, और थोड़े-बहुत बदलाव के साथ जारी रहने की वह प्रेरकता। यही है वह गतिवेग।

**कृष्णमूर्ति :** वही है गतिवेग। मैं समझ रहा हूँ, सर। तो आप पूछ रहे हैं कि इच्छा के पीछे का गतिवेग क्या है। क्या यही पूछ रहे हैं? चलिए, हम इसे सरल रखते हैं और फिर हम चर्चा के दरमियान इसका और खुलासा करते चलेंगे। इच्छा को दौड़ाने वाला वह जोश, वह गतिवेग क्या है? मैं एक गाड़ी की इच्छा करता हूँ; इस इच्छा के पीछे क्या रहता है? क्या है वह तीव्र इच्छा, वह प्रेरकता, वह बल, वह ऊर्जा जो इच्छा को चलाती है और कहती है, "मुझे तो वह गाड़ी चाहिए ही चाहिए?"

**डेविड शैनबर्ग :** क्या ऐसा है कि आप गाड़ी की इच्छा कर रही हैं, या वह गाड़ी इच्छा के रूप में आती है और फिर इस 'मैं' को जन्म देती है? क्या आप इस इच्छा की उपज हैं?

**कृष्णमूर्ति :** यदि मैं उस कार को अपनी आँखों से नहीं देखता, उसे छू कर नहीं महसूस करता, नहीं जान रहा होता कि यह चीज़ क्या है, तो मुझमें उसके लिए कोई चाह नहीं उठती। परंतु मैं उस गाड़ी को देखता हूँ, लोगों को वह गाड़ी चलाते देखता हूँ, गाड़ी चलाने का जो मज़ा है उसे, और गाड़ी चलाने में जो ऊर्जा का एहसास है उसे महसूस करता हूँ। इस सबके पीछे क्या है? आगे बढ़िए, यह काफी सरल है।

**डेविड शैनबर्ग :** मुझे लगता है कि बिना उस गाड़ी के मैं कुछ कम हूँ।

**कृष्णमूर्ति :** मुद्दा वह नहीं है—कम या ज़्यादा की बात नहीं। डा. शैनबर्ग एक बिल्कुल ही अलग प्रश्न उठा रहे हैं। वह पूछ रहे हैं, "वह प्रेरकता, वह प्रयोजन, वह बल, वह ऊर्जा क्या है जो मुझसे उस चीज़ की इच्छा करवाती है?"

**पुपुल जयकर :** क्या यह केवल वह विषय, वह वस्तु ही है जो इच्छा को रचती है?

**डेविड शैनबर्ग :** यह तो एक बड़ा प्रश्न है।

**कृष्णमूर्ति :** यह एक वस्तु हो सकती है, एक भौतिक वस्तु, या एक अभौतिक

विषय जैसे एक विचार, एक कल्पना—कुछ भी।

**फ्रिट्स विल्हेल्म :** पर सबसे पहले तो शायद इसे महसूस करना होता है, यह इंद्रियों द्वारा बोधगम्य होना चाहिए, क्योंकि आप किसी भी चीज़ का इंद्रियों से बोध करते हैं, उसकी एक छवि बनाते हैं, और तब आप उसकी इच्छा करने लगते हैं। तब क्या हम यह कह सकते हैं कि जो कुछ भी चाहा जा सकता है उसका पहले बोध होना ज़रूरी है? तो आपके प्रश्न को बढ़ाते हुए मैं यह पूछ रहा हूँ कि ऐसा कुछ भी जिसकी इच्छा की जा सकती है, क्या उसका इंद्रियों के माध्यम से पहले बोध ज़रूरी है? बेशक कोई 'ईश्वर' की बात कर सकता है; मिसाल के तौर पर, मैं ईश्वर को पाने की इच्छा कर सकता हूँ।

**पुपुल जयकर :** यदि बात ऐसी है तो मेरा जवाब होगा कि नहीं।

**प्रश्नकर्ता-1 :** यह एक ऐंद्रियेतर, अनैंद्रिय बोध है।

**पुपुल जयकर :** यह ऐंद्रियेतर बोध नहीं है। इच्छा ही इसे बनाये रखती है। यह इच्छा ही है जो दुनिया को चला रही है।

**डेविड शैनबर्ग :** यदि यह 'मैं' नहीं होता तो क्या कोई इच्छा भी होती?

**कृष्णमूर्ति :** सर, हम इसे सरल रखें। किसी भी इच्छा के पीछे यह गतिवेग क्या है? आइए हम इसी से शुरू करें। वह ऊर्जा क्या है जो मुझसे इच्छा करवाती है? मेरे यहाँ होने के पीछे क्या है? वह प्रेरकता क्या है जो मुझे यहाँ पर ले आयी है? मैं यहाँ पर आया यह पता लगाने कि आप लोग किस पर संवाद कर रहे हैं, चर्चा कर रहे हैं; मुझमें कुछ पता लगाने की इच्छा है। यहाँ इच्छा कुछ ऐसा खोज निकालने की है, जो मुझमें आमतौर पर घूमने वाले सोच-विचार से हटकर हो। तो वह है क्या? क्या वह इच्छा है? तो अब, मेरे यहाँ आने की उस इच्छा के पीछे क्या है? क्या मेरी कोई पीड़ा यहाँ ले आयी है मुझे? मेरी कोई सुखाकांक्षा? क्या ऐसा है कि मैं और सीखना चाहता हूँ? यह सारा कुछ एक साथ कर लीजिए, तब है क्या इस सबके पीछे?

**डेविड शैनबर्ग :** मैं जो हूँ उससे राहत।

**पुपुल जयकर :** जो कि कुछ बनने की प्रक्रिया की तरह है।

**कृष्णमूर्ति :** इस बनने के पीछे क्या है?

**डेविड शैनबर्ग :** मैं इस वक्त जहाँ हूँ वहाँ से कहीं और जाना, ताकि कुछ इससे बेहतर हो।

**कृष्णमूर्ति :** इसका अर्थ क्या हुआ? वह ऊर्जा क्या है जो मुझसे यह सब करवा रही है? क्या यह दंड या पुरस्कार है? आखिरकार, हमारी गतिशीलता की, हलचल की सारी संरचना यही तो है। दंड और पुरस्कार—एक से बचना, दूसरे तक पहुँचना। क्या यही है जड़ में, यह मूलभूत दौड़ या ऊर्जा जो हमसे कई चीज़ें करवा रही है? दंड और पुरस्कार—चूहेदानी में फँसा एक चूहा; एक टुकड़ा—पुरस्कार—उसे

लुभाने के लिए रखा जाता है, और जिसे पाने के लिए वह हर तरह की अड़चन से गुज़रता है। यदि यह उसे नहीं मिलता है, तो उसे दंडित किया जाता है। तो, क्या यह प्रयोजन, यह 'ड्राइव', यह ऊर्जा, इन्हीं दो बातों की उपज है—एक से बचना और दूसरे को हासिल करना?

**डेविड शैनबर्ग :** जी हाँ, यह उसी का एक हिस्सा है, पर इससे हम विचार के स्तर पर निपट सकते हैं।

**कृष्णमूर्ति :** केवल विचार के ही स्तर पर नहीं। मुझे भूख लग रही है, मेरा पुरस्कार भोजन है। यदि मैं कुछ गलत करता हूँ तो दंड मौजूद रहता है।

**फ्रिट्स विल्हेल्म :** क्या यह सुख और पीड़ा से अलग है? क्या पुरस्कार सुख और पीड़ा की तरह ही है?

**कृष्णमूर्ति :** उसी शब्द को इस्तेमाल करिए, उसे बहुत फैलाइए नहीं। दंड और पुरस्कार—यही है आधारभूत, साधारण, आमफहम प्रेरकता।

**पुपुल जयकर :** दंड और पुरस्कार—किसे?

**कृष्णमूर्ति :** 'किसे' नहीं। वह जो तुष्टिप्रद है, और वह जो संतुष्टि प्रदान नहीं करता।

**पुपुल जयकर :** लेकिन किसके लिए? आपको यह तो बताना होगा।

**कृष्णमूर्ति :** मैं उस बिंदु पर अभी नहीं पहुँचा हूँ—क्या है जो संतुष्ट करता है, और क्या है जो संतुष्टि नहीं देता।

**डेविड शैनबर्ग :** यह इसी तरह से बना हुआ है।

**कृष्णमूर्ति :** यह इसी तरह से बना हुआ है। जो संतोषप्रद है उसे मैं पुरस्कार कहता हूँ, जो संतोषजनक नहीं है उसे मैं दंड कहता हूँ। तो ऐसा नहीं है कि मैं 'मैं' है जो कह रहा हो, "मुझे संतुष्टि मिलनी चाहिए", "मुझे भूख लगी है, खाना ज़रूरी है।"

**पुपुल जयकर :** वह तो भौतिक है। नहीं सर, मैं इसे स्वीकार नहीं कर सकती।

**कृष्णमूर्ति :** मैं केवल शुरुआत के लिए इसे ले रहा हूँ। मैंने अभी उसका खुलासा नहीं किया है। स्वीकृति या अस्वीकृति अभी रहने दीजिए।

**पी.वाई. देशपांडे :** भूख इसलिए नहीं उठती है क्योंकि मैं चाहता हूँ।

**कृष्णमूर्ति :** ठीक बात है, सर। यह तो शरीर से संबंधित है।

**पुपुल जयकर :** दैहिक, यह तो एक पहलू हुआ।

**कृष्णमूर्ति :** फिलहाल मैं इसे लेकर चल रहा हूँ। क्या यह दैहिक चीज़ मनोवैज्ञानिक क्षेत्र में प्रवेश कर जाती है? मुझे भोजन की ज़रूरत है, खाना ज़रूरी है, पर वही ज़रूरत मनस् के क्षेत्र में प्रवेश कर जाती है और तब एक बिलकुल ही अलग चक्र की शुरुआत हो जाती है। पर यह भी वही हलचल तो है।

**प्रश्नकर्ता-1 :** यह सारी प्रक्रिया कहाँ हो रही होती है?

**कृष्णमूर्ति :** यही प्रश्न डा. शैनबर्ग उठा रहे थे, इस सबकी शुरुआत कहाँ है?

**प्रश्नकर्ता-1 :** यदि यह मुझमें हो रहा है, यदि यही है मेरा अनुभव, तो यह कहाँ पर घटित हो रहा है? मस्तिष्क में? इन सुखद व दुखद ज़रूरतों को मैं कहाँ पर महसूस करता हूँ?

**कृष्णमूर्ति :** दैहिक और मानसिक दोनों।

**प्रश्नकर्ता-1 :** यदि इस दंड एवं पुरस्कार की प्रक्रिया की एक जैविक स्तर पर छानबीन की जानी है, तब मस्तिष्क में कुछ प्रत्युत्तर उठते हैं जो दंड और पुरस्कार के क्षेत्र में होते हैं।

**कृष्णमूर्ति :** आपका मतलब है कि दंड और पुरस्कार के बीच अंतराल है।

**प्रश्नकर्ता-1 :** अंतराल नहीं, लेकिन एक पुल है, एक जोड़ है।

**घनश्याम मेहता :** यानी आप कह रहे हैं कि एक ऐसी भी अवस्था है, जहाँ न दंड है न पुरस्कार।

**प्रश्नकर्ता-1 :** जी हाँ। जहाँ एक अवस्था दूसरे में समा जाती है।

**पुपुल जयकर :** एक अन्य अवस्था हो सकता है कि हो। मुझे नहीं पता कि ऐसा कुछ है भी, पर मुझे लगता है कि है। यह हमारे प्रश्न का कैसे जवाब देता है? इस ऊर्जा की प्रकृति—जो इस गतिवेग को वजूद में लाती है और उस गति को बनाये रखती है—के बारे में चल रही हमारी इस छानबीन में इस अवस्था का क्या योगदान है? मूलतः प्रश्न यही है।

**डेविड शैनबर्ग :** यही है प्रश्न। इस गतिवेग का उद्‍गम कहाँ है? यदि दंड और पुरस्कार के बीच में अंतराल हो तो भी यह गतिवेग क्या है?

**कृष्णमूर्ति :** क्या आप यह पूछ रहे हैं कि वह क्या है जो दंड और पुरस्कार की दिशा में आपको धकेलता है; वह ऊर्जा कौन-सी है, वह कैसा गतिवेग है, वह कौन-सी शक्ति है, वह कौन-सी ऊर्जा-राशि है जो मुझे उस तरफ ले जाती है, इससे दूर रखती है; क्या यही है प्रश्न?

**डेविड शैनबर्ग :** ठीक। हमें पता है कि यह एक तथ्य है।

**कृष्णमूर्ति :** हम जानते हैं कि यह एक तथ्य है। मैं कह रहा हूँ कि यह संतुष्टि, तृप्ति हो सकती है, जो कि सुख ही है।

**डेविड शैनबर्ग :** जब आप कहते हैं कि यह सुख है, संतुष्टि है, तो आप पर्याप्त गहरे नहीं पैठ रहे हैं। यह है क्या?

**कृष्णमूर्ति :** मैं बस शुरुआत ही कर रहा हूँ सर। क्या यह बस तृप्ति-तुष्टि है? बेशक है, ऐसा ही कुछ लगता है। मैं भूखा हूँ, भोजन तो चाहिए।

**डेविड शैनबर्ग :** तो तृप्ति है क्या तब?

**कृष्णमूर्ति :** जब मेरा पेट भरा होता है तो मैं तृप्त होता हूँ।

**डेविड शैनबर्ग :** जी हाँ। परंतु जब आप तृप्त होते हैं तब आपकी अवस्था क्या है?

**कृष्णमूर्ति :** यह बहुत साधारण-सी चीज़ है, है कि नहीं? भूख है, और खाना उपलब्ध है, और आप संतुष्ट हैं।

**डेविड शैनबर्ग :** वो क्या?

**कृष्णमूर्ति :** क्या मतलब है आपका? मैं संतुष्ट हूँ अगर भूख मिट जाती है।

**डेविड शैनबर्ग :** ताकि वह तनाव घट जाए।

**कृष्णमूर्ति :** यह वही गति हो सकती है, जिसे हम मनोवैज्ञानिक क्षेत्र में भी ले आते हैं।

**फ्रिट्स विल्हेल्म :** पर वहाँ शायद वह थमती नहीं। यहाँ, शारीरिक क्षेत्र में तो, वह थम जाती है।

**कृष्णमूर्ति :** शारीरिक क्षेत्र में तो वह रुक जाती है, पर उसी गति को मनोवैज्ञानिक क्षेत्र में जारी रखा जाता है और वहाँ पर वह अंतहीन रूप से चलती रहती है। एक के बाद एक संतुष्टि मैं चाहता रहता हूँ; अंतहीन होता है यह। क्या यह ऊर्जा, यह प्रेरकता, शारीरिक एवं मनोवैज्ञानिक स्तरों पर संतुष्ट होने के लिए ही है?

**प्रश्नकर्ता-1 :** लेकिन यदि इसे संतुष्टि दिलाने की बात है तब कहीं पर प्रारंभ में असंतुष्टि की अवस्था भी रहती होगी।

**कृष्णमूर्ति :** जी, मैं भूखा बिल्कुल हूँ। और मानसिक तौर से मैं अकेलेपन में हूँ। एक खालीपन का एहसास है, एक अधूरेपन का एहसास है। और बस मैं निकल लेता हूँ ईश्वर के पास, मंदिर-मस्जिद, गुरुओं के पास, या किसी मूढ़ता की ओर चला जाता हूँ और फिर हर तरह की घटनाएँ होने लगती हैं। चलिए, हम सरल शब्दों का ही प्रयोग करेंगे। खालीपन जटिल शब्द है, मैं इसे नहीं प्रयोग करूँगा। दूसरे शब्दों में 'कमी महसूस करना', अपूर्ति। शारीरिक तौर से, कमी को काफी आसानी से पूरा किया जा सकता है, मानसिक स्तर पर संतुष्टि कभी होती ही नहीं।

**टी.के.परचुरे :** शारीरिक स्तर पर कमी की पूर्ति में विचार शामिल नहीं होता।

**कृष्णमूर्ति :** नहीं।

**टी.के.परचुरे :** यदि मैं भूखा हूँ, यदि इसका एहसास होता है, तो मैं खाना खा लेता हूँ।

**कृष्णमूर्ति :** जी हाँ। दूसरा तो अंतहीन है।

**पी.वाई. देशपांडे :** क्योंकि विचार ने प्रवेश कर लिया होता है।

**कृष्णमूर्ति :** ठहरिए, मुझे नहीं मालूम कि क्या हुआ है। हम पहले छानबीन करें।

**टी.के.परचुरे :** तो कहाँ हम शारीरिक स्तर की तृप्ति से विचार की ओर चले जाते हैं?

**कृष्णमूर्ति :** यह भी हो सकता है कि शारीरिक गति अब मानसिक गति में

प्रवेश कर गयी है और अपनी निरंतरता बनाए हुए है।

**पुपुल जयकर :** आप जो कह रहे हैं उससे...

**कृष्णमूर्ति :** मैं क्या कह रहा हूँ बात यह नहीं हैं; क्या ऐसा है?

**पुपुल जयकर :** इसकी संभावना का या चयन का सवाल नहीं है; यह तो ऐसा ही है। मेरे जन्म के साथ ही, उसी पल से, दोनों किस्म की चाह मुझमें उठने लगती है।

**कृष्णमूर्ति :** दोनों की शुरुआत हो जाती है।

**पुपुल जयकर :** इसीलिए मैं शारीरिक एवं मानसिक, दोनों के स्रोत के संबंध में प्रश्न उठा रही हूँ।

**पी.वाई. देशपांडे :** कमी शब्द अकेला काफी ही तो है।

**पुपुल जयकर :** नहीं है यह।

**कृष्णमूर्ति :** छोड़ दीजिए इसे, आगे बढ़िए। नाकाफीपन, दोनों ही स्थितियों में।

**पुपुल जयकर :** वे दोनों ही एक ऐसी ऊर्जा में संरचित हैं जो तब गति देती है, धकेलती है।

**कृष्णमूर्ति :** जी।

**पुपुल जयकर :** हममें वही संरचना है यह स्व, यह 'मैं'।

**कृष्णमूर्ति :** नहीं, मुझे नहीं लगता कि यह 'मैं' है।

**पुपुल जयकर :** आप ऐसा क्यों कह रहे हैं?

**कृष्णमूर्ति :** मुझे नहीं लगता कि यह 'मैं' है। मेरे विचार से यह है वह अंतहीन असंतुष्टि, अंतहीन कमी।

**डेविड शैनबर्ग :** उसका स्रोत क्या है?

**पुपुल जयकर :** क्या कमी की बात हो सकती है जब तक कि उस कमी को महसूस करने वाला कोई न हो?

**सुनंदा पटवर्धन :** यही है मुद्दा। कौन है जो अधूरा है? कौन है वह जो जान रहा होता है कि वह अधूरा है?

**कृष्णमूर्ति :** आप पहले से ही कुछ मान कर चल रहे हैं। मैं अभी 'मैं' नहीं ला रहा। जो हो रहा है वह यही है : निरंतर कमी, अधूरापन। मैं मार्क्सवाद की ओर जाता हूँ—वही अधूरापन। मैं एक के बाद दूसरे के पीछे जाता हूँ। जितना बुद्धिमान, जाग्रत मैं होता हूँ, असंतुष्टि उतनी ही ज़्यादा महसूस होती है। तब क्या होता है?

**सुनंदा पटवर्धन :** यानी आप कहना चाह रहे हैं कि 'मैं'-रहित एक आव्यूह, एक 'मैट्रिक्स' है, जो अपने ही गतिवेग के ज़रिये, कार्य कर सकता है।

**कृष्णमूर्ति :** मैं इस आव्यूह को नहीं जानता, मैं इस 'मैं' को नहीं जानता। मेरा इशारा तो केवल इस ओर है कि शारीरिक स्तर पर एक नाकाफीपन है जो मनोवैज्ञानिक नाकाफीपन के क्षेत्र में प्रवेश कर गया है, और वह फिर अंतहीन रूप से जारी रहता है।

**डेविड शैनबर्ग :** ज़रूरत का, अधूरेपन का एक निरंतर भाव रहता है।

**कृष्णमूर्ति :** नाकाफीपन—इसी शब्द को लेकर चलिए।

**फ्रिट्स विल्हेल्म :** आप जो कह रहे हैं उससे लगता है कि नाकाफीपन का यह भाव बना रहता है, यह एक हकीकत है; यह एक तथ्य है।

**कृष्णमूर्ति :** यह हो सकता है तथ्य न भी हो।

**अच्युत पटवर्धन :** इसीलिए मैं यह सुझाव देना चाह रहा था, शायद इस बिंदु पर, कि हम इस देह-स्तरीय नाकाफीपन को एक तरफ कर दें।

**कृष्णमूर्ति :** जी हाँ, मैं जान-बूझकर इस पर ज़ोर दे रहा हूँ।

**अच्युत पटवर्धन :** मैं जान रहा हूँ।

**कृष्णमूर्ति :** यह संभवतः वहीं से प्रवाहित हो रहा हो, और हम यह तमाम दुर्दशा रच डालते हैं।

**अच्युत पटवर्धन :** मुझे इसमें शुबहा है। क्या यह दैहिक और मानसिक का मिश्रण है, एक-दूसरे में छलकता, प्रवाहित होता हुआ? इस छलकाव से हमारा क्या आशय है? एक तथ्य है, दूसरा तथ्य नहीं है।

**कृष्णमूर्ति :** इसलिए केवल देह-स्तर का नाकाफीपन ही है।

**पुपुल जयकर :** आप यह कैसे कह सकते हैं, सर?

**कृष्णमूर्ति :** यह मैं कह नहीं रहा, केवल छानबीन कर रहा हूँ। मैं इस 'मैं' की छानबीन नहीं कर रहा हूँ। मुझे भूख लगी, इसको तृप्त कर दिया गया। मुझे कामेच्छा महसूस हुई, उसे तृप्त कर दिया गया। और मैं कहता हूँ कि यह काफी नहीं है, मुझे और भी कुछ चाहिए। 'और भी'—यह है क्या चीज़?

**पुपुल जयकर :** यह 'और भी' ही यह गतिवेग है।

**कृष्णमूर्ति :** नहीं। यह 'और भी' है : और ज़्यादा संतुष्टि।

**पुपुल जयकर :** जो कि यह गतिवेग, यह 'मोमेन्टम' है।

**कृष्णमूर्ति :** ठीक है, उसी शब्द को रखिए। मस्तिष्क संतुष्टि तलाश रहा है।

**पुपुल जयकर :** क्यों इस मस्तिष्क को संतुष्टि की तलाश होनी चाहिए?

**कृष्णमूर्ति :** क्योंकि इसे स्थिरता की ज़रूरत है, सुरक्षा की ज़रूरत है। इसलिए वह कहता है, "मैंने सोचा था कि मुझे *इस* में संतुष्टि मिली थी, पर नहीं, *उस* में तृप्ति और सुरक्षा मिलेगी, और उसमें भी नहीं है।" और इस तरह से यह चलता है, चलता ही रहता है। ऐसा ही है हमारे रोज़ के जीवन में। मैं एक बेहूदा गुरु से किसी दूसरे के पास जाता हूँ, एक सिद्धांत से दूसरे सिद्धांत, एक निष्कर्ष से दूसरे की ओर, बस इसी तरह।

**प्रश्नकर्ता-1 :** दैहिक तल पर अपर्याप्तता कुदरतन ही पर्याप्तता की दिशा में ले जाती है। जिस तरह से यह मस्तिष्क कार्य करता है, दैहिक संरचना में कोई कमी

आ जाए तो यह उसे पूरी करने में लग जाता है। यही है चक्र जो कार्य कर रहा है, यह मस्तिष्क इसी तरह से कार्य करता है। यदि शरीर के इस क्रियाकलाप के छलकाव को मनोवैज्ञानिक क्षेत्र में भी जारी रहना है, तब इस पर्याप्तता और अपर्याप्तता के चक्र को जारी रहना होगा।

**कृष्णमूर्ति :** सर, खुद की जाँच कीजिए, यह बहुत ही सरल है। आप संतुष्टि चाह रहे हैं, ठीक? हर कोई चाह रहा है। यदि आप निर्धन हैं तो धनी बनना चाहते हैं। यदि आप अपने से ज़्यादा अमीर किसी को देखते हैं या कोई अधिक सुन्दर है, तो आप वही बनना चाहते हैं। हम अविरल संतुष्टि चाहते हैं।

**अच्युत पटवर्धन :** दैहिक नाकाफीपन के इस मुख्य पहलू की ओर मैं आपका ध्यान पुनः आकृष्ट करना चाहूँगा कि उसे पूरा करने के लिए किया जा रहा हरएक क्रियाकलाप अतितृप्ति तक ले जाता है। यानी कि जहाँ तक दैहिक नाकाफीपन की बात है, वहाँ उस ज़रूरत और उसके दोबारा प्रकट होने के बीच हमेशा एक अंतराल होता है। मनोवैज्ञानिक नाकाफीपन में, हम ऐसा क्रम सक्रिय कर देते हैं, जिसमें कोई अंतराल नहीं होता।

**कृष्णमूर्ति :** अंतराल को भूल जाइए। वह महत्त्वपूर्ण नहीं है।

**अच्युत पटवर्धन :** ठीक है।

**कृष्णमूर्ति :** खुद को देखिए, सर। क्या आपकी पूरी गति, ऊर्जा, आपका जज़्बा, सब कुछ तृप्ति-तुष्टि के लिए नहीं है? नहीं? जो कि पुरस्कार है, या इसे आप जो भी नाम देना चाहें।

**अच्युत पटवर्धन :** हाँ।

**कृष्णमूर्ति :** इसके लिए आप क्या कहना चाहेंगे।

**डेविड शैनबर्ग :** इस सबसे जो बात निकलकर आ रही है, वह ये है कि दैहिक स्तर पर पुरस्कार-दंड के सिलसिले का यह प्रारूप ही है जिसके हिसाब से हर चीज़ काम कर रही है, भले ही वह तर्कसंगत हो, या न हो।

**कृष्णमूर्ति :** यही बात मैं कह रहा हूँ : संतुष्टि की तलाश का यह पूरा गतिवेग 'मैं' द्वारा गृहीत है, 'मैं' की गिरफ्त में है।

**डेविड शैनबर्ग :** जी हाँ। यह 'मैं' ही इस गतिवेग की अभिव्यक्ति है।

**कृष्णमूर्ति :** यही बात है, मेरे कहने का आशय यही है। यानी कि ''मैं संतुष्टि खोज रहा हूँ।'' कभी ऐसा नहीं कहा जाता कि ''संतुष्टि खोजी जा रही है'' बल्कि यही कि ''मैं संतुष्टि की तलाश में हूँ।'' दरअसल बात उससे उलट होनी चाहिए : ''संतुष्टि की तलाश की जा रही है।''

**डेविड शैनबर्ग :** मुझे लग रहा था कि आप इसे और भी आगे ले जाएँगे : संतुष्टि की तलाश 'मैं' को पैदा करती है।

**कृष्णमूर्ति :** बिल्कुल, वह सब निहित है उसमें। तो संतुष्ट होने की ललक ही यह गतिवेग है।

**पुपुल जयकर :** मैं एक प्रश्न पूछना चाहूँगी जो शायद थोड़ा हटकर हो, क्या 'मैं' का यह एहसास मस्तिष्क में अंतर्निहित नहीं है?

**कृष्णमूर्ति :** मस्तिष्क में?

**पुपुल जयकर :** मस्तिष्क की कोशिकाओं में जिन्होंने ज्ञान को विरासत में पाया है।

**कृष्णमूर्ति :** मैं नहीं मानता।

**पुपुल जयकर :** मैं आपसे एक बड़ा रोचक प्रश्न पूछ रही हूँ : क्या मनुष्य को विरासत में मिला समस्त ज्ञान मस्तिष्क की कोशिकाओं में, उसकी प्रजातीय चेतना की गहराइयों में मौजूद नहीं है? क्या यह 'मैं' का एहसास भी उसी मस्तिष्क का हिस्सा नहीं है?

**सुनंदा पटवर्धन :** क्या आप यहाँ पर 'मैं' को और इस पूरे अतीत को एक ही मान रही हैं?

**पुपुल जयकर :** बिल्कुल, पूरे अतीत को। मैं सवाल कर रही हूँ कि क्या इस संतुष्टि की खोज की अभिव्यक्ति ही इस 'मैं' को अस्तित्व में लाती है? या फिर, सदियों की स्मृति, जातीय स्मृति, स्मृति की भूमि, वह सारा कुछ ही क्या 'मैं' का एहसास नहीं है?

**कृष्णमूर्ति :** आप पूछ रही हैं, क्या 'मैं', स्व, अहं जैसा कुछ है जो अतीत से, ज्ञान के रूप में अपनी पहचान जोड़ रहा है?

**पुपुल जयकर :** पहचान जोड़ने की बात नहीं।

**कृष्णमूर्ति :** यह खुद ही वह है।

**पुपुल जयकर :** यह खुद ही वह है। यह समय है। यही है समय, अतीत के रूप में।

**कृष्णमूर्ति :** मैं समझ रहा हूँ।

**पुपुल जयकर :** और वह सारा कुछ ही 'मैं' का यह एहसास है।

**कृष्णमूर्ति :** शुरुआत में आपने सवाल उठाया था : क्या मस्तिष्क में यह 'मैं' निहित है? मैं ऐसा कहूँगा, फिलहाल, कि 'मैं' वहाँ है ही नहीं, अपितु विशुद्ध संतुष्टि भर है। ज्ञान, और वह सब—विशुद्ध संतुष्टि। तब वह संतुष्टि कहती है, "मुझे और चाहिए।" तो पहले एक नाकाफीपन है, कमी, और फिर संतुष्ट होना। तब यह 'मैं' जो कि बस एक पुलिंदा, एक बंडल है, जो कहता है "मैं हूँ"। यह 'मैं' अवास्तविक, कल्पित है। वह नाकाफीपन कल्पित नहीं है। पहले इसे देखिए।

**पुपुल जयकर :** मैंने इस पर गौर किया है। क्या अतीत कल्पित है? क्या मनुष्य का पूरा प्रजातीय इतिहास, मानव-स्मृति कल्पित है?

**कृष्णमूर्ति :** नहीं। परंतु जैसे ही आप कहते हैं, ''मैं वह अतीत हूँ'', वह 'मैं' कल्पित है। बस अतीत है।

**सुनंदा पटवर्धन :** क्या यह अतीत ही है जो कह रहा होता है, ''मैं अतीत हूँ'', या अतीत का ही एक हिस्सा कह रहा है कि वह अतीत है?

**कृष्णमूर्ति :** देखिए, आप एक ऐसा सवाल उठा रही हैं, जो काफी दिलचस्प है : क्या आप अतीत का, 'मैं' के तौर पर अवलोकन करते हैं? एक पूरा अतीत है, मनुष्य के उद्यम, मनुष्य की दुःख-पीड़ा, भ्रम-उलझन की सहस्राब्दियाँ, और गत हज़ारों-लाखों वर्षों की भयावह घटनाएँ। वह सारी गति, वह बहाव, वह विस्तीर्ण नदी—बस वह विस्तीर्ण नदी ही है, न कि यह 'मैं' और यह विस्तीर्ण नदी।

**पुपुल जयकर :** नहीं, सर। जब यह विशाल नदी सतह पर आती है, सतह पर वह इस 'मैं' के रूप में आती है, उसकी पहचान इस 'मैं' के साथ जुड़ जाती है।

**डेविड शैनबर्ग :** मुझे ऐसा नहीं लगता।

**कृष्णमूर्ति :** यह 'मैं' शायद संप्रेषण का माध्यम भर हो।

**डेविड शैनबर्ग :** पत्रकारिता।

**कृष्णमूर्ति :** नहीं, पत्रकारिता नहीं, प्रचार नहीं, पर 'मैं' बस एक अंदाज़-ए-बयां है—कहने का एक तरीका।

**पुपुल जयकर :** क्या यह उतना सरल है?

**कृष्णमूर्ति :** नहीं, मैं केवल शुरुआत ही कर रहा हूँ। यह उतना सरल है नहीं।

**सुनंदा पटवर्धन :** एक समय पर आपने कहा था कि उस दुःख की धारा की अभिव्यक्ति व्यक्ति ही है।

**कृष्णमूर्ति :** धीरे चलिए। यह दुख की एक विस्तृत धारा है, यह मनुष्य के रूप में, मनुष्य में व्यक्त होती है।

**सुनंदा पटवर्धन :** क्या यह 'मैं' मौजूद है अथवा नहीं?

**कृष्णमूर्ति :** मुद्दा इस समय वह नहीं है। वह विस्तीर्ण धारा एक मनुष्य में खुद को प्रकट, व्यक्त करती है, और फिर पिता उसे एक नाम देता है, एक रूप देता है, और तब मैं कहता हूँ, मैं 'मैं' हूँ, जो कि यह रूप, यह नाम, यह विलक्षणताओं से भरा वातावरण है। परंतु वह धारा ही यह 'मैं' है।

**अच्युत पटवर्धन :** मेरे खयाल से यदि हम इसे अपने मूल प्रश्न गतिवेग, 'मोमेन्टम' के संदर्भ में देखें तो, हमें आगे और छानबीन के लिए यहाँ आधार नज़र आता है। आधार यह है कि इस गतिवेग को वह गतिविधि मुहैया कराती है जो कि इस दैहिक अपर्याप्तता-पर्याप्तता का प्रक्षेपण है, और जिसे यह मनोवैज्ञानिक निरंतरता गतिवेग देती है, और यही गतिवेग इस 'मैं' को जन्म देता है।

**कृष्णमूर्ति :** नहीं। मैं इससे सहमत नहीं हूँ। अच्युतजी, इसे बहुत ही सरल

रखिए। यह विस्तृत, विशाल धारा है, जो कि ज़ाहिर ही है।

**अच्युत पटवर्धन :** मैं शुरुआत इससे नहीं करना चाह रहा था, मैं उस गतिवेग से शुरू करना चाहता था।

**कृष्णमूर्ति :** वही है यह गतिवेग।

**सुनंदा पटवर्धन :** वही है गतिवेग। वह कोई अलग चीज़ नहीं है।

**पुपुल जयकर :** हम इसे कैसे देख सकते हैं? आप देखिए, जिस तरह कृष्णजी इस बात को रखते हैं, यह ऐसी कोई चीज़ बन जाती है जो वास्तव में मेरी खुद की गहराइयों से जुड़ी नहीं है। मेरे भीतर की गहराई कहती है, ''मुझे चाहिए'', ''मैं हूँ'', ''मैं बनूँगा'', ''मुझे ज़रूरत है''। यह गहराई उठती है अतीत से, जो कि संग्रहीत ज्ञान है, जो कि समस्त प्रजातीय चेतना है।

**कृष्णमूर्ति :** पर यह 'मैं' है ही क्यों वहाँ पर? आप क्यों कहते हैं, ''मुझे चाहिए''? वहाँ केवल चाहना ही है।

**पुपुल जयकर :** यही बात कही जा रही है। पर फिर भी, यह कहकर आप 'मैं' को मिटा तो नहीं सकते।

**कृष्णमूर्ति :** नहीं। आप अवलोकन कैसे करते हैं, किस ढंग से आप इस धारा का अवलोकन करते हैं? क्या आप इसे 'मैं' देख रहा हूँ के तौर पर देख रहे हैं या इस धारा का बस अवलोकन हो रहा है।

**पुपुल जयकर :** कोई इस अवलोकन को लेकर क्या करता है, यह एक अलग ही मसला है। हम ऊर्जा की उस प्रकृति की चर्चा कर रहे हैं जो इस गतिवेग को उपजाती है। मेरा कहना है कि यह गतिवेग ही प्रकृति और संरचना है इस 'मैं' की, जो क्योंकि जकड़ लिया गया है, कुछ बनता जा रहा है।

**कृष्णमूर्ति :** मैं इस पर सवाल उठा रहा हूँ कि यह 'मैं' वस्तुतः होता भी है। यह पूरी तरह से बस एक शब्द भर हो सकता है, अवास्तविक। यह सिर्फ एक शब्द है जो इतना अधिक महत्त्वपूर्ण हो गया है। यह शब्द महत्त्वपूर्ण हो गया है, न कि तथ्य।

**फ्रिट्स विल्हेल्म :** परंतु क्या इस मस्तिष्क की कोशिकाओं पर 'मैं' की छाप एक यथार्थ नहीं है?

**कृष्णमूर्ति :** नहीं, मैं इस पर सवालिया निशान लगा रहा हूँ।

**फ्रिट्स विल्हेल्म :** छाप तो है, पर आप सवाल उठा रहे हैं कि क्या यह यथार्थ है।

**कृष्णमूर्ति :** यह सारा गतिवेग, यह विस्तीर्ण धारा, मस्तिष्क में मौजूद है। आखिरकार, वही है यह मस्तिष्क, तो इसमें इस 'मैं' की दरकार ही क्यों होनी चाहिए?

**पुपुल जयकर :** पर जब आप यथार्थ की बात कर रहे हैं, यह मौजूद तो है।

**कृष्णमूर्ति :** यह केवल शब्द के तौर पर मौजूद है।

**डेविड शैनबर्ग :** यह असल में मौजूद है एक अधिक व्यापक अर्थ में। यदि

आप और मैं साथ हैं, तो मेरे विचार से इसके दो पहलू हैं : आपके साथ संबंध में स्वयं से 'मैं' के तौर पर मेरा तादात्म्य।

**कृष्णमूर्ति :** सर, आप कब इस 'मैं' के प्रति सचेत होते हैं?

**डेविड शैनबर्ग :** केवल संबंधों में।

**कृष्णमूर्ति :** नहीं, नहीं। आप कब इस 'मैं' के प्रति सचेत होते हैं?

**डेविड शैनबर्ग :** जब मैं कुछ चाहता हूँ, या मैं किसी चीज़ के साथ खुद को जोड़ता हूँ, या जब मैं स्वयं को आईने में देखता हूँ।

**कृष्णमूर्ति :** ओह, नहीं। जब आप अपना चेहरा देखते हैं आप यह नहीं कहते, "मैं आईना देख रहा हूँ।"

**डेविड शैनबर्ग :** पर मैं वहाँ पर एक 'मैं' के होने को लेकर सचेत हो रहा हूँ।

**प्रश्नकर्ता-2 :** जिस क्षण कोई मन को लेकर सचेत होता है, यह 'मैं' सक्रिय हो जाया करता है।

**कृष्णमूर्ति :** सर, किसी भी बात को इतने दावे के साथ मत कहिए, हम जाँच-पड़ताल कर रहे हैं। मेरा एक बैंक खाता है, वहाँ मेरा नाम है, हस्ताक्षर है; वह सब कुछ शाब्दिक भर है।

**डेविड शैनबर्ग :** फिर भी वही है आपका संबंध। आपका बैंक खाता ही समाज के साथ आपका संबंध है जो आपकी धन-सम्पत्ति को समाज के सामने दर्शाता है।

**कृष्णमूर्ति :** जी हाँ, हाँ।

**प्रश्नकर्ता-1 :** आप क्या कहेंगे यदि मैं कुछ सहजात अनुभवों से गुज़रता हूँ? जब मैं किसी दूर सुनसान जगह में अकेला हूँ, भूखा हूँ, मैं तब भी उस अनुभव के साथ खुद को जोड़ लेता हूँ या उस कुदरती अनुभव को 'अपना' अनुभव बना लेने की कोशिश करता हूँ।

**कृष्णमूर्ति :** नहीं। मुझे इस पर शक है। जब आपको अनुभव होता है, अनुभव हो रहे होने के उस पल में, कोई 'मैं' नहीं मौजूद होता।

**पुपुल जयकर :** ठीक है, वहाँ कोई 'मैं' नहीं होता। पर तब यह 'मैं' एक क्षण बाद उभर आता है।

**कृष्णमूर्ति :** कैसे?

**पुपुल जयकर :** यह 'मैं' एक क्षण बाद उभर आता है। बस उभर आता है।

**कृष्णमूर्ति :** नहीं, नहीं। आप मेरी बात को समझ नहीं पा रहे हैं। अनुभव होता है। ('अनुभव' शब्द का उपयोग मुझे पसंद नहीं, क्योंकि इसका मूल अर्थ बिल्कुल अलग ही कुछ है, तो हम इसे छोड़ देते हैं।) किसी चरम तीव्रता के पल में कोई 'मैं' मौजूद नहीं होता है। तब कहीं बाद में यह विचार उठता है जो कहता है, वह तो रोमांचक था, मज़ेदार था, और यही विचार 'मैं' को जन्म देता है जो कहता है, "मुझे

बहुत आनंद मिला इसमें।'' कृपया सहमत न हों। यह कोई सहमति का मसला नहीं है, जाँच-पड़ताल है।

**पुपुल जयकर :** मैं आपसे पूछना चाहती हूँ, क्या यह 'मैं' ऊर्जा का संकेन्द्रण, 'कॉन्सन्ट्रेशन' है?

**कृष्णमूर्ति :** नहीं।

**पुपुल जयकर :** वह ऊर्जा जिसका अपव्यय हो रहा है?

**कृष्णमूर्ति :** यह ऊर्जा ही है जिसका अपव्यय होता है।

**पुपुल जयकर :** पर तो भी यह 'मैं' ही है।

**कृष्णमूर्ति :** नहीं, यह 'मैं' नहीं है। यह एक ऊर्जा है जिसका गलत इस्तेमाल हो रहा है; न कि 'मैं' जो ऊर्जा का गलत इस्तेमाल कर रहा है।

**पुपुल जयकर :** मैं यह नहीं कह रही कि 'मैं' ऊर्जा का गलत इस्तेमाल करता है। 'मैं' अपने आप में ही वह संकेन्द्रित ऊर्जा है जिसका क्षरण हो रहा है।

**कृष्णमूर्ति :** मुझे शक है।

**पुपुल जयकर :** जिस तरह से शरीर घिस जाता है, उसी तरह से 'मैं' का भी कुछ ऐसा ही स्वभाव है, यह पुराना पड़ जाता है, बासी हो जाता है।

**कृष्णमूर्ति :** पुपुल, बस ज़रा मेरी बात सुनें। चरमता के समय, 'क्राइसिस' के समय, कोई 'मैं' मौजूद नहीं होता। तो क्या ऐसा कोई जीना है, जिसमें चरमता की उस ऊँचाई पर जिया जाए, सारा समय?

**डेविड शैनबर्ग :** नहीं।

**कृष्णमूर्ति :** ठहरिए सर, एक मिनट। चरमता में निहित है समग्र ऊर्जा की माँग। ठीक? किसी भी तरह की तीव्रता समग्र ऊर्जा के अंत:प्रवाह को उत्पन्न करती है। उस पल, 'मैं' होता ही नहीं है।

**डेविड शैनबर्ग :** ठीक है।

**कृष्णमूर्ति :** 'ठीक है' नहीं। यह ऐसा ही है।

**डेविड शैनबर्ग :** सही है। वह एक गति है।

**कृष्णमूर्ति :** नहीं। ठीक उस पल में, 'मैं' मौजूद नहीं होता। अब मैं पूछ रहा हूँ, क्या सारा समय उस ऊँचाई पर जीना संभव है?

**डेविड शैनबर्ग :** आप यह क्यों पूछ रहे हैं?

**कृष्णमूर्ति :** यदि आप उस तरह नहीं जीते, तब आप तमाम किस्म की अन्य गतिविधियों में लग जाएँगे जो उसे नष्ट कर देंगी।

**डेविड शैनबर्ग :** तो क्या? मुझे समझ में नहीं आता कि आप क्यों उस स्मृति को पकड़ रहे हैं?

**कृष्णमूर्ति :** नहीं, यह कोई स्मृति नहीं है।

**डेविड शैनबर्ग :** आप वह प्रश्न क्यों पूछ रहे हैं? मुद्दा क्या है?

**कृष्णमूर्ति :** मुद्दा यह है : जिस पल विचार प्रवेश करता है, यह ऊर्जा का विखंडन ले आता है। मुझे बात समझ आ गयी! विचार अपने आप में एक विखंडनकारी कार्य-व्यापार है, और इसलिए जब विचार का प्रवेश होता है, तो ऊर्जा का अपव्यय होता ही है।

**डेविड शैनबर्ग :** ज़रूरी तौर पर नहीं।

**टी.के.परचुरे :** आपने कहा था कि अनुभव के पल में, 'मैं' मौजूद नहीं होता।

**कृष्णमूर्ति :** 'मैंने कहा था', नहीं।

**टी.के.परचुरे :** हाँ, ऐसा ही है।

**कृष्णमूर्ति :** ऐसा ही है।

**टी.के.परचुरे :** अनुभव के उस पल में, यदि वह दैहिक है तो...

**कृष्णमूर्ति :** नहीं, मनोवैज्ञानिक भी।

**डेविड शैनबर्ग :** यह समग्र है, कुल।

**कृष्णमूर्ति :** पूरी की पूरी चीज़। चरमता का मतलब है, यह सारा कुछ—आपकी नसें, आपका शरीर, आपकी आँखें।

**टी.के.परचुरे :** पर विचार ने इसमें कैसे प्रवेश किया?

**कृष्णमूर्ति :** एक पल बाद।

**पुपुल जयकर :** हम कहते हैं कि यह ऐसा है, पर फिर भी इससे इस प्रश्न का जवाब तो नहीं मिलता कि यह 'मैं' क्यों इतना महत्त्वपूर्ण बन गया है? आपने अभी भी इस प्रश्न का जवाब नहीं दिया है। क्या मैं इसे एक कदम आगे बढ़ाऊँ? चरमता के क्षण में 'मैं' मौजूद नहीं होता, वह पूरा अतीत ही नहीं होता।

**कृष्णमूर्ति :** निस्संदेह। यही है असली मुद्दा। तीव्रता की उस घड़ी में, कुछ नहीं, 'नथिंग' होता है।

**पुपुल जयकर :** वहाँ कुछ नहीं है। तब इस 'मैं' के पूरे प्रजातीय अतीत का आईना होने का आप क्यों निषेध कर रहे हैं?

**कृष्णमूर्ति :** मैं ऐसा इसलिए कर रहा हूँ क्योंकि शायद वह सिर्फ कहने-सुनने की हमारी आदत का हिस्सा भर हो।

**पुपुल जयकर :** क्या यह इतना ही सरल है? क्या यह 'मैं' का ढाँचा उतना ही सरल है?

**कृष्णमूर्ति :** शायद। मेरे ख्याल से यह बहुत ही सरल है। इससे भी कहीं ज़्यादा बढ़कर रोचक, ज़्यादा चुनौतीभरा यह है कि जब भी विचार का उठना होता है, तभी ऊर्जा की बरबादी भी शुरू हो जाती है। सो मैं खुद से पूछता हूँ, ''क्या उस ऊँचाई पर जीना संभव है?''

**डेविड शैनबर्ग :** मुझे संशय है इस पर। ऐसा कहने में कुछ गड़बड़ लग रही

है। संकट की एक चरमता है, और उस तीव्र चरम बिंदु के चलते मेरा आपके साथ एक संबंध बनता है, पर तब हम यह सोचना शुरू कर देते हैं कि जो हो रहा है उसे हम किस तरह से व्यवस्थित कर सकते हैं।

**कृष्णमूर्ति :** बात यही है। परंतु जिस क्षण यह 'मैं' वजूद में आता है, इसका छितराव भी होने लगता है। यदि आप इस 'मैं' को अलग रख देते हैं और मैं भी इस 'मैं' को अलग रख देता हूँ, तब हम इसे सलीके से सुव्यवस्थित कर सकते हैं।

**डेविड शैनबर्ग :** तब मैं इसे कुछ अलग तरह से पेश करूँगा। आप कहते हैं कि ऐसे में ऊर्जा का क्षरण है, पर मैं कहता हूँ कि यह एक प्रवाह है।

**कृष्णमूर्ति :** आप जो भी चाहे इसे कहें।

**डेविड शैनबर्ग :** ठीक है, ऊर्जा मौजूद है...

**कृष्णमूर्ति :** हाँ, इसे जो भी नाम दीजिए।

**डेविड शैनबर्ग :** पर आप देखिए कि अब हम क्या कर रहे हैं। मैं खुद को जिस स्थिति में पा रहा हूँ वह यह है कि जब हम 'ऊर्जा का क्षरण' कहते हैं, तो मैं तुरंत ही अवलोकनकर्ता की भूमिका में आ जाता हूँ और कहता हूँ कि यह बुरा है। पर यहाँ मेरा सुझाव है कि वह वास्तव में एक ऐसी घटना है जिसे अच्छा या बुरा नहीं कहा जा सकता। एक चरमता, 'क्राइसिस' है, और एक क्षरण, वह चरमता और फिर क्षरण; यह बस अस्तित्व का प्रवाहक्रम है।

**कृष्णमूर्ति :** मुझे मालूम है कि यह प्रवाह है।

**पुपुल जयकर :** इनका कहना है कि अस्तित्व का प्रवाह है यह, परंतु जिस रूपांतरण की बात वह कर रहे हैं वह उसका निषेध करना है।

**डेविड शैनबर्ग :** मैं जानता हूँ और उस पर मैं सवाल उठा रहा हूँ।

**कृष्णमूर्ति :** बढ़िया। बेशक सवाल उठाइए।

**डेविड शैनबर्ग :** मेरा प्रश्न है कि क्या इस प्रवाह के क्रम से बाहर निकलने जैसा कुछ है भी? मेरे खयाल से यह एक कल्पना, 'फेंटसी' भर है। हम उस चरमता की ऊर्जा की प्रबलता को याद करके कहते हैं, ''ऐसा तो मैं हर समय चाहूँगा।'' आप वही कर रहे हैं।

**कृष्णमूर्ति :** नहीं, मैं ऐसा नहीं कर रहा।

**डेविड शैनबर्ग :** तब उस प्रश्न को ही क्यों उठाना है?

**कृष्णमूर्ति :** जान-बूझकर मैं उस प्रश्न को उठा रहा हूँ, क्योंकि विचार हस्तक्षेप करता है।

**डेविड शैनबर्ग :** हर समय नहीं।

**कृष्णमूर्ति :** नहीं। हर समय। इसे मानिए मत, सवाल-संदेह कीजिए। जैसे ही आपके समक्ष किसी संकट, किसी चरमता की घड़ी आती है, कोई अतीत या वर्तमान

नहीं होता, बस वही एक पल होता है। उस 'क्राइसिस' में समय मौजूद ही नहीं रहता। जैसे ही, जिस पल समय का प्रवेश होता है, क्षरण की शुरुआत हो जाती है, बस इतनी बात है। एक मिनट इसे ऐसे ही रहने दें। द्वितीय विश्व युद्ध के दौरान, इंग्लैंड में, किसी लॉर्ड ने मुझसे कहा था, "हम वर्ग का, ऊँच-नीच का सारा भाव खो चुके थे, भूमिगत डेरे में हम सब साथ मिलकर रहते थे।" यानी कि एक संकट की घड़ी में उस संकट के सिवाय सब कुछ लुप्त हो गया था—मेरा वर्ग, मेरी उच्च श्रेणी, मेरा यह, मेरा वह, सब। जिस क्षण युद्ध समाप्त हुआ, वे अपने महलों में वापस लौट आये : 'मैं फलां लॉर्ड हूँ।'

**प्रश्नकर्ता-2 :** युद्ध एक ऐसी संकट की घड़ी होती है जिसमें सबकी ऊर्जा की ज़रूरत पड़ती है और इसलिए उस समय भर के लिए आप अपने 'मैं' को भूल-भाल कर, समुदाय के साथ एक हो जाते हैं। पर यह 'मैं' फिर भी बना रहता है। हमें इस मन से ऊपर उठना होगा।

**कृष्णमूर्ति :** मन से ऊपर उठना जैसा कुछ नहीं होता। नहीं सर, आपके साथ क्या चर्चा करनी! जब आप कहते हैं 'करना होगा', तो आप जाँच-पड़ताल नहीं कर रहे होते।

**प्रश्नकर्ता-3 :** चाहे वह संकट की घड़ी हो या उल्लास की, यह शून्य तल पर जीने सरीखा है।

**कृष्णमूर्ति :** आप चाहें तो वैसा कह सकते हैं।

**प्रश्नकर्ता-3 :** क्या हमारा निहितार्थ है कि हमें हमेशा उस शून्य तल पर होना होगा।

**कृष्णमूर्ति :** आप ऐसा नहीं कर सकते, नहीं।

**प्रश्नकर्ता-3 :** आप ऐसा नहीं कर सकते। यह 'मैं' उस तल पर लुप्त होता है, जब या तो संकट का या उल्लास का अनुभव हो रहा हो। उल्लास के, 'ब्लिस' के उस पल में 'मैं' मौजूद नहीं होता। संकट के उस पल में, 'मैं' नहीं होता। हम सभी उससे सहमत हैं।

**कृष्णमूर्ति :** सहमत होने की बात नहीं।

**पुपुल जयकर :** प्रश्न सहमत होने का नहीं है, क्योंकि चरमता की घड़ी में कई सारी चीज़ें घटित होती हैं। और वह जो बात कर रहे हैं वह 'क्राइसिस' की उस घड़ी में एक समग्र अवस्थिति की है। उस तक पहुँचने के लिए भी, किसी को बहुत गहराई में जाँच-पड़ताल करनी होती है।

**कृष्णमूर्ति :** जी बिल्कुल। जानते हैं आप, समग्र शब्द में निहित है, एक बहुत ही संतुलित मन और शरीर, स्पष्ट सोच-विचार की क्षमता और साथ ही पावन, पवित्र; यह सारा कुछ उस शब्द में शामिल है। अब मैं प्रश्न कर रहा हूँ, "क्या ऐसी कोई

ऊर्जा है, जो कभी क्षरित नहीं होती, बरबाद नहीं होती, जिसे आप ग्रहण कर सकते हैं?'' क्षरण तब होता है, जब यह ऊर्जा समग्र नहीं होती, ठीक?

**फ्रिट्स विल्हेल्म :** खैर, यह तो एक तर्कयुक्त कथन हुआ, इस मायने में यह सच है, क्योंकि जब आप कहते हैं कुछ ऐसा है जो समग्र ऊर्जा है, तब वह समग्र ऊर्जा कैसे कहीं और क्षरित हो सकती है?

**पुपुल जयकर :** यह दिलचस्प है।

**कृष्णमूर्ति :** दिलचस्प नहीं। मैंने एक बात रखी; उसे गौर से देखिए, उस पर अभी कूद मत पड़िए। मैंने एक बात रखी : जीवन की एक समग्र राह, जिसमें ऊर्जा का कोई क्षरण नहीं है। एक समग्रतारहित जीवन ऊर्जा की बरबादी है। मैंने बस यही कहा था।

**पुपुल जयकर :** मैं एक प्रश्न पूछूँगी : मस्तिष्क की कोशिकाओं का समग्रता या असमग्रता से क्या संबंध है?

**कृष्णमूर्ति :** कोई संबंध नहीं है।

**पुपुल जयकर :** मस्तिष्क की कोशिकाओं के साथ।

**कृष्णमूर्ति :** मस्तिष्क की कोशिकाओं के साथ। चलिए इसे देखें, समग्र, 'होलिस्टिक' शब्द के अर्थ को समझें। इस शब्द के अर्थ को हम कैसे समझ रहे हैं इस बारे में मैं स्पष्ट होना चाहता हूँ। समग्र यानी पूर्ण, सारा-का-सारा, संपूर्ण समस्वरता, छितराव के बगैर, विखंडनरहित। वही है एक समग्र जीवन। वह अनंत ऊर्जा है। मेरा ऐसा कहना है। आप कह सकते हैं, ''बकवास है''। यह अ-समग्र जीवन, जिससे हम परिचित हैं, यह विखंडित जीवन, यह ऊर्जा की बरबादी है। आप इस कथन को कैसे ग्रहण करते हैं?

**पुपुल जयकर :** मैं इस प्रश्न को मन में थामे रहूँगी। पर पहले मैं, अभी आपने जो कहा है उसमें पैठना चाहूँगी।

**कृष्णमूर्ति :** वह कह रही हैं, ''कृपया मुझे उस कथन को सुनने दीजिए। कृपया केवल सुनने दीजिए, बहस नहीं चाहिए, न घुमा-फिराकर मंथन, चर्चा करनी है मुझे। बस इसे देखने दीजिए। ऐसा नहीं कि मुझे यह स्वीकार है या नामंजूर है। बस इसे आत्मसात् करने दीजिए, इस पर गौर करने दीजिए, मैं इसका अवलोकन कर लूँ।'' जब उस समग्र का एहसास होता है, तब 'मैं' नहीं होता वहाँ। वह जो अन्य है, वह विचार की गति है; वह अतीत, समय, वह सारा कुछ उसमें चला आता है। वही हमारा जीवन है, हमारा दैनिक जीवन, और वह जीवन है पुरस्कार और दंड, और संतुष्टि की वह निरंतर तलाश।

**पुपुल जयकर :** अब आपसे मैं एक प्रश्न पूछूँगी। यह जो अ-समग्र है, मस्तिष्क की कोशिकाओं में थमा-टिका है; तात्पर्य यह कि, इसी से प्रत्युत्तर-प्रतिक्रियाएँ, चुनौतियाँ निःसृत होती हैं।

**कृष्णमूर्ति :** जी हाँ, समझ रहा हूँ मैं।

**पुपुल जयकर :** यह अ-समग्रता ही है अतीत की वह पूरी-की-पूरी धारा।

**कृष्णमूर्ति :** हाँ। यह मस्तिष्क की कोशिकाओं में केन्द्रित है।

**पुपुल जयकर :** अब, जो समग्रता है, उसका मस्तिष्क की कोशिकाओं और इन्द्रियों के साथ क्या संबंध है?

**कृष्णमूर्ति :** मुझे प्रश्न को समझने दीजिए। क्या आप समझ पाए प्रश्न को, डॉक्टर?

**डेविड शैनबर्ग :** हाँ।

**कृष्णमूर्ति :** प्रश्न क्या है?

**डेविड शैनबर्ग :** उनका प्रश्न है : मस्तिष्क में इस समग्र अवस्था का स्मृति से, अतीत से और इन्द्रियों से क्या संबंध है?

**कृष्णमूर्ति :** नहीं, नहीं। पकड़े गये, आपने सुना नहीं (हँसी)।

**पुपुल जयकर :** मैंने कहा कि दो अवस्थाएँ हैं : समग्र और अ-समग्र। अ-समग्रता को निश्चित ही मस्तिष्क की कोशिकाएँ थामे हुए हैं, क्योंकि यह मस्तिष्क की कोशिकाओं में धारित अतीत की धारा है। मैं उनसे पूछ रही हूँ, ''इस समग्र का मस्तिष्क की कोशिकाओं और इन्द्रियों से क्या रिश्ता है?''

**प्रश्नकर्ता-1 :** इन्द्रियों से आपका क्या तात्पर्य है?

**पुपुल जयकर :** सुनना, देखना, स्वाद चखना।

**कृष्णमूर्ति :** सर, उनका प्रश्न बहुत सरल है। हमारे मस्तिष्क की कोशिकाओं में अब तमाम बातें समायी हुई हैं : अतीत, स्मृति, अनुभव, हज़ारों-हज़ारों बरसों का ज्ञान; मस्तिष्क की ये कोशिकाएँ समग्र नहीं हैं। इसी पर टिके रहिए फिलहाल। वह कह रही हैं कि अभी, मस्तिष्क की कोशिकाएँ जीने के अ-समग्र तरीके से संस्कारित हैं। वह संबंध क्या है—बल्कि मैं इसे संबंध नहीं कहूँगा—मस्तिष्क की कोशिकाओं में क्या घटित होता है, जब समग्रतापूर्वक जीना हो रहा हो? आप समझ रहे हैं? उनका प्रश्न यही है।

**डेविड शैनबर्ग :** मैं इसे थोड़े अलग ढंग से रखूँगा; मैं पूछूँगा, ''समग्र बोध की उस अवस्था में मस्तिष्क की कोशिकाओं के संबंधों में क्या घटित होता है?''

**कृष्णमूर्ति :** मैं इस प्रश्न का उत्तर देने जा रहा हूँ।

**डेविड शैनबर्ग :** यह बात को रखने का अलग तरीका है।

**कृष्णमूर्ति :** बात वही है, वही बात है। क्या एक समग्र मस्तिष्क अतीत को धारण करता है, और इसलिए क्या अतीत को समग्रतापूर्वक प्रयुक्त किया जा सकता है? ओह, यह तो बहुत ही अलग बात है। चूँकि यह पूर्ण है, यह अंश को धारण करता

है, परंतु वह अंश उस पूर्ण को धारण नहीं कर सकता। इसलिए, जब वह अंश कार्य कर रहा होता है तो ऊर्जा का बिखराव होता है।

**डेविड शैनबर्ग :** क्या आपने यह कहा कि इस समग्र में कुल अतीत समाया हुआ है?

**कृष्णमूर्ति :** क्या यह समग्र, समस्त अतीत को धारण किये हुए है? आगे बढ़िये, चर्चा कीजिए।

**पुपुल जयकर :** इन सब बातों से गुज़रने के बाद हम इस बिन्दु पर आ पहुँचे हैं।

**कृष्णमूर्ति :** जी हाँ, अद्भुत बिंदु है। इसके साथ बने रहिए, बने रहिए इसके साथ।

**पुपुल जयकर :** मैं किसी सैद्धांतिकता में नहीं जाना चाह रही। मैं समग्र अवस्था को नहीं जानती। अ-समग्र अवस्था से गुज़रकर, अ-समग्र अवस्था को कार्य करते देखकर, मैं अपनी स्वयं की चेतना का अवलोकन करती हूँ, और कहती हूँ कि इन्होंने एक वक्तव्य दिया कि एक समग्र अवस्था होती है, इसमें ऊर्जा की एक संपूर्णता होती है, जो कि बिखरती नहीं, नष्ट नहीं होती। फिर मैं उनसे पूछती हूँ, "मस्तिष्क की कोशिकाओं में—जो कि मानव मन की संरचना है—इसका क्या स्थान है?"

**कृष्णमूर्ति :** हम केवल जीवन के अ-समग्र ढंग से परिचित हैं, ठीक? इसी पर टिकें। यह तथ्य है—हम अ-समग्र तरीके से, विखंडित तौर पर जीते हैं। यही हमारा जीवन है, हमारा असल जीवन, और यह ऊर्जा की बरबादी है। इसे भी हम देखते हैं। इसमें अंतर्विरोध है, संघर्ष है, और वह सब ऊर्जा की बरबादी है। अब हम पूछ रहे हैं, "क्या जीवन जीने की ऐसी भी कोई राह है, जो ऊर्जा की बरबादी नहीं है?"

**प्रश्नकर्ता-1 :** हाँ, है।

**कृष्णमूर्ति :** यह न कहिए कि है।

**पुपुल जयकर :** कोई इसे कैसे जाने?

**कृष्णमूर्ति :** क्या आप इसे जी रहे हैं? सर, हम तथ्यों को लेकर चल रहे हैं, परिकल्पनाओं को नहीं।

**प्रश्नकर्ता-1 :** हाँ, ऐसी एक अवस्था है, जिसे हम जी सकते हैं, जैसा कि आपने कहा। हम इसे जीते हैं। हो सकता है ऐसा हर वक्त न हो, बस कुछ गुज़रते पल-छिन हों।

**कृष्णमूर्ति :** सर, यह पूरी तरह से सैद्धांतिक बन जाता है। हम एक अ-समग्र जीवन, एक विखंडित जीवन जी रहे हैं, एक टूटा-फूटा जीवन। आप समझ रहे हैं मेरा क्या आशय है टूटे-फूटे से—कहना कुछ, करना कुछ और एक अंतर्विरोधी, तुलनात्मक, नकलची, जी-हुजूरी का जीवन। यह जीने का एक खंडित, अ-समग्र तरीका है; बस इसे ही हम जानते हैं। और कोई कह रहा है, "क्या कोई ऊर्जा है जो ज़ाया, व्यर्थ नहीं होती? आइए जाँच-पड़ताल करें यह देखने के लिए कि क्या जीवन जीने के इस

तरीके का अंत मुमकिन नहीं।'' प्रश्न कुल मिलाकर यही है।

**पुपुल जयकर :** परंतु मैंने एक प्रश्न पूछा था कि क्या वह स्थिति, वह अवस्था, मस्तिष्क की कोशिकाओं में मौजूद है।

**कृष्णमूर्ति :** इसी पर तो मैं आ रहा हूँ, यह एक बहुत कठिन प्रश्न है। कोई खंडित, अ-समग्र जीवन जी रहा है, जिसमें ऊर्जा का लगातार रिसाव है, उसका अपव्यय है। वह असल में इसे देख पाता है। तब वह पूछता है, ''क्या ऐसा जीवन जीना संभव है जो इस तरह का न हो?'' प्रश्न यही है। मस्तिष्क तो उससे संस्कारित है, ठीक?

**प्रश्नकर्ता-1 :** हमेशा नहीं।

**कृष्णमूर्ति :** मेरी रुचि नहीं इस 'हमेशा' में। हो सकता है यह उस समग्र की एक अकस्मात कौंध हो।

**प्रश्नकर्ता-1 :** हम यह वक्तव्य नहीं दे सकते कि यह मस्तिष्क संस्कारबद्ध ही है। हम यह मानकर नहीं चल सकते कि यह मस्तिष्क एक विखंडित जीवन हेतु संस्कारित है।

**कृष्णमूर्ति :** सर, मुझे कभी-कभार आज़ादी का झोंका छू सकता है।

**प्रश्नकर्ता-1 :** जी हाँ। पर इसी की हम जाँच-पड़ताल कर रहे हैं—क्या आजादी का वह झोंका संपूर्णता में हो सकता है?

**कृष्णमूर्ति :** नहीं। यह संपूर्णता में कभी नहीं हो सकता, क्योंकि यह आता है और चला जाता है। इसकी हमने कई-कई बार प्रोफेसरों के साथ चर्चा की है कि जो कुछ भी आता और चला जाता है उसमें समय शामिल है। और समय में शामिल है जीवन जीने का एक विखंडित तरीका; इसलिए वह समग्र नहीं है। इसकी चर्चा हम बाद में कर सकते हैं, फिलहाल हम आगे बढ़ें। तो हम एक अ-समग्र जीवन जी रहे हैं। मस्तिष्क इसी में संस्कारित है। कभी-कभार इसे आज़ादी की कौंध मिल जाती हो, परंतु आज़ादी की वह कौंध भी समय के क्षेत्र के अंतर्गत ही है, इसलिए वह कौंध अब भी एक खंड ही है। अब, यह मस्तिष्क जीवन के इस अ-समग्र तौर-तरीके के संस्कार में बँधा है, और क्या इसके लिए स्वयं को पूरी तरह से रूपांतरित कर लेना संभव है, ताकि यह सदियों से चले आ रहे इसी संस्कारबद्ध ढंग से जीवन न जिए? यही प्रश्न है, ठीक?

**डेविड शैनबर्ग :** इस पर मेरा प्रत्युत्तर यह है : यह रहे आप विखंडन की अपनी अवस्था में, ऊर्जा के छितराव की अपनी इस अवस्था में।

**कृष्णमूर्ति :** बिलकुल।

**डेविड शैनबर्ग :** और अब आप संतुष्टि खोज रहे हैं।

**कृष्णमूर्ति :** नहीं। मैं ऐसा नहीं कर रहा हूँ। मैं बस कह रहा हूँ कि यह ऊर्जा की बरबादी है।

**डेविड शैनबर्ग :** यही है जो आपके पास है।

**कृष्णमूर्ति :** जी।

**डेविड शैनबर्ग :** और कुछ नहीं है आपके पास।

**कृष्णमूर्ति :** और कुछ नहीं है। तो यह मस्तिष्क कहता है, "ठीक है, यह मैं देख रहा हूँ।" फिर वह प्रश्न करता है : क्या इस सब को बदलना संभव है?

**डेविड शैनबर्ग :** मुझे शक है कि वह मस्तिष्क ऐसा पूछ सकता है।

**कृष्णमूर्ति :** मैं पूछ रहा हूँ। इसलिए यदि कोई एक मस्तिष्क इसे पूछता है, तो किसी और मस्तिष्क को भी इसे पूछना ही है; जो कि संतुष्टि पर आधारित नहीं है।

**डेविड शैनबर्ग :** नहीं?

**कृष्णमूर्ति :** नहीं। क्योंकि यदि वह संतुष्टि चाह रहा है, वह तो फिर से अंतहीन सिलसिला बन जाता है। तो संतुष्टि वाली बात तो खत्म हो चुकी है उसके लिए।

**डेविड शैनबर्ग :** क्या आप इस बारे में कुछ कहेंगे कि आप ऐसी अवस्था के विषय में प्रश्न कैसे पूछ सकते हैं, बिना संतुष्टि के ख्याल को बीच में लाए?

**कृष्णमूर्ति :** क्योंकि उस मस्तिष्क को अपने से यह एहसास हुआ है कि क्या खेल यह खेलता रहा है।

**डेविड शैनबर्ग :** तो कैसे वह मस्तिष्क इस प्रश्न को पूछने वाला है?

**कृष्णमूर्ति :** वह इसे पूछ रहा है क्योंकि वह कहता है, "मैंने इसे गहरे में देख लिया है।" अब वह पूछ रहा है, "क्या—अधिकाधिक संतुष्टि नहीं—अपितु, क्या जीवन जीने का ऐसा कोई ढंग है जो अ-विखंडित है, जो समग्र है?"

**डेविड शैनबर्ग :** और उस प्रश्न को समग्रतापूर्वक पूछा जाना है।

**कृष्णमूर्ति :** नहीं।

**डेविड शैनबर्ग :** नहीं?

**कृष्णमूर्ति :** अभी नहीं। तो, क्या ऐसा कोई ढंग है?

**डेविड शैनबर्ग :** मुझे इसी में दिक्कत हो रही है—यह प्रश्न आ कहाँ से रहा है। आप कहते हैं यह संतुष्टि से नहीं है, यह समग्रता से नहीं है। तब कौन-सा मस्तिष्क इस प्रश्न को रच रहा है।

**कृष्णमूर्ति :** क्योंकि वह कहता है, "मैं ऊर्जा की इस बरबादी को बहुत स्पष्टता से देख पा रहा हूँ।"

**प्रश्नकर्ता-2 :** यह प्रश्न मस्तिष्क से नहीं, बल्कि हृदय से पूछा जा रहा है।

**कृष्णमूर्ति :** नहीं, नहीं, सर।

**पुपुल जयकर :** आपका यह कहना ही कि उसने विखंडन की पूरी समस्या को गहरे में देख लिया है—उस सारी-की-सारी चीज़ को देख लेना ही...

**कृष्णमूर्ति :** ...उसका अंत है।

**पुपुल जयकर :** क्या यह समग्र, 'होलिस्टिक' है?

**कृष्णमूर्ति :** उसका अंत—वह समग्र है।

**पुपुल जयकर :** क्या विखंडन के स्रोत को देखना ही अपने आप में समग्र है?

**कृष्णमूर्ति :** वह समग्र है।

**पीवाईडी :** परंतु आपके प्रश्न का जवाब अभी नहीं मिला है।

**डेविड शैनबर्ग :** नहीं। वही उत्तर होगा, और मेरे ख्याल से यह एक समग्र प्रश्न है।

**कृष्णमूर्ति :** पर पुपुल ने एक कहीं अधिक जटिल प्रश्न पूछा था : क्या उस समग्र मस्तिष्क में अतीत समाया है, मौजूद है?

**पुपुल जयकर :** सकलता में।

**कृष्णमूर्ति :** अतीत का सार मौजूद है। अतीत की सकलता नहीं, बल्कि अतीत का सार, उसका रस, पूरे अतीत का निचोड़। इसका मतलब क्या हुआ? यह अतीत *कुछ नहीं* है। पर ऐसा मस्तिष्क अतीत का इस्तेमाल कर सकता है। तो अब मेरा सरोकार अपने जीवन से है, इस जीवन से, असल, रोज़मर्रा के, पाशविक, बँटे-बँटे मूढ़ जीवन से। और मैं पूछता हूँ, "क्या यह रूपांतरित हो सकता है?" किसी गहनतर संतुष्टि में नहीं। क्या यह संरचना खुद को निरस्त, समाप्त कर सकती है? किसी उच्चतर के आरोपण द्वारा नहीं, वह तो बस एक और चाल होगी। मेरा कहना है, यह रूपांतरित हो सकता है, यदि आप बिना अवलोकनकर्ता के अवलोकन करना जानते हैं, ऐसा कर पाते हैं। तो मस्तिष्क स्वयं को रूपांतरित कर सकता है। यही ध्यान है, वह सब बकवास नहीं जो उसके नाम पर जारी है। सार ही समग्र है। विखंडन में, बँटे-बँटे होने की अवस्था में कुछ भी ऐसा नहीं है जिसका सार हो, 'एसेंस' हो। आप कैसे इसे संप्रेषित करेंगे, विश्लेषण के, मनोविश्लेषण के ढब-ढंग से?

*मुंबई में संवाद, 10 जनवरी, 1977*

# 14

## हृदय से सुनना

*देखिए, मैं एक चरम स्थिति, एक संकट पैदा करना चाह रहा हूँ; तभी कर्म होता है। अब, क्या वह स्थिति घटित हो रही है?*

**कृष्णमूर्ति :** मैं यहाँ पर उपस्थित वैज्ञानिकों और गणितज्ञों से कहना चाहूँगा कि मैं कोई वैज्ञानिक नहीं हूँ, और मैं विज्ञान के संबंध में कुछ भी नहीं जानता। मेरा सरोकार मनुष्य में रूपांतरण से है, इसके अलावा कुछ नहीं। विज्ञान इतना बदलता रहता है, मैं तो उस खेल में हूँ ही नहीं। यदि यह स्पष्ट है, तो हम आगे बढ़ें।

**पुपुल जयकर :** मेरे ख्याल से हम एक ऐसे विषय पर चर्चा करें जो उन सभी बातों से बहुत हटकर है, जिसकी मुझे लगता है हम सभी में बेहद कमी है, मुझमें तो बिल्कुल ही है, और वह है करुणा का तत्त्व।

**कृष्णमूर्ति :** करुणा की प्रकृति क्या है?

**पुपुल जयकर :** जी हाँ, करुणा की प्रकृति। बनारस में एक बार आपने एक अभिव्यक्ति का प्रयोग किया था : क्या 'हृदय से सुनना' संभव है? उस बात में कुछ है जिसे हम लोगों ने अभी समझा नहीं है। हृदय से सुनना—इसका तात्पर्य क्या है?

**कृष्णमूर्ति :** क्या हम इस विषय पर चर्चा करें?

**फ्रिट्ज विल्हेल्म :** पिछली वार्ता में हम जिस विषय पर चर्चा कर रहे थे—पदार्थ की प्रकृति—मैं इसकी छानबीन थोड़ी और करना चाहूँगा।

**कृष्णमूर्ति :** मेरे ख्याल से मैंने जो कहा था वह काफी स्पष्ट है। मैंने यह कहा था कि विचार एक भौतिक, वस्तुगत प्रक्रिया है, और जो कुछ भी विचार ने खड़ा किया है—तकनीकी या मनोवैज्ञानिक स्तर पर, मान्यताएँ, देवी-देवता, विचार पर आधारित धर्म का यह सारा कारोबार—यह सारा कुछ एक भौतिक प्रक्रिया है। उस अर्थ में विचार पदार्थ है; विचार, जो अनुभव है; विचार, जो कि कोशिकाओं में संग्रहीत किया गया ज्ञान है और कार्य करता है, कुशलता के साथ या उसके बगैर,

ज्ञान द्वारा निर्धारित किसी खास खाँचे में। यह सारा कुछ मेरे लिए एक भौतिक प्रक्रिया है; बस बात यही है। पदार्थ क्या है, मुझे नहीं पता है। मैं उस विषय में चर्चा भी नहीं करूँगा, क्योंकि मैं कुछ नहीं जानता हूँ। विल्किन्स, नोबल पुरस्कार विजेता, और बोह्म का कहना है : हम नहीं जानते हैं कि पदार्थ, 'मैटर' क्या है। और उसका वर्णन करना भी जानकारी के क्षेत्र में ही होगा, विचार के क्षेत्र में ही होगा; इसलिए जो कुछ भी विचार सोचता है वह पदार्थ ही है। मैं केवल यही कह रहा हूँ। मुझमें पदार्थ की छानबीन करने की वो काबिलियत या ढिठाई नहीं है। मैं नहीं जानता कि वैज्ञानिकों की क्या सोच है इस बारे में, या आपकी क्या सोच है, या कि आप उनके साथ इस पर चर्चा कर सकते हैं कि नहीं।

**फ्रिट्स विल्हेल्म :** मैं एक वैज्ञानिक के नज़रिये से इसकी जाँच-पड़ताल नहीं करना चाह रहा हूँ। मैं देखना चाहूँगा कि क्या पदार्थ कोई अज्ञात, अनजान विषय है।

**कृष्णमूर्ति :** मेरे अनुमान से वे ऐसा ही कुछ कहते हैं।

**फ्रिट्स विल्हेल्म :** जी हाँ, तो मुझे यह लगता है कि जब हम अज्ञात की खोज करते हैं....

**कृष्णमूर्ति :** ओह, आप अज्ञात की खोज-बीन नहीं कर सकते हैं। ज़रा ध्यान से।

**फ्रिट्स विल्हेल्म :** मुझे मालूम है।

**कृष्णमूर्ति :** आप ज्ञात की खोज-बीन कर सकते हैं, उसके अंतिम छोर तक जा सकते हैं, और जब आप उसके अंतिम छोर तक पहुँच जाते हैं, तो उससे बाहर निकल गये होते हैं। तो हम मात्र ज्ञात की ही खोज-बीन कर सकते हैं।

**फ्रि. :** जी हाँ।

**पुपुल जयकर :** यानी कि, विचार की खोज-बीन।

**कृष्णमूर्ति :** हाँ, बिलकुल। लेकिन जब यह कहा जाता है कि अज्ञात की जाँच-परख कीजिए, खोज कीजिए, तहकीकात कीजिए, तो यह हम कर ही नहीं सकते।

**फ्रिट्स विल्हेल्म :** हाँ बिल्कुल, परंतु वह तो बस उसी बात को संक्षिप्त में कहने का एक तरीका था।

**कृष्णमूर्ति :** हाँ। सो पुपुल यह प्रश्न उठा रही हैं : करुणा के साथ सुनने का तात्पर्य क्या है? आइए, अब हम उसे लेते हैं।

**पुपुल जयकर :** यह एक अहम बिंदु है। हममें यदि करुणा है, तो सब कुछ है।

**कृष्णमूर्ति :** माना; परन्तु दुर्भाग्यवश हममें यह नहीं है। तो हम इस विषय की ओर कैसे बढ़ें? 'सुनना', इसका क्या मतलब है और करुणा की प्रकृति क्या है, इसकी संरचना क्या है?

**पुपुल जयकर :** और हृदय से सुनना—यह क्या है?

**कृष्णमूर्ति :** हाँ, एक ही बात है।

**पुपुल जयकर :** नहीं, सर। आपने एक बहुत ही महत्त्वपूर्ण बात कही है। क्या ऐसा भी कोई सुनना है, जो कानों से सुनने से कहीं अधिक गहरा है?

**कृष्णमूर्ति :** हाँ। आपको यदि कोई एतराज़ न हो तो, इन दोनों बातों को लीजिये : सुनना, और हृदय से, करुणासहित सुनना। लेकिन, सबसे पहले तो, क्या है सुनना, यानी सुनने की कला?

**फ्रिट्स विल्हेल्म :** शायद हम इस विषय को एक और तरह से देख-समझ सकते हैं। 'नहीं सुनने' का क्या मतलब है? शायद मैं इस बात पर यदि एकदम स्पष्ट हो पाऊँ कि 'नहीं सुनने' का क्या मतलब है...

**कृष्णमूर्ति :** वही हम करने जा रहे हैं : निषेध के द्वारा विधिपरक तक पहुँचना, यानी, जो 'नहीं सुनना' है, उसके ज़रिये इसे समझना। तब हम सुन रहे होते हैं। बात कमोबेश यही है कि अगर हम यह पता लगा पाते हैं कि सुनना क्या है, और इसकी तहकीकात में 'जो यह नहीं है' उसे आप नकारते हैं, तब आप सुन रहे होते हैं। वही हम कर रहे हैं। तो यहाँ पर दो सवाल हैं, सुनना क्या है—जिसमें न सुनना क्या है अंतर्निहित है; और दूसरा सवाल है, करुणा क्या है, इसकी प्रकृति क्या है, इसका स्पर्श, इसकी संरचना, इसकी गहराई, तथा इससे उपजने वाला कर्म क्या है? आगे बढ़िए, इस पर चर्चा कीजिए।

**फ्रिट्स विल्हेल्म :** मुझे लगता है कि करुणा पर उठे प्रश्न में भी वही समस्या आती है, क्योंकि मुझे लगता है कि करुणा ज्ञात के क्षेत्र में नहीं है।

**कृष्णमूर्ति :** सर, इनके कहने का मतलब कुछ और भी था। अपने हृदय से सुनने का क्या तात्पर्य है? इन्होंने इसी से शुरुआत की थी। करुणा शब्द को शामिल मैंने किया। फिलहाल संभवतः हम इस शब्द को छोड़ देते हैं।

**पुपुल जयकर :** कृष्ण जी ने हृदय से सुनने की बात की थी, और मैं इसकी गहराई में जाना चाहूँगी।

**कृष्णमूर्ति :** तो हम इन दो बातों को लेकर चलते हैं—सुनना और अपने हृदय से सुनना—इनका अभिप्राय क्या है?

**राधा बर्नियर :** पिछली बार हमने यह कहा था कि विचार से आया प्रत्युत्तर आधा-अधूरा होता है, आंशिक। उस प्रत्युत्तर को हम चाहे जिस नाम से भी पुकारें, अवलोकन या सुनना या इसे जो कुछ भी कहें, बात एक ही है। है कि नहीं?

**कृष्णमूर्ति :** जी, मैं समझ रहा हूँ।

**राधा बर्नियर :** तो क्या हृदय वह है जो अविखंडित है, बँटा-बिखरा नहीं है? क्या हम यही कहना चाह रहे हैं?

**कृष्णमूर्ति :** पूरी तरह सजीव, खिली अवस्था में सारी इंद्रियों के साथ सुनना एक स्थिति है। किसी एक खास इंद्रिय के द्वारा आंशिक, अधूरे रूप से सुनना, विखंडित

तौर पर सुनना है। क्या आप यही कहने की कोशिश कर रही हैं?

**राधा बर्नियर :** जी हाँ।

**कृष्णमूर्ति :** यानी यदि मैं अपनी समस्त इंद्रियों के साथ पूरी तरह सुनता हूँ तब निषेध की या सुनना क्या है या नहीं सुनना क्या है, इस सबको लेकर कोई समस्या नहीं उठती। परंतु हम इस तरह समग्रता से तो सुनते नहीं हैं। तो हम क्या करें?

**सुनंदा पटवर्धन :** सर, जब आप 'हृदय से सुनने' की बात करते हैं, तो मेरे भीतर से उठता है : हृदय से सुनना क्या है, यह तो मैं नहीं जानती हूँ, परंतु, जिस वक्त भाव गतिशील होता है, तब, केवल विचारों के साथ सुनने की बजाय, उस भाव, उस एहसास के साथ हम अगले को सुन रहे होते हैं। और जब वह भाव उपस्थित होता है, एक अलग ही तरह का संप्रेषण हो पाता है।

**कृष्णमूर्ति :** क्या भाव, विचार से भिन्न होता है?

**सुनंदा पटवर्धन :** इसी पर मैं बात करना चाह रही थी : हमें विचार के अलावा किसी अन्य गतिविधि का पता नहीं है। आपके कथन को स्वीकारना मुश्किल है, क्योंकि हमने उसे भी महसूस किया है जिसे हम एक तरह की मृदुता, स्नेह, भावना कहते हैं, परंतु यदि हर चीज़ को विचार की श्रेणी में डाल दिया जाता है...

**कृष्णमूर्ति :** नहीं, नहीं। धीरे-धीरे आगे बढ़ें। इसे अभी किसी श्रेणी में मत रखिए।

**पुपुल जयकर :** यह एक बहुत ही मुश्किल क्षेत्र है।

**कृष्णमूर्ति :** इसीलिए हमें इसमें धीरे-से बढ़ना होगा। क्या मैं विचार के साथ सुनता हूँ, या मैं सुनता हूँ विचार के बगैर? समस्या यही है। क्या आप विचार की हलचल के साथ सुनते हैं, या विचार की हलचल के बगैर सुनते हैं?

**पुपुल जयकर :** बिना विचार के भी सुनना हो तो सकता है।

**कृष्णमूर्ति :** जी हाँ।

**पुपुल जयकर :** पर कभी-कभार ही, शायद जीवन भर में एकाध बार कभी हृदय, मन और चेतना तीनों के एक होने का संपूर्ण भाव होता है।

**कृष्णमूर्ति :** मैं समझ रहा हूँ इस बात को।

**पुपुल जयकर :** जब आप कहते हैं, 'बिना विचार के सुनना', इतने सालों बाद हम यह कह सकते हैं कि "हाँ, ऐसा है।" पर कुछ और भी है, कहीं पर अब भी कुछ चूक रहा है, कम है।

**कृष्णमूर्ति :** हम इस बात पर भी चर्चा करेंगे, पुपुलजी। आहिस्ता से इसमें आगे बढ़ें। मुझे लगता है कि हमें शुरुआत करनी है इस सवाल से कि संप्रेषित करना क्या है। मैं आपको कुछ संप्रेषित करना चाहता हूँ, मैं आपको कुछ बतलाना चाहता हूँ, जो मैं महसूस कर रहा हूँ, जो मैं सोच रहा हूँ, जिससे मेरा गहरा सरोकार है; उसके बारे में मैं आपको बताना चाहता हूँ। उसे ग्रहण करने के लिए आपमें भी तैयारी होनी

चाहिए, नहीं तो कुछ संप्रेषित नहीं हो पाएगा। उस समस्या में या उस प्रश्न में या उस कथन में उतरने की आपमें भी तैयारी होनी ज़रूरी है। इसका मतलब यह है कि आपमें वक्ता के समान ही रुचि हो, या उतनी ही तीव्रता-सघनता हो और समान तल पर आप उसे मिल सकें। संप्रेषण में यह सब निहित है।

**सुनंदा पटवर्धन :** रुचि की बात तो हम समझ सकते हैं, परंतु बहुत कठिन है उसी तल पर होना...

**कृष्णमूर्ति :** नहीं तो कोई संप्रेषण-संवाद है ही नहीं।

**पुपुल जयकर :** संप्रेषण शब्द को लेने में, आप दो को शामिल कर रहे हैं।

**कृष्णमूर्ति :** हाँ।

**पुपुल जयकर :** हृदय से सुनने की अवस्था में, हो सकता है वहाँ पर दो हों ही नहीं।

**कृष्णमूर्ति :** उसमें अभी मत जाइए, अभी यह न पूछिए कि अपने हृदय से सुनना क्या है? कुछ समय के लिए उसे छोड़ दीजिये; उस पर भी हम चर्चा करेंगे। मैं आपसे ऐसा कुछ कहना चाहता हूँ जिसे मैं गहराई से महसूस करता हूँ; आप इसे किस तरह सुनेंगे? मैं चाहता हूँ कि इसमें आपकी सहभागिता हो, मैं चाहता हूँ कि आप मेरे साथ इसे महसूस करें, मैं चाहता हूँ कि आप भी इसमें मेरे साथ-साथ हों। वरना संप्रेषण कैसे होगा? तो मैं आपको बताना चाह रहा हूँ, मैं आपको कुछ संप्रेषित करना चाह रहा हूँ; क्या आप इसे उसी प्रगाढ़ता से सुनेंगे जिस प्रगाढ़ता से मैं इसे संप्रेषित करना चाहता हूँ, और, समान तल से भी? अन्यथा आप इसे ग्रहण नहीं कर पाएँगे।

**सुनंदा पटवर्धन :** हमें वह तल कैसे पता चले?

**कृष्णमूर्ति :** जिस क्षण मेरे लिए यह एक प्रगाढ़ समस्या होगी; और मैं कह रहा हूँ, ''आपको मेरे साथ इसमें सहभागी होना है,'' मेरे लिए यह एक ज्वलंत समस्या है, मात्र बौद्धिक या शाब्दिक नहीं। यह एक गहन मानवीय समस्या है, जिसे मैं आपको बताना चाह रहा हूँ, चाहता हूँ कि आप मेरे साथ मिलकर इसमें हिस्सा लें, अतः आपको उसी तल पर तो होना होगा। आप तब बस यूँ ही नहीं कह सकते, ''ठीक है भई, चलिए, मैं आपको सुन लेता हूँ।''

**सुनंदा पटवर्धन :** आपके अनुसार, यदि पहली बात है तो तीसरी भी होगी।

**कृष्णमूर्ति :** पहली बात कौन-सी?

**सुनंदा पटवर्धन :** गहन गंभीरता। यदि मुझमें गंभीरता है, तब यह तल, यह स्तर भी होगा।

**कृष्णमूर्ति :** देखिए, मैं क्या करूँ? मैं कुछ कहना चाहता हूँ। आप इस वक्त मुझको सुन नहीं रहे हैं, मेरी समस्या यह है। मैं आपसे कुछ कहना चाह रहा हूँ जो बहुत ही महत्त्वपूर्ण है, गंभीर है। हो सकता है यह बेवकूफी की, मूढ़ता की बात हो,

गलत हो; पर मेरे लिए तो यह गहन-गंभीर है। मैं चाहता हूँ कि आप इसे सुनें, क्योंकि आप एक मनुष्य हैं। और हो सकता है यह आपकी ही समस्या हो; हो सकता है आप इसमें वस्तुतः पैठे ही नहीं हैं। तो मेरे साथ मेरी इस गहरी समस्या में सहभागी होने में, आप इसे अपनी स्वयं की प्रगाढ़ता में उजागर कर रहे होंगे। इसलिए सुनने में शामिल है एक सहभागिता, एक ऐसा शाब्दिक संप्रेषण जिसमें आप शब्दों को तोड़ते-मरोड़ते नहीं। अगला उन शब्दों का प्रयोग कर रहा है जिनसे वह परिचित है। यदि आप उस शब्द को घुमाते हैं, शब्दों को तोड़ते-मरोड़ते हैं उनमें से कोई खास राजनीतिक, धार्मिक, या आर्थिक अभिप्राय निकालने के लिए विकृत करते हैं उन्हें, तब आप संप्रेषण-संवाद नहीं कर पाते। तो सुनना ज़रूरी है, एक ऐसी सहभागिता ज़रूरी है—'ज़रूरी है' को रेखांकित कर लें—जिसमें अशाब्दिक संप्रेषण निहित है और तब, चूँकि यह समस्या इस शख्स के लिए बेहद महत्त्वपूर्ण है, वह कहता है, ''मेहरबानी करके, ईश्वर के वास्ते, सुनिए जो मैं कह रहा हूँ।'' तब आपका इस शख्स से मिलना होता है। तो क्या आप उससे मिलेंगे, कहेंगे, ''जी हाँ, इस बारे में बात करते हैं; बताइए मुझे?'' या आपकी और ही समस्याएँ, और मसले, और ही जवाब हैं। तो कौन-सी बात है?

**पुपुल जयकर :** ज़ाहिर है कि आप संप्रेषित तभी कर पाते हैं जब एक किस्म का, स्तर हो।

**कृष्णमूर्ति :** मैं यही बात कह रहा हूँ। अब आप मुझे कैसे सुनेंगे? क्या आप उस तरह से सुनेंगे?

**सुनंदा पटवर्धन :** ऐसा लगता है कि हर किसी को हम उस तरह से नहीं सुनते हैं।

**कृष्णमूर्ति :** अरे नहीं। मैं *अब* बात कर रहा हूँ, न कि किन्हीं औरों से। मैं आपसे पूछ रहा हूँ, क्या आप मुझे उस तरह सुनेंगी?

**पुपुल जयकर :** आपको तो हम सुनते हैं।

**कृष्णमूर्ति :** ओह, इसीलिए आप नहीं सुन रहे होते हैं। क्योंकि आपने मेरी एक छवि बना ली है और आप उस छवि को महत्त्व देते हैं, और इस वजह से आप सुनते हैं।

**सुनंदा पटवर्धन :** बात सिर्फ छवि की ही नहीं है।

**कृष्णमूर्ति :** आप मेरी बात पकड़ नहीं पा रही हैं। आप *सुनती* हैं न केवल इस व्यक्ति को जो इस वक्त बोल रहा है, परंतु आपके लिए *इन्हें* सुनना भी ज़रूरी है, जब ये बात करती हैं या फिर वे या कोई अन्य सज्जन कुछ कह रहे होते हैं; सुनिए उसे। हो सकता है वे आपको ऐसा कुछ संप्रेषित कर दें जिसे वे शब्दों में न रख पा रहे हों। तो क्या आप, इसी प्रकार से, हम सभी को सुनेंगी?

**सुनंदा पटवर्धन :** कुछ लोगों को तो हम सुनते हैं, पर सभी को नहीं सुनते हैं।

**कृष्णमूर्ति :** क्यों?

**प्रश्नकर्ता-1 :** पूर्वाग्रहों के कारण।

**कृष्णमूर्ति :** बिल्कुल ठीक। क्यों? तब उसी वजह से कोई संप्रेषण नहीं हो पाता। मैं आपसे कुछ कहना चाहता हूँ स्कूल के संबंध में, इस या उस बारे में, और आप कहते हैं, ''अरे भई, माफ करना, मैं तो चला।''

**पुपुल जयकर :** आपके कहने का अर्थ यह है सर, सत्य में स्थापित, मौन से आती आवाज़ को सुनना, और उस आवाज़ को सुनना जो विचार से निकल रही हो—दोनों स्थितियों में ग्रहण करना समान ही है?

**कृष्णमूर्ति :** नहीं, नहीं। यह कुछ ज़्यादा ही सुनिश्चित हो गया! (हँसते हुए)

**पुपुल जयकर :** नहीं, इतना सुनिश्चित नहीं है। आप बोलते हैं और आपकी आवाज़ अलग होती है।

**राधा बर्नियर :** मैं सोचती हूँ मुद्दा यह है कि क्या किसी बात को ग्रहण करना हो भी पा रहा है या नहीं।

**कृष्णमूर्ति :** हाँ, मैं बस यही कहना चाह रहा हूँ।

**सुनंदा पटवर्धन :** सुनना हो भी रहा है कि नहीं।

**राधा बर्नियर :** हाँ। यदि कोई ग्रहण कर पा रहा है, तब यह प्रश्न नहीं उठता कि वह आवाज़ सत्य की है या कुछ और...

**पुपुल जयकर :** देखिए, ऐसा हमारे साथ नहीं होता है। शुरू हम तथ्य से ही करें।

**राजेश दलाल :** सर, सारा कुछ निर्दिष्ट ही होता है। हम प्रयोजनों के साथ सुना करते हैं। वह प्रयोजन बहुत सूक्ष्म हो सकता है या एकदम ज़ाहिर। यानी, हम जब आप को सुन रहे होते हैं तो कहीं अधिक ध्यान से सुनते हैं, लेकिन किसी अन्य के संदर्भ में हमारी सोच यह होती है कि उसे सुनकर क्या मिलने वाला है! (हँसी)

**कृष्णमूर्ति :** ठीक बात है।

**राजेश दलाल :** तो कुल मिलाकर बात यहीं आ जाती है। हम हमेशा किसी-न-किसी दिशा में निर्देशित हो रहे होते हैं।

**कृष्णमूर्ति :** ठीक बात है। तो हम इस सबको कैसे बदलें, ताकि एक-दूसरे को सुन पाएँ?

**प्रश्नकर्ता-2 :** क्या हम व्याख्या करने लगते हैं?

**कृष्णमूर्ति :** वह कहता है, ''मैं जो कह रहा हूँ उसकी टीका-व्याख्या न कीजिए। बस सुनिए, ईश्वर के वास्ते, सुनिए!'' देखिए, इसमें बहुत कुछ शामिल है। मैं किसी के पास जाता हूँ और कहता हूँ, ''मैं कराटे के बारे में कुछ नहीं जानता।'' मुझे कराटे के बारे में वाकई कुछ नहीं मालूम। मैं इसे फिल्मों में देखता हूँ—कुंग-फू और उस तरह की चीज़ें—पर मैं जानता नहीं हूँ। तो मैं वह सब न जानते हुए उनके पास जाता हूँ, इसलिए मैं सुन रहा होता हूँ। परंतु आप ऐसा नहीं करते; आप पहले से ही जानते हैं, और यही है आपकी कठिनाई। ''आपका क्या कहना है?'' ''यह ऐसा नहीं होना

चाहिए'', ''वह वैसा नहीं होना चाहिए''—तमाम अटकलें, अभिमत। तो मैं कहता हूँ, ''देखो इधर, तुमसे कहना चाहता हूँ कि मुझे तुमसे प्यार है।'' जैसे ही मैं इस शब्द का प्रयोग करता हूँ, आप पूरी तरह से जीवंत हो उठते हैं। (हँसी) तो पहली बात है, मुझे लगता है, सुनने की कला। कला का अर्थ है हर चीज़ को अपनी सही जगह प्रदान करना। हो सकता है कि आपके अपने पूर्वाग्रह हों, अपने तय निष्कर्ष हों, पर जब आप सुन रहे होते हैं तो इन सब को एक तरफ कर दें; व्याख्या करना, तुलना करना, मूल्यांकन—जो कुछ भी हो सब एक तरफ रख दें। तभी संप्रेषण हो पाता है। जब कोई कहता है, ''मैं आपसे प्यार करता हूँ'', वहाँ तुरंत संप्रेषण हो जाता है। आप यह नहीं कहते, ''चलिए, इस पर सोचते हैं।''

**राधा बर्नियर :** पर क्या इन सब बातों को परे हटा देना, और एक जैसी तीव्रता, उत्कटता लिए समान स्तर पर होना एक ही बात है?

**कृष्णमूर्ति :** अन्यथा इस सब का मतलब ही क्या हुआ? मैं आपसे क्या बात करूँ और आप मुझसे क्या बात करें?

**राजेश दलाल :** यह मैंने देखा है, पर मैं ऐसा कर नहीं रहा हूँ।

**कृष्णमूर्ति :** कीजिए इसे। अभी कीजिए, दो मिनट, पाँच मिनट के लिए, करिए तो; पाँच सेकंड ही कर लीजिए।

**राजेश दलाल :** कुछ समय के लिए तो हो जाता है, पर...

**कृष्णमूर्ति :** नहीं, नहीं, वह काफी नहीं है।

**सुनंदा पटवर्धन :** सर, आप यह कह रहे हैं कि सुनने की क्रिया इस सारी चीज़ को मिटा डालती है, निगल जाती है।

**कृष्णमूर्ति :** हाँ।

**सुनंदा पटवर्धन :** फिलहाल के लिए।

**कृष्णमूर्ति :** जी। जब मैं कहता हूँ, ''मुझे आपसे प्यार है'' तो क्या होता है?

**सुनंदा पटवर्धन :** लेकिन हमसे कोई ऐसा नहीं कहता है।

**कृष्णमूर्ति :** ओहो, मैं आपसे कह रहा हूँ, अभी!

**सुनंदा पटवर्धन :** नहीं सर, पर ज़िंदगी में, आमतौर पर प्रतिक्रिया इस तरह की नहीं होती है।

**कृष्णमूर्ति :** तो, वह है सुनने की कला। तब, हृदय से सुनना क्या है? आप सच्चे दिल से नहीं सुन रहे होते हैं, यानी परवाह के साथ, ध्यान से, स्नेहपूर्वक, एक दूसरे के प्रति गहरी सहसंवाद की भावना के साथ सुनना। हृदय—इसका मतलब है अपनी सारी इंद्रियों से सुनना, अपनी सारी...

**पुपुल जयकर :** पूर्ण रूप से।

**कृष्णमूर्ति :** पूर्ण रूप से। ठीक है, ऐसे ही रखिए। अब, क्या आप ऐसा करेंगे?

या फिर से शब्द पर शब्द बुनते चले जाएँगे? तो हम कमोबेश इस चीज़ को समझ पा रहे हैं कि संप्रेषण में, सुनने में क्या निहित है। क्या हम किसी ऐसे शख्स को सुन सकते हैं जिसे हम पसंद नहीं करते हैं, जिसके बारे में हम सोचते हैं कि यह कोई बेवकूफ बुड्ढा है या चंट-चालाक है या जो कुछ भी है? क्या आप उस शख्स को, या उस महिला को हृदयपूर्वक सुन सकते हैं? मुझे नहीं लगता कि जब आप में वह भावना होती है, तब शब्दों का कोई खास महत्त्व रह जाता है। तो इसके बाद क्या? फर्ज़ कीजिए कि मैं सुनता हूँ—और मैंने अपने जीवन में बहुधा ऐसा किया है—बहुत ध्यान से सुनता हूँ। मुझमें कोई पूर्वाग्रह नहीं है, छवियाँ-तस्वीरें नहीं हैं, मैंने कोई निष्कर्ष नहीं बना रखे हैं, मैं कोई राजनीतिज्ञ नहीं हूँ, मैं अर्थशास्त्र अथवा विज्ञान से सराबोर नहीं हूँ, बुद्धिजीवी नहीं हूँ—कुछ भी नहीं। बस एक मनुष्य हूँ जो किसी को सुन रहा है। मैं बस सुन रहा हूँ, क्योंकि वह अपने बारे में मुझे कुछ बताना चाह रहा है। चूँकि उसने अपने मन में मेरी एक प्रतिमा, एक छवि बना रखी है, तो वह आमतौर पर मुझसे मिलने—मैं व्यक्तिगत तौर पर बात कर रहा हूँ—एक मुखौटा पहने हुए आता है। क्योंकि उसने मेरी एक छवि, एक तस्वीर बना रखी है, तो वह एक ज़बर्दस्त मुखौटा लगाकर आता है। अब यदि वह मेरे साथ गंभीरता से बात करना चाहता है, तो मैं कहता हूँ, "यह मुखौटा हटा डालिए, आइए मसले को साथ-साथ देखते हैं।" जब तक वह खुद न कहे, मैं उस मुखौटे के पीछे झाँकना नहीं चाहता। तो वह कहता है, "ठीक है सर, हम इस बारे में बात करें।" मैं उसे सुनता हूँ। और मैं सुन रहा हूँ कि वह मुझे ऐसा कुछ बता रहा है जो कि सभी मनुष्यों में पूरी तरह से, एकदम आमफहम है। हो सकता है वह अपनी बात गलत तरह से, बेवकूफी से रख रहा हो, लेकिन यह कुछ ऐसा है, जिसके चलते उस आदमी या उस महिला को दुःख से गुज़रना पड़ रहा है। और वह इसके बारे में मुझे बता रहा है, मैं सुन रहा हूँ। इस तरह वह मुझे मनुष्यता का इतिहास, मनुष्यता की कथा ही सुना रहा है। और मैं न सिर्फ उसके शब्दों को, बल्कि जो वह कह रहा है उसकी सतही भावनाओं अथवा अगाध गहराइयों को भी सुन रहा हूँ। यदि यह सिर्फ सतही है, तो हम सतही तौर पर ही चर्चा करते हुए आगे बढ़ते हैं, उसमें और-और गहरे पैठते हैं, जब तक कि वह भी उसी गहराई को महसूस न करने लगे। समझ रहे हैं, जो मैं कह रहा हूँ?

**राजेश दलाल :** जी, सर।

**कृष्णमूर्ति :** आप मुझसे मिलने आते हैं। (मुझसे नहीं, मैं व्यक्तिगत रूप से नहीं कह रहा।) मुखौटा उतारने के बाद, आप कुछ बड़ी सतही-सी बात कहते हैं। हो सकता है कि आप ऐसी किसी भावना को व्यक्त कर रहे हों जो बहुत ही सतही है, और अगर यह सतही है तो मैं कहता हूँ, "ठीक है, सर, यह सतही है, हम इसमें थोड़ा गहरे पैठें।" इस तरह से गहराई में जाते-जाते-जाते आप कुछ ऐसा व्यक्त करते हैं,

जो हम सभी की सच्चाई होती है। तो उस शख्स के और मेरे बीच कोई विभाजन नहीं है। वह ऐसा कुछ व्यक्त कर रहा है, जिसका तआल्लुक पूरी तरह से तमाम मनुष्यों से है। और इसलिए मैं खो चुका होता हूँ अपना तमाम... समझे आप?

**पुपुल जयकर :** उस सुनने का स्रोत क्या है?

**कृष्णमूर्ति :** सीधा-सरल जवाब है इसका : करुणा। तो करुणा क्या है? जैसा कि फ्रिट्स ने कहा, यह हमारे लिए अज्ञात है। यह कभी-कभार हममें मौजूद हो सकती है, पर है तो यह असल में अज्ञात ही। तो वह शख्स कहता है, ''कैसे मुझमें वह असाधारण प्रज्ञा हो, जो कि करुणा है?'' और वह कहता है, ''मुझे विधियों, प्रणालियों की दरकार नहीं है, वह सब तो मूढ़ता है। मैं इस फूल को अपने हृदय में सहेज लेना चाहूँगा।'' तो अब उसे करना क्या होगा? ठीक है, सर?

**फ्रिट्स विल्हेल्म :** करुणा विचार के क्षेत्र में नहीं होती; इसलिए मुझे कभी यह एहसास नहीं हो सकता कि यह मुझमें मौजूद है।

**कृष्णमूर्ति :** नहीं। आप तो इसका पता लगाना चाहते हैं। जैसे किसी पेचकस को घुमाते चले जाते हैं, आगे, और गहरे।

**पुपुल जयकर :** इसकी एक खुशबू होगी।

**कृष्णमूर्ति :** हाँ, बिलकुल। एक खुशबू होगी। मेरा मतलब है कि आप करुणा के विषय में बस बातें भी कर सकते हैं, बिना इस खुशबू के, बिना इस मधु के—जैसे कि तमाम संत लोग किया करते हैं।

**पुपुल जयकर :** या तो यह है, या फिर यह नहीं है।

**कृष्णमूर्ति :** फर्ज़ कीजिए, आपमें, राधाजी में, यह है। मैं इस खुशबू को पाना चाहूँगा। क्योंकि जब मैं आपके पास आता हूँ, तो ऐसा अद्‌भुत एहसास होता है : ''वाह साहब, इन दोनों में कुछ तो असाधारण है, मैं इसके बारे में जानना-समझना चाहूँगा।''

**पुपुल जयकर :** फिर ऐसा क्यों है कि जब हम आपके साथ संवाद में होते हैं, तब तो यह भावना हममें आ पाती है? ऐसी क्या बात है कि आपका एक ज़बरदस्त असर हम पर पड़ता है, जो हमारे सारे पूर्वाग्रहों, सारी बाधाओं को हटा डालता है और तत्क्षण हमारे मन को मौन कर देता है?

**कृष्णमूर्ति :** मैं बता सकता हूँ।

**पुपुल जयकर :** मैं पूछ रही हूँ।

**कृष्णमूर्ति :** मैं इसे कुछ दूसरी तरह से कहूँगा। क्योंकि, शायद, यह एक कुएँ तक छोटी-सी बाल्टी ले जाने जैसा है, या फिर एक बहुत बड़ी बाल्टी, जिसे आप मुश्किल से ही उठा पा रहे हों। हममें से अधिकतर लोग एक छोटी बाल्टी ले जाते हैं और कुएँ से बस नाकाफी-सा पानी निकाल लाते हैं। तो मैं कह रहा हूँ कि आपमें, राधा में, वह बात है। और चूँकि वह संभवतः एक अप्रतिम मनुष्य है, मैं कहता हूँ, ''मैं वह

चीज़ पाना चाहूँगा।'' किसी निजी मिलकियत की तरह नहीं, मैं उन सब बेवकूफियों की बात नहीं कर रहा हूँ। यह तो ऐसा है जैसे आपके आँगन में एक सोता, एक झरना हो; उमग रहा है, प्रवाहित हो रहा है—समझ रहे हैं! मैं इसे निहारना चाहूँगा, देखना चाहूँगा, उधर बाहर भी, और अपने भीतर भी। तो मुझे करना क्या होगा?

**फ्रिट्स विल्हेल्म :** मैं यह पता लगाऊँगा कि वह क्या है जो मुझे रोक रहा है, इसे होने नहीं दे रहा।

**कृष्णमूर्ति :** मैं वैसा नहीं करना चाहता; वह तो विश्लेषण होगा। मैं विश्लेषण नहीं करूँगा, क्योंकि वह समय की बरबादी है। मैंने यह समझ लिया है, इसलिए नहीं क्योंकि आपने इसे जोर देकर कहा अतएव मैंने इसे स्वीकार कर लिया, लेकिन मैं इसके कारण को, इसके तर्क को, इसकी सार्थकता या निरर्थकता को, और इसलिए इसकी सच्चाई को देख रहा हूँ। तो बात खत्म हो जाती है।

**सुनंदा पटवर्धन :** सिर्फ यही नहीं है। मैं आपको ध्यान में बैठे हुए देखती हूँ, मौन में, पर इनमें से किसी भी चीज़ का इससे तआल्लुक नहीं।

**कृष्णमूर्ति :** हाँ।

**सुनंदा पटवर्धन :** जो भी प्रयास होता आया है...

**कृष्णमूर्ति :** वह सब बेवकूफाना है—मैं यही कह रहा हूँ, ध्यान दीजिए!

**सुनंदा पटवर्धन :** हम द्वैत से शुरू करते हैं, और हर तरह के अनुभव जिनसे हम गुज़रते हैं, उनका इससे कुछ लेना-देना नहीं है।

**कृष्णमूर्ति :** मैं कह रहा था कि पुपुल और राधाजी के घर के पिछवाड़े में यह मौजूद है। वे इसकी चर्चा नहीं करती हैं, क्योंकि यह वहाँ पर है। यह वहाँ है—खिलता हुआ, बहता हुआ, गुनगुनाता हुआ, तमाम चीज़ें घटित हो रही हैं इसमें। और मैं कहता हूँ, "भला यह मेरे घर के पिछवाड़े में क्यों नहीं है?'' मैं पता लगाना चाहता हूँ। यह नहीं कि मैं इसकी नकल करना चाहता हूँ और वह सब; लेकिन यही कि यह होना चाहिए। और, विश्लेषण मैं नहीं करूँगा : "क्या है जो यह नहीं होने दे रहा है, जो मेरी राह रोक रहा है, क्या बाधाएँ हैं, क्या मुझे मौन रहना चाहिए, क्या मुझे मौन नहीं रहना चाहिए?''—वे सब विश्लेषणात्मक प्रक्रियाएँ हैं। पता नहीं आप इस बात को समझ रही हैं या नहीं?

**सुनंदा पटवर्धन :** वह ठीक है, स्पष्ट है, सर।

**कृष्णमूर्ति :** क्या आप वास्तव में समझ रही हैं कि इसका क्या मतलब है?

**सुनंदा पटवर्धन :** इसके क्या मायने हुए—'वास्तव में समझना'?

**कृष्णमूर्ति :** देखिए, मैं यह पाना चाहूँगा। इनके यहाँ यह है, मेरे यहाँ नहीं है। मैं इसे पाना चाहूँगा। यह एक अनमोल रतन की तरह है; मैं कभी-कभार देखना चाहूँगा इसे, ताले में रखे रहूँगा, देखा करूँगा। कैसे हो यह मेरे साथ? यही मेरी तहकीकात

है, समझ रहे हैं न? और इन्होंने पूछा, "क्या है जो मुझे रोक रहा है?" मैंने कहा कि यह तो एक विश्लेषणात्मक प्रक्रिया हुई। और विश्लेषण समय की बरबादी है। पता नहीं आप सच में यह देख पा रहे हैं या नहीं। विश्लेषणकर्ता और विश्लेषण दोनों एक ही हैं। मैं इस पर वक्त नहीं देना चाहता, मुझे इस मसले पर ध्यान नहीं करना है, आसन लगा कर नहीं बैठना है। मेरे पास उतना वक्त है नहीं। तो मैं विश्लेषण नहीं करने वाला हूँ। क्या आप ऐसा कर सकते हैं—विश्लेषण करना बंद, पूरी तरह से? क्या कर सकेंगे आप यह? आप ऐसा करते हैं जब कोई संकट आन पड़ता है। जब भारी आपदा होती है, तब आपके पास विश्लेषण के लिए वक्त नहीं होता, आप उसी में डूबे होते हैं। क्या आप इसमें डूबे हुए हैं? मतलब कि उनके पास यह अद्भुत सुगंध है जो उनके लिए बिल्कुल स्वाभाविक, सहज है। वह नहीं कहतीं, "हे भगवान, मैंने इसे पाया कैसे, मैं इसका क्या करूँ?" किसी तरह से, किसी चमत्कार से या बिना चमत्कार के, उनके पास यह मौजूद है, और मैं चाहूँगा कि यह मेरे पास भी हो। मैं एक मनुष्य हूँ और इसके अलावा, मेरा कहना है, और किसी चीज़ का कुछ मतलब नहीं है। तो इसका होना बहुत ज़रूरी है। और विश्लेषण के मुताल्लिक जो सच्चाई है, उसे मैं देख पा रहा हूँ, इसलिए विश्लेषण मैं कभी नहीं करूँगा। मैं ऐसा कह रहा हूँ, क्योंकि मैं इस प्रश्न के बीचों-बीच हूँ, इसमें भीगा-डूबा हूँ, इस प्रश्न से धधक रहा हूँ। घर में आग लगी है और मैं इस आग में घिर गया हूँ। मुझे उसे पाना ही है।

**राधा बर्नियर :** सर, जिस पल हम इस चीज़ के सौंदर्य को महसूस करते हैं, तो यह प्रश्न "मैं इसे कैसे पाऊँ?" उठता ही नहीं है।

**कृष्णमूर्ति :** मुझे यह चाहिए। बात यह नहीं कि "इसे मैं कैसे पा लूँ?" इसकी परवाह नहीं।

**राधा बर्नियर :** वह प्रश्न ही नहीं उठता।

**कृष्णमूर्ति :** मुझे भूख लगी है। आप यह नहीं कहते, "भूख का विश्लेषण कीजिए।"

**राधा बर्नियर :** मैं वह बात नहीं कह रही हूँ।

**कृष्णमूर्ति :** आप क्या कह रही हैं?

**राधा बर्नियर :** मैं कह रही हूँ एक ऐसा पल होता है कि कोई इस खुशबू से भर उठता है। मैं नहीं जानती कि यह भरना किस सीमा तक हुआ है। यह एहसास कि "मुझे यह चाहिए", वहाँ मौजूद नहीं होता।

**कृष्णमूर्ति :** हो सकता है कि आप भर उठे हों मेरे शब्दों से, मेरी उत्कटता से, मेरे उसमें पैठने से। और आप कहने लगें कि आपके पास यह है।

**राधा बर्नियर :** नहीं, नहीं, मैं यह नहीं कह रही कि "मेरे पास यह है।"

**कृष्णमूर्ति :** इसे सरल रखिए, राधाजी। आपके आँगन में कुछ है, एक जलस्रोत,

जो बहुत, बहुत कम लोगों के पास है। वे उस जल की चर्चा कर सकते हैं, वे उस स्रोत के सौंदर्य पर, उसकी ध्वनि पर, उस गीत पर, जल की कलकल पर बात कर सकते हैं। परंतु फिर भी बात वह नहीं है। पर आपके पास यह है। और एक मनुष्य होने के नाते मैं कहता हूँ "कितना शानदार है यह!" मैं इसकी ओर अग्रसर होता हूँ। पर मुझे करना क्या होगा? मेरे पास तो यह नहीं है। आप समझ रही हैं?

**राधा बर्नियर :** जी।

**कृष्णमूर्ति :** तो मुझे क्या करना होगा?

**फ्रिट्स विल्हेल्म :** क्या कुछ ऐसा है जो मैं कर सकता हूँ?

**कृष्णमूर्ति :** हो सकता है, या नहीं भी हो सकता। हो सकता है इसकी माँग इतनी व्यापक हो, मेरे भीतर यह माँग इस कदर व्यापक हो कि मैं तमाम अन्य चीज़ों को एक तरफ हटा दूँ—यह माँग ही वह सारा कुछ एक तरफ हटा दे। घर में आग लगी है; कोई बहसबाजी नहीं है, पूछताछ नहीं है कि कौन-सी बाल्टी, कौन-सा पंप आप इस्तेमाल करें।

**पुपुल जयकर :** क्या यह मसला ऊर्जा की मौजूदा राशि से बेहद करीब से नहीं जुड़ा हुआ?

**कृष्णमूर्ति :** ठीक है। आप कह रही हैं कि यह स्थिति हमारे में ऊर्जा की मौजूदा राशि से जुड़ी है। नहीं। जब आपको किसी चीज़ की चाहत होती है, तब उसकी आग में आप नरक सरीखे धधक उठते हैं। जब आपको वह लड़की या वह पुरुष चाहिए, तब आप बस उसमें जुट जाते हैं।

**फ्रिट्स विल्हेल्म :** नहीं सर, तब उससे आपकी बात बड़े विरल तल पर होती है।

**कृष्णमूर्ति :** जी, उसे तो बस रहने ही दें, सर। देखिए, मैं एक चरम स्थिति, एक संकट पैदा करना चाह रहा हूँ; तभी कर्म होता है। या तो आप उस चरम स्थिति से बचते हैं, या फिर कुछ करते हैं। अब, क्या वह स्थिति घटित हो रही है? यह एक बड़ा महत्त्वपूर्ण प्रश्न है। राधा जी मेरे पास आती हैं और इस सब के बारे में चर्चा करती हैं। मैं सुनता हूँ, जितना मैं सुन पाता हूँ, जितनी दूर तक मैं चल पाता हूँ, पर कुछ नहीं होता है। साल-दर-साल मैं सुनता हूँ, एक छोटा-सा कदम आगे बढ़ाता हूँ, फिर एक कदम, फिर एक कदम, और पच्चासी, नब्बे तक पहुँचते-पहुँचते मैं मर-खप लेता हूँ। वह अपना काम जारी रखती हैं। जो वह करना चाह रही हैं वह है : एक ऐसे कर्म को वजूद में लाना जो किसी सघन चरमता से जन्मा हो। वह इसे वजूद में लाना चाहती हैं क्योंकि तब किसी भी बहस, किसी विश्लेषण की गुंजाइश नहीं रहती, यह कहने को नहीं होता, "रुकिए, रुकिए, मुझे ज़रा सोचने दीजिए इस बारे में।" तो इस चरम स्थिति को इन्होंने सिरजा है, ठीक? क्या यह 'क्राइसिस' इनके प्रभाव, इनके शब्दों, इनकी भावना, इनकी त्वरा-तत्परता इत्यादि का परिणाम है? या,

यह कोई उथला-सा संकट है? या फिर यह ऐसा संकट है, मुझे जिसे भेद कर पार जाना ही होगा? मुझे इसे भेदना ही होगा—यही इनकी मंशा है। इनका कहना है, ''मैं यहाँ सिर्फ इसी के वास्ते हूँ, मेरे लिए सिर्फ यही चीज़ मायने रखती है, न कि आपके तमाम बेहूदा छोटे-मोटे विश्लेषण, पूर्वाग्रह; वह सब तो बेतुका क्रियाकलाप है।'' यह संकट तो किन्हीं शादी-शुदा स्त्री-पुरुष के बीच आए संकट सरीखा है, जिनमें से एक कह रहा हो, ''मुझे तलाक चाहिए।'' यह है संकट।

**अच्युत पटवर्धन :** नहीं सर, जो उदाहरण आपने लिया है उसमें, संकट की स्थिति बाहर से आई एक चुनौती है, जिसका भीतर से कोई समुचित जवाब मैं नहीं पा रहा हूँ, और चूँकि मुझे भीतर से ऐसा जवाब नहीं मिल पा रहा है, अतः यह संकट की स्थिति है। वह संकट जिसकी आप बात कर रहे हैं, जैसा कि मैंने समझा है, वह किसी बाहरी घटना के परिणामस्वरूप नहीं है।

**कृष्णमूर्ति :** हाँ। वही मेरा आशय भी है।

**अच्युत पटवर्धन :** यह भीतर से उठा एक अवबोध है।

**कृष्णमूर्ति :** कृपया सुनिए, सर। इनकी मंशा है कि एक चरम स्थिति, 'क्राइसिस' की स्थिति निर्मित हो, जो सतही नहीं है, बाह्य नही हैं—भीतर है!

**अच्युत पटवर्धन :** क्या ये दोनों प्रवाह भिन्न नहीं हैं? जब मन किसी बाहरी संकट में है और उसका समुचित प्रत्युत्तर भीतर तलाश रहा है, तो वह एक किस्म की संकट-स्थिति हुई।

**कृष्णमूर्ति :** बिल्कुल, बिल्कुल।

**अच्युत पटवर्धन :** और दूसरी तरह का संकट वह है जब मुझे अपने भीतर अपर्याप्तता का एक गहरा एहसास होता है, जो कह रहा है कि इस सब के साथ निबाह नहीं हो सकता।

**कृष्णमूर्ति :** इन्होंने यह संकट मुझमें उत्पन्न किया है, क्योंकि यह सत्य की बात कर रही हैं। इनका कहना है, ''इसका सामना कीजिए।''

**राधा बर्नियर :** क्या बाहरी संकट और भीतरी संकट जैसा कुछ होता है?

**कृष्णमूर्ति :** उस सब को रहने दीजिए, छोड़ दीजिए। तो ये मुझसे कह रही हैं, ''आपसे जो मेरी बात करनी है, उसके चलते यह संकट की स्थिति आपके रू-ब-रू है।'' ये बस इतना ही मुझे कह रही हैं। इनसे बातचीत करने में ही, वह संकट उत्पन्न-उजागर हो जाता है।

**प्रश्नकर्ता-3 :** कभी-कभी एक संकट, एक मनोवैज्ञानिक संकट आता है, और तब हम तुरंत ढूँढ़ने लगते हैं...

**कृष्णमूर्ति :** हाँ जी, हाँ। पर इनका कहना है, ''हमने उन सब बातों पर चर्चा कर ली है, उस सब को हटा फेंकिए।'' मैं इनका बड़ा पुराना विद्यार्थी हूँ। पंद्रह-पंद्रह

साल मैंने इन्हें सुना है। और वह खेल मैं खेलता आया हूँ इनके साथ, उसके बारे में सब मालूम है मुझे। ये कह रही हैं, ''वह सारा कुछ परे हटा दीजिए, वह अब महत्त्वपूर्ण नहीं है; यह तो पच्चीसवाँ घंटा है, आगे गुंजाइश नहीं है।'' (हँसते हैं)

**प्रश्नकर्ता-3 :** शायद इस संकट की अपनी ही कोई भाषा है।

**कृष्णमूर्ति :** पर पहली बात यह कि कोई संकट है भी?

**प्रश्नकर्ता 3 :** हमारे ख्याल से, है।

**कृष्णमूर्ति :** मैं इस बारे में आपको नहीं बता सकता। क्या आपमें इस संकट की मौजूदगी है? देखिए सर, मैंने इनसे बातचीत की है, इसलिए मेरे भीतर तो एक संकट है।

**प्रश्नकर्ता-3 :** जी हाँ, यदि मैं सुन रहा हूँ तो।

**कृष्णमूर्ति :** यदि आप नहीं सुन रहे हैं, तो दरिया में कूद जाइए; उसमें मेरी दिलचस्पी नहीं है। इन्होंने मुझमें संकट सृजित कर दिया है। *यदि* वाली बात नहीं है—इनके साथ बातचीत करने भर में ही इन्होंने इस ताल के पानी को छेड़ दिया है, हिला दिया है, और मुझमें एक संकट खड़ा हो गया है। अब, यह मुझ से पूछ रही हैं, ''क्या आप सभी के साथ यह हो पा रहा है? या आप महज़ खिलवाड़ में लगे हैं?''

**राजेश दलाल :** कुछ छिड़ा तो है, लेकिन जैसे-जैसे जीवन आगे बढ़ता है...

**कृष्णमूर्ति :** नहीं सर, नहीं सर।

**राजेश दलाल :** सुरक्षित अवस्था में ढलने की प्रक्रिया चलने लगती है।

**कृष्णमूर्ति :** नहीं। आपकी इनसे बात हुई, और संकट तो मौजूद हो गया। वह एक स्त्री है, मैं एक पुरुष हूँ। उससे मेरी मुलाकात होती है, वह सौम्य है, भली है—तो संकट, चुनौती तो है ही है, क्या उससे शादी कर लूँ, उसके साथ सोऊँ, गर्ज़ कि कुछ करूँ—एक संकट तो है। और यदि इससे कोई संकट नहीं बनता, तो वह कहती है, ''गड़बड़ क्या है आपके साथ? क्या आप इस कदर बेवकूफ हैं? बुद्धू हैं आप?'' तो वह संकट पैदा करना चाह रही है; उसका काम है यह। नहीं तो कुछ नहीं होने वाला है। आप नहीं देख पा रहे? दस बरस होने को आए हमारी शादी को और आज अचानक वह कहने लगती है, ''रब्बा मेरे, मैं तो भर पायी आपसे, कितने मूरख हैं आप, कितने कामी, कितने उजड्डु हैं।'' वह मुझे ऐसा कहती है और यह मुझे संकट की कगार पर ले आता है; या तो मैं उससे रिश्ता तोड़ लूँ या संकट का सामना करूँ। यह एक चुनौती है। उसने मुझे एक चुनौती दी है, और मुझे इसका जवाब देना ही होगा। वह कहती है, ''अगर आप कल सुबह तक जवाब नहीं देते, तो मुझे गयी समझो।'' यह इस कदर तुरत-फुरत वाला मसला है। वरना आप कुछ कर नहीं पाएँगे। हम संकट चाहते ही नहीं हैं। हम उसी पुराने ढर्रे में जिए चले जाना चाहते हैं। इनका यह कार्य है : मेरे जीवन में एक संकट की स्थिति ला खड़ा करना। ठीक?

**राजेश दलाल :** व्यक्ति के जीवन में संकट के अलग-अलग तल हुआ करते हैं।

**कृष्णमूर्ति :** ओह, ओह! आप और मैं शादी-शुदा हैं; संकट के अलग-अलग तल कहाँ हुए?

**राजेश दलाल :** मुझे ज़रा अपनी बात कहने दीजिए। जब मैं पढ़ाई कर रहा था, जब मैंने आपको पढ़ा, तो मेरे जीवन में एक संकट का आगमन हुआ।

**कृष्णमूर्ति :** हाँ।

**राजेश दलाल :** और तब मैंने देखा कि कुछ कर्मों का तात्पर्य है मृत्यु, और वे बेतुके हैं। तो एक कुल, सकल कर्म ने आकार लेना ही था।

**कृष्णमूर्ति :** उसने आकार लिया।

**राजेश दलाल :** कर्म ने आकार लिया।

**कृष्णमूर्ति :** बात बस उतनी है।

**राजेश दलाल :** वहाँ ऐसा हुआ, अब यह नहीं हो रहा है। आप एक ऐसे संकट की बात कर रहे हैं जो मुझे विसर्जित कर दे, मिटा डाले।

**कृष्णमूर्ति :** मैं आपसे विसर्जित होने को नहीं कह रहा। तो इनसे जब आप बात करते हैं, तब क्या संकट की मौजूदगी है? इनका तकाजा, इनकी माँग यही है, कि आपमें एक संकट खड़ा हो जाए। कोई उथला संकट नहीं, थोड़ी-सी नाराज़गी, थोड़ा-सा कुछ... संकट! क्या कहते हैं आप? (देर तक खामोशी) मेरे ख्याल से, यही है हृदय से सुनना। जब मुझे इन्होंने इतने गहरे में हिला दिया हो, झकझोर दिया हो, मेरे सारे आसरे छीन लिये हों। यह नहीं कि मैं अकेला पड़ गया हूँ, समझ रहे हैं न? जब सावन आता है, तो आपसे कहता है : "भर लीजिए पानी भरपूर, जितना भर सकते हैं; अगले साल बारिश नहीं होने वाली है।" और आप पानी इकट्ठा करने के लिए हर तरह की जगह बनाने में जुट जाते हैं। तो इस सारी चर्चा के अंत में हम कहाँ हैं? (पुनः देर तक खामोशी)

**पुपुल जयकर :** एक अजब ढंग से इसमें यह भी निहित है कि आप हर चीज़ से अपने हाथ खड़े कर लें।

**कृष्णमूर्ति :** हो सकता है ऐसा न हो। इसका तात्पर्य यह भी हो सकता है कि एक ऐसा कर्म घटित हो, जिस पर हमने कोई पूर्वचिंतन न किया हो। यदि संकट है, तो ऐसा होगा ही।

**टी.के.परचुरे :** यह एक ऐसी अवस्था की ओर ले जाता है जिसमें पूर्ण स्थगन हो गया है, समस्त मानसिक...

**कृष्णमूर्ति :** नहीं, सर। यह बड़ी सीधी-साफ बात है। आप शादी-शुदा हैं, अपनी पत्नी के साथ दस, पंद्रह, बीस वर्ष से रह रहे हैं। और एक सुबह वह आपसे कहती हैं, "माफ कीजिएगा, ऐसे और नहीं चल पाएगा। आप वफादारी नहीं निभा

पाए, न केवल शारीरिक तौर पर, बल्कि मानसिक, भीतरी तौर पर भी। कल सुबह तक आप यदि आमूलचूल नहीं बदल जाते, तो मैं आपको छोड़ रही हूँ।'' तब आप क्या करेंगे? क्या आप उस बिंदु पर हैं?

**राजेश दलाल :** नहीं, उस बिंदु पर तो नहीं। उस हाल में नहीं जिसे पूर्ण संकट कहें।

**कृष्णमूर्ति :** उसी हाल में होने को आप से वह कह रही हैं, अन्यथा वह चली जाने वाली हैं। इस हालत में मसला बड़ा ही गंभीर हो जाता है, है कि नहीं? वह कहती हैं, ''मैं यह करुणावश कह रही हूँ, कि आपका एक संकट में होना बहुत ज़रूरी है।''

**राजेश दलाल :** सोचते हम भी हैं कि एक संकट का होना बहुत ज़रूरी है, पर हम इसे होने नहीं देते।

**कृष्णमूर्ति :** जी, सर। वह कह रही हैं, ''अब मूढ़ता का जीवन और न जिएँ।'' और जब संकट है, 'क्राइसिस' है, और आप उसके साथ हो लेते हैं, तब आप देखते हैं कि घर के पीछे वाले आँगन में ही एक जलस्रोत विद्यमान है। ठीक?

*मद्रास में संवाद, 7 दिसंबर, 1976*

❑❑❑

# अनुवाद-संदर्भ

अनुवाद में पूरी सावधानी बरतने के बाद भी इसमें कुछ त्रुटियाँ रह सकती हैं; इसे बेहतर बनाने की गुंजाइश तो हमेशा बनी रहती है। इस संबंध में किसी भी आलोचना या सुझाव का हम स्वागत करेंगे और आगामी संस्करणों में अपेक्षित परिवर्तन किये जा सकेंगे। आपकी बहुमूल्य टिप्पणियों की हमें प्रतीक्षा रहेगी

**—अनुवादकगण**

**पत्र-व्यवहार का पता :**
अनुवाद एवम् प्रकाशन प्रकोष्ठ
कृष्णमूर्ति स्टडी सेंटर, के.एफ.आई.
राजघाट फोर्ट, वाराणसी-221001
E-mail : tpcrajghat@gmail.com

# जे. कृष्णमूर्ति की अन्य पुस्तकें

- प्रथम और अंतिम मुक्ति
- सत्य और यथार्थ
- आज़ादी की खोज
- ईश्वर क्या है?
- सोच क्या है?
- शिक्षा क्या है?
- आपको अपने जीवन में क्या करना है?
- प्रेम क्या है अकेलापन क्या है?
- मन क्या है?
- ये रिश्ते क्या है?
- ध्यान
- जीवन और मृत्यु
- जे. कृष्णमूर्ति : एक जीवनी—*लेखक मेरी लट्यंस*

राजपाल एण्ड सन्ज़ की स्थापना एक शताब्दी पूर्व 1912 में लाहौर में हुई थी। आरम्भिक दिनों में अधिकतर धार्मिक, सामाजिक और देश-प्रेम की पुस्तकें प्रकाशित होती थीं और हिन्दी के अतिरिक्त अंग्रेज़ी, उर्दू व पंजाबी भाषा में भी पुस्तकें प्रकाशित की जाती थीं।

1947 में भारत-विभाजन के बाद राजपाल एण्ड सन्ज़ को नए सिरे से दिल्ली में स्थापित किया गया और साहित्यिक पुस्तकों के प्रकाशन का आरम्भ हुआ। रामधारी सिंह दिनकर, महादेवी वर्मा, बच्चन, अज्ञेय, शिवानी, आचार्य चतुरसेन, विष्णु प्रभाकर, राजेन्द्र यादव, मोहन राकेश, रांगेय राघव, कमलेश्वर और अन्य साहित्यिक लेखकों की कृतियाँ यहाँ से प्रकाशित होने लगीं। राजपाल एण्ड सन्ज़ से प्रकाशित *मधुशाला, कुरुक्षेत्र, मानस का हंस, आवारा मसीहा, कितने पाकिस्तान, आषाढ़ का एक दिन* जैसी पुस्तकें हिन्दी साहित्य की 'क्लासिक पुस्तकें' मानी जाती हैं और आज भी लोकप्रियता के शिखर पर हैं। भारत के राष्ट्रपतियों और प्रधानमंत्रियों की पुस्तकें प्रकाशित करने का गौरव भी राजपाल एण्ड सन्ज़ को प्राप्त है। नोबेल पुरस्कार से सम्मानित अर्थशास्त्री डॉ. अमर्त्य सेन की सभी पुस्तकों के हिन्दी अनुवाद यहाँ से प्रकाशित हैं। अन्तरराष्ट्रीय चर्चित पुस्तकों के अनुवाद, विश्वविख्यात कोशकार डॉ. हरदेव बाहरी द्वारा सम्पादित 'राजपाल' शब्दकोशों की शृंखला और किशोरों के लिए सैकड़ों पुस्तकें राजपाल एण्ड सन्ज़ से प्रकाशित हुई हैं।

पाठकों के स्वस्थ और सुरुचिपूर्ण मनोरंजन और ज्ञानवर्धन के लिए समर्पित राजपाल एण्ड सन्ज़ से हिन्दी और अंग्रेज़ी में पुस्तकें प्रकाशित होती हैं जो देश के सभी बड़े पुस्तक-विक्रेताओं और विश्व भर के ऑनलाइन विक्रेताओं के यहाँ उपलब्ध हैं।

**राजपाल एण्ड सन्ज़**

1590 मदरसा रोड, कश्मीरी गेट, दिल्ली-6, फोन: 011-23869812, 23865483

email: sales@rajpalpublishing.com, facebook: facebook.com/rajpalandsons

website: www.rajpalpublishing.com

www.ingramcontent.com/pod-product-compliance
Ingram Content Group UK Ltd.
Pitfield, Milton Keynes, MK11 3LW, UK
UKHW041842190726
13854UKWH00002B/675

9 789386 534385